创新创业管理
——慕课与翻转课堂

徐德力　钱　军
刘勤华　李纪月　主编

苏州大学出版社

图书在版编目(CIP)数据

创新创业管理:慕课与翻转课堂/徐德力等主编
. —苏州:苏州大学出版社,2022.4
 ISBN 978-7-5672-3887-9

Ⅰ.①创… Ⅱ.①徐… Ⅲ.①创新管理-教材 Ⅳ.
①F273.1

中国版本图书馆 CIP 数据核字(2022)第 017277 号

书　　名:	创新创业管理——慕课与翻转课堂
主　　编:	徐德力　钱　军　刘勤华　李纪月
责任编辑:	周　敏
封面设计:	刘　俊
出版发行:	苏州大学出版社(Soochow University Press)
地　　址:	苏州市十梓街1号　邮编:215006
印　　装:	常州市武进第三印刷有限公司
网　　址:	http://www.sudapress.com
邮　　箱:	sdcbs@ suda.edu.cn
邮购热线:	0512-67480030
销售热线:	0512-67481020
开　　本:	787 mm×1 092 mm　1/16　印张:19.5　字数:463 千
版　　次:	2022 年 4 月第 1 版
印　　次:	2022 年 4 月第 1 次印刷
书　　号:	ISBN 978-7-5672-3887-9
定　　价:	54.00 元

凡购本社图书发现印装错误,请与本社联系调换。服务热线:0512-67481020

前言 PREFACE

一、教材编写依据

国务院办公厅《关于深化高等学校创新创业教育改革的实施意见》（国办发〔2015〕36号）、国务院《关于大力推进大众创业万众创新若干政策措施的意见》（国发〔2015〕32号）、国务院《关于推动创新创业高质量发展打造"双创"升级版的意见》（国发〔2018〕32号）、《中共中央关于制定国民经济和社会发展第十四个五年规划和二〇三五年远景目标的建议》，均明确创新创业人才培养的重要性和关键性。

目前，面向应用型人才培养的本科高校教材偏少，研究性的高校教材较多，内容丰富，但是理论性较强，对新建应用型本科高校来讲完成高质量的课程教学有难度，尤其是对应用型本科教学来讲，学生接受度受限。原有的一些教材有理论，有实践，但是实践环节分散化，操作性不够强；缺乏综合性模拟实验或者虚拟仿真实验环节；大多数都是高校教师编写，缺乏创业投资一线的编写人员，实践性有待改进。基于此，我们将该教材定位于面向应用型人才培养的创新创业管理与教育教材。

二、教材内容定位：理论教学+实践教学+创业管理综合模拟

本教材的编写面向（新建）应用型本科高校，强化"理论教学+实践教学+创业管理综合模拟"相结合。纵观高校中使用的各类创新创业领域的相关教材，教学侧重点多在创业过程和理论、实践等经验教学，而我们认为创新创业教育具有普及性的特点，也具有差异化的因材施教的特点。打破现有的创新创业管理教材的基础架构模式，突破现有教材的应用型本科适应性不足的问题，本校的创新创业课程已使用新编教材的电子版内容和网络平台的教学资源。教材需要帮助大学生应用创新创业理论知识，分析创新创业项目，准备创新创业学科竞赛，参与创新创业实践、创新创业模拟实战和创新创业虚拟仿真实验，强调理论联系实际的应用型人才培养的实际需求。

三、教材特色与亮点：产教融合与协同育人深度融合

强化产教融合与协同育人深度融合，形成"课—训—赛—创—产"一体化融合方案，将理论知识、创新创业项目、创业综合实践（企业考察调研与实践）、创新创业大赛紧密结合。市面上有关创新创业教育的教材大多理论性太强，脱离大学生创新创业实际环境。通过走访调研众创空间、科技孵化器，角色扮演与项目路演，虚拟仿真实验训练和综合模拟实训等丰富的实践环节，突出创业教育与专业教育、产业实境的深度结合，创业教育与职业发展的结合，创业教育与学生实际状况的结合。选取对应理论知识点和实践技能能力

点、素质素养点，加强全面推广和普及教育，提升课程教学效果，将在线开放课程和MOOC（大型开放网络课程）普通资源共享共建，形成线上线下相结合的新型教材模式，打造立体化、数字化教材。

坚持立德树人原则，将课程思政元素融入新教材。根据习近平新时代中国特色社会主义思想和立德树人的原则，将课程思政元素融入教材编写内容，打造新时代的独具特色的真正把学术前沿发展、最新研究成果和创新创业实践经验融入数字化教材建设和课堂教学，把工匠精神、企业家精神和创新创业观念、原则与方法融入教材；发挥创新创业导师"传、帮、带"的作用，以"师傅授徒"方式指导学生参与创新创业实践。

四、教材创新：应用型＋全过程＋数字化

一是强化应用型人才培养的需求。通过生动、活泼的实战模拟训练，帮助学生理解创新创业过程中的总体内容，书中的教学活动设计将提升学生课堂的参与度。将创业学领域前沿的理论与实践融入教材之中（如合伙人制度、众创空间、科技孵化器、创业生态建设等）。

二是把具体创业理论、创业实践、模拟实验等内容渗透到专业教学过程。传统的创新创业理论课程两大主线——创业理论、创业实践，强调创新基础上的创业实践、课程渗透，而"专业知识＋市场知识＋模拟操作"课程渗透模式正是实现专业与市场的深度融合、相互促进的方式。以课堂教学为载体，把具体创业理论、创业实践、虚拟仿真模拟实验等内容渗透到专业教学过程，为学生的综合知识结构优化和创业实践能力提升奠定坚实的基础；在具体课程中把综合性的创业知识嵌入各专业的课程当中，实现专业理论和创业知识相结合。

三是构建"课—训—赛—创—产"一体化融合创新创业教育生态的整体框架。基于创业管理、创新创业基础课程的创新创业项目、"学创杯"创业综合模拟大赛、赛云九洲创新创业教育平台的实训和演练，"互联网＋电子商务"三创大赛、中国国际"互联网＋"大学生创新创业大赛等活动的"课—训—赛—创—产"一体化框架。

四是书中通过采用以"行动"为中心的学习方法，辅以丰富的案例教学，通过立体化、数字化的教材建设和MOOC教学平台的建设，让学生以"双角色"的身份参与到创新创业的实践、学科竞赛和虚拟仿真环境当中，真正将理论与真实的创新创业场景紧密结合，使得教材更加贴合应用型本科院校就业创业的教学思路。

四、教材编写团队

基于以上考虑，本教材的基本结构和内容与编写负责人分工情况是：第一章、第三章、第五章、第六章由徐德力编写；第二章由钱明霞教授、钱航旦老师（常州大学）编写；第四章由薛佳博士编写；第七章由吕强博士编写；第八章由沈毅博士编写；第九章第一至第三节由徐霞副教授编写；第十章第一至第三节由刘勤华博士编写；第十一章由胡碧琴博士编写；第九章第四节、第十章第四节由李纪月、徐德力和相关企业负责人联合编写。最后由徐德力统稿、汇编和完善，由钱明霞教授主审，非常感谢李纪月、钱军、刘勤华各位通力合作校对，也感谢百忙之中抽出宝贵时间的杨朝辉博士在创业团队建设章节部分资料收集的贡献；感谢江苏贤隆创业投资有限公司总经理钱军、上海策鸿信息科技有限公司总经理袁军、杭州贝腾科技有限公司经理王靓、赛云九洲科技股份有限公司董事长辛世伟提供丰富的创新创业实践素材和思想。

感谢苏州大学出版社周建兰主任的大力支持、沟通和付出。

本教材得到常州工学院经济与管理学院国家级一流专业建设点——物流管理和江苏省一流专业建设点——工商管理专业建设的经费支持，也得到了教育部产学合作协同育人项目的大力支持，一并表示感谢。

本教材为适合应用型人才培养的需要而编写，也可作为社会人士创业的参考读物，适用于创新创业基础、创业学、创业基础、创业管理等课程的教材。

由于编写时间仓促，加之作者经验不足，书中可能存在一些不足，敬请广大读者多多谅解，并不吝指教。作者联系方式为 xuchat@qq.com，不胜感激。

徐德力

2021 年 9 月 10 日于常州

目 录 CONTENTS

第一章 导论

第一节 创新创业教育 / 002
一、创新创业教育发展 / 003
二、创新创业教育政策 / 005

第二节 培育企业家精神与工匠精神 / 012
一、企业家精神与工匠精神概念 / 012
二、新时代企业家精神 / 014
三、新时代企业家精神培育 / 019

第三节 创业管理与一般管理 / 022
一、创业管理的含义 / 022
二、创业管理的核心问题 / 022
三、创业管理的因素与范式 / 023
四、创业管理与一般管理的比较 / 024

第二章 创新管理

第一节 创新与创造概述 / 031
一、创新的概念 / 031
二、创造的概念 / 032
三、创新与创造的联系与区别 / 033
四、创新的类别 / 034

第二节 创新管理 / 035
一、创新管理的特点 / 035
二、创新管理的意义 / 036
三、创新管理的原则 / 037
四、创新管理的内容 / 038

第三节 创新思维 / 042
一、创新思维概述 / 042
二、创新思维的过程 / 044

三、创新思维的影响因素 / 045
四、思维导图 / 049
第四节 创新方法 / 052
一、创新方法概述 / 052
二、创新方法介绍 / 052

第三章 创业与创业过程

第一节 创业内涵 / 060
一、什么是创业 / 060
二、创业的基本特点 / 061
三、创业的基本要素 / 061
四、创业活动 / 062

第二节 创业分类 / 063
一、基于创业机会的分类 / 064
二、基于创业效果的分类 / 066
三、基于创业主体性质的分类 / 067

第三节 创业过程与管理 / 070
一、创业过程 / 070
二、创业过程的管理策略 / 071

第四章 创业机会识别与评价

第一节 创业机会的内涵 / 076
一、创意与商业概念 / 076
二、创业机会 / 077
三、创业机会的特征 / 078
四、创业机会的来源 / 080

第二节 创业机会识别 / 090
一、创业机会识别的影响因素 / 090
二、创业机会识别的方法 / 093

第三节 创业机会评价 / 100
一、基于创业者的评价 / 100
二、基于系统分析的评价 / 101

第五章　创业团队创建与管理

第一节　创业者 / 109
　　一、创业者的含义 / 109
　　二、创业者的特征 / 109
　　三、创业者的分类 / 112
　　四、创业者的素质与能力培养 / 112
　　五、创业型领导者 / 114

第二节　创业团队建设与管理 / 118
　　一、创业团队的内涵 / 118
　　二、创业团队组建 / 123
　　三、创业团队的组建程序及其主要工作 / 125
　　四、创业团队管理 / 126

第三节　合伙人制度 / 131
　　一、合伙人制度的概念 / 131
　　二、合伙人制度的机制 / 132
　　三、合伙人制度的模式 / 134
　　四、合伙人制度的管理 / 136

第四节　合伙人制度的企业应用案例 / 138
　　一、海尔的变革：人单合一 / 138
　　二、小米的合伙制 / 140
　　三、阿里巴巴的合伙人制度 / 140
　　四、华为："知识资本化" / 141

第六章　创业愿景与战略规划

第一节　创业战略环境分析 / 145
　　一、创业环境的含义 / 145
　　二、创业战略环境分析的内容 / 146
　　三、创业战略环境分析的方法 / 147

第二节　创业使命、愿景与战略目标 / 150
　　一、创业使命 / 150
　　二、创业愿景 / 151
　　三、创业战略目标 / 154
　　四、使命与愿景的比较 / 157

第三节　创业战略规划 / 158
　　一、企业战略概述 / 158

二、企业战略的层次结构　/ 159
　　三、企业战略规划的内容与步骤　/ 159
　　四、战略落地的年度计划　/ 162

第七章　商业模式设计与创新

第一节　商业模式概述　/ 166
　　一、商业模式的概念　/ 166
　　二、商业模式概念的发展　/ 167
　　三、商业模式的类型　/ 170
　　四、常见的十种商业模式　/ 173
　　五、我国十大成功商业模式　/ 177

第二节　商业模式设计　/ 181
　　一、商业模式设计的方法　/ 181
　　二、商业模式设计的结构性维度　/ 183

第三节　商业模式创新　/ 187
　　一、商业模式创新的含义及构成　/ 187
　　二、商业模式创新的类型　/ 188
　　三、商业模式创新的特点　/ 190
　　四、商业模式创新的方法　/ 191
　　五、商业模式创新的四个维度　/ 192

第八章　创业资源与融资

第一节　创业资源获取　/ 200
　　一、创业资源的含义　/ 200
　　二、创业资源的分类　/ 200
　　三、创业资源的获取途径　/ 202

第二节　创业融资　/ 204
　　一、创业融资的困境　/ 204
　　二、创业融资的渠道　/ 206
　　三、创业融资的决策　/ 212

第三节　天使投资　/ 215
　　一、天使投资的概念　/ 215
　　二、天使投资的特点　/ 217
　　三、天使投资的类型　/ 218
　　四、天使投资的投资过程　/ 219

第四节　风险投资　/222
　　一、风险投资的概念　/222
　　二、风险投资的特征　/224
　　三、风险投资的类别　/225
　　四、风险投资基金的常用组织架构　/225

第九章　创业计划书

第一节　创业计划书的类型　/229
　　一、创业计划书的意义　/229
　　二、创业计划书的类型　/230
第二节　创业计划书的要素　/230
　　一、封面　/230
　　二、摘要　/231
　　三、公司简介　/231
　　四、行业分析　/231
　　五、产品（服务）介绍　/231
　　六、团队及组织结构　/232
　　七、市场预测　/232
　　八、营销策略　/232
　　九、生产计划　/232
　　十、财务计划及分析　/232
　　十一、风险分析及应对　/232
　　十二、附件资料　/233
第三节　创业计划书的撰写与展示　/233
　　一、创业计划书的撰写步骤　/233
　　二、创业计划书的撰写　/234
　　三、创业计划书参赛案例展示　/234
第四节　创业计划书的打磨　/240
　　一、平台概述　/241
　　二、打磨具体操作　/241

第十章　创业初期管理

第一节　创业初期管理　/248
　　一、创业初期企业的界定　/248
　　二、创业初期企业的特征　/249

第二节　初创企业成长管理 / 249
　　一、初创企业概述 / 249
　　二、企业成长理论 / 250
　　三、初创企业成长管理问题 / 253
　　四、初创企业成长管理问题的原因分析 / 256
　　五、初创企业成长管理对策 / 257

第三节　精益创业 / 260
　　一、精益创业的发展 / 260
　　二、精益创业的内容 / 262
　　三、精益创业模式 / 264

第四节　创业管理决策虚拟仿真 / 266
　　一、创业管理决策虚拟仿真概述 / 267
　　二、创业管理决策虚拟仿真实验的操作 / 269
　　三、竞争对抗模拟 / 270

第十一章　创业生态建设

第一节　创业生态系统 / 282
　　一、创业生态系统的概念 / 282
　　二、创业生态系统的构成要素 / 282
　　三、国内主要区域创新创业生态系统发展现状 / 284
　　四、目前国内创业生态系统建设存在的问题 / 285

第二节　孵化器 / 287
　　一、孵化器的概念 / 287
　　二、孵化器的作用 / 287
　　三、孵化器的类型 / 288
　　四、国内外孵化器比较与知名案例介绍 / 289

第三节　众创空间 / 291
　　一、众创空间的概念 / 291
　　二、众创空间的构成要素 / 291
　　三、众创空间的作用 / 292
　　四、众创空间的类型 / 292
　　五、国内外众创空间比较与知名案例介绍 / 294

参考文献 / 297

第一章 导 论

学习目标

- 了解创新创业教育体系
- 熟悉创新创业政策
- 理解工匠精神与企业家精神
- 理解新时代企业家精神培育的路径与对策
- 理解创业管理与一般管理的区别

课程思政

在实际的创新创业实践中，需要紧扣国家政策和国家战略，坚持马克思主义基本原理，运用创新创业理论和规律指导创新创业实践。创新创业教育需要以立德树人为根本任务，将习近平新时代中国特色社会主义思想融入创业管理教材和课堂教学之中。2020年7月21日下午，习近平总书记在北京主持召开企业家座谈会并发表重要讲话。这是特殊时期的一次重要会议。讲话聚焦突出问题，回应社会关切，具有很强的针对性和指导性，为广大市场主体攻坚克难、实现更大发展注入强大信心和动力，为扎实做好"六稳"工作、全面落实"六保"任务提供了重要遵循。各大网站转发讲话全文，主流媒体发布解读文章，广大网友认真学习领会。网友们一致表示，习近平总书记重要讲话内容干货满满，既有对当前经济形势的分析判断，又有对政策举措的安排落实，还有对企业家的殷切希望和嘱托。这些掏心窝的话，让网友感到既亲切又温暖，为广大企业家干事创业增添了强大信心和力量。《人民日报》（海外版）《望海楼》栏目文章《保市场主体就是保社会生产力》指出，中国成为新冠肺炎疫情发生以来世界上首个实现增长的主要经济体，这一成绩为世界经济复苏带来了动力与信心，为在华的外国企业带来了业绩保障，为中国市场注入了稳定剂。对于中国的贸易和投资伙伴来说，中国企业的表现，不但会提振他们的信心，而且会帮助他们走出国际产业链困境。

案例引入

企业家精神是天生的，还是靠后天培养出来的？这一直是一个业内讨论的热门话题。不过，直到近十几年，学术界才有相关成果陆续出炉，可以部分回答这个问题。到目前为止，研究者取得的共识是，对于企业家精神的形成，既有先天因素，又有后天因素。但越来越多的证据表明，先天因素对于企业家精神的形成发挥着不容忽视的作用。虽然大部分学者相信，后天因素特别如环境影响，可能比先天因素（基因）更为重要。

改革开放40多年来，企业家群体崛起，企业家精神激荡，时代成就了企业家梦想，企业推动着中国进步。在中国特色社会主义新时代，发展社会主义市场经济所需要的企业家精神既要体现时代潮流，又要体现民族精神，还要体现社会主义企业家所应独具的政治使命、社会责任、历史担当和人民情怀，其最核心的特质有五点：创新能力、进取意识、工匠精神、国际视野、爱国情怀。新时代的优秀企业家应该具备大视野、大情怀、大格局、大担当等素质。改革开放40多年的经验证明，中国不乏企业家精神。也正是这种深度融入中国特色社会主义的企业家精神，创造了中国的经济神话。中国步入了新时代，要求优秀的中国企业家跟上时代步伐，与时俱进。新时代企业家精神应当包括敢为人先、全球视野、民族情怀、工匠精神、合作共赢等内涵，并且它更是一种信念。企业家是新时代发展创新型经济的中坚力量。

请你思考：你认为企业家精神是天生的，还是后天培养的？你如何看待新时代企业家？

应用型任务

● 从我国"双创"政策的角度，如何探寻新时代企业家精神培育之路？

第一节　创新创业教育

创新创业是基于创新的创业活动，既不同于单纯的创新，也不同于单纯的创业。创新强调的是开拓性与原创性，而创业强调的是通过实际行动获取利益的行为。因此，在创新创业这一概念中，创新是创业的基础和前提，创业是创新的体现和延伸。

创新创业是指基于技术创新、产品创新、品牌创新、服务创新、商业模式创新、管理创新、组织创新、市场创新、渠道创新等方面的某一点或几点而进行的创业活动。创新是创新创业的特质，创业是创新创业的目标。创新创业与传统创业的根本区别在于创业活动中有创新因素。这里的创新不仅指的是技术方面的创新，还包含管理创新、知识创新、流程创新、营销创新等方面。总之，只要能够给资源带来新价值的活动就是创新。在某一方面或者某几个方面进行创新并进而创业的活动，就是创新创业。没有在任何方面进行创新的创业就属于传统创业。

创业的主体主要分为四类：创业者（包括企业员工、大学生、军队转业干部、返乡和下岗职工等）、创业服务者（包括政府有关部门的公务员、法务、税务、财务等）、创业投资者（包括天使投资、风险投资、股权投资、政府投资、银行等）和创业教育者（包括高校教师、社会培训机构）。

创新创业的基本特征是：第一，高风险。创新创业是建立在创新基础上的创业，但是创新受到人们现有认知、行为习惯等方面的影响，会面临无法被接受的阻碍，因而创新创业会具有比传统创业更高的风险。正如彼得·德鲁克（Peter F. Drucker）所言：真正重大的创新，每成功一个，就有99个失败，有99个闻所未闻。第二，高回报。创新创业是对已有技术、产品和服务的更优化组合，对现有资源的更优化配置，能够给客户带来更大的价值，从而开创所在创业领域的"蓝海"，获取更多的竞争优势，最终获取更大的回报。第三，促进上升。创新创业是在创新基础上的创业活动，创新是创业的基础和前提，创业是创新成果的载体和呈现。创新创业不断优化资源配置，进行经验总结提炼，以实现创新的升级。创新带动创业，创业促进创新。

创新创业教育以培养具有创业基本素质和开创型个性的人才为目标，不仅仅是以培育在校学生的创业意识、创新精神、创新创业能力为主的教育，而是要面向全社会，针对那些打算创业、已经创业、成功创业的创业群体，分阶段、分层次地进行创新思维培养和创业能力锻炼的教育。创新创业教育本质上是一种实用教育。

一、创新创业教育发展

（一）国外动态

百森商学院从1919年成立以来就是创业领域的领导者，认为"创业精神是一种思维、推理及行动方式，其核心是创造或识别机会，并抓住机会的能力"。百森商学院将课程分为公选课程与核心课程，前者面向全校学生，课程设置能体现科学与人文精神的统一；后者则面向本科生和研究生。斯坦福大学具有创新创业能力和经验的教师团队是创新创业教育的引领者，学校充分的创业孵化资金支持是创新创业教育不可或缺的物质保障，学生敢于尝试、积极组织参与各种比赛的精神是创新创业教育日新月异的灵魂，而交叉性极强的创新创业课程体系是创新创业教育源源不断的思想营养。以剑桥大学、牛津大学、谢菲尔德哈勒姆大学等为代表的英国的创新创业教育则更加重视学生的创业素质的培养，发展一种良性的创业文化，进而带动整个经济的发展。英国高校的创业课程分为"关于创业"的课程和"为创业"的课程。

（二）国内研究现状与趋势

教育部在《关于大力推进高等学校创新创业教育和大学生自主创业工作的意见》中指

出:"在高等学校开展创新创业教育,积极鼓励高校学生自主创业,是教育系统深入学习实践科学发展观,服务于创新型国家建设的重大战略举措;是深化高等教育教学改革,培养学生创新精神和实践能力的重要途径;是落实以创业带动就业,促进高校毕业生充分就业的重要措施。"现如今,在国内,创新创业教育已经进入各大高校,并且已经颇成体系。在国内也出现较多在创新创业教育课程设置与教法方面比较成功的典范,如清华大学、中国人民大学等。近些年来,我国关于大学生创新创业工作的具体举措也越来越多地得到落实。创新创业教育课程体系与教法是对创新创业教育的具体执行,在课程的设置中应该充分体现教育的可持续发展特征,让大学生明白创新创业的内涵和意义,认识到创新创业不是完成任务,也不是赶时髦。创新创业教育是让教育回归到"人",并让教育实现人的"行为"。

创新创业指标是新一轮学科和专业评估的重要指标。

1. 创新创业教育生态培育

要提高大学生的创新创业能力,形成良好的创新创业教育氛围,就要建设完善的创新创业培育体系,形成一个像生态体系一样的良性循环系统,构建一个全方位的立体创新创业教育生态培育体系。这一体系包括高校、政府、企业、家庭、学生等多个子系统,各个子系统之间相互联系、相互作用、相互支撑,构成一个完整的创新创业教育培育体系。

作为创新创业教育体系的主干,高校在创新创业教育培育体系中发挥着关键作用。作为参与者和协助者,政府是高校创新创业教育生态系统中的重要一环,发挥着重要的作用,能够在政策制定、资金支持、舆论导向、服务体系、部门协调等多方面为高校创新创业教育创造良好的外部环境,起到难以替代的积极作用。各种企业尤其是知名企业在高校的创新创业教育中起着重要的示范作用,它们带给大学毕业生创新创业最直观的感受,因此,企业在高校创新创业教育中担负着不可推卸的社会责任。

创新创业教育的最终落脚点在学生,只有学生接受了创新创业观念,并勇于去实践创新创业,才能说创新创业教育起到了实际的效果。每一个学生的背后都有一个家庭,家庭的支持是学生实践创新创业的有力保障。

2. 创新创业内容体系

意识培养:启蒙学生的创新意识和创业精神,使学生了解创新型人才的素质要求;了解创业的概念、要素与特征等,使学生掌握开展创业活动所需要的基本知识。

能力提升:解析并培养学生的批判性思维、洞察力、决策力、组织协调能力与领导力等各项创新创业素质,使学生具备必要的创业能力。

环境认知:引导学生认知当今企业及行业环境,把握创业机会,了解创业风险,掌握商业模式开发的过程、设计策略及技巧,等等。

实践模拟:通过创业计划书撰写、模拟实践活动开展等,鼓励学生体验创业准备的各个环节,包括创业市场评估、创业融资、创办企业流程与风险管理等。

3. 创新创业课程设置

大学生创新创业教育理念要转化为教育实践,需要依托有效的课程载体。课程体系是实现创新创业教育的关键。创新创业教育课程体系主要由以下三个层次构成：第一层次，面向全体学生，旨在培养学生创新创业意识、激发学生创新创业动力的普及课程；第二层次，面向有较强创新创业意愿和潜质的学生，旨在提高其基本知识、技巧、技能的专门的系列专业课程；第三层次，旨在培养学生创新创业实际运用能力的各类实践活动课程，要以项目、活动为引导，教学与实践相结合，有针对性地加强对学生创业过程的指导。

4. 高校创新创业教育实践

国内高校创新创业教育的实施始于20世纪末。1998年，清华大学举办首届清华大学创业计划大赛，成为第一所将大学生创业计划竞赛引入亚洲的高校。2002年，高校创业教育在我国正式启动，教育部将清华大学、中国人民大学、北京航空航天大学等9所院校确定为开展创业教育的试点院校。近二十年来，创新创业教育逐步引起了各大高校的重视，一些高校在国家有关部门和地方政府的积极引导下，进行了有益的探索与实践。目前，国内高校的创新创业教育主要有如下几种类型。

（1）以"挑战杯"及创业设计类竞赛为载体，开展创新创业教育；

（2）以大学生就业指导课为依托，开展创新创业教育；

（3）以大学生创业基地（园区）为平台，开展创新创业教育；

（4）以成立专门组织机构为保证，推动创新创业教育的开展；

（5）以人才培养模式创新实验区为试点，培养创新型人才；

（6）搭建创新创业教育课程体系，实施创新创业教育；

（7）融入人才培养方案，全面实施创新创业教育。

创新创业教育是高校人才培养改革的重要突破口。为了推进高校分类评价，改进本科教育教学评估，提高本科人才培养质量，教育部制定了《普通高等学校本科教育教学审核评估实施方案（2021—2025年）》。普通高等学校本科教育教学审核评估指标体系（试行）中强调思政教育和创新创业教育，分别将推动"课程思政"建设的创新举措与实施成效，课程思政示范课程、课程思政教学研究示范中心以及课程思政教学名师和团队的建设及选树情况，创新创业教育贯穿于人才培养全过程、融入专业教育的举措及成效纳入考核体系。教育部本科教学评估将创新创业教育纳入"十四五"规划、纳入学校教育教学改革方案、纳入卓越院校建设项目，把创新创业教育融入人才培养全过程。学校将创新创业教育必修学分纳入专业人才培养总学分，将创新创业课程融入专业课程体系，科学系统传授相关知识。

二、创新创业教育政策

政府高度重视高校创新创业教育活动的开展，坚持强基础、搭平台、重引导的原则，打造良好的创新创业教育环境，优化创新创业的制度和服务环境，营造鼓励创新创业的校园文化环境，着力构建全覆盖、分层次、有体系的高校创新创业教育体系。美国是较早在学校中进行创业教育的国家。我国近年来也加速发展创新创业教育，制定了一系列创新创业教育政策。创新创业人才培养呈金字塔模型。

（一）《关于深化高等学校创新创业教育改革的实施意见》

国务院办公厅 2015 年印发《关于深化高等学校创新创业教育改革的实施意见》（以下简称《实施意见》），全面部署深化高校创新创业教育改革工作。提出的目标是"到 2020 年建立健全课堂教学、自主学习、结合实践、指导帮扶、文化引领融为一体的高校创新创业教育体系，人才培养质量显著提升，学生的创新精神、创业意识和创新创业能力明显增强，投身创业实践的学生显著增加"。国务院发布深化高等学校创新创业教育改革的实施意见，将大学生创新创业教育纳入学分管理，并设立大学生创新创业基金，资助创新创业项目。要把创新创业教育质量作为衡量办学水平、考核领导班子的重要指标，纳入高校教育教学评估指标体系和学科评估指标体系，引入第三方评估。

健全创新创业教育课程体系。各高校要根据人才培养定位和创新创业教育目标要求，面向全体学生开发开设研究方法、学科前沿、创业基础、就业创业指导等方面的必修课和选修课，纳入学分管理，建设依次递进、有机衔接、科学合理的创新创业教育专门课程群。各地区、各高校要加快创新创业教育优质课程信息化建设，推出一批资源共享的慕课、视频公开课等在线开放课程；建立在线开放课程学习认证和学分认定制度；组织学科带头人、行业企业优秀人才，联合编写具有科学性、先进性、适用性的创新创业教育重点教材。

（二）《关于推动创新创业高质量发展打造"双创"升级版的意见》

2018 年经李克强总理签批，国务院印发《关于推动创新创业高质量发展打造"双创"升级版的意见》（以下简称《意见》）。通过打造"双创"升级版，进一步优化创新创业环境，大幅降低创新创业成本，提升创业带动就业能力，增强科技创新引领作用，提升支撑平台服务能力，推动形成线上线下结合、产学研用协同、大中小企业融合的创新创业格局，为加快培育发展新动能、实现更充分就业和经济高质量发展提供坚实保障。《意见》提出了打造"双创"升级版的八个方面的政策措施：一是深化放管服改革，进一步释放创新创业活力，营造公平的市场环境，着力促进创新创业环境升级；二是加大财税政策支持力度，完善创新创业产品和服务政府采购政策，加快推进首台（套）重大技术装备示范应用，建立完善知识产权管理服务体系，加快推动创新创业发展动力升级；三是鼓励和支持科研人员积极投身科技创业，强化大学生创新创业教育培训，健全农民工返乡创业服务体系，完善退役军人自主创业支持政策和服务体系，提升归国和外籍人才创新创业便利化水平，推动更多群体投身创新创业，持续推进创业带动就业能力升级；四是增强创新型企业引领带动作用，推动高校科研院所创新创业深度融合，健全科技成果转化的体制机制，深入推动科技创新支撑能力升级；五是提升孵化机构和众创空间服务水平，搭建大中小企业融通发展平台，深入推进工业互联网创新发展，完善"互联网+"创新创业服务体系，打造创新创业重点展示品牌，大力促进创新创业平台服务升级；六是引导金融机构有效满足创新创业融资需求，充分发挥创业投资支持创新创业作用，拓宽创新创业直接融资渠道，完善创新创业差异化金融支持政策，进一步完善创新创业金融服务；七是打造具有全球影响力的科技创新策源地，培育创新创业集聚区，发挥"双创"示范基地的引导示范作用，推进创新创业国际合作,加快构筑创新创业发展高地;八是强化创新创业政策统筹,细化关键政策落实措施,做好创新创业经验推广,切实打通政策落实"最后一公里"。

推进大众创业、万众创新是深入实施创新驱动发展战略的重要支撑,是深入推进供给侧结构性改革的重要途径。随着大众创业、万众创新的蓬勃发展,创新创业环境持续改善,创新创业主体日益多元,各类支撑平台不断丰富,创新创业社会氛围更加浓厚,创新创业理念日益深入人心,取得显著成效。但同时,还存在创新创业生态不够完善、科技成果转化机制尚不健全、大中小企业融通发展还不充分、创新创业国际合作不够深入以及部分政策落实不到位等问题。打造"双创"升级版,推动创新创业高质量发展,有利于进一步增强创业带动就业能力,有利于提升科技创新和产业发展活力,有利于创造优质供给和扩大有效需求,对增强经济发展内生动力具有重要意义。

1. 创新创业教育指导思想

以习近平新时代中国特色社会主义思想为指导,全面贯彻党的十九大和十九届二中、三中全会精神,坚持新发展理念,坚持以供给侧结构性改革为主线,按照高质量发展要求,深入实施创新驱动发展战略,通过打造"双创"升级版,进一步优化创新创业环境,大幅降低创新创业成本,提升创业带动就业能力,增强科技创新引领作用,提升支撑平台服务能力,推动形成线上线下结合、产学研用协同、大中小企业融合的创新创业格局,为加快培育发展新动能、实现更充分就业和经济高质量发展提供坚实保障。

2. 创新创业教育总体思路

按照"四个全面"战略布局,坚持改革推动,加快实施创新驱动发展战略,充分发挥市场在资源配置中的决定性作用和更好地发挥政府作用,加大简政放权力度,放宽政策、放开市场、放活主体,形成有利于创新创业的良好氛围,让千千万万创业者活跃起来,汇聚成经济社会发展的巨大动能。不断完善体制机制、健全普惠性政策措施,加强统筹协调,构建有利于大众创业、万众创新蓬勃发展的政策环境、制度环境和公共服务体系,以创业带动就业,以创新促进发展。

(1) 坚持深化改革,营造创业环境。通过结构性改革和创新,进一步简政放权、放管结合、优化服务,增强创新创业制度供给,完善相关法律法规、扶持政策和激励措施,营造均等普惠环境,推动社会纵向流动。

(2) 坚持需求导向,释放创业活力。尊重创新创业规律,坚持以人为本,切实解决创业者面临的资金需求、市场信息、政策扶持、技术支撑、公共服务等瓶颈问题,最大限度释放各类市场主体创新创业活力,开辟就业新空间,拓展发展新天地,解放和发展生产力。

(3) 坚持政策协同,实现落地生根。加强创新、创业、就业等各类政策统筹,部门与地方政策联动,确保创业扶持政策可操作、能落地。鼓励有条件的地区先行先试,探索形成可复制、可推广的创新创业经验。

(4) 坚持开放共享,推动模式创新。加强创新创业公共服务资源开放共享,整合利用全球创新创业资源,实现人才等创新创业要素跨地区、跨行业自由流动。依托"互联网+"、大数据等，推动各行业创新商业模式，建立和完善线上与线下、境内与境外、政府与市场开放合作等创新创业机制。

3. 基本目标

（1）创新创业服务全面升级。创新创业资源共享平台更加完善，市场化、专业化众创空间功能不断拓展，创新创业平台服务能力显著提升，创业投资持续增长并更加关注早中期科技型企业，新兴创新创业服务业态日趋成熟。

（2）创业带动就业能力明显提升。培育更多充满活力、持续稳定经营的市场主体，直接创造更多就业岗位，带动关联产业就业岗位增加，促进就业机会公平和社会纵向流动，实现创新、创业、就业的良性循环。

（3）科技成果转化应用能力显著增强。科技型创业加快发展，产学研用更加协同，科技创新与传统产业转型升级结合更加紧密，形成多层次科技创新和产业发展主体，支撑战略性新兴产业加快发展。

（4）高质量创新创业集聚区不断涌现。"双创"示范基地建设扎实推进，一批可复制的制度性成果加快推广。有效发挥国家级新区、国家自主创新示范区等各类功能区的优势，打造一批创新创业新高地。

（5）大中小企业创新创业价值链有机融合。一批高端科技人才、优秀企业家、专业投资人成为创新创业主力军，大企业、科研院所、中小企业之间创新资源要素自由畅通流动，内部外部、线上线下、大中小企业融通发展水平不断提升。

（6）国际国内创新创业资源深度融汇。拓展创新创业国际交流合作，深度融入全球创新创业浪潮，推动形成一批国际化创新创业集聚地，将"双创"打造成为我国与包括"一带一路"相关国家在内的世界各国合作的亮丽名片。

（三）创新创业教育升级版的着力点

当前，我国经济已由高速增长阶段转向高质量发展阶段，对推动大众创业、万众创新提出了新的更高要求。当前和今后一个时期，我们要深刻理解、准确把握高质量发展的内涵和要求，坚持以创新驱动为引擎、以质量变革为目标、以企业家精神和创新型企业培育为主体、以平台构建和要素完善为两翼、以加快政府职能转变为支撑，切实推动"双创"升级发展。

1. 以创新驱动为引擎

创新是引领发展的第一动力，是建设现代化经济体系的战略支撑，也是实现高质量发展的必由路径。推动"双创"升级发展对创新驱动的需求更为迫切，要求经济发展动能加快从单一要素数量投入转变为更多依靠创新驱动，从而形成创新动能。

（1）推动传统产业转型升级。推动高质量发展，推动量大面广的传统产业改造升级，促进新技术与传统产业融合，让传统产业焕发新动力、释放新动能。

（2）加快新兴产业培育。深入实施创新驱动和"互联网+"等发展战略，发展高端装备、电子信息、生物医药等新兴产业，通过产业结构优化升级催生新技术、新动能、新活力。

（3）促进成果顺畅转化。搭建成果转化平台，畅通科技成果与市场对接渠道，健全科技资源开放共享机制，鼓励科研人员面向企业开展技术开发、技术咨询、技术培训等，实现科技创新与企业创新创业深度融合。

2. 以质量变革为目标

实现经济高质量发展，离不开高质量微观经济主体的支撑。我们只有不断提升微观的产品服务质量，才能更好地实现质量变革，推动经济高质量发展。这也是推动"双创"升级发展的重要目标。推动产品服务质量升级，一靠技术，二靠管理，三靠标准。通过挖掘潜力、规范经营、优化工艺，形成一整套新的经营管理和生产方法。此外，还要积极推动行业标准升级，更多抢占行业标准话语权，提升产业竞争力。

3. 以企业家精神和创新型企业培育为主体

企业家是高质量发展的关键主体。充分发挥企业家的积极性，有利于实现社会资源的有效配置，提高企业的全要素生产率，进而带动我国经济质量和效率变革。推动"双创"升级发展，要着力弘扬敢于进取、创新创业的企业家精神，积极营造有利于企业家创新创业的良好环境，调动企业家干事创业的积极性。

同时，"双创"催生的数以万计的创新型企业，也是高质量发展和"双创"升级发展的重要依托。"双创"既可以有效激发全社会的创新创业热情，催生大量的新成长企业，增强微观经济活力，也为大企业拓展内部创业新模式、构筑完善产业生态链提供契机。要强化创新企业培育，把发展培育壮大创新型企业放在更加突出的位置，打造数量多、质量优、潜力大、成长快的创新型企业集群。加大对"专精特新"中小企业的支持力度，鼓励中小企业参与产业关键共性技术研究开发，持续提升企业创新能力。

4. 以平台构建和要素完善为两翼

"双创"升级发展离不开良好创新生态的支撑，这其中，完善便捷的创新创业孵化平台和高效顺畅的要素供给机制是关键。一方面，要加快创新创业服务平台构建。着力在重点领域和关键环节加快建设一批国家产业创新中心、国家技术创新中心等创新平台，充分发挥创新平台资源集聚优势；加快众创空间和小微企业创业基地建设以及公共服务平台网络建设，营造更加有利于中小企业创业兴业的良好环境；鼓励大企业建立开放创新创业平台，积极利用第三方开放创新平台资源，建设全新、立体、复合的创新创业生态系统。另一方面，积极构建科技创新、现代金融、人力资源等高端要素支撑机制，推动各类创新资源加快向实体企业集聚。一是加大财税政策支持力度，完善创新创业产品和服务政府采购等政策措施，促进新技术源源不断流向创新创业企业；二是进一步完善创新创业金融服务，引导金融机构有效服务创新创业融资需求；三是鼓励和支持科研人员积极投身科技创业，强化大学生创新创业教育培训，健全农民工返乡创业服务体系，推动各类人才、更多群体投身创新创业。

5. 以加快政府职能转变为支撑

推动"双创"升级发展，政府不能"缺位"，更不能"越位"。要进一步推动简政放权、放管结合、优化服务，以政府权力的"减法"换取创新创业的"乘法"，释放创新创业活力；要把推进大众创业、万众创新作为深入实施创新驱动发展战略、深化供给侧结构性改革的重要抓手，在降成本、优服务、强支撑以及政策落实等方面推出一系列务实举措，打造"双创"升级版；要加快创新创业环境、创新创业发展动力、创业带动就业能力、科技创新支撑能力、创新创业平台服务、创新创业金融服务等提档升级，构筑创新创业发展新高地；要对标中央要求完善政策体系，增强政策可操作性，确保落实有抓手、结果可考核、绩效可评价；要打通政策落实"最后一公里"，加强宣传解读，及时解决痛点堵点问题，营造浓厚的创新创业社会氛围，更好地激发市场活力和社会创造力；要建立部门之间、部门与地方之间的高效协同机制，促进科技、金融、财税、人才等方面支持创新创业政策措施的有效衔接。

（四）创新创业教育成效

1. "互联网＋"大学生创新创业大赛打造育人平台

近年来，为深入贯彻落实习近平总书记关于教育的重要论述和党中央、国务院的决策部署，教育部实施了一系列有力措施促进创新创业教育改革，特别是联合11家中央单位和地方省级人民政府，打造了中国国际"互联网＋"大学生创新创业大赛，到2021年已经是第七届。目前，大赛已经成为高等教育领域落实立德树人、提高人才培养质量的重要举措，成为推动高校创新创业教育改革的重要平台，成为展示新时代高等教育教学改革成果的重要窗口，成为世界大学生实现创新创业梦想的全球盛会。

2. 国家领导人高度重视

中国国际"互联网＋"大学生创新创业大赛自2015年李克强总理提议举办以来，得到了党中央、国务院的高度关怀和指导。特别是2017年8月15日，习近平总书记给大赛"青年红色筑梦之旅"大学生回信，极大地激发了全体大学生的创新创业热情，为办好大赛指明了方向。

3. "双创"盛会的成果丰硕

七年来，中国国际"互联网＋"大学生创新创业大赛规模与质量逐年攀升，成为覆盖全国所有高校、面向全体大学生、影响最大的高校"双创"盛会。同时，大赛秉持教育本色，将思想政治教育、专业教育和创新创业教育相结合，以赛促学、以赛促教、以赛促创，破除大学生创新创业教育端与实践端的壁垒，形成了四个方面的重要成果。

（1）组建了一支声势浩大的"双创"青年大军。7届大赛累计有603万个团队2 533万名大学生参赛，实现了基础教育、职业教育、高等教育的贯通。2020年，通过对国家市场监管总局登记注册的创新数据与全国高校学生学籍学历数据对比，2015—2020届大学生中共有创业学生54.1万人。据统计，仅6届大赛的400多个金奖项目就带动就业50多万人。

（2）开发了一堂最有温度的国情思政金课。经过5年的实践探索，450余万名大学生参与"青年红色筑梦之旅"活动。广大青年学生走进革命老区、贫困地区和城乡社区，接受思想洗礼，加强实践锻炼，将激昂的青春梦融入伟大的中国梦。

（3）打造了一个融通中外的"双创"交流平台。自第三届大赛开始，大赛积极推进国际交流合作。据统计，第五届、第六届、第七届大赛共有来自五大洲 120 多个国家和地区 10 314 个国际项目 30 592 名国际大学生报名参赛，实现了"百国千校万人"参赛，大赛的"国际范""含金量"再创历史新高。

（4）促进了一场立体推进的"双创"教育改革。大赛以创新引领创业、创业带动就业，推动高校人才培养模式发生深刻改革。目前，全国高校已普遍开设创新创业教育课程，累计开课 3 万余门。各高校聘请行业优秀人才担任"双创"教师，专职教师近 3.5 万人、兼职导师 13.9 万余人。大赛与创新创业教育共同发展，为新时代大学生绽放自我、展现风采、服务国家提供了新平台，为世界创新创业教育提供了中国智慧和中国方案。

4. "双创"大赛的中国特色

2021 年，我们聚焦中国共产党成立百年的特殊历史节点、进入新发展阶段的战略起点、第一次在革命老区办赛的特殊地点，围绕着"更中国、更国际、更教育、更全面、更创新"的办赛目标，做强"底色"、点亮"红色"、突出"本色"、再添"成色"，力争办一届更出彩、更惊艳的国际大赛。

（1）做强创新创业"底色"，赛事规模再创新高。2021 年共有来自国内外 121 个国家和地区 4 347 所院校 228 万余个项目 956 万余人次报名参赛，参赛项目数增幅达到 55%，参赛人次增幅达到 51%。尽管受到新冠肺炎疫情影响，2021 年仍有来自国外 117 个国家 1 263 所学校 5 531 个项目 15 611 人报名参赛，参赛项目数和人次增幅分别达到 68% 和 74%，包括哈佛大学、麻省理工学院、牛津大学、剑桥大学等世界排名前 100 的大学。为适应赛事发展，这次总决赛入围项目由 1 600 个增加到了 3 500 个，金牌数量由 158 个增加到了 320 个。可以说，本届大赛实现了"三个覆盖"：一是内地院校参赛全覆盖；二是教育全学段参赛全覆盖；三是世界百强大学参赛基本覆盖。

（2）点亮课程思政"红色"，红色旅游活动星火燎原。各地各高校紧扣"建党百年"主题，全程贯穿"四史"教育，2 586 所院校的 40 万个创新创业团队 181 万名大学生参加活动，对接 105 万户农户、2.1 万多家企业，签署合作协议 3 万余项，产生了良好的经济效益和社会效益。

（3）突出育人育才的"本色"，让大赛讲好立德树人故事。本届大赛进一步回归教育本位，力争从"幼稚"中突出"不平凡"。

（4）再添高质量发展"成色"，大赛赛道进一步拓展。为引领高校把创新创业教育与破解产业实际技术难题有机结合，本届大赛新增了产业命题赛道。产业出题，高校揭榜，华为、腾讯、京东、字节跳动、南方航空等多家知名企业高度关注，积极参与，国内共有 1 024 所高校 10 466 个项目 59 454 人次报名参赛，有力地促进了赛事成果转化与产学研深度融合，营造了协同培养创新创业人才的良好生态，推动了高校毕业生更高质量创业和就业。大赛引导各高校深入贯彻立德树人根本任务，培养广大青年学生成为大众创业万众创新的生力军。

第二节 培育企业家精神与工匠精神

一、企业家精神与工匠精神概念

中国特色社会主义进入新时代，走进新时代，中国有越来越多的优秀企业家涌现出来，主动承担各种社会责任，走在时代的前列。改革开放40多年来，企业家群体崛起，企业家精神激荡，时代成就了企业梦想，企业推动着中国进步。新时代呼唤优秀的企业家。在新时代，企业家的新任务就是紧紧围绕着质量和效益来做工作，解决发展中"好不好"的问题。

新时代中国特色社会主义思想的本质体现在高质量发展，建设现代化经济体系，推动经济发展质量变革、效率变革、动力变革，需要更好发挥广大企业家的作用。中共中央、国务院印发了《关于营造企业家健康成长环境 弘扬优秀企业家精神 更好发挥企业家作用的意见》，极大地调动了企业家干事创业的积极性。落实好中央精神，关心爱护企业家，需要各方面共同努力。发展高质量，围绕推动经济发展、改革开放、城乡建设、文化建设、生态环境、人民生活"六个高质量发展"，系统谋划思路举措，认真研究政策措施，抓重点补短板强弱项，全力推动经济社会高质量发展。推动高质量发展是一项十分复杂的系统工程，不仅涉及相关政策体制的调整、改革和完善，也涉及消费理念、社会文化等深层次的更新与转变，需要政府、企业、社会组织、消费者及社会各界的共同努力，但其中比较关键的主体和要素，是企业家和企业家精神。激发和弘扬企业家精神，充分发挥企业家作用，是新形势下推动高质量发展的一个重要途径和一项关键举措。可以说，企业家精神与高质量发展的要求是高度一致、高度相通的。

改革开放40多年以来造就了一大批企业家，为经济社会发展做出了巨大贡献。企业家，是经济活动的重要主体，是财富积累和价值创造过程中最具生产力、最为积极的因素。中国改革开放探索出了一条中国特色社会主义发展道路，确立了社会主义市场经济体制，也激发了企业家精神，激活了企业家这个最具活力、创造力的市场组织者和财富创造者群体。回顾改革开放40多年的历程，一大批优秀企业家在市场竞争中迅速成长。在改革开放深入推进阶段，也正是因为有着一大批具有创新思维和国际眼光、敏锐市场洞察力和果敢战略决断力的企业家，中国企业才从落后到跟跑，到并跑乃至超越，涌现出一大批世界500强企业，有的企业成为世界同行业的领跑者。企业家通过推动技术创新、管理创新、商业模式创新，把一个个想法变成产品，把一个个产品带进市场，既发掘和满足了人们对美好生活的需求，又创造了巨大的市场价值和社会价值。可以说，企业家和企业家精神驱动着中国经济的发展，为积累社会财富、创造就业岗位、促进经济社会发展、增强综合国力做出了重要贡献。

（一）企业家精神的内涵

从"企业家精神"这个术语的内涵上分析，精神首先是一种精神品质。企业家精神也是企业家这个特殊群体所具有的共同特征，是他们所具有的独特的个人素质、价值取向以及思维模式的抽象表达，是对企业家理性和非理性逻辑结构的一种超越、升华。企业家群体独有的显著的精神特征就与其他群体精神特征区别开来，人们日常也把它看作成功的企业家个人内在的经营意识、理念、胆魄和魅力，以此为标尺可以识别、挑选企业家。2017年9月25日，中共中央、国务院印发的《关于营造企业家健康成长环境 弘扬优秀企业家精神 更好发挥企业家作用的意见》，概括了新时代优秀企业家精神的核心内涵：爱国敬业、遵纪守法、艰苦奋斗；创新发展、专注品质、追求卓越；履行责任、敢于担当、服务社会。而在这些精神中，创新是企业家的本质和内涵。要让企业家深切感受到国家关心企业家发展、弘扬企业家精神的改革魄力和务实作风。要充分弘扬企业家精神，发扬敢为人先的创新精神、精益求精的工匠精神、诚信履责的担当精神，担负起中国企业发展和走向国际化的历史使命。企业家精神不是天生的，而是在后天的社会教育和社会实践中逐渐培育起来的。

什么样的企业家是优秀企业家？在不同时代、不同国家以及不同历史发展阶段，定义和衡量标准有所不同。我们已经进入中国特色社会主义新时代，处在这个时代，优秀企业家首先要有使命感和责任感：使命感体现为积极拥抱这个时代，融入这个时代，牢牢把握时代主题，积极投身到时代潮流中，不等待观望，不指责抱怨，社会主义是干出来的，优秀企业家是在市场上拼杀出来的；责任感体现为对国家、对社会、对人民大众有更大的担当。其次，优秀企业家要成为新发展理念的实践者、推动者和引领者。在新时代，依法合规经营已经成为企业的最低标准。绿色低碳既是企业可持续发展的重要条件，也成为企业家的一项道德标准。最后，创新是企业家精神的内核，也是优秀企业家的核心竞争力之一。用创新驱动来引领发展将会成为优秀企业家的基本功和工作常态。

（二）工匠精神的核心内涵与特征

广义上，工匠精神是指工匠对自己的产品精雕细琢、精益求精、追求完美的精神理念。企业的工匠精神，归根结底还是要通过员工的工匠精神来体现的。工匠精神，是一种心无旁骛、志如磐石、锲而不舍的技术追求，也是一种敢于创新、精益求精、追求卓越的精神品格。工匠精神指的是一种精工制作的意识，是对每个环节、每道工序、每个细节都精心打磨、精益求精、追求卓越。敬业、专业、耐心、专注、执着、坚持等都是工匠精神的特质。企业家精神和工匠精神是优秀企业家的核心特质，也是精神之魂。

（三）企业家精神与工匠精神的关系

对一个企业来说，工匠精神所传递的是孜孜不倦、精益求精、永攀第一的专业态度，而这正是一个企业家真正应该具备的。企业家是企业发展的"掌舵人"，企业家的市场生存理念决定了企业的命运。践行工匠精神，离不开企业家的率先垂范。工匠不一定都能成为企业家，但大多数成功的企业家身上都具备工匠精神。所有成功的企业，除了企业家的实干之外，都离不开以科技创新作支撑。这不仅能确保企业不断发展壮大，更是企业家们对工匠精神的最好诠释。

为了更好地理解和落实优秀企业家精神的弘扬与培育，需要对两个精神进行区分：企业家精神是侧重于企业家层面，关乎企业发展战略、未来大局、视野，重方向、重精神层面的内容，关乎企业家带领企业成长、壮大过程中的重大决策和最终对经济社会发展贡献的测度。而工匠精神是侧重于研究主体为企业的核心技术人员和一线工人，重细节、重品质。工人和技术人员要强调传统的"工匠精神"：精益求精、一丝不苟、耐心专注、专业敬业；而企业家则还要把"工匠精神"延伸到市场竞争中的经营模式上去：了解市场、适应市场、引导市场、开拓市场。

二、新时代企业家精神

目前管理学界、企业界均积极探索中国管理研究的情境化问题，研究中国特色的管理研究的话语权、话语体系和中国管理实践问题，面临百年不遇之大变局，我国也进入中国特色社会主义新时代。在此背景下，新时代的中国企业家及其企业家精神有什么不同内涵？学术理论界和企业实践界均有不同的观点和看法。

（一）企业家的内涵与分类

"企业家"（entrepreneur）一词源于法文 entreprendre，意思是"敢于承担一切风险和责任而开创并领导一项事业的人"，带有"冒险家"的意思。"企业家"这一概念由法国经济学家理查德·坎蒂隆（Richard Cantillon）于1755年首次提出，即企业家使经济资源的利用效率由低转高；"企业家精神"则是企业家特殊技能（包括精神和技巧）的集合。或者说，"企业家精神"指企业家组织建立和经营管理企业的综合才能的表述方式，它是一种重要而特殊的无形生产要素。理查德·坎蒂隆是目前公认的最早提出"企业家"（entrepreneur）这个专业术语的经济学家，他赋予了企业家最初的经济学含义，主要指那些通过承担风险进行生产和交易的群体。但关于企业家为什么愿意去主动承担风险，坎蒂隆并没有给出任何的分析与解释。在古典经济学家看来，企业家主要是一个风险承担者（risk-bearer）。对此，亚当·斯密（Adam Smith）从政治经济学角度做了深入分析，认为企业家承担风险的行为动力关键在于利润动机。奥地利学派主要代表人物科兹纳（Kirzner, 2008）将人们对企业家的认识从投机、警觉到创造性的演变让人们更容易理解企业家的内涵。他指出学术界将他的企业家内涵与熊彼特的企业家内涵看作对立的观点是一种严重的误解。他认为创造性和警觉并不冲突，反而是一种互补的关系，企业家的警觉性能够提升熊彼特式的创造性，创造性破坏又构成了企业家警觉的环境来源，两者促使经济不断地从均衡走向不均衡，再发展到均衡，不断反复。因此，从科兹纳这一观点来看，关于企业家的内涵探讨正逐步走向融合。

张维迎教授将企业家区分为三类：第一类企业家能够识别消费者自己都没有明白的需求，企业家要满足消费者的需求，但其实消费者并不知道自己需要什么，而是要企业家去想象消费者会需要什么；第二类企业家满足市场上已经表现出来的需求，比别人做得更好；第三类企业家按订单生产，这是最简单的企业家行为。在人类总体当中这类企业家是比较少的，第一类企业家更少，引领产业发展、引领经济的领袖基本都属于第一类企业家。中国的企业家，像马化腾、任正非，是第一类；大量非常有名的企业家可能都不算第一类，就是纯粹创造出新产业来的。第一类企业家是最重要的。

目前以公司企业家精神作为自变量的研究文献较多，而且各种量表的使用和维度的测量各不相同，大多数研究都采取扎赫拉（Zahra，1996）开发的量表，主要包括公司企业家精神的三个维度——创新、风险活动和战略更新。

（二）企业家精神的分类

企业家精神如何分类？根据不同的理论取向，学者对企业家精神做出不同的分类。

GEM（Global Entrepreneurship Monitor，全球创业观察）及其中国报告虽然从多维度、多指标进行了细致考察，但所得指数只到国家层面或中国的省级层面。根据现有文献和国家层面有关优秀企业家精神的界定来看，在实证研究中，既要考虑到现有文献的成熟观点和量表，也需要充分考虑我国已经进入中国特色社会主义新时代的特点，还需要考虑企业家精神的新内涵和维度，如企业家精神的社会责任与担当这一维度。

一些学者根据个体企业家精神产生的背景和表现形式对其进行了归纳和分类；另一种分类方法则是按照企业家具有的不同特质进行分类。如欧文（Owen，1999）将企业家精神区分为创业型和经理型两种类型。格兰西（Glancey）和麦克奎德（Mcouaid）等人则从个人因为风险的不确定性而表现出来的异质性出发，将企业家精神区分为开拓型的企业家精神和保守型的企业家精神两种形式，发现两种不同的企业家精神会采用不同技术创新方式。佩雷多（Ana Mara Peredo，2014）认为企业家精神实施的前提来自企业家个人特质的五个方面即专门或以凸现的方式来创造某种社会价值的能力、识别机遇并利用机遇来创造该价值的能力、利用创新的能力、容忍风险的能力和拒绝接受可获得资源限制的倾向等。

威廉·鲍莫尔（William jack Baumol，1990）把企业家精神分为生产性和非生产性两种。罗比·萨曼塔·罗伊（Robie I. Samanta Roy）也发现，企业的战略联盟、资产的有效配置、知识产权的保护、师徒关系等都是促进企业家精神打造和经济增长的重要因素。巴特·贾加尔（Bat Batjargal，2007）分析了中国网络企业的企业家精神状况，发现在因特网领域，企业家的社会资本和人力资本（经验）之间存在互动的效应，且企业家的社会资本和其西方经历之间的互动对网络公司的存活有积极影响，而企业家的社会资本和其创业经历之间的互动对公司的表现有负面影响。莫娜·巴尔等人（Bahl M.，2021）的研究结果表明，在转型经济体的创业企业中，国际化与创新的可能性呈负相关，三种基于知识的能力（吸收能力、拨款能力和管理能力）正调节上述负面关系。

通过梳理企业家精神的相关文献可以看出，学者们对于企业家精神的研究已近相当成熟，包括测量维度越来越多，也已经有多种成熟的测量量表。其中创新精神是研究的热门，也是大家公认的核心精神。此外还有冒险精神、创业精神、竞争精神、责任精神等，冒险与创业精神的研究中各学者持有不同的意见，但是对于责任精神的研究非常少。无论是对企业家精神的核心内涵的理解，还是基本维度的分类，以及量表测量或者指标测量均

没有统一。各个学者仅对熟悉的领域采取简化方式选取企业家精神的测量指标，导致了战略管理、创业管理、组织管理领域的对企业家精神的理论研究没有充分参考依据，随意性较大，在数据来源方面和测量指标方面也难以统一。究其本源，主要是对企业家精神的基本内涵、测量维度和影响因素没有统一口径，没有形成权威的测量指标。由于各个学者的理解不同，在研究企业家精神对企业绩效的影响机制方面，在实证研究方面没有统一的框架。国别不同，年代不同，对企业家精神的理解也不同。在我国经济面临百年不遇之大变局的挑战时代，在全面建设现代化强国的时代，我们需要对企业家精神有统一的口径、统一的认识，迫切需要结合中国企业家和中国国情来进行理论创新。

（三）新时代企业家精神的内涵与特征

1. 概念来源

党的十九大报告指出，"激发和保护企业家精神，鼓励更多社会主体投身创新创业"。党和国家始终高度重视弘扬企业家精神，习近平总书记强调，"市场活力来自于人，特别是来自于企业家，来自于企业家精神"。对党忠诚、信念坚定是新时代企业家精神的"根基"；着眼长远、执着坚守是新时代企业家精神的"内核"；开拓创新、合作共赢是新时代企业家精神的"灵魂"；敢于担当、奋发有为是新时代企业家精神的"底色"；遵纪守信、敬业奉献是新时代企业家精神的"标线"。弘扬新时代企业家精神，不仅是企业家自身的追求，还需要创建健康环境来培育和激发。

企业家精神是企业家作为一个特殊群体发挥其社会作用所必备的共同特征，是其价值取向、知识体系和素质能力的集中体现。改革开放以来，一大批有胆识、勇创新的企业家茁壮成长，形成了具有鲜明时代特征、民族特色、世界水准的中国企业家队伍。企业家精神具有鲜明的时代特点。改革开放以来，企业家精神是中国经济高速增长的重要动力，在不同时期都发挥了突出的作用。在改革开放初期，一大批优秀的乡镇企业家迸发出了极大的勇气和魄力，在市场经济地位还未确立、商业生态还不成熟的时期经商办企业，给经济注入了全新的活力。这一时期企业家精神的核心内容是"冒险精神"，敢为天下先，充分利用了改革开放初期计划经济体制下的市场不均衡所带来的商机，快速地推动了企业的发展和市场的成熟。随着对外开放的不断扩大，外国资本、技术和先进的管理经验进入中国市场，中国承接了全球产业的转移，大批的政府公务员和事业单位工作人员下海经商。这一时期企业家精神的核心内容是"学习精神"，学习国际先进的技术、理念和管理，快速地帮助中国经济融入了全球产业链中。进入互联网时代，以互联网技术为代表的信息产业快速发展，深刻地改变了中国的商业生态和市场竞争格局，涌现出了一大批优秀的民营企业家。这一时期企业家精神的核心内容是"开拓精神"，借助互联网将西方市场比较成熟的商业模式快速在中国推广，从沿海到内陆，从城市到农村，让互联网产业和中国经济深度融合。中国特色社会主义进入新时代，需要中国的企业家把企业发展同国家繁荣、民族兴盛、人民幸福紧密结合在一起，主动为国担当、为国分忧，以创新和实干为企业家精神注入新内涵。

2017年9月25日，中共中央、国务院印发《关于营造企业家健康成长环境 弘扬优秀

企业家精神 更好发挥企业家作用的意见》，这是中央首次发文明确企业家精神的地位和价值。文件概括了新时代优秀企业家精神的基本内涵。走进新时代，中国有越来越多的优秀企业家涌现出来，主动承担各种社会责任，走在时代的前列。

2. 新时代企业家精神内涵

中共中央总书记、国家主席、中央军委主席习近平2020年7月21日下午在北京主持召开企业家座谈会并发表重要讲话："市场主体是经济的力量载体，保市场主体就是保社会生产力。留得青山在，不怕没柴烧。要千方百计把市场主体保护好，为经济发展积蓄基本力量。"市场主体是我国经济活动的主要参与者、就业机会的主要提供者、技术进步的主要推动者，在国家发展中发挥着十分重要的作用。习近平总书记进一步指出，企业家要带领企业战胜当前的困难，走向更辉煌的未来，就要弘扬企业家精神，在爱国、创新、诚信、社会责任和国际视野等方面不断提升自己，努力成为新时代构建新发展格局、建设现代化经济体系、推动高质量发展的生力军。至此，企业家精神的真正内涵和维度就有了中国特色的新表述：爱国、创新、诚信、社会责任和国际视野。

第一，增强爱国情怀。企业营销无国界，企业家有祖国。优秀企业家必须对国家、对民族怀有崇高使命感和强烈责任感，把企业发展同国家繁荣、民族兴盛、人民幸福紧密结合在一起，主动为国担当、为国分忧，正所谓"利于国者爱之，害于国者恶之"。爱国是近代以来我国优秀企业家的光荣传统。从清末民初的张謇，到抗战时期的卢作孚、陈嘉庚，再到新中国成立后的荣毅仁、王光英，等等，都是爱国企业家的典范。改革开放以来，我国也涌现出一大批爱国企业家。企业家爱国有多种实现形式，但首先是办好一流企业，带领企业奋力拼搏、力争一流，实现质量更好、效益更高、竞争力更强、影响力更大的发展。

第二，勇于创新。创新是引领发展的第一动力。"富有之谓大业，日新之谓盛德。"企业家创新活动是推动企业创新发展的关键。美国的爱迪生、福特，德国的西门子，日本的松下幸之助等著名企业家都既是管理大师，又是创新大师。改革开放以来，我国经济发展取得举世瞩目的成就，同广大企业家大力弘扬创新精神是分不开的。创新就要敢于承担风险。敢为天下先是战胜风险挑战、实现高质量发展特别需要弘扬的品质。企业家要做创新发展的探索者、组织者、引领者，勇于推动生产组织创新、技术创新、市场创新，重视技术研发和人力资本投入，有效调动员工创造力，努力把企业打造成为强大的创新主体，在困境中实现凤凰涅槃、浴火重生。创业精神，应当是新时代企业家最基本、最内在的素质特征，是企业家精神最为核心的内容。实际上，大家常说的"工匠精神"也隐含在其中，包括脚踏实地的精神、精益求精的精神和敬业专注的精神。我们说，企业家是带着创新的天职而来的，是怀揣梦想并敢于向梦想冲击的人。创新既是他们生活的意义和目标，也是他们的乐趣和追求所在。他们祈求和珍惜的是创新的机会，分享的是创新的过程，痴迷的是创新的事业、创新的产品和自身价值的实现，是那种常人所无法感受到的"我创新我快乐"的情怀。我国互联网领域的"四大金刚"——阿里巴巴、百度、腾讯、小米的掌门人无疑是这个方面的代表。他们执着于创新创业，不仅仅是在引领市场，而且是在创造市场和颠覆市场，使产业领袖谷歌、亚马逊、脸谱、苹果都感到危机和压力。

第三，诚信守法。"诚者，天之道也；思诚者，人之道也。"人无信不立，企业和企业家更是如此。社会主义市场经济是信用经济、法治经济。企业家要同方方面面打交道，调动人、财、物等各种资源，没有诚信寸步难行。由于种种原因，一些企业在经营活动中还存在不少不讲诚信甚至违规违法的现象。法治意识、契约精神、守约观念是现代经济活动的重要意识规范，也是信用经济、法治经济的重要要求。企业家要做诚信守法的表率，带动全社会道德素质和文明程度提升。

第四，承担社会责任。企业既有经济责任、法律责任，也有社会责任、道德责任。任何企业存在于社会之中，都是社会的企业。社会是企业家施展才华的舞台。只有真诚回报社会、切实履行社会责任的企业家，才能真正得到社会认可，才是符合时代要求的企业家。这些年来，越来越多的企业家投身于各类公益事业。在防控新冠肺炎疫情战斗中，广大企业家积极捐款捐物，提供志愿服务，做出了重要贡献，值得充分肯定。当前，就业压力加大，部分劳动者面临失业风险，关爱员工是企业家履行社会责任的一个重要方面，要努力稳定就业岗位，关心员工健康，同员工携手渡过难关。

第五，拓展国际视野。有多大的视野，就有多大的胸怀。改革开放以来，我国企业家在国际市场上得到锻炼和成长，利用国际国内两个市场、两种资源的能力不断提升。最近10年左右，我国企业走出去步伐明显加快，更广、更深地参与国际市场开拓，产生出越来越多的世界级企业。近几年，经济全球化遭遇逆流，经贸摩擦加剧，一些企业基于要素成本和贸易环境等方面的考虑，调整了产业布局和全球资源配置。这是正常的生产经营调整。同时，我们应该看到，中国是全球最有潜力的大市场，具有最完备的产业配套条件。企业家要立足中国，放眼世界，提高把握国际市场动向和需求特点的能力，提高把握国际规则的能力，提高开拓国际市场的能力，提高防范国际市场风险的能力，带动企业在更高水平的对外开放中实现更好发展，促进国内国际双循环。

3. 新时代企业家精神的五大维度内涵的内在联系

新时代企业家精神的五大维度的内涵存在内在联系：爱国情怀是新时代企业家精神的"根基"；勇于创新是新时代企业家精神的"灵魂"；诚信守法是新时代企业家精神的"标线"；敢于担当是新时代企业家精神的"底色"，是企业和企业家社会责任的集中体现；国际视野是新时代企业家精神的"内核"，是"国际感"的集中体现。新时代中国企业家精神构建了完整自洽的理论体系，是一个重大制度创新。爱国、创新、诚信、社会责任和国际视野这五个方面，既是一个完整的理论体系，又具有密切的内在逻辑。爱国是企业家的应尽义务和终极追求，创新是企业发展的生命源泉和前进动力，诚信是企业家的基本素养，社会责任是企业的本职功能，国际视野是企业创新发展的必要条件。没有爱国，创新就缺失了终极价值；不进行创新，企业就不会向前发展；不讲诚信，创新就可能误入歧途；不履行社会责任，企业家的爱国就是空中楼阁；缺乏国际视野，创新发展就难以站到世界前沿。

三、新时代企业家精神培育

(一) 培育新时代中国企业家精神,着力营造相应的生态环境

培育新时代企业家精神,要坚持基本经济制度,坚持"两个毫不动摇"。要落实鼓励引导支持民营经济发展的各项政策措施,为各类所有制企业营造公平、透明、法制的发展环境,要解放思想,特别是要为中小企业、年轻人发展提供有利条件,为高新技术企业成长创造有利条件。营造有利于企业家健康成长的良好氛围,打造国际化、法治化的一流营商环境,帮助企业家实现创新发展,在市场竞争中打造一支具有开拓精神、前瞻眼光、国际视野的企业家队伍。

健全社会主义法治体系以鼓励诚信守法。尽管诚信守法是中国商业文化的主流,但历史地看,欺诈也与商业活动如影随形。马克思认为:"只要商业资本是对不发达的共同体的产品交换起中介作用,商业利润就不仅表现为侵占和欺诈,而且大部分是从侵占和欺诈中产生的。"① 增强企业家诚信守法意识,主要路径就是在全面依法治国的基础上,利用全国信用信息共享平台和国家企业信用信息公示系统,整合在工商、财税、金融、司法、环保、安监、行业协会商会等部门和领域的企业及企业家信息,建立企业家个人信用记录和诚信档案,构筑诚信联合奖惩机制,还要引导企业家从正面认识信用也是生产力、诚信守法就是竞争力。

新一代年轻企业家的培养是重中之重。中国正处在企业家新老交替的阶段,互联网、高科技的发展加快了企业家成长速度,因此,新一代年轻企业家的培养是关乎中国经济社会发展未来的重大战略课题。年轻一代企业家有许多新特点,如不乏创新干劲、敢于冒险探索、学历较高和国际化经历较多等,应有针对性地重点开展爱国主义、社会责任、诚信守法教育,加强理想信念教育、优良革命传统教育和社会主义核心价值观教育,增强其国家使命感、民族自信心、文化自豪感、事业责任感,引导他们把个人理想融入民族复兴的伟大实践。

(二) 培育年轻企业家队伍、打造新时代企业家精神的对策建议

1. 思想政治引领:强化企业家"不忘初心跟党走"

面对当前复杂严峻的经济形势和高质量发展的新要求,仍然有必要继续加强企业家队伍的培训,全面提升民营企业家队伍的综合能力。开展新一轮民营企业家队伍建设"百千万工程",是应对当前国际国内形势的有效举措,是推动高质量发展的重要途径,是广大企业家自身发展的内在需求。企业家要适应时代变化,跟上发展的脚步,充分了解外部环境的动态变化,主动对接国家"一带一路"倡议和信息技术的广泛发展带来的大数据、人工智能的发展趋势,加强制造升级、技术升级和平台升级,在企业体制和制度上更加开放、包容、活跃。企业家要转变小富即安、害怕冒险的思想,以更加积极的态度促发展。

---

① 马克思.《资本论》选读和简论 [M]. 刘炳瑛,选论. 北京:华夏出版社,2016:463.

企业发展到一定阶段，企业家的能力不足逐步显露，提升能力成为企业前行的关键。要提升企业家政治站位，坚决推动企业家思想政治教育和引领，培养其创新创业创造始终服务人民、造福人类的意识，坚定其正确的价值观和世界观。

2. 建设重点突出：放在年轻企业家队伍上，培养"明日之星"

这是目前的重点工作。第一代创业企业家面临退休和年纪稍大的困扰。这需要在充分调研的基础上，掌握企业二代企业家传承和接班的基本信息，建立相关企业家数据库，结合这些企业的实际需求，制定在中小企业、二代企业家中培养一批潜力股的战略规划，并积极采取落地措施。同时也需要重点关注海外高层次人才的科技创业者创新创业生态环境的打造。这些高层次人才是各地方政府政策支撑下的人才招揽计划的一部分，他们的知识储备和海外学术经历、对高新技术技能的娴熟掌握有助于提升地方产业竞争力，弥补关键技术的短板，或者有助于解决战略新兴产业的"卡脖子"技术难题。

3. 以高质量发展理念：深入实施科技企业家培育工程

培育建成一支具有全球视野、战略思维和持续创新能力的科技企业家队伍。实施新生代企业家培养"新动力"计划，打造一支既有高原涌现，又有高峰拔起的新生代企业家队伍。进一步完善企业家人才培训体系，整合各类培训资源，实施科技企业家培育工程，重点加强对优秀科技企业家的政治培训，加强对年轻一代非公有制经济人士的教育培养。通过举办各种符合企业家特点，富有吸引力、凝聚力、影响力的活动，引导企业家听党话、跟党走，着力建设一支高素质的企业家人才队伍。

4. 完善机制：构建年轻企业家队伍建设的长效机制

加强部门协作，加强对企业家队伍建设的统筹规划。按照国际一流营商环境的12项核心指标，持续优化企业营商环境。总结优秀企业家典型案例，对爱国敬业、遵纪守法、艰苦奋斗、创新发展、专注品质、追求卓越、诚信守约、履行责任、勇于担当、服务社会等有突出贡献的优秀企业家，以适当方式予以表彰和宣传，发挥示范带动作用。强化优秀企业家精神研究，支持高等学校、科研院所与行业协会商会、知名企业合作，总结富有中国特色、顺应时代潮流的企业家成长规律。加快建立健全企业家培训体系和创业辅导制度，发挥企业家组织的积极作用，培养年轻一代企业家。搭建各类企业家互相学习交流平台，促进优势互补、共同提高。组织开展好"企业家活动日"等形式多样的交流培训活动。

5. 激发活力：政产学研用深度融合，建设企业家梯队化人才

培育优秀的年轻企业家队伍，最关键的举措包括以下内容：从宏观层面来看，在宏观政策层面上，要积极抓落实，做好战略规划，做好充分的调研论证。从企业家的角度来讲，我们要注重企业家营商环境的重大变化和快速发展对企业发展的影响。作为企业家，其政治理念、愿景使命和战略定力对企业的战略决策有重要影响。而要这些战略决策高效执行，企业就必须要有一个优秀的团队，特别是高层次人才、技术人才、管理人才和运营人才。对于年轻的企业管理团队来讲，通过"百千万工程"活动，能够有效提高他们的政治定力、战略思想和政治站位，从社会担当、企业家的角度去思考企业内部管理体系优化问题，强化企业社会责任感和创新创业的紧迫感。下一步"百千万工程"的重要工作方向，是完善企业家之间、企业家内部人才的联动培养机制，加强他们之间的互联互动互通。因此，需要转换政府职能，发挥纽带、桥梁作用，积极协调政府资源、高校资源、企业资源、产业资源、社会资源网络，促进企业家之间的交流，充当他们之间的桥梁，在他们之间形成一种高效的沟通和链接机制。瞄准在企业界比较活跃的特别是列入中国500强的这些企业家，引入这些标杆典范的优秀企业家进行现场教学和互动沟通学习。将这些优秀企业家的成功成熟做法，包括管理团队的建设、企业发展愿景、企业国际化拓展等重大的战略决策、企业家精神的传承传递等，以亲身体验的方式能够传递给年轻的企业家，在企业内部建立一种创新机制和学习机制。

6. 创新手段：加强"百千万工程"的互联互通机制建设

从企业不同发展阶段的角度去提升不同管理人员企业决策技能等方面的领导技能提升，不仅仅是需要企业家这一个高层管理者，而是中层管理这个梯队都要去组织培训和提升。要求地方政府与高校之间建立一个长久合作的机制，不仅仅是需要某一个高校，而是需要更多知名的高校都要参与进来。从时间成本和实际需求的监督来看，也可以充分调用整合本地高校和教育资源对企业家、企业高层管理者、企业中层管理者进行对接和资源整合。

建议成立企业家教育培训中心，可以委托科研院所、高等学校共建共享方式进行，有利于充分整合相关优势资源和调动各方面的积极性。加强师资队伍建设，聘请国内外知名专家、教授以及本地专业人士组成一支"菜单式"的培训师资力量，主动寻求与国内知名高校合作，结合企业家培训"订单式"需求，不断强化企业家学习培训，既加强经济学、管理学等共性化内容培训，又注重国家战略、区域经济、行业发展趋势、企业文化和品牌建设、人力资源等个性化培训内容。

7. 打造平台：利用现代信息技术，提升培训广度和深度

提供多元化的培训方式，考虑利用互联网技术、大数据技术、人工智能技术打造本土化网络培训平台。需要全面深化对众多企业家以及高层管理者的培训和提升的普惠度，从成本降低和资源整合的角度来看就是邀请一些有潜力的优秀企业家、政府官员、教学专家、教学名家等来培训现场。但这个资源毕竟是有限的，成本也是比较高的，每个企业的培训需求也是不一样的。怎么样解决企业家培训和企业管理团队培训问题，提升企业家管理技能等方面，需要我们整合本土各种不同的资源，提供一个能够让有培训需求的更大群体共享这种培训资源和智库资源。我们可以共同开发构建优秀企业家精神培育、企业家队伍建设的知识库或者案例库，让不同企业家的社会网络、社会资本之间的互联互通共享协调发展，全面提升"百千万工程"的年轻企业家培养的广度、深度。

8. 多元保障：加快新时代企业家精神培育机制建立

企业家精神并非转瞬之间就能养成的，它是伴随着企业的发展而日积月累形成的一种无形的文化。在新时代的背景下，对企业家精神做出了新的解释：除了包含基本的创新精神、冒险精神、实干精神等品质外，还包括法治及奋斗精神等，而创新精神不管是对于企

业家自身，还是对于整个企业而言都是非常重要的品质。企业家精神的培训体系主要因素有企业家自身、企业、社会及政府，四个方面相互作用，形成新时代企业家精神的培育机制。

针对新时代企业家精神，分别从个人层面、企业层面和政府层面提出企业家精神培育机制的保障措施：个人层面包括企业家自身不断完善提升自我和保持创新精神；在企业层面上，应做到提高企业的创新能力，加强企业的社会责任感，建立健全企业家的选任机制；从政府层面上来说，营造良好的外部环境来培育企业家精神，如为企业家成长创造良好的社会氛围、有序竞争的市场环境，着力维护企业家的正当权益等，大力引导企业家精神的发展方向。

企业家精神是带有时代特征的一种精神，对于企业家精神培育机制的研究是一个持续的过程。针对企业家精神培育机制的研究大多是对单一的培育主体，各个主体之间还缺乏连贯性，协同效应不明显。因此，在今后的工作中，应结合时代的特征，将培育机制中的主体要素相互联合起来，从而发挥更大的效用。

第三节 创业管理与一般管理

一、创业管理的含义

（一）创业管理

创业管理，主要研究企业管理层的创业行为，研究企业管理层如何持续注入创业精神和创新活力，增强企业的战略管理柔性和竞争优势。

（二）创业管理反映了创业视角的战略管理观点

霍华德·斯蒂文森（Howard Stevenson）和卡洛斯·加里洛（Carlos Jarillo）于1990年提出创业和战略管理的交叉，使用"创业管理"这个词以示二者的融合，提供了一个从创业视角概括战略管理和一般管理的研究框架：创业是战略管理的核心。

蒂蒙斯（Timmons）创业过程模型的核心思想，在于创业过程是一个高度的动态过程，其中商机、资源、创业团队是创业过程最重要的驱动因素，它们的存在和成长，决定了创业过程向什么方向发展。

二、创业管理的核心问题

创业管理的核心问题是机会导向、动态性等。所谓机会导向，即指创业是在不局限于所拥有资源的前提下，识别机会、利用机会、开发机会并产生经济成果的行为，或者将好的创意迅速变成现实。而创业的动态性，一方面即创业精神是连续的，创业行为会随着企业的成长而延续,并得以强化;另一方面即机会发现和利用是动态过程。

创业管理是一个系统的组合,并非某一因素起作用就能促成企业的成功。决定持续创业成功的系统必然包括创新活力、冒险精神、执行能力以及团队精神等。通过这样的系统来把握机会、环境、资源和团队。

创业管理的根本特征在于创新,创新并不一定是发明创造,而更多的是对已有技术和要素的重新组合;创业并不是无限制地冒险,而是理性地控制风险;创业管理若没有一套有效的成本控制措施以及强有力的执行方案,只能导致竞争力的缺失;创业管理更强调团队中不同层级员工的创业,而不是单打独斗式的创业。

三、创业管理的因素与范式

（一）创业管理因素

1. 创业管理的影响因素

随着研究的深入,创业管理研究形成了非常有价值的概念框架模型。如卡特纳（W. B. Cartner, 1985）提出了个人、组织、创立过程和环境的创业管理模式。威廉（William, 1997）在 Cartner 概念框架的基础上,提出了由人、机会、环境、风险和报酬等要素构成的创业管理概念框架。蒂蒙斯（Timmons, 1999）提出了机会、创业团队和资源的创业管理理论模型。克里斯汀（Christian, 2000）提出了创业家与新事业之间的互动模型,强调创立新事业随时间而变化的创业流程管理和影响创业活动的外部环境网络是创业管理的核心。

综上所述,创业管理的影响因素包括个人、机会、创业团队、组织、资源、创立过程、创业流程和环境。

2. 创业管理范式

基于创业管理研究领域专家、学者的研究成果,创业管理范式可以概括为:以环境的动态性与不确定性以及环境要素的复杂性与异质性为假设,以发现和识别机会为起点,以创新、超前行动、勇于承担风险和团队合作等为主要特征,以创造新事业的活动为研究对象,以研究不同层次事业的成功为主要内容,以心理学、经济学、管理学和社会学方法为工具研究创业活动内在规律的学说体系。

3. 创业管理范式的独特性

根据创业教育知名学者张玉利教授的观点,创业管理范式的独特性表现在以下几个方面。

第一,创业管理是"以生存为目标"的管理方式。新事业的首要任务是从无到有,把自己的产品或服务卖出去,掘到第一桶金,从而在市场上找到立足点,使自己生存下来。盈利是企业生存的唯一来源,盈利是创业管理的首要目标。在创业阶段,亏损,盈利,又亏损,又盈利,可能要经历多次反复,直到最终持续稳定地盈利,才算是度过了创业的生存阶段。

第二,创业管理是"主要依靠自有资金创造自由现金流"的管理方式。现金对企业来

说就像是人的血液。自由现金流一旦出现赤字，企业将发生偿债危机，可能导致破产。自由现金流的大小直接反映企业的盈利能力，它不仅是创业阶段也是成长阶段管理的重点。区别在于对创业管理来说，由于融资条件苛刻，只能主要依靠自有资金运作来创造自由现金流，从而管理难度更大。创业管理要求经理人必须锱铢必较，像花自己的钱那样花企业的钱，千方百计增收节支、加速周转、控制发展节奏，也就是要经理人白手起家。

第三，创业管理是充分调动"所有的人做所有的事"的团队管理方式。新事业在初创时，尽管建立了正式的部门结构，但很少有按正式组织方式运作的。每个人都清楚组织的目标和自己应当如何为组织目标做贡献，没有人计较得失，没有人计较越权或越级，相互之间只有角色的划分，没有职位的区别，这才叫作团队。这种运作方式培养出团队精神、奉献精神和忠诚。即使将来事业发展了，组织规范化了，这种精神仍在，成为企业的文化。在创业阶段，经理人必须尽力使新事业部门成为真正的团队。这种在创业时期锻炼出来的团队领导能力，是经理人将来领导大企业高层管理班子的基础。

第四，创业管理是一种"经理人亲自深入运作细节"的管理方式。对经营全过程的细节了如指掌，才能使生意越做越好。但是有些企业家和经理人，在企业做大后，仍然对关键细节事必躬亲，不能有效授权，反而成了一种缺点。"细节决定成败"，做生意不盈利，就是因为在细节上下的功夫不够。

第五，创业管理是彻底奉行"顾客至上，诚信为本"的管理方式。创业的第一步，就是把企业的产品或服务卖给顾客，这是一种惊险的跨越。如果顾客不肯付钱，怎么收回成本还加上利润？企业是基于生存的需要而把顾客当作衣食父母的。经历过创业艰难的企业家和经理人，一生都会把顾客放在第一位，可以说铭心刻骨。再有，谁会借钱给没听说过的企业？谁会买没听说过的企业的产品？谁会加入没听说过的企业？企业靠什么迈出这三步？靠的是诚信，也只有靠诚信。所以，一个企业的核心价值观不是后人杜撰的，而是创业阶段自然形成的。创业管理是在塑造一个企业。

四、创业管理与一般管理的比较

（一）一般管理学

管理是指在特定的环境下，管理者通过决策、组织、领导、控制和创新等职能，整合组织的各项资源，实现组织既定目标的活动过程。它有三层含义。

（1）管理是一种有意识、有目的的活动，它服务并服从于组织目标。

（2）管理是一个连续进行的活动过程，实现组织目标的过程，就是管理者执行计划、组织、领导、控制等职能的过程。由于这一系列职能之间是相互关联的，从而使得管理过程体现为一个连续进行的活动过程。

（3）管理活动是在一定的环境中进行的，在开放的条件下，任何组织都处于千变万化的环境之中，复杂的环境成为决定组织生存与发展的重要因素。

管理学是一门综合性的交叉学科，是系统研究管理活动的基本规律和一般方法的科学。管理学是适应现代社会化大生产的需要而产生的，它的目的是：研究在现有的条件下,如何通过合理地组织和配置人、财、物等因素,提高生产力的水平。管理学是从一般原理、一般情况的角度对管理活动和管理规律进行研究,不涉及管理分支学科的业务和方法的研究。管理学所提供的理论与方法都是实践经验的总结与提炼,同时管理理论与方法又必须为实践服务,才能显示出管理理论与方法的强大生命力。管理学是对前人的管理实践、管理思想和管理理论的总结、扬弃和发展。割断历史,不了解前人对管理经验的理论总结和管理历史,就难以很好地理解、把握和运用管理学。

(二)创业管理学

创业管理学是反映以创业为基础的发展规律,以管理行为规律为核心的社会发展规律的科学。它以创业主体与创业客体的关系为主线,以机会的创造、把握和运用为核心,以提高创业者的素质为目的,综合哲学、经济学、管理学、行为科学、创业学的相关成果,建构自己的范畴体系。

创业管理不同于传统管理,属于突破常态的创新管理。创业管理反映了创业视角的战略管理观点。创业管理的核心问题是机会导向、动态性等。

创业及在此基础上产生出来的大量中小企业,在此基础上培育出来的人和企业的个性、创造性、主体性,形成的公平竞争的法律道德环境,是市场经济的基础,也是企业进行一次创业与二次创业、保持企业活力、增强企业竞争力的基础。在二次创业时期,创业型组织是比学习型组织更高级、更有生命力的企业组织模式。创业——创造事业,既包含了创造企业,也包含了创造职业。只有规范创业前提下的普及创业,才能使各种资源得到直接的优化组合,实现高就业、高增长与低通胀并存,使经济得到可持续发展。

(三)创业管理与一般管理的比较

创业管理与一般管理的内容不同表现为以下四个方面。

1. 时代背景不同

一般管理产生、成熟于机器大工业时代;而今天世界正在经历从工业社会向消费社会的转变,从工业社会向信息社会的转变,这就是创业管理产生的新经济时代。

一般管理范式聚焦于商品,是技术导向型的,研发、设计、工程、大批量制造、大市场、大规模操作、自动化和专业化都是重要因素。在知识经济时代,产品市场的生命周期缩短,重点是如何快速进入和退出市场,迅速推出升级产品,竞争的关键转向产品生命周期的前端,新事业,以及新产品策略包括研发管理、创新管理、知识产权管理等成为管理关注的重点。

2. 研究的客体不同

一般管理理论是以现有的大公司为研究对象,而创业管理理论则是以不同层次的新建事业以及新的创业活动为研究对象。

一般管理理论侧重于向人们提供在现存大企业中开展管理工作所需要的知识和技能,灌输用保守的规避风险的方式来运用这些理论和分析方法,为的是培养优秀的职业经理人;而创业管理培养优秀的企业家,其研究客体不仅仅包括中小企业,其内容也不是一般企业管理知识在中小企业领域的翻版。

3. 研究的出发点不同

一般管理的出发点是效率和效益，创业管理的出发点是找寻机会并取得迅速的成功与成长。创业管理的核心问题是机会导向，即创业是在不局限于所拥有资源的前提下，识别机会、开发机会、利用机会并产生经济成果的行为。

4. 内容体系不同

一般管理通过计划、组织、领导和控制来实现生产经营；而创业管理则是在不成熟的组织体制下，更多地依靠团队的力量，靠创新和理性冒险来实现新事业的起步与发展。创业管理的内容体系是围绕如何识别机会、开发机会、利用机会而展开的。其中创业过程中组织与资源之间的关联性和耦合是其研究重点之一。它包括：个人的知识准备与新机会之间的耦合；创业过程中核心团队成员知识和性格的耦合；现有资源和能导致事业成功的战略之间的耦合；新的潜在事业特征和当前用户实践之间的耦合；等等。

关键术语

创新创业教育　企业家　企业家精神　工匠精神　创业管理

思考与练习

1. 如何正确认识"双创"教育？
2. 如何理解工匠精神与企业家精神？
3. 新时代企业家精神的内涵及其维度的内容是什么？
4. 结合现实，培育新时代企业家精神的对策有哪些？
5. 举例说明创业管理与传统管理有哪些不同。

案例与讨论

科创板设立

科创板（The Science and Technology Innovation Board）由国家主席习近平于2018年11月5日在首届中国国际进口博览会开幕式上宣布设立，是独立于现有主板市场的新设板块，并在该板块内进行注册制试点。

设立科创板并试点注册制是提升服务科技创新企业能力、增强市场包容性、强化市场功能的一项资本市场重大改革举措。通过发行、交易、退市、投资者适当性、证券公司资本约束等新制度以及引入中长期资金等配套措施，增量试点、循序渐进，新增资金与试点进展同步匹配，力争在科创板实现投融资平衡、一二级市场平衡、公司的新老股东利益平衡，并促进现有市场形成良好预期。

2019年1月30日，中国证监会发布《关于在上海证券交易所设立科创板并试点注册制的实施意见》；3月1日，中国证监会发布《科创板首次公开发行股票注册管理办法（试行）》和《科创板上市公司持续监管办法（试行）》。

科创板旨在扶持科创型企业，为盈利和规模都在初创阶段的中小型科创公司提供更加方便的上市渠道，所以它不同于传统板块，它的上市制度为注册制，只要符合证监会设定的相关条件即可登录这个板块，无须审批。但科创板实行的是和主板一样的审核制，要求每年达到一定的盈利标准、资产规模，提交的材料需要经过证监会审批同意才可上市，相对来说较为严格。截至2021年9月24日，科创板上市公司累计数量达340家，总市值达50 933亿元。

讨论：1. 科创板为科技型企业成长和发展提供什么样的机遇？高市值的上市公司中，你最喜欢哪一家？
2. 科创板企业的共同特点是什么？

实践训练

一、实训目的
1. 熟悉并掌握"双创"政策、企业家精神基本内涵。
2. 依据"双创"政策要求，根据企业家创业过程探析企业家精神培育路径。

二、实训内容
1. 实训资料

根据科创板相关资料，选择一家你熟悉的上市公司，收集相关资料，包括公司年报或者中报。

2. 具体任务

以这家科创板上市公司运营为例：

（1）讨论该公司是否有必要开发新的业务领域。

（2）如果不开发新的业务领域，该公司需要选择什么样的经营战略，以应对互联网对传统零售行业的冲击；如果开发新的业务领域，企业应选择什么成长战略进入市场。

（3）根据经验战略的要求，思考创业之路、创业战略框架。

3. 任务要求

（1）了解一家上市公司的创业战略。

（2）分析企业家精神对创业企业的影响。

三、实训组织

1. 按实训项目将班级成员以3~6人为一组，分成若干小组，以小组为单位开展实训，采用组长负责制，组员合理分工、团结协作。

2. 对于相关资料和数据的收集可以进行实地调查或者网络调研，也可以采用二手资料，由专人负责记录和整理。

3. 小组充分讨论，认真分析，形成小组的实训报告。

4. 各小组在班级进行实训作业展示。

四、实训步骤

1. 由指导教师介绍实训的目的和要求，对"企业家精神"的实践意义给予说明，调动学生实训操作的积极性。

2. 分组，每组3~6人，选出组长一名，由组长进行本组组员分工。

3. 各组选定行业和企业，明确实训任务，制订执行方案，报指导教师通过之后执行。

4. 各组收集资料并进行讨论、分析和整理，形成讨论稿，完成实训报告。

5. 各组将设计好的上市公司创业过程及其企业家精神调研报告制成PPT，向教师和全班同学进行汇报，其他组的同学进行提问，教师进行点评。

6. 每个小组上交一份设计好的纸质和电子版上市公司调研报告。

第二章　创新管理

学习目标

- 学习创新与创造的内涵、区别和联系，创新的类别
- 熟悉创新管理的内容、创新过程、原则、影响因素及创新方法
- 正确理解创新与创造的内涵、区别与联系
- 了解创新管理的内容、原则与过程
- 重点掌握创新思维过程、影响因素及其创新方法

课程思政

企业家面对的企业创新问题是错综复杂、变化无常的，但成功企业家在解决创新问题时，总是能化繁为简，找到最接近于事物本质和规律的解决思路、方法和方案。企业家在具体运用加、减、乘、除四大创新思维方法时，要注意把握好三个原则：一是要始终坚持问题导向。习近平总书记说："问题是创新的起点，也是创新的动力源。"企业家要在把握创新思维规律的基础上，对习近平总书记在《在企业家座谈会上的讲话》中提出的"生产组织创新、技术创新、市场创新"等问题进行深入、系统的思考，按照认识问题、分析问题和解决问题的思维运动流程进行创新思维。二是要注重创新思维方法运用能力提升。企业家既要学习古今中外各种创新思维知识和方法，丰富创新思维知识和方法的储备，也要从大道至简的高度出发，深刻理解熊彼特提出的"创新是生产要素的重新组合"的内涵，正确运用加、减、乘、除四大创新思维方法对企业生产要素不断进行重新组合。三是要注重创新素养的全面提升。要关注宏观、中观、微观形势，提升自己决策的信息储备；要加强自我学习，不断更新自己的知识、信息储备；要不断进行企业创新经营的实践，以创新数量来推动创新质量的提升；更重要的是要不断通过自己的哲学思考，将自己的创新方法上升到理论高度，形成新的创新思维世界观和方法论。

总之，新时代企业家要以创新思想为指导，深入学习党中央、国务院以及各级政府部门出台的鼓励、支持创新的大政方针，不断突破影响创新的各种障碍，开创企业创新发展的新局面。在此基础上，新时代企业家还要遵循创新和创新思维的规律，在推动企业做快

做大、渐进创新时，活用加法思维；推动企业归核做精、理性创新时，善用减法思维；推动企业跨越做强、聚势创新时，智用乘法思维；推动企业破除"守成"意识、颠覆创新时，敢用除法思维，从而真正成为习近平总书记所期望的"创新发展的探索者、组织者、引领者"，为新时代中国经济社会发展做出应有的贡献。

案例引入

眼光创造财富

一般人眼中，拾破烂的一定是穷人，想靠拾破烂成为百万富翁是近乎天方夜谭的事。可是，真的有人做到了。有个以拾破烂为生的人（姑且就叫他沈阳），有一天他突发奇想：收一个易拉罐，才赚几分钱。如果将它熔化了，作为金属材料卖，是否可以多卖些钱？于是，他把一个空罐剪碎，装进自行车的铃盖里，熔化成一块指甲大小的银灰色金属，然后花了600元在有色金属研究所做了化验。化验结果出来了，这是一种很贵重的铝镁合金！当时市场上的铝锭价格，每吨在14 000元至18 000元之间，每个空易拉罐重18.5克，54 300个就是1 000千克。这样算下来，卖熔化后的材料比直接卖易拉罐要多赚六七倍钱。于是，他决定回收易拉罐熔炼成铝锭后出售。

从回收易拉罐到熔炼易拉罐，一念之间，不仅改变了他所做的工作的性质，也让他的人生走上了另外一条轨道。为了多收易拉罐，他把回收价格从每个几分钱提高到每个一角四分，又将回收价格以及指定收购地点印在卡片上，向所有收破烂的同行散发。一周以后，他骑着自行车到指定地点一看，只见很多货车在等待他，车上装的全是空易拉罐。这一天，他回收了13万多个，足足2 500千克。向他提供易拉罐的同行们，卸完货后仍然去拾他们的破烂，而这个拾荒者却彻底变了。他立即办了一个金属再生加工厂。一年内，工厂用空易拉罐炼出了24万千克铝锭；三年内，赚了270万元。他从一个拾荒者一跃而成为百万富翁。

一个拾破烂的人，能够想到不仅是拾，还要改造拾来的东西，这已经不简单了。改造之后能够送到科研机构去化验，就更是具有了专业眼光。至于600元的化验费，得拾多少个易拉罐才赚得回来呀，一般的拾荒者是绝对舍不得的，这就是投资者和打工者的区别。虽然是个拾荒者，他却少有穷人的心态，敢想敢做，而且有一套巧妙的办法。这种人，不管他眼下的处境怎样，兴旺发达是迟早的事。

（资料来源于http://www.sohu.com/a/205655402_175014，有改动）

应用型任务

- 运用创新理论，如何在初创企业中嵌入创新精神？

第一节 创新与创造概述

创新是引领发展的第一动力。人类从诞生的第一天起就在不停地进行各种创造活动，人类使用的工具和绝大多数必需品都是人类自己创造的产物。没有创造就没有人类的一切，没有创造人类就不可能生存。

自近代以来，人类文明进步所取得的丰硕成果，主要得益于科学发现、技术创新和工程技术的不断进步，得益于科学技术应用于生产实践中形成的先进生产力，得益于近代启蒙运动所带来的人们思想观念的巨大解放。在现代经济体系中，创新在微观层面是激发生产力的动力，在宏观层面则成为经济增长、生产力跃升的发动机。当前，我国在互联网和人工智能创新上不断取得新进展，这将为世界生产力的进一步跃升做出历史性贡献，很有可能会使世界生产力的发展路径发生重大改变。

一、创新的概念

创新是以新思维、新发明和新描述为特征的概念化过程，有更新、创造新的事物、变革等含义。案例"眼光创造财富"描述的就是沈阳与众不同的思维模式诠释的"思路决定出路"的精彩故事。

创新，在《现代汉语词典》中被解释为"抛开旧的，创造新的"。其包含三层意思：第一，更新；第二，创造新的东西；第三，改变。创新就是提出他人未提出的思想和做他人未做过的事情，即在原事物的基础上，通过重新排列组合、引申发散、否定重构等过程，设计出某种与原来既有一定联系又有明显区别的新事物。在某种意义上说，创新就是对旧有的或者错误的东西进行的否定。

因此，"创新"一词可以定义为以现有的思维模式提出有别于常规或非常规的思路或见解为导向，利用现有的知识和物质，在特定的环境中，为满足社会需求，从而改进或创造新的事物、方法、元素、路径、环境，并能获得一定有益效果的行为。

从经济学角度看，创新作为学术上的概念，最早是在1912年的时候，由美籍奥地利经济学家约瑟夫·A. 熊彼特（Joseph A. Schumpeter）在其出版的《经济发展理论》一书中提出来的。按照熊彼特的观点，"创新"是指新技术、新发明在生产中的首次应用，是指建立一种新的生产函数或供应函数，是在生产体系中引进一种生产要素和生产条件的新组合。熊彼特进一步明确指出"创新"的五种情况：① 某种新产品（消费者还并不熟悉的产品）或者具备某种新特征的产品的引入。② 某种新的生产方法的引入，也包括商业上对商品的新的处理方法。该种生产方法既没有经过有关制造部门的检验，也不需要建立在任何新的科学发现基础之上。③ 新的市场开放。新的市场是指一国的某一生产制造部门之前没有进入的市场，而不必在意之前这一市场是否存在。④ 掌控原材料或半成品的新供给来源，而不必在意该来源之前就已存在还是首次被发掘出来。⑤ 任何工业实行的新组织，如创造出一种垄断地位（如通过"托拉斯化"）或是打破一种垄断地位。简而言之，这五类创新情形可以总结为：创造新产品、采用新技术和新的生产方法、开辟新的市场、掌控原材料的新供应来源以及实现企业的组织创新。

由此可见，"创新"最初只是经济学领域内的名词。从熊彼特上述的观点和后来人们的研究、使用情况来看，"创新"不仅含有一定的新颖性，而且还具有其经济上的价值性。因此，经济学领域的创新可以认为是一种由新思想变为新产品，在市场上销售并实现其价值，从而获得经济效益的过程和行为。

在20世纪50年代，美国管理大师彼得·德鲁克又把创新引入管理学领域，产生了管理创新，创新理论开始横向扩展。

从社会学角度看，创新是指人们为了发展，运用已知的信息，不断突破常规，发现或产生某种新颖、独特的有社会价值或个人价值的新事物、新思想的活动。创新的本质是突破，即突破旧的思维定式、旧的常规戒律。创新活动的核心是"新"，它或者是产品的结构、性能和外部特征的变革，或者是造型设计、内容的表现形式和手段的创新，或者是内容的丰富和完善。

因此，创新从哲学上说是人的创造性实践行为。这种实践的目的是增加利益总量，需要对原有的事物和发现的新事物进行利用和再创造，特别是对物质世界矛盾的利用和再创造。人类通过对物质世界的利用和再创造，制造新的矛盾关系，形成新的物质形态。

创新是人类特有的认识能力和实践能力，是人类主观能动性的高级表现形式，是推动民族进步和社会发展的不竭动力。一个民族要想走在时代前列，就不能停止创新。创新在经济、政治、科学技术、社会学以及管理学这些领域的研究中有着举足轻重的影响。

二、创造的概念

创造，是指提供新颖的、独特的、具有社会意义产物的活动。《辞海》对"创造"的名词解释是"做出前所未有的事情或者事物"。创造出来的事情或者事物必须从未见过，同时还须具有一定的社会意义和价值。

创造学对"创造"的解释是，创造就是一种活动，创造的本质意义在于其活动必须具有新颖性。其新颖性常以"第一"或"非重复"的形式表现出来，包含"前所未有"的意义。

创造的新颖性本质上至少可分为两个不同的层次：一是仅仅对于创造者本人或者一部分人来说是"前所未有"的，这种新颖称为相对新颖，其对应的创造称为相对创造。比如，美国人在世界上首先研制成功原子弹，而我国是研制前期得到苏联的帮助，而后期则是完全独立自主研制成功原子弹。二是不仅仅对于创造者本人或一部分人，而且对于整个人类社会来说都是"前所未有"的，这种新颖称为绝对新颖，其对应的创造则称为绝对创造，亦可称为原始创造。比如，中国古代的四大发明。

创造的范围极广，生产、生活中到处充满了创造。在自然科学领域，所有的发现与认识自然是创造，所有的发明与改造自然也都是创造，因为发现与发明都是与众不同的、前所未有的。在社会科学中也包含许多创造，自从有人类历史以来的国家、政府、军队、家庭，还有像改革开放、承包制、股份制、全员合同制，以及企业里的各种公共关系、广告、营销策划、CI企业形象战略、经营决策等都是一定意义上的创造。文艺创作、音乐戏剧以及各项体育纪录等，也都隶属于创造的范畴。

历史地看，人类本身就是创造的产物。从远古至今的漫长岁月里，是创造性的劳动，才使猿人逐步进化成现代的文明人，人与动物的最大区别就是人会劳动、会创造。当然，人脑是一切创造之源。由于人类的创造活动，才有经济、生产和社会，才有了科技，才有了各种文化史、文明史。可以说，创造造就了世间的一切文明。

市场的竞争、社会的竞争、体育的竞争等，本质上是科学技术的竞争；而科学的竞争，本质上又是人才的竞争，归根结底是人的创造力的竞争，即人的创造性思维能力的竞争。求生存、求发展、求自由，追求人类美好的未来，靠什么呢？靠人类不断的创造！对大自然，我们必须破除旧的思维模式，确立"绿水青山就是金山银山"新发展理念，如果还像从前那样所谓"战天斗地"般地改造自然、利用自然，我们势必要受到大自然的惩罚。不管是农业社会、工业社会，还是信息社会，对待生产、生活要有新举措，要有新追求，这种新举措、新追求必须以不损害环境、不损害他人利益为原则。因此，这一系列的实际问题的解决，都离不开创造。

三、创新与创造的联系与区别

创新即花样翻新，创造即从无到有。

创新（innovation）与创造（creation）是两个关系极为密切的名词。人们对这两个词虽然非常熟悉，但由于相关研究的滞后，因而对其含义的理解及其概念的使用一直存在某些偏差，从而经常将这两个词任意互换或者完全用创新来取代创造。因此，分清创新与创造两个词的含义，从而在相关场合中尽量恰当地使用创新和创造这两个词，就显得十分必要了。

创新和创造虽有一定的联系，但仍有本质的区别。

首先，创新是一个经济学概念，具有新颖性和市场价值性的双重性特点。如果根据新的思想，生产出新的产品，虽然很新颖，若不能应用，没有价值，这可以说是创造，但不是严格意义上的创新。

其次，创造是一个绝对的概念，而创新则是相对的概念。例如，科研人员申请发明专利时，第一要做查新，即审核是不是第一个做出来的，若已经有人做过，就不能再申请发明专利了。它在"首创"或"第一"问题上是绝对的。而创新是一个相对的概念，它不必像申请发明专利那样要查清是不是"第一"或"首创"，是不是有人已经第一个做过了。

再次，创造强调的是第一次、首创、原创，也可以是全盘否定后的全新创造。创新则更强调永无止境的革新、更新，它一般并不是对原有事物的全盘否定，而通常是在辩证的否定中螺旋上升。

因此,创新与创造的概念,在一定意义上说有本质上的区别,但在"创新"和"创造"词义解释和内涵的把握上又难以有严格的界定,学术界对此尚无一致的看法。

四、创新的类别

由于创新主体不同,创新主体所处行业、技术水平、规模、环境以及创新程度不同,创新就必然表现出不同的类型。同时,为了研究的需要,从研究角度出发,对创新进行分类。

按制度状态,可以分为程序化创新和非程序化创新;按资源节约的种类,可以分为节约劳动的创新、节约资本的创新和中性的创新;按创新的组织方式,可以分为独立创新、联合创新和引进创新;按创新的程度,可以分为全新型创新和改进型创新;按创新活动中创新对象的不同,可以分为技术创新、制度创新和知识创新;等等。

因此,可以从不同的角度去考察创新的类别。

1. 从创新的规模以及创新对系统的影响程度来考察,可将其分为局部创新和整体创新

局部创新是指在系统性质和目标不变的前提下,系统活动的某些内容、某些要素的性质或其相互组合的方式,系统的社会贡献的形式或方式等发生变动;整体创新则往往改变系统的目标和使命,涉及系统的目标和运行方式,影响系统的社会贡献的性质。

2. 从创新与环境的关系来分析,可将其分为消极防御型创新和积极攻击型创新

消极防御型创新是指由于外部环境的变化对系统的存在和运行造成了某种程度的威胁,为了避免威胁或由此造成的系统损失扩大,系统在内部展开的局部或全局性调整;积极攻击型创新是在观察外部世界运动的过程中,敏锐地预测到未来环境可能提供的某种有利机会,从而主动地调整系统的战略和技术,积极地开发和利用这种机会,谋求系统的发展。

3. 从创新发生的时期来看,可将其分为系统初建期的创新和运行中的创新

系统的组建本身就是社会的一项创新活动。系统的创建者在一张白纸上绘制系统的目标、结构、运行规划等蓝图,这本身就要求有创新的思想和意识,创新一个全然不同于现有社会(经济组织)的新系统,寻找最满意的方案,取得最优秀的要素,并以最合理的方式组合,使系统进行活动。但是"创业难,守业更难",创新活动更大量地存在于系统组建完毕开始运转以后。系统的管理者要不断地在系统运行的过程中寻找、发现和利用新的创新机会,更新系统的活动内容,调整系统的结构,扩大系统的规模。

4. 从创新的组织程度来看,可分为自发创新和有组织的创新

任何社会经济组织都是在一定环境中运转的开放系统,环境的任何变化都会对系统的存在和存在方式产生一定影响。系统内部与外部直接联系的各子系统接收到环境变化的信号以后,必然会在其工作内容、工作方式、工作目标等方面进行积极或消极的调整,以应付变化或适应变化的要求。同时,社会经济组织内部的各个组成部分是相互联系、相互依存的。系统的相关性决定了与外部有联系的子系统根据环境变化的要求自发地做了调整后，必然会对那些与外部没有直接联系的子系统产生影响，从而要求后者也做相应调整。系统内部各部分的自发调整可能产生两种结果：一种是各子系统的调整均是正确的，从整体上说是相互协调的，从而给系统带来的总效应是积极的，可使系统各部分的关系实现更高层次的平衡——除非极其偶然，这种情况一般不会出现；另一种情况是，各子系统的调整有的是正确的，而另一些则是错误的——这是通常可能出现的情况。因此，从整体上来说，调整后各部分的关系不一定协调，给组织带来的总效应既可能为正，也可能为负（这取决于调整正确与失误的比例），也就是说，系统各部分自发创新的结果是不确定的。

与自发创新相对应的，是有组织的创新。有组织的创新包含两层意思：① 系统的管理人员根据创新的客观要求和创新活动本身的客观规律，制度化地检查外部环境状况和内部工作状况，寻求和利用创新机会，计划和组织创新活动；② 在这同时，系统的管理人员要积极地引导和利用各要素的自发创新，使之相互协调并与系统有计划的创新活动相配合，使整个系统内的创新活动有计划、有组织地展开。只有组织创新，才能给系统带来预期的、积极的、比较确定的结果。

鉴于创新的重要性和自发创新结果的不确定性，有效的管理要求有组织地进行创新。为此，必须研究创新的规律，分析创新的内容，找出创新过程的影响因素。

当然，有组织的创新也有可能失败，因为创新本身意味着打破旧的秩序、打破原来的平衡，因此具有一定的风险。更何况组织所处的社会环境是一个错综复杂的系统，这个系统的任何一次突发性的变化都有可能打破组织内部创新的程序。但是，有计划、有目的、有组织地创新，取得成功的机会无疑要远远大于自发创新。

第二节　创新管理

一、创新管理的特点

创新管理是管理者通过决策、计划、组织、领导、控制等管理职能活动，推动组织结构和体制上的组合、重构，确保整个组织采用新技术、新设备、新物质、新方法成为可能，为社会提供新的产品和服务的过程。

创新管理活动与一般管理活动相比，有以下几个特点。

（1）变革性。不管是整体创新，还是局部创新，只要涉及组织系统活动的某些内容、某些要素的性质或其相互组合的方式等的变动，无一不是变革旧事物，推陈出新。

（2）价值性。创新管理就是运用管理知识与技术改变资源产出，并给消费者创造更高的价值与满足感。创新活动源于社会实践，又向社会提供新的贡献，这正是创新的主要内涵和作用。

（3）先行性。创新活动要求创新成果与旧事物相比较更先进，在思维方式、实用价值

上领先一步。如果创新只有变革性和价值性而无先行性，就不可能最终战胜旧事物。在某种意义上，先行就是创新。

（4）持续性。创新是一种动态性的活动，而组织则是一个不断与外界环境进行物质、能量和信息交换的动态开放系统。现代组织活动的内、外环境具有很多不确定性因素和不完全信息，因此，管理活动的轨迹不应只是一种简单的重复，而应该是一种超越自身而不断进行的创新性过程。

二、创新管理的意义

创新是企业生存与发展的根本。创新可促进企业组织形式的改善和管理效率的提高，从而使企业不断提高效率，不断适应经济发展的要求。创新驱动、转型发展是企业的一项重大而紧迫的任务，既关系当前，又关系长远。

（一）创新管理是推动经济发展的动力

回顾世界经济发展的历史，许多商业上的成功并不是技术的力量，而是管理上的成功。世界首富美国的比尔·盖茨就是在苹果公司的个人电脑操作系统软件（Windows）基础上，加以开发推广并最终占领市场取得成功的；戴尔公司尽管没有核心技术，但其核心能力无人能比。

世界工业发展的历史也是创新管理的历史，我们都知道，福特汽车公司创新了大规模流水作业生产方式，推进了世界工业化的进程。通用电气公司（GE）创新了事业部制的组织结构，大大提升了世界跨国公司的经营效率；还有丰田公司创新的准时制生产方式、摩托罗拉公司创新的6σ（六西格玛）管理都曾引起世界工业生产的革命，并为企业和社会创造了巨大的经济效益。世界管理大师彼得·德鲁克曾说：管理对时代的影响，比任何"科学上的突破"毫不逊色，或许更重要。可以说，没有企业管理的创新，社会生产力的提高绝不会如此的迅速。

（二）创新管理是实现可持续发展的有效途径

中国是人口众多、资源相对不足的国家，在现代化建设中必须实施可持续发展战略。坚持走经济、社会、人口、资源和环境相互协调，兼顾当代人和子孙后代利益的可持续发展道路，这不仅是历史的选择，也是我们这一代人对未来应切实担负起的责任。任何以环境和资源的毁坏为代价换来的所谓"发展"，都只是暂时的或表面的辉煌，不仅不能推动人类的进步，反而会给子孙后代留下沉重的包袱。

传统的经济发展方式以"高消耗、高投入、高污染"为特征，是一种不可持续的生产和消费模式，因而也是应该被摒弃的一种发展方式。而新的可持续的经济高质量发展方式应当是在经济发展的过程中，使经济社会发展与资源环境保护相协调，即发展经济的同时，不能破坏经济发展所依赖的资源和环境基础。只有不断地创新，才能获得持续的竞争优势，弥补资源和资本上的不足。换言之，创新管理对可持续高质量发展具有更加特殊的重要作用。

（三）创新管理是增强企业活力的源泉

创新管理是培育企业核心竞争力的根本途径，也是企业竞争制胜的有力武器。但是，创新管理是一个不断进步、不断发展的过程，不能一劳永逸。因为除了市场竞争环境在不断变化外，还有很多新的管理方法在不断涌现。因此，一种新的管理方法只能在一定时期内有效，只有不断创新管理，才能使企业牢牢掌握市场竞争的主动权。

（四）创新管理是企业管理的灵魂

"管理"是人们最常用的词汇之一。但是对于管理是什么，人们有着不同的认识。有人认为管理是领导，有人认为管理是决策；有人认为管理是一种技术，也有人认为管理是一种文化。尽管认识各不相同，但没有人否认"管理是企业永恒的主题"。

然而，管理不是目的。管理只是应对市场、把握竞争的一种手段。管理是为了提高企业竞争力，是为了优化企业经营，促进企业发展。随着时代的发展和社会的进步，企业管理也必须与时代发展相适应，必须根据市场变化而变化，管理只有不断变革、不断创新，才能在企业经营发展中真正发挥实效，为企业创造实实在在的效益。在市场经济条件下，要想在竞争中取胜，就必须按照市场竞争的要求，不断变革和创新管理，并使其成为驾驭市场、把握竞争的核心能力。

因此，我们说管理的灵魂在于创新，企业的活力也在于创新。总之，每一个成功的企业，都有自己与众不同的经营管理的谋略和方法。这些谋略和方法，就是以变应变、不断变革和创新。而每一个失败的企业，尽管失败的原因各不相同，但归纳起来，往往是墨守成规、不思进取，用以前惯用的老套路来应对新环境、新问题等。

三、创新管理的原则

创新管理原则，是在创新管理活动中所应遵循的行为准则。它在创新的行为中起到一种判定和筛选创新管理意念的作用，也对创新行为具有导向作用。创新管理应遵循以下几条原则。

（一）调查研究原则

创新管理活动是既要有理论指导，又要付诸实践的工作。为了获得真知灼见，必须在理性思考的基础上，进行认真的调查研究，针对创新管理对象所涉及的范围，到生产第一线，到市场中，到社会的最基层，了解客观事物的真相，了解顾客的需要，了解群众的期望、需要和价值观。

（二）分析综合原则

创新管理的过程是一种系统的分析综合、探索事物运动的规律性的过程。因此，必须在调查研究的基础上，对创新管理的每一个机会和来源有目的地、系统地进行分析，不放过任何蛛丝马迹，洞察秋毫，从中发现事物之间的内在联系和相互关系。

（三）宽容失败原则

我们认定"成者为王，败者为寇"的道理，但这并不意味着我们每次都得成功，不能

失败。事实上，没有新尝试，就不会有新作为，而要进行创新管理，十分有可能面临失败，犯错误。如果我们只许成功不许失败，创新管理又谈何而来？所以，我们要营造宽容失败（不是纵容失败）的氛围。

（四）大处着眼、小处着手原则

有成效的创新大多数是从小处着手的，但是从长远来看，又要有明确的目标。从小处起步，不追求一时的辉煌，认真地做好每一件小事，积累起来，就是大成就。这是因为，从小规模开始，需要的人才少、资金少、市场开拓快，而且即使出现问题也容易调整。我国渐进式改革的实践就是这样一个过程，所谓"摸着石头过河"是其最形象的写照。人们的认识是逐步到位的，"一贯正确"的创新是不存在的。

（五）可行性原则

它包括以下两个方面：一是客观条件的可行性，主要指为完成某项创新必须具备的诸如设备、仪器、工具等各种物质手段，以及必要的资金、人才和信息等条件；二是主观条件的可行性，这是指从事创新管理的人员为完成某个特定目标所必须具备的科学知识和研究能力。

（六）还原原则

所谓还原原则，就是打破现有事物的局限性，寻求其形成现有事物的基本创新原点，改用新的思路、新的方式实现创新管理。任何创新过程都有创新原点和起点。创新的原点是唯一的，但创新的起点则可以很多。在管理上，实现目标的手段是多种多样的，在当时的情况下，可能我们选择了其中一种合适的方法。但是随着环境的变化，原来的方法就显得落后了，不适合现有的实际情况，这就需要回到原来的目标上重新制定一种更合适的新方法。创新管理的还原原则就是要求创新主体在创新管理的过程中不要就事论事，就现有事物本身去研究创新管理问题，而应寻找源头，从前提假设出发寻找创新原点。

四、创新管理的内容

创新涵盖众多领域，包括政治、军事、经济、社会、文化、科技等各个领域的创新。因此，创新管理可以分为科技创新、文化创新、艺术创新、商业创新等。

创新管理涉及的面非常广泛，内涵也非常丰富。但无论哪一个方面或哪一类的创新管理，其目的都是增强企业适应市场、赢得竞争的能力。因此，创新管理必须紧紧跟随经营环境的变化，紧紧把握管理理论的发展，紧紧扣住企业发展战略，不断培育企业的核心能力。

在此，我们主要以社会经济生活中大量存在的企业系统来介绍创新管理的内容。

（一）理念创新

理念创新是创新管理的灵魂。它是指管理者或管理组织在一定的哲学思想支配下，由现实条件决定的经营管理的感性知识和理性知识构成的综合体。一定的管理理念必定受到一定社会的政治、经济、文化的影响，是企业战略目标的导向、价值原则，同时管理的理念又必定折射在管理的各项活动中。进入20世纪80年代以来,经济发达国家的优秀企业家提出了许多新的管理观念,如知识增值观念、知识管理观念、全球经济一体化观念、战略管理观念、持续学习观念等。因此,管理理念创新必须改变传统的观念模式,主动适应市场经济发展和经济全球化趋势的要求,建构全新的思维观念,即着眼世界,振兴民族经济的使命感和机遇感,培育和维护企业形象的 CIS(现代企业经营战略)意识,严格成本观念和全面质量管理观念,确立名牌战略意识,强化危机管理观念、竞争意识,树立以人为本、"顾客即上帝"的现代文明经商观念,等等。

(二) 目标创新

我们知道,知识经济时代的到来导致了企业经营目标的重新定位。为什么?原因很简单:一是企业管理观念的革命,要求企业经营目标重新定位;二是企业内部结构的变化,促使企业必须重视非股东主体的利益;三是企业与社会的联系日益密切、深入,社会的网络化程度大大提高,企业正成为这个网络中重要的联结点。

因此,企业经营的社会性越来越突出,从而要求企业高度重视自己的社会责任,全面修正自己的经营目标。众所周知,美国曾经最为推崇利润最大化,盈利能力曾经是评价美国企业好坏成败的唯一标准,可是就在那里,如今评价企业的标准已经发生了巨大的变化。适应知识经济时代的多元目标相互协调的企业经营目标观念被广为接受。例如,美国《财富》杂志在评选最优秀企业时,已经采用创新精神、总体管理质量、财务的合理性程度、巧妙地使用公司财产的效率以及公司做全球业务的效率等九项指标。从这些带有导向性的指标中我们看到,企业对员工、对社会、对用户的责任等指标在整个指标体系中占了相当分量。所以,在新的经济背景下,我国企业的经营目标就须调整为:通过满足社会需要来获得利润。

(三) 技术创新

技术创新是企业创新的主要内容,企业中出现的大量创新活动是技术方面的。技术水平高低是反映企业经营实力的一个重要标志,企业要在激烈的市场竞争中处于主动地位,就必须不断地进行技术创新。由于一定的技术都是通过一定的物质载体和利用这些载体的方法来实现的,因此企业的技术创新主要表现在要素创新、要素组合方法的创新和产品创新三个方面。

1. 要素创新

企业的生产过程是一定的劳动者利用一定的劳动手段作用于劳动对象,使之发生物理、化学形式或性质变化的过程。参与这个过程的要素包括材料、设备以及企业员工三类。材料是构成产品的物质基础,材料的费用在产品成本中占很大的比重,材料的性能在很大程度上影响产品的质量。设备创新对于减少原材料、能源消耗,对于提高劳动生产率、改善劳动条件、改进产品质量有十分重要的意义。企业的人事创新,不但应该根据企业发展的技术进步的要求,不断地从外部取得合格的新的人力资源,而且更应注重企业内部现有人力的继续教育,提高人的素质,以适应技术进步后的生产与管理的要求。

2. 要素组合方法的创新

利用一定的方式将不同的生产要素加以组合，这是形成产品的先决条件。要素的组合包括生产工艺和生产过程两个方面。工艺创新既要根据新设备的要求，改变原材料、半成品的加工方法，又要在不改变现有设备的前提下，不断研究和改进操作技术和生产方法，以求得现有设备的更充分的利用，以及现有材料的更合理的加工。工艺创新与设备创新是相互促进的，设备的更新要求工艺方法做相应的调整，而工艺方法的不断完善又必然促进设备的改造和更新。企业应不断地研究和采用更合理的空间分布和时间组合方式，协调好人机配合，提高劳动生产率，缩短生产周期，从而在不增加要素投入的情况下，提高要素的利用效率。历史上，福特汽车公司将泰罗的科学管理原理与汽车生产实际相结合而产生的流水线生产方式是一个典型的生产组织创新。

3. 产品创新

产品创新包括品种和结构的创新。品种创新要求企业根据市场需要的变化，根据消费者偏好的转移，及时地调整企业的生产方向和生产结构，不断开发出用户欢迎的产品；结构创新在于不改变原有品种的基本性能，对现有产品结构进行改进，使其生产成本更低，性能更完善，使用更安全，更具市场竞争力。产品创新是企业技术创新的核心内容。它既受制于技术创新的其他方面，又影响其他技术创新效果的发挥。新的产品、产品的新结构，往往要求企业运用新机器设备和新工艺方法；而新机器设备、新工艺的运用又为产品的创新提供了更优越的物质条件。

（四）环境创新

环境是企业经营的土壤，同时也制约着企业的经营。环境创新不是指企业为适应外界变化而调整内部结构或活动，而是指通过企业积极的创新活动去改造环境，去引导环境朝着有利于企业经营的方向变化。例如，通过企业的公关活动，影响社区政府政策的制定；通过企业的技术创新，影响社会技术进步的方向。就企业而言，市场创新是环境创新的主要内容。市场创新是指通过企业的活动去引导消费、创新需求。人们一般认为新产品的开发是企业创新市场需求的主要途径。其实，市场创新的更多内容是通过企业的营销活动来进行的，即在产品的材料、结构、性能不变的前提下，或通过市场的地理转移，或通过揭示产品新的物理使用价值，来寻找新用户；再通过广告宣传等促销工作，来赋予产品以一定的心理使用价值，影响人们的某种消费行为，诱导、强化消费者的购买动机，增加产品的销售量。

（五）制度创新

制度创新是创新管理的保证。制度是组织运行方式、管理规范等方面的一系列的原则规定，制度创新是从社会经济角度来分析企业系统中各成员间的正式关系的调整和变革。企业只有具有完善的制度创新机制，才能保证技术创新和创新管理的有效进行。如果旧的落后的企业制度不进行创新，就会成为严重制约企业创新和发展的桎梏。企业制度主要包括产权制度、组织制度和管理制度三个方面的内容。企业制度创新就是实现企业制度的变革，通过调整和优化企业所有者、经营者和劳动者三者的关系，使各个方面的权利和利益得到充分的体现；不断调整企业的组织结构和修正完善企业内部的各项规章制度。制度创新是把思维创新、技术创新和组织创新活动制度化、规范化，同时又具有引导思维创新、技术创新和组织创新的功效。它是创新管理的最高层次，是创新管理实现的根本保证。企业制度创新的目的是建立一种更优的制度安排，调整企业中所有者、经营者、劳动者的权利和义务关系，使企业具有更高的活动效率。

（六）组织结构创新

在工业化社会的时代，市场环境相对稳定，企业为了实现规模经济效益，降低成本，纷纷以正规化、集权化为目标。但随着企业规模的不断发展，组织复杂化程度也越来越高。信息社会的到来，使环境不稳定因素越来越多，竞争越来越激烈。管理者意识到传统的组织结构不适应现代环境的多变性便会实施创新。一个有效组织应当是能随着环境的变化而不断调整自己的结构，使之适应新的环境的组织。根据这一认识，现代企业组织正不断朝着灵活性、有机性的方向发展。

（七）文化创新

文化创新是创新管理的前提。现代管理发展到文化管理阶段，可以说已达到顶峰。企业文化通过员工价值观与企业价值观的高度统一，通过企业独特的管理制度体系和行为规范的建立，使得管理效率有了较大提高。创新不仅是现代企业文化的一个重要支柱，还是社会文化中的一个重要部分。如果文化创新已成为企业文化的根本特征，那么创新价值观就会得到企业全体员工的认同，行为规范就会得以建立和完善，企业创新动力机制就会高效运转。

（八）组织创新

组织创新是创新管理的关键。现代企业组织创新就是为了实现管理目的，将企业资源进行重组与重置，采用新的管理方式和方法、新的组织结构和比例关系，使企业发挥更大效益的创新活动。企业组织创新是通过调整优化管理要素人、财、物、时间、信息等资源的配置结构，提高现有管理要素的效能来实现的。企业的组织创新，可以有新的产权制、新的用工制、新的管理机制，公司兼并和战略重组，对公司重要人员实行聘任制和选举制，企业人员的调整与分流，等等。组织创新的方向就是要建立现代企业制度，真正做到"产权清晰、权责明确、政企分开、管理科学"。企业的组织创新，要考虑企业的经营发展战略，要对未来的经营方向、经营目标、经营活动进行系统筹划；要建立以市场为中心的对市场信息、宏观调整信号及时做出反应的反馈应变系统；要不断优化各生产要素组合，开发人力资源；要在注重实物管理的同时，加强价值形态管理，注重资产经营、资本金的积累；等等。

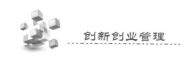

第三节 创新思维

一、创新思维概述

（一）创新思维的概念

大数据技术的快速发展，深刻改变了我们的生活、工作和思维方式。大数据研究专家维克托·迈尔-舍恩伯格（Viktor Mayer-Schönberger）指出，大数据时代，人们对待数据的思维方式会发生三个变化：第一，人们处理的数据从样本数据变成全部数据；第二，由于是全样本数据，人们不得不接受数据的混杂性，而放弃对精确性的追求；第三，人类通过对大数据的处理，放弃对因果关系的渴求，转而关注相关关系。

在大数据时代，思维方式只有从因果思维转向相关思维，努力颠覆千百年来人类形成的传统思维模式和固有偏见，才能更好地分享大数据带来的深刻洞见。

创新思维是以感知、记忆、思考、联想、理解等能力为基础，以探索性、求新性、综合性为特征，利用已掌握的知识，从某些事物中寻找关系、新答案的，可以物化的心智活动。创新思维是人类创造力的核心和思维的最高级形式，是人类思维活动中最积极、最活跃和最富有成果的一种思维形式。人类社会的进步与发展离不开知识的增长与发展，而知识的增长与发展又是创新思维的结果。所以，创新思维比之思维的其他形式，更能体现人的主观能动性。

（二）创新思维的形式

创新思维的形式多种多样，主要有以下几种。

1. 延伸式思维

所谓延伸式思维，就是借助已有的知识，沿袭前人的思维逻辑去探求未知的知识，将认识向前推移，从而丰富和完善原有知识体系的思维方式。

2. 发散式思维

所谓发散式思维，就是从某一研究和思考对象出发，充分展开想象的翅膀，从不同的角度、渠道，大胆设想解决问题的方法，在对比联想、接近联想和相似联想的广阔领域分别涉猎，从而形成产品的扇形开发格局，产生由此及彼的多项创新成果。例如，微型冰箱的异军突起。微型冰箱与家用冰箱在工作原理上没有区别，其差别只是产品所处的环境不同。日本人把冰箱的使用由家居转换到了办公室、汽车等其他方向，有意识地改变了产品的使用环境，引导和开发了人们潜在的消费需求，从而达到了创造需求、开发新市场的目的。

3. 联想式思维

所谓联想式思维，就是将所观察到的某种现象与自己所要研究的对象加以联想思考，从而获得新知识的思维形式。"一叶落知天下秋",是指在人脑内记忆表象系统中由于某种诱因使不同表象发生联系的自由思维活动。联想式思维有类比联想、相似联想、因果联想、对比联想等。

4. 组合式思维

所谓组合式思维,就是运用普遍性原理研究具体事物的本质和规律,从而获得新的认识的思维形式。"组合也是创新",是指把看似不相关的事物通过移植、解构等方式再次组合起来,使之成为一个新的有机整体。例如,多功能插座。

5. 逆向式思维

所谓逆向式思维,就是将原有结论或思维方式予以否定,而运用新的思维方式进行探究,从而获得新的认识的思维方式。"反其道而思之",是指从解决问题的常规思维的反向思考的方式,避免走入常规思维的死胡同。例如,司马光砸缸。

6. 幻想式思维

所谓幻想式思维,就是指人们对在现有理论和物质条件下不可能成立的某些事实或结论进行幻想,从而推动人们获取新的认识的思维方式。

7. 奇异式思维

所谓奇异式思维,就是对事物进行超越常规的思考,从而获得新知识的思维方式。

8. 跨界式思维

跨界即为交叉、跨越。所谓跨界式思维,就是在对事物的认识过程中,多角度、多视角地看待问题和提出解决方案的一种思维方式,亦是指跳出点、线、面的限制,能从上下左右、四面八方去思考问题的思维方式。

9. 大数据思维

大数据思维即在看似无关联的事物中找到其间的相关性,并进行逻辑分析和定量化处理,将自然思维转向智能思维,使得大数据具有生命力,获得类似于"人脑"的智能。

进入 21 世纪以来,随着微博、微信等社交媒体的发展,可穿戴设备、健康手环、传感器、二维码以及各种手机应用的普及,在移动互联网、物联网和车联网等新技术平台中,基于移动定位服务的位置数据、互联网金融数据等各式各样的海量数据源源不断地生成,我国开始进入大数据时代,同时大数据也代表着创新思维的一种外在表现形式。

创新思维的形式有多种多样,我们只有真正理解、掌握创新思维的多样性,在实践中灵活运用创新思维的多种形式,才能自由地步入创新王国,取得创新的丰硕成果。

(三)创新思维的特征

创新思维方式是一种价值取向。创新思维就是永远不满足于现状,总是渴望与众不同。

创造性思维具有以下特征。

1. 突破性

即要找到解决问题的突破口,抓住问题的本质。

2. 新颖性

即通过独特的视角思考问题、解决问题,亦指创新思维发散的新颖、新奇、独特的程度。

3. 灵活性

创新思维有法但无定法，可以自由想象，但没有固定套路，即创新思维在发散方向上所表现出的变化和灵活。

4. 求异性

求异不是盲目标新立异、奇思异想，而是实事求是地寻求新的解决问题的办法和路径。

5. 流畅性

即发散思维的量，单位时间内发散的量越多，流畅性越好。

二、创新思维的过程

创新的过程体现了创新性思维的过程，而创新性思维的过程是一个复杂的心理过程。人们通过各种方法对这一过程进行了研究，结论各不相同，其中影响最大的是四阶段分法。这种分段方法将创新性思维的过程分为准备、酝酿、豁然开朗和验证四个阶段。

（一）准备阶段

准备阶段的工作重点在于针对要解决的问题收集材料、分析材料，同时分析自己在解决该问题时，在知识、能力、技能以及资金、材料、工具等方面的优缺长短，以此来确定自己解决问题的方式、起点和突破口。准备阶段对于问题尤其是创新性问题的解决至关重要。

（二）酝酿阶段

酝酿阶段是对各种材料进行深入细致的分析，进行消化、吸收，并提出问题和解决方案的过程。这一过程是创新性思维过程中最为艰苦的阶段，也是智力和意志活动付出最大努力的阶段。在这一过程中创新者苦思冥想，几乎调动了大脑中所有相关的知识和智力，反复尝试和评价，思维时而发散，努力提出新的假设、方法、方案；时而集中，对个别方法、方案、思路进行验证和评价。酝酿阶段的时间长短不一，这取决于创新任务的准备程度、复杂程度，也取决于创新者的知识经验、智力和创新力水平以及努力程度。

（三）豁然开朗阶段

创新在经过一段时间的艰难酝酿期后，常常会出现柳暗花明的新境地，过去百思不得其解的问题，瞬间得到解决，真可谓"踏破铁鞋无觅处，得来全不费工夫"。这也就是灵感。灵感的产生要以艰苦的探索、思考过程为基础，是各种心理因素协调活动的结果。灵感并不是天才所专有的，在日常生活、学习中也常常会有灵感突现的时候。在处于灵感状态时，注意力高度集中，想象力非常丰富，思维特别敏捷，知识提取和迁移的难度大大降低，同时情绪也异常高涨，几乎整个心智活动状态处于最佳水平，所以这一阶段是创新问题得到解决的关键阶段。灵感具有瞬时性和突发性特点，往往是一个巧妙的方法、新颖的设计突然在大脑中闪现，这一念头一经出现我们就应及时抓住，否则就可能"失不再来"。

为了灵感的出现,除了努力学习,积累丰富的知识外,还要注意培养自己科技创作的兴趣,激发自己探索与创新的动机,使自己的情绪稳定、轻松、愉快,保持适度紧张的工作状态。

(四) 验证阶段

豁然开朗阶段之后,创新思维已经获得了初步的思维成果,提出了一定假设和问题解决方案。但毕竟灵感不等于逻辑思维,通过灵感获得的结果也未必合理,所以还要通过严密的逻辑推理或实验与操作对这一结果的合理性进行检验。可以把新的设想付诸实施,如实验、制作、实践等,还可以通过严密的逻辑推进检验那些新设想是否合乎逻辑,是否完善、周密。

在验证过程中,可以发现原有假设的不足,可以对其进行修正、补充,使其逐步达到完善,也可能这一假想经受不住考验被全盘否定。但在这一过程中对材料进行了深入细致的分析与思考,为新的思路的提出提供了坚实的基础,同时这一次的失败也为下一次的思考提供了有益的经验和教训。如果说在豁然开朗阶段要保持高涨的情绪和高昂的斗志,那么在验证阶段则需要保持清醒的头脑、镇定的情绪和冷静周密的思考。

但是,创新性思维过程的这四个阶段并非泾渭分明,也绝非在任何创新活动中都缺一不可,它们只是体现了创新性思维的大致的一般过程。

三、创新思维的影响因素

影响创新思维活动的因素是多方面的,既有社会的、环境的,也有创新者本身的,但主要是环境、心理、方法三大因素。

(一) 影响创新思维活动的环境因素

任何一项创新思维活动都需要有良好的环境与气氛,这对创新的心理效应有极大的推动作用。

1. 社会环境

(1) 社会安定。创新者是在一定的社会环境中生活,在一定的社会环境中进行创新活动的。因此,社会安定程度对创新活动产生着直接的影响。

安定的社会环境是创新思维的重要条件。社会安定使得创新者产生创新的心理安全感,情绪稳定,注意力集中在创新对象上,便能潜心研究。社会一旦动荡,创新者就会产生心理上的不安全感,甚至恐惧感,情绪紧张,就难以把注意力放在创新对象上。动乱不安的社会环境严重地压抑了创新人的创新力,阻碍了创新力的发展。

(2) 社会需要。社会需要对人的创新力产生着巨大影响。战争年代需要军事人才,军事家的创新力得到充分发展;经济建设时期需要科技与管理的人才,各种科技与管理人员适应社会对经济建设的需要而使创新力得到充分发展。特别是当代,管理对经济发展所起的作用越来越大,人们充分认识到,当今的经济与社会发展是无法离开管理的,而管理水平的提高离不开各种管理人才,离不开创新力。可以说,没有管理人才,就没有强大的创新力;离开了管理人才,就谈不上现代社会与经济的发展。

(3) 学术民主。创新性思维是极其复杂的过程,不能认为管理者的每一个新的想法、新的设想都是正确的。因此,他们的想法和设想被否定是常有的事。

创新成果是创新性思维的效应,创新性思维是否符合实际,是要由社会实践来检验的。创新有成功也有失败,创新成功说明创新性思维是正确的,创新失败则说明其创新性思维是错误的。创新活动的是非要通过实践,通过学术讨论来解决,要发扬民主,就必须贯彻真理面前人人平等的原则,绝对不能采用行政手段压制创新性思维,这是得不偿失的。

2. 工作环境

(1) 人际关系。人际关系是表示人与人之间相互交往与联系的心理联系。创新者的人际关系好坏对创新活动有很大影响。人际关系好,心情舒畅,心理上有安全感,有助于发挥创新者的积极性与创新性,提高创新力效应;人际关系紧张,相互猜疑,彼此戒备,内耗严重,心理上存在不安全感、压抑感、恐惧感,阻碍创新性思维的发挥,降低创新力效应。

在人际关系中,创新人员与领导者的纵向人际关系好,对创新人员的创新力是一个很大的心理支持;反之,则是一种威胁,导致创新人员情绪低落,影响创新力的发挥。因此,保持良好的横向人际关系,有利于创新人员之间团结协作,协同攻关,协同创新。

(2) 创新氛围。就一个组织而言,创新的氛围对创新人员的创新活动有很大影响。如果创新氛围浓厚,创新的价值观高,则创新者就沉浸在创新的热情中,大脑皮层就会形成创新的优势兴奋灶;反之,创新氛围淡薄,人们则会无所事事,注意力不在创新的对象上,大脑皮层形不成创新的优势兴奋灶,创新性思维就得不到发挥。

3. 家庭环境

家庭成员的心理相容水平与创新欲望、情绪、效率有关系。一般来说,家庭成员心理相容水平高,家庭充满温暖,人的心境好,易触发创新动机,创新热情高,工作效率高;家庭成员心理相容性低,经常产生冲突,心情抑郁不快,易熄灭创新性思维的火花。

(二) 影响创新思维活动的心理因素

1. 动机

动机是影响创新活动的重要心理因素。人对活动的态度,他们的社会责任感、认识兴趣、求知欲,都能成为创新的强烈动机。

心理学研究表明,在一定程度内,动机强度与创新的效率成正比。一个人的社会责任感越强,态度越认真负责,他们越善于发现问题,创新的效率也就越高;同样,一个人具有强烈的求知欲望,也能有助于其发现问题和解决问题。但是,动机太强,有时可能降低人们解决问题的效率。由于心情急切,情绪过分紧张,他们无法冷静地进行问题定向和在各种解决方案中做出合理抉择。所谓"欲速则不达"就是由这一动机状态造成的。动机强度与创新工作效率关系如图2-1所示。

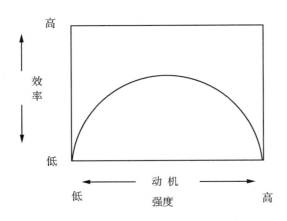

图 2-1 动机强度与创新工作效率曲线关系

图 2-1 说明，在一定范围内，创新的效率是随动机强度的增高而上升的；中等动机强度是创新效率的最佳水平；超过一定限度，提高动机水平，反而会使创新的效率下降。

2. **问题情境**

问题情境是指个人所面临的刺激模式与个人的知识结构所形成的差异。它是由于呈现在人们眼前的事物所具备的条件超过了人们已有的知识经验的范围所构成的。当人们在遇到某件不清楚、不了解的事情，用过去的知识经验又不能应付的情况下，就会出现问题情境。一般来说，刺激模式与个人的认知结构越接近，问题就越易解决；反之，刺激模式与个人认知结构的差异越大，则问题就越难解决。

问题情境中材料的组织形式对问题的解决有重要影响。每一问题情境中都包含着特定的事件和物体，这些确定的事件和物体就构成了问题情境中的材料。这些材料又总是以特定的空间位置、时间顺序、数量多寡和特定的功能等具体特点呈现出来，并构成了材料的不同组织形式。如果材料的组织形式掩盖或干扰了解决问题的线索，就增加了解决问题的困难；如果材料的组织形式直接提供了解决问题的线索，就易找出答案。

一般来说，直接知觉的有关的事物图形，回忆事物的表象或想象事物的具体情况，可以使抽象原理或效量关系具体化、形象化，从而有助于找到解决问题的方法。但是，所用的形象材料必须准确，必须切合所要解决的问题；否则，就会把思路引入错误方向，反而增加了解决问题的困难。

3. **思维定式**

思维定式是指人具有每次都用相同的方式、相同的知识结构去解决问题的倾向。如果已有的知识结构是解决当前实际问题所需要的，就能促进问题的解决；反之，则会妨碍问题的解决。

思维定式给人们造成的消极影响，就是不从具体情况出发，盲用、误用某种特定的经验。但不能由此就认定思维定式对人只有消极作用，事实远非如此。由于思维定式而形成的感知、记忆和思维模式，对于人们在更多的场合下解决问题是有积极意义的。如果一个人不受思维定式的影响，也就是不能利用已往的经验分析、判断、处理问题，万事都得从头做起，那简直是不可想象的。

思维定式的心理现象给我们的启示是：充分利用定式的积极作用，克服定式的不利影响。

4. 功能固着

某种物体经常以某一方法使用，久而久之，人们就会在思想上把它的功能固定在那种用法上，这就是功能固着现象。或者说，功能固着就是只看到熟悉事物的通常功能，而看不到它的其他功能。在功能固着的影响下，人们不易摆脱事物用途的固有观念，因而不能灵活地解决问题。

功能固着是思维的一种惰性。而功能变通则相反，它是指人们能灵活机智地使用自己已有的工具或材料，将已有的知识、经验运用到新的情境中去，使之服务于解决问题的目的，使问题迎刃而解。要具有这类变通的能力，一方面要有丰富的知识与经验，要熟悉不同的功能；另一方面也要具有思维的灵活性。

（三）创新方法与策略的影响

1. 创新方法的影响

无论从事什么样的创新活动，都要有一定的方法。通过对许多创新活动过程的探究，寻找创新活动的方法，用以提高创新能力和创新效率。但是，对同一事物采取不同的创新方法，创新活动的效率也不同。创新活动的方法要在管理实践中去探索，而创新的方法很多，这就需要对创新方法进行选择，这是创新活动中极其重要的环节。

在不同的情况下，选择行动的创新方法和采取行为的途径的情况会不同，在有些场合，只要一提出创新活动目的，便立刻会意识实现这一创新目的的方法和途径，而且对采用的创新方法也不会产生任何怀疑。这通常发生在熟悉的创新行动中。但是，在许多情况下达到创新目的的方法不止一种，在选择创新方法过程中，就得分析和比较各种方式、方法的有效性和合理性。有时由于知识、经验的不足而未能找到有效的方法、手段，这就受创新者的道德观念和品德修养的制约。道德品质高尚的人会采取正当的、符合道德准则的方法；而道德品质低劣的人则会采取不正当的、违背道德准则的方法。

总之，创新的方法是很多的，也是有规律可循的。

2. 创新策略的影响

用什么方法去具体地解决问题，就是心理学所说的解决问题的策略。现代认知心理学认为，问题的解决过程，就是问题解决者寻找操作步骤（系列）达到目的的过程。在这个过程中，采用什么策略解决问题，对思维的进程和解决问题的效果具有明显的影响。

（1）手段—目的分析法。"手段—目的分析法"就是先有一个目标（目的），它与当前的状态之间存在着差异，人们认识到这个差异，就要想出某种办法采取活动（手段）来缩小这个差异。

这一方法的核心是将一个较为复杂的问题分解为几个较简单的子问题。它的要点是：① 比较初始状态和目标状态，提出第一个子问题：如何缩小两者差异？② 找出缩小差异的办法及操作；③ 如果提出的办法实施条件不够成熟，则提出第二个子问题：如何创造条件？④ 提出创造条件的办法及操作；⑤ 如果④中提出的办法实施条件也不成熟，则提出第三个子问题：如何创造条件？如此螺旋式地循环前进，直至问题解决。

"手段—目的分析法"是常用的一种策略。它的基本点是根据"整—分—合"的原理，将待解决的问题分解为一系列子问题，然后寻找解决这些子问题的手段，通过子问题的解决，从而达到逐渐导致主要问题获得最终解决的目的。作为一种基本策略，它具有广泛的适用性。

（2）逆向推理。逆向推理是另一种行之有效的策略。创新管理者先从问题的目标出发，逐渐探索解决这个问题的各种先行步骤，一直追溯到问题的起点。

一般而言，若通向目的状态的途径为数不多，则运用逆向推理策略较为方便；若通向目的状态的途径很多，则采用"手段—目的分析法"更为有效。

四、思维导图

（一）思维导图的概念

托尼·博赞（Tony Buzan），英国人，世界著名心理学家、教育学家，他创建了"思维导图"，被誉为英国的"记忆力之父"。

思维导图是表达发散性思维的有效图形思维工具。它是集数字、图形、颜色、符号等于一体的图形集合，是将知识点用各种数字、图形、颜色、符号等来表示的大型图集，根据信息量大小由一个中心点不断地向外延伸发散，能够帮助学习者很好地呈现他们的学习内容和思维过程的工具和学习环境。学习者可以利用思维导图理清学习内容的脉络，将抽象知识形象具体化，提高学习者的学习能力；也可以将原来不可见的思维过程呈现出来，提高学习者的发散思维能力。

总之，思维导图更符合人类的形象思维与创新思维。

（二）思维导图的特点

托尼·博赞认为思维导图有四个基本的特点。

（1）注意的焦点清晰地集中在中央图像上。中央图像不可缺少，中央位置都要有一个图像作为中心主题。

（2）主题的主干作为分支从中央向四周放射。

（3）分支由一个关键的图形或者写在产生联想的线条上面的关键词构成。比较不重要的话题也以分支形式表现出来，附在较高层次的分支上。

（4）各分支形成一个连接的节点结构。因此，思维导图在表现形式上是树状结构的。

思维导图的关键就是：关键词、连线、图像和色彩。思维导图就是抓住事物的关键，通过联想和想象找到事物之间的联系，用图像和色彩把这一过程放射性地画出来。

（三）思维导图的理论基础

1. 脑科学理论

思维导图是放射性思维的表达，它是一种非常有用的图形技术，是打开大脑潜力的万能钥匙。托尼·博赞曾指出，如果将人的脑细胞在显微镜下放大，会发现每个脑细胞就是一个"思维导图"。人的大脑神经元细胞和思维导图都是由一个中心点出发，向外延伸出无数分支。也就是说，大脑结构与工作原理和思维导图有一定的相似性。

脑科学研究表明，左脑负责计算、语言、分析、顺序、文字、数字等逻辑思维，右脑负责视觉、图像、想象、颜色、空间、整体等形象思维。

作为一种新的思维模式，思维导图可以充分激发左右脑的潜能，对培养人的学习能力，改善人的思维方式都有很大的帮助。

2. 知识可视化理论

知识可视化是指所有可以用来建构和传达复杂知识的图解手段，以图文结合的方式来呈现枯燥乏味的知识，促进其吸收、传播与创新。思维导图将知识点等信息用各种数字、图形、符号、颜色等进行区分，根据信息量大小由一个中心点不断地向外延伸发散。与大段纯文字相比，思维导图给学习者更好的视觉体验，使知识的呈现更加形象自然，帮助视觉和脑部相结合，促进对知识的理解。

（四）思维导图的要素与作用

1. 思维导图的要素

思维导图的要素包括：以前存在的想法以及由此联想起来的新的独特的思想；醒目、显眼的颜色；视觉效果强烈的图形图像；概念之间的层次；把以前的知识概念重新布置并联系起来；使用可以内部互换的代码和外形；包含能吸引视觉、听觉、嗅觉、味觉和触觉的物体与图像。

2. 思维导图的作用

由思维导图要素可以看出，思维导图在培养思维时有以下几个方面的作用。

（1）思维导图可以增强学习者的联想力和想象力。思维导图在绘制时，利用了很多联想和想象等思维技巧。每一个关键词和下一级的关键词都有着一定的联系，这种联系在脑中的呈现就是联想。在思维导图的设计和绘画过程中，需要经常地使用联想和想象，才能使思维导图的结构更系统，因而这个过程可以使学习者的联想力和想象力得到很好的开发。

（2）思维导图可以帮助学习者产生创造性的想法。每个人的大脑中都存在很多知识，但是在没有相关提示的情况下，很多知识就像被深埋了起来，无法被有效利用；或者有些知识没有被归入已有的知识体系中，呈现游离状态。这些知识因为处于不活跃的位置，不容易被利用。而思维导图就能够很好地将这些深埋起来的和游离于思想边界的想法捕捉起来，让制作者一次看到很多因素，从而增大了制作者产生灵感和创造性想法的可能性。

（3）思维导图有利于学习者进行发散思维和逆向思维。思维导图的构成以图像为主，里面充满了色彩等容易吸引大脑注意力的因素，能够让学习者在学习时感到轻松愉快，容易引起共鸣。这时，学习者的思维便会处于自由的状态，有利于进行发散思维和逆向思维，促进新想法的产生。

（五）思维导图的绘制方法

绘制思维导图前，要先了解思维导图的绘制规则。

第一，突出要点、层次分明。一定要用中央图形，整个思维导图都要用中央图形，突出要点。中央图形上要用两种或更多的颜色,做出强调。另外,图形要凸显层次感,使整个图形有一定的逻辑结构和美感。

第二,清晰明白。每条线上只写一个关键词,并且关键词要写得清晰明白,线条的长度要与词的长度保持一致,线条和线条之间要加上连接点,保证流畅性。

第三,使用联想。分支中的上下级知识点进行连接时,可以在曲线和箭头上使用各种颜色,使用不同粗细、不同类型的线条,以突出各自的特征,因为大脑总是容易混淆相似的内容。总之,思维导图的各个部分都可以利用充分的联想。

第四,形成个人风格。形成个人风格,反映出大脑中自己独特的思维方式,不但有助于记忆,而且有助于学习者体会到成就感。

思维导图绘制的具体步骤如下:

第一,从白纸的中央绘制图形,为了不限制思维,可以将纸横放,周围留出空白。

第二,用醒目、与众不同的文字、图形或者图画来表达中心思想。

第三,在绘制的过程中尽可能地使用多种颜色,避免单调和类似。

第四,将中心图形和主要分支连接起来,然后建立二级分支,再把主要分支和二级分支连接起来,依此类推。

第五,使用自然弯曲的曲线而不要使用直线。

第六,在每一条线上都使用关键词,最好做出区别于其他关键词的强调。

第七,自始至终使用图形。

具体操作时,要注意以下绘制要点:

第一,使用的纸要整洁并且足够大,不然会限制大脑的联想。

第二,多使用关键字(词)或者图片,这样更容易给大脑留下印象。

第三,从中间开始向四周扩展,而且在每一层次都把握这一特征。

第四,在中心位置用能够表现强烈视觉效果的方式描述主题,比如色彩、图像或者能够引起自己注意力的其他方法。

第五,多角度地思考,尽可能多地发挥联想和想象。

第六,把关键词放到枝干上,并使关键词和枝干成为一个整体。

在诞生初期,思维导图完全是手绘作品,到今天已经可以借助计算机软件来完成思维导图的制作。目前,互联网上提供了很多思维导图的制作软件,几乎所有专门用于绘图的软件都可以用来绘制思维导图。图2-2 创新思维影响因素的思维导图就是运用制作软件绘制的。

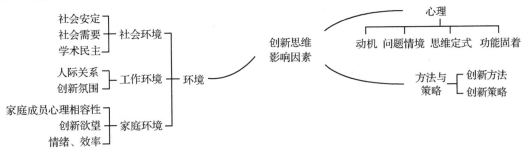

图2-2 创新思维影响因素的思维导图

第四节 创新方法

一、创新方法概述

创新方法是创新活动成功的总结、归纳并上升为工具的方法论。创新方法打破了创新的神秘气氛,使普通人借助创新方法亦能涉足创新性活动。

创新过程既是一个客观的实践过程,又是一个微观的心理过程,其复杂程度很大,必须有正确的途径和良好的方法,尤其在现代科学技术发展突飞猛进、新领域问题不断增多、难度增大的情况下,掌握创新方法就更为重要了。

如果把创新活动比喻成过河的话,那么方法就是过河的桥或船。创新方法是从创造方法中套用过来的,是根据创造性思维发展规律和大量成功的创新的实例总结出来的一些方法。它既可直接产生创新成果,也可启发人们的创新思维,提高人们的创新能力和创新成果的转化率。

二、创新方法介绍

从20世纪30年代初美国学者R.克劳福德(R. P. Crauoford)发明"特性列举法"为开端,以创造学的奠基人亚历克斯·F.奥斯本(Alex F. Osborn)发明"头脑风暴法"为标志,据不完全统计,迄今为止,全世界已提出各种创新方法340多种。限于篇幅,以下重点介绍检核表法、组合法、头脑风暴法、和田创新十二法等四种创新方法。

(一)检核表法

检核表法是由美国创造学家亚历克斯·F.奥斯本率先提出的一种创新方法,是以提问的方式使问题具体化,以缩小需要探索和创新的范围,从不同的角度寻找创新途径。它几乎适用于任何类型和场合的创造活动,因此被称为"创新方法之母"。这种创新方法的特点,就是根据需要解决的问题,或需要创造发明的对象,列出有关的问题,然后一个个来核对讨论,以期引发出新的创造性设想来。

亚历克斯·F.奥斯本的检核表有75个问题,归纳为六类问题、九个提问。

六类问题是:

(1)由现状到目的:转用——发明,本身无变化。

(2)由目的到现状:代替——发明,本身无变化。

(3)质量的变化:改变。

(4)组合排列:变位、颠倒、组合。

(5)量的变化:扩增、缩减。

(6) 借助其他模型：启发。

九个提问是：

(1) 能否他用？现有发明的扩展。需要注意把握提问法的启迪作用。现有的发明（包括材料、方法、原理等）还有没有其他的用途，或者稍加改造就可以扩大它们的用途？即思路扩展、原理扩展、产品应用扩展、技术扩展、功能扩展、材料扩展、系列配套等。

(2) 能否借用？现有发明的借鉴。现有的发明能否借鉴、移植、模仿？怎么模仿？

(3) 能否改变？现有发明的变换。现有的发明能否作适当的变化，如改变颜色、味道、声响、形状、型号等。

(4) 能否扩大？现有发明的强化。现有的发明能否扩大，增加一些东西，比如延长时间、长度，增加次数、价值、强度、速度、数量等。

(5) 能否压缩？现有发明的压缩。现有的发明能否缩小，取消某些东西，使之变小、变薄、减轻、压缩、分开等。这是与上一条相反的创新途径。

(6) 能否代用？现有发明的替代。现有的发明是否有代用品，以别的原理、能源、材料、元件、工艺、动力、方法、符号、声音等来代替。

(7) 能否调整？现有发明的重新安排。现有的发明通过改变布局、顺序、速度、日程、型号，调换元件，部件互换，因果倒置等，进行重新安排往往会形成许多创造性设想。

(8) 能否颠倒？现有发明的颠倒应用。第二次世界大战期间，美国的军舰生产任务十分繁重。过去都是从下向上建造舰船的各层甲板，焊接工人须仰头工作，建造速度慢。有人运用"颠倒"设想，从顺序上倒过来，自上而下加工甲板，一改仰头焊接生产效率低的状况，使军舰生产速度显著提高了。保温瓶用于冷藏，风车变成螺旋桨，动物园动物困于笼中，而动物保护区使游园的人躲在车内，车床切削是工件旋转而刀具不动，等等，这些不都是颠倒过来用的创新吗？

(9) 能否组合？现有发明的组合。现有的几种发明是否可以组合在一起，如材料组合、元部件组合、形状组合、功能组合、方法组合、方案组合、目的组合等。

（二）组合法

组合法是一种极为常见的创新方法。目前，大多数创新的成果都是通过采用这种方法取得的。组合创新的形式主要有以下几种。

(1) 功能组合。功能组合就是把不同物品的不同功能、不同用途组合到一个新的物品上，使之具有多种功能和用途。比如，按摩椅就是按摩功能和椅子功能的结合体；具有计算功能的闹钟也是一种新的组合。

(2) 意义组合。这种组合功能不变，但组合之后被赋予了新的意义。比如，在文化衫上印上旅游景点的标志和名称，就变成了具有纪念意义的旅游商品。同样，一本著作有了作者的亲笔签名，其意义也会不同。

(3) 构造组合。把两种东西组合在一起，它便有了新的结构并带来新的实用功能。比如，房车就是房屋与汽车的组合，它不仅可以作为交通工具，还可以作为居住的场所。电脑桌也是一种构造组合的结果。

（4）成分组合。两种物品成分不相同，组合在一起后，就构成了一种新的产品。比如，柠檬和红茶组合在一起，就开发出了柠檬茶；调酒师调制鸡尾酒采用的也是一种不同的成分组合。

（5）原理组合。把原理相同的两种物品组合在一起，产生一种新产品。比如，将几个相同的衣服架组合在一起，就可构成一个多层挂衣架，以分别挂上衣和裤子，从而达到充分利用衣柜空间的目的。

（6）材料组合。不同材料组合在一起，不仅可以改善原物品的功能，还能带来新的经济效益。比如，现在电力工业使用的远距离电缆，其芯用铁制造，而外层则用铜制造。由两种材料组合制成的新电缆，不仅保持了原有材料的优点（铜的导电性能好，铁硬不易下垂），还大大降低了输电成本。

（三）头脑风暴法

头脑风暴法由亚历克斯·F. 奥斯本于1953年正式提出，是一种以特殊会议形式实施的创新方法。它强调最大限度地发挥大家的想象力，利用集体的智慧，创造性地分析问题和解决问题，以改善群体决策，提高决策质量。

1. 头脑风暴法的原则

为达到较好的效果，运用头脑风暴法应遵循以下原则。

（1）规模适当的原则。会议规模不能太大，参加人数以10人左右为宜，且与会人员知识水平相当。会议时间以20~60分钟效果最佳。会议设主持人1名，记录员1~2人。主持人只负责主持会议，不做任何评论；记录员负责完整地记录与会人员的所有设想。

（2）确定主题的原则。每次会议都要确定一个明确的主题，主题应有一定的问题涉及面，不能限制得太死，并最好将主题提前两天告知参与者，以便其做好相应的准备。

（3）庭外判决的原则。即对于各种意见和方案，不管其是否适当和可行，评判都必须放在最后阶段，此前所有参与者都不能批评和评价别人的意见，主持人也不例外。

（4）充分自由的原则。要创造一种自由的气氛，激励参与者提出各种各样的想法，围绕主题毫无约束地想象，越广泛越好。

（5）追求数量的原则。意见或方案越多，产生好意见或方案的可能性就越大，所以发言量越大，意见或方案越多种多样越好。

2. 头脑风暴法的步骤

运用头脑风暴法进行创新时，一般有以下几个具体步骤。

第一步，主持人以简单明了的方式向所有参与者说明应遵循的原则及所要讨论的主题、目的，并尽力创造出一种融洽轻松的会议气氛。

第二步，所有的参与者大胆联想，自由发言，记录员记下发言人的创意。

第三步，将创意进行分类、归纳、评价，可能的话，形成一个设想一览表。

第四步，把其中最具代表性、最切实际的创意进行完善，并作为问题的答案。

另外，头脑风暴法能获得成功，在很大程度上取决于主持人控制会议的技巧：一要使会议现场保持热烈的气氛；二要让参与者积极投入和充分发言。因此，选取主持人非常重要，主持人不仅要熟悉并掌握头脑风暴法的要点和操作要素，而且对会议主题要有全面的了解。如果参与者相互认识，主持人就要从同一职位（职务或级别）的人员中选取，注意领导最好不要参加，否则可能会对参与者造成某种心理压力，影响会议效果；如果参与者互不认识，可从不同职位（职务或级别）的人员中选取主持人，但注意不要宣布参与人员的职位（职务或级别），不论职位高低，都应同等对待。

（四）和田创新十二法

和田创新十二法是我国创造学学者许立言、张福奎结合上海市闸北区和田路小学的实验情况总结、研究出来的一种思维技法。它既是对奥斯本核检表法的一种继承，又是一种大胆的创新。它通过十二个方面的思路提示，使人们产生大量的创新思维成果，而且表述简捷、通俗易懂，易推广。具体介绍如下。

（1）加一加。把已有的产品加大、加厚、加长或加高，甚至加上其他的成分、其他的产品进行组合，以形成新的产品。如汽车通过增加内在配置就可以形成新的产品档次。

（2）减一减。把已有的产品减小、减轻、减量、降低高度、减去某个部件或弱化某种功能等，都是新产品产生的方式。比如，上海有一家饭店针对一些高档特色名菜工薪族平时不敢问津的状况，减少菜量，推出"微型佛跳墙"，在一个小罐里盛着水发鱼翅、刺参、干贝等十多个品种的"佛跳墙"出售，因每份量小，售价相对低廉，一般食客都吃得起。"微型菜"受到客人青睐，饭店也因此提高了经济效益。当前，对于那些普遍存在的"小而全"的饭店而言，多"减一减"也许会有一种新的经营思路。

（3）扩一扩。把已有的产品进行扩展、放大，就能给产品增加新的功能或带来新的意义。教学培训中用的投影仪、宽银幕电影等都是"扩一扩"的结果。

（4）缩一缩。把已有的产品压紧一点、浓缩一点，也可以达到创新的效果。比如，压缩的木耳一小块就可以做出一盘，而折叠的椅子则只会占据很小的空间，这都非常方便。海尔的小神童洗衣机既省水，又省工。旅游中"缩一缩"的典型例子，就是微缩景观，比如深圳的"锦绣中华""世界之窗"，在那里游客可以看到很多中外著名的旅游景点的缩影。

（5）变一变。改变一下已有产品的操作程序或形态，如颜色、形状、味道、款式等，从而开发出新的产品。云南为打造生态旅游业，专门培育出了白色的油菜花，与黄色的油菜花交相辉映，从而形成农业旅游的新产品。

（6）改一改。把已有的产品改一改，使之变得更完善、更适应，从而达到优化工艺、节约原料、提高效益等效果。比如，酒店的商务中心除发挥打印、复印、传真等传统基本商务功能外，也可"改一改"，增加商务图书资料配置、无线宽带上网、提供自助咖啡等适应商务客人需要的服务产品。

（7）学一学。通过学习借鉴及模仿别的事物的结构、形状、原理、性能、颜色、管理制度、生产流程及运行模式等，会产生创新的效果。

（8）联一联。把已有的两种以上的产品或两个以上企业的优势联合在一起，从而使新的产品或企业联合能发挥更大的作用，取得更好的效益。南水北调就是"联一联"在国家发展战略上的运用。

（9）代一代。"代"包括原料、零件、方法、工具等方面的替代，也包括用新产品替代旧产品。比如，在旅游业中，产品开发可以"代一代"，不断缩短产品的生命周期，这也是主题公园的生命力所在。

（10）搬一搬。把已有的产品"搬一搬"，移动一下位置，使之变成一种新的产品。比如，把CD机和音响搬到汽车上，就有效增加了汽车的吸引力。

（11）反一反。把已有的产品的形态、功能、位置、性质等"反一反"，颠倒一下位置，有时往往也能产生意想不到的创新效果。比如，在时装设计上就有一种"反一反"的事例，那就是"内衣外穿"，它赢得了一些新潮青年的青睐。

（12）定一定。为了解决某一问题或改进某项工作、提高工作质量，需要创造性地制定一些标准和制度。比如，上海某小学就用"定一定"的方法发明了"读书姿势红绿灯"，以帮助学生随时矫正读写姿势：把灯放在桌上离胸部20~25厘米的位置，姿势正确见绿灯，趴在桌子上见红灯，斜坐则是半红半绿。

关键术语

创新　创新管理　创新思维　思维导图　创新方法

思考与练习

1. 什么是创新？什么是创造？如何理解创新与创造的区别与联系？
2. 创新的特点是什么？强调创新有何现实意义？
3. 创新思维的过程有哪几个阶段？影响创新思维的因素是什么？
4. 什么是创新思维导图？有何特征？如何绘制？
5. 创新方法有哪些？

案例与讨论

九牧的传统制造企业创新发展之变

2017年，九牧董事长、福建智能制造发展促进会会长林孝发提出了"百亿九牧，百年九牧"的战略目标。依靠"创新"带来的不竭动力，九牧已经奠定在国内的行业领军地位。在2019年德国iF设计大奖获奖名单中，九牧的产品从54个国家和地区的近6 400件参赛作品中脱颖而出，斩获5项iF国际设计奖。这是多年来九牧产品创新的一个缩影。从比普通陶瓷光滑3倍的创新丝滑釉技术，到电解除菌水洗技术，"创新"已经成为打在九牧产品身上的烙印。

20世纪90年代，以做矿山用采煤机除尘喷雾系统起家的九牧，看到国内卫浴市场的空白——水龙头淋浴几乎占据整个市场，既浪费水也不方便。对此，林孝发提出将喷淋系统用于民用卫浴领域。1995年，他带领团队成功研发了内地市场上第一个花洒。如今，九牧在全球拥有16个实验室、8个研究院、超过2 000个研发设计团队，"每年投入技术研发和产品创新的费用不少于销售总额的5%"已经成为企业内部的一项铁律。目前九牧已获得产品先进专利3 000多项，平均每3天申请一个专利。技术创新释放了巨大红利。在陶瓷全自动生产工艺研究基地——九牧陶瓷智能研究院中，陶瓷生产效率较之前提高了25倍，产品合格率由68%提升到98%。而通过对智能马桶和卫浴五金工厂的智能化改造，部分工序从原先的15天缩短到2小时，生产力得到极大提升。围绕仅仅几平方米的厨卫空间，企业如何走上更大的舞台？秉承"让智能更懂生活"的理念，九牧在成为"生活家"的道路上求索不止。镜柜可以检测体脂、心率等健康数据，还可以量身打造护肤方案；通过语音控制，如厕的同时能够实时听取新闻和音乐；智能橱柜在指令操作下可自动升降……

"我们希望利用新一代信息技术，在传统产品中融入环保、健康等新元素。"林孝发说。通过物联网等技术的应用，九牧不断探索家居系统智能化，用户通过语音、手势即可实现对卫浴的掌控，厨卫用品不再是冷冰冰的日常用具，而是更具智慧、更人性化的"生活伴侣"。以"健康管理"为核心的整体智慧卫浴空间概念正成为九牧的发力点，通过与技术企业的跨界合作，九牧探索出了一条"传统产业—人工智能—智能家居—大健康产业"的智能智造转型升级之路。在智能转型的基础上，为迎合消费者对个性化、定制化的新需求，2016年，九牧还提出"泛家居"理念，为消费者提供一站式的整体解决方案。如今，九牧的"泛家居"整合了国际知名品牌的卫浴、家具、瓷砖、石材等跨界产业资源，昔日的"厨卫专家"正探索以"生活家"角色，为消费者打造独有的家庭空间。

九牧总部所在的泉州曾是古代海上丝绸之路的起点。如今，借助"一带一路"的新机遇，九牧正将视野从国内转向国际。早在2008年九牧就已进入阿联酋市场，2010年进入沙特市场。沿着"一带一路"版图，九牧和越南、阿联酋、卡塔尔、蒙古等11个"一带一路"沿线国家建立了深度合作关系。九牧希望为当地带去更加健康、智能、高品质的厨卫产品和全新生活理念，展示中国制造形象。目前，九牧在全球拥有五星定制店超过4 000家，产品远销全球30多个国家和地区。

（资料来源 https://economy.gmw.cn/2019-02/26/content_32564614.htm，有改动）

请认真阅读案例，完成以下问题：

1. 本案例中的企业创新思维的内容的表现形式有哪些？
2. 请你绘制"九牧"企业管理创新的思维导图。
3. 运用创新理论，请你提出九牧公司产品发展的新思维。

实践训练

1. 思维训练：回形针可以用作什么？不可以用作什么？
2. 请列出导致交通堵塞的 10 种原因。
3. 请列出能替代现行高考制度的 5 种可行的办法。
4. 强制联想训练：请分析管理和绘画有哪些相同之处。(10 个相同点/3 分钟)
5. 自由联想训练：杯子——（   ）——（   ）……（15 个联想词/1 分钟）
6. 强制联想训练：请分析鸡蛋和宇宙有哪些联系。(10 个联系/3 分钟)

第三章　创业与创业过程

学习目标

- 了解创业的内涵、特征、分类，能够使用创业分类识别不同的创业类型
- 掌握创业的基本过程及其主要内容
- 掌握创业过程管理的内容

课程思政

青年兴则国家兴，青年强则国家强。习近平总书记高度重视青年和青年工作，他寄语广大青年，要敢于做先锋，而不做过客、当看客，让创新成为青春远航的动力，让创业成为青春搏击的能量，让青春年华在为国家、为人民的奉献中焕发出绚丽光彩。青年人创新思维活跃、创业动力强烈。近年来，一系列政策的出台，为青年创新创业创造了良好环境，许多大学生纷纷返乡创业，成为创新创业的主力军。据中央广播电视总台中国之声《新闻和报纸摘要》报道，习近平总书记在中央人才工作会议上发表重要讲话强调，要深入实施新时代人才强国战略，加快建设世界重要人才中心和创新高地。各地各有关部门表示，要牢记总书记嘱托，推动人才工作高质量发展，加快建设人才强国，不断开创党的人才工作新局面。习近平总书记指出，加快建设世界重要人才中心和创新高地，需要进行战略布局。综合考虑，可以在北京、上海、粤港澳大湾区建设高水平人才高地。人才聚集、人才发展离不开创新创业平台的支撑。

案例引入

ofo"输给了"曾经"强大的"自己？

从估值高达20亿美元，到10亿元押金退不出来，再到1 000万人在线等待，ofo小黄车面临巨额的供应商欠款、无法返还的用户押金、几乎无望的继续融资、濒临断裂的资金链、大规模的裁员和业务收缩等难题。

ofo 的危机始于2017年年底,原因是资金危机。2017年,摩拜和 ofo 的投资人都意识到,彼此很难打败对方,所以转而力推两家合并,但遭到戴威强烈反对。最终,天使投资人朱啸虎将手中的 ofo 股份"清仓",全数出售给阿里和滴滴。2017年下半年开始,ofo 的融资开始停滞。2018年,ofo 面向阿里的融资计划流产。同时,ofo 又通过抵押动产(单车)的方式获得阿里17.7亿元贷款,但这需要签对赌协议,ofo 需要在一年内盈利1 000万元。

据媒体统计,自2015年成立以来,ofo 在短短3年里,共获得10轮融资,平均每3.6个月完成一轮。截至2017年E轮融资,ofo 的估值已达30亿美元(约193亿元人民币),而2016年4月,ofo 的估值仅为1亿元人民币,但在极短的时间里,ofo 的估值涨了近200倍。2017年3月,ofo 平台上日订单就已经突破了1 000万人次,成为继淘宝、滴滴、美团之后,中国第四家日订单过千万的互联网平台。业内人士估算,整个共享单车领域这几年已经烧掉了超过百亿美元,但是,也有数亿用户形成了使用共享单车的习惯。

共享单车的存在肯定有价值,政府和行业都不会看着它灰飞烟灭。不过,因处于资本寒冬,滴滴也遭遇危机,上市计划搁浅,内外部因素一起导致了 ofo 今天的局面。ofo 从一开始就没有琢磨透盈利模式。在资本的推动下,又采用了过度扩张的策略,最终积重难返。

请你思考:共享单车创业失败的关键因素是什么?如何避免?

应用型任务

- 结合科创板上市公司的实际情况,探寻创业过程。

第一节 创业内涵

一、什么是创业

创业,从字面意思来看,是指创立基业或创办事业,也就是自主地开拓和创造业绩与成就,是愿意吃苦、有创新精神的人,通过整合资源,捕抓商机,并把商机转化为盈利模式的过程。

创业有广义和狭义之分。狭义的创业是指创业者的生产经营活动,主要是开创个体和家庭的小业。广义的创业是指创业者的各项创业实践活动,其功能指向是成就国家、集体和群体的大业。

所谓创业,就是指创业者按照国家的有关法规和政策规定,并结合自身的条件,通过发现商业机会成立组织,利用各种资源提供产品和服务,创造价值的过程。创业是创业者对自己拥有的资源或通过努力对能够拥有的资源进行优化整合，从而创造出更大的经济或社会价值的过程。

创业是一种需要创业者组织经营管理，运用服务、技术、器物作业的思考、推理和判断的行为。根据杰夫里·蒂蒙斯（Jeffry A. Timmons）的定义：创业是一种思考、品行素质、杰出才干的行为方式，需要在方法上全盘考虑并拥有和谐的领导能力。创业是以点滴成就、点滴喜悦致力于理解创造新事物（新产品、新市场、新生产过程或原材料、组织现有技术的新方法）的机会，其如何出现并被特定个体发现或创造，这些人如何运用各种方法去利用和开发它们，然后产生各种成果。创业包括领导者创业、企业家创业、技术人员创业。

创业是一项庞大的工程，涉及创业机会选择、团队组建、创业模式、资源获取、融资、创业生存与成长管理等诸多方面，因此在职人员创业前，一定要进行细致的准备：通过各种渠道增强这方面的基础知识；根据自己的实际情况选择合适的创业项目，为创业开一个好头；撰写一份详细的商业策划书，包括市场机会评估、赢利模式分析、开业危机应对等，并摸清市场状况。

二、创业的基本特点

（一）创业具有明确的目的性

有的人创业是为了生存；有的人创业是为了致富；有的人创业是为了实现当老板的梦想；等等。这种明确的目的性是创业最大的特性。

（二）创业者具有主动性

创业者可以选择自己合适的行业和项目进行创业，也可以选择适合的时间和合伙人进行创业。创业者最大限度地做自己喜欢做的事情，同时创业是一份自主性很强的工作。

（三）创业具有风险性

创业者与就业者不同，就业者没有太大的风险性。但创业者不同，从创业的过程和结果看，对创业者来说是十分艰辛的，也是具有风险的。市场竞争得越激烈，风险也就越大。创业存在着风险，但同时也充满着诱惑力。

（四）创业具有广阔性

创业的主体、类型、行业等各不相同。从创业主体来讲，创业不受性别、文化、民族、学历等限制，不同职业、不同阶层的人都可以成为创业者。从行业来说，可以从事生产制造、零售销售、物流、其他服务行业等。

三、创业的基本要素

根据哈佛大学教授霍华德·史蒂文森（Howard Stevenson）对创业的定义，创业的关键要素是识别机会、整合资源和创造价值。

一般而言,要想成功创业,需要很多因素,如有市场潜力的创业项目、有才干的创业能力人和创业资金的支撑。核心的三大要素是天时、地利、人和。首先是天时,天时代表机遇,可遇而不可求。天时指"借力使力""借势用势",要踏实走好每一步路,同时也要抬头看天,虽然机会不可求,但目标、规划清晰,还是可以按计划实行的。如果自己没有精准把握,选择专业的孵化机构也是不错的选择,可以咨询行业内较有名气的"双创"机构和创业导师,相信会找到想要的答案。比如,2020年新冠肺炎疫情突袭之下,天时因素就会对餐饮、娱乐、旅游等行业带来不小冲击,但同样也会助推线上视频、生鲜物流等行业的快速发展,可见"应运而生"的行业比较有市场。其次是地利,创新才是发展的驱动力,而国家对创新行业的支持政策也比较优越,鼓励创新创业,各地创业生态系统的建设情况和配套情况直接或者间接影响创业企业的生存和发展。最后是人和,有一个积极向上、目标统一的团队,创业过程中大家各自发挥优势,也是创业成功的关键。创业者要有"火眼金睛",凭经验、阅历准确识人,会让创业事半功倍。

创业过程依赖于这三大要素的匹配和均衡,它们的存在和变化决定了创业过程的发展方向。创业过程的起点是创业机会,创业机会的形式、大小、深度决定了资源与团队所需的形式、大小、深度。创始人和创业团队的作用是利用其创造力在模糊、不确定的环境中发现创业机会,并利用资本市场等外界理论组织资源,领导企业来实现创业机会的价值。在这个过程中,资源与创业机会是"适应—差距—再适应"的动态过程。

根据创业成功的经验总结,创业成功的影响因素主要是:① 资金。这是创业不可少的必备条件(包括个人积蓄、借贷资本和风险投资)。② 经验。有的人创业成功了,有的人却血本无归,究其原因,就是没有经验,不会规避风险。所以在积累一定的创业经验后开始创业比较好。③ 人脉。良好的交际圈,对公司前期的发展比较重要。团队也很重要,工作团队的好坏与否决定着公司早期是否能发展起来。④ 政策。尽量争取国家政策的扶持,或者进入国家扶持的产业,因为创业企业早期抗风险能力比较弱。⑤ 技术。创业者研发或者改进技术一定要考虑成本,还有市场的规模、需求量,以便于创业者做好自己的产品。⑥ 创业服务。具体包括组织开展项目开发、方案设计、风险评估、开业指导、合作服务、跟踪扶持等"六位一体"的创业服务工作。

四、创业活动

进入20世纪80年代以来,在信息技术飞速发展的背景之下,创业活动在全球范围内活跃起来。创业的过程一般分为四个阶段:第一阶段,识别和评估市场机会;第二阶段,准备并撰写经营计划;第三阶段,确定并获取创业所需资源;第四阶段,管理新创企业。

在一定程度上说,人生的成功过程就是一个不断挖掘优势、培养优势、发挥优势的过程。然而,处在不同年龄段,自己在事业、阅历、智慧、经验等方面也都各不相同。因此,每一个人都须把握好自己每一个人生阶段与生俱有的优势,并借助一切可以利用的资源,将这种优势发挥到极致。古人云,三十而立,四十不惑,五十知天命,六十花甲子,七十古来稀。从心理和生理的角度看,学习力和创造力的最佳年龄段,一般认为是20~45

岁。美国学者莱曼（Lyman）在统计数千名科学家、文学家、艺术家、教授的年龄和成就后发现，创造发明最佳年龄段为 25～45 岁。中国科学院 1978—1979 年统计数据显示，获重大科技成果奖的人当中，30～50 岁的人占 88%。

从心理发展的角度来看，人生创业大致可以划分为奠基期、冲刺期、鼎盛期、平稳期及享受期等五个阶段，简称为"人生创业五阶段"。生命的成长总会分为几个比较明显的阶段，虽然每个人的经历不一样，但是大致阶段的解读都是类似的。创业有几个阶段，那么，成功创业的道路也分为好几个阶段，让我们来看看吧！

第一阶段：初创生存阶段。选好场地、备好货源（技术成熟），团队雏形初现，创业阶段目标规划清晰。在创业初期，创业者比较斗志昂扬，能够全身心投入。以产品、技术、渠道为优势，获得生存空间。只要有想法（点子）、肯努力、会销售，就可以获得相应的机会。

第二阶段：成长期阶段。经过初创期的磨合，在成长期许多意料之外的问题会相继浮出水面，让创业者倍感压力，创业者需要从焦虑情绪中快速抽离，集中精力去解决核心问题，比如，若资金遇到问题，是否有备选来源及补救办法；团队人员变动，是否有人才储备；发现创业方向偏差，能否及时调整，理性抉择；等等。其实成长期，就是发现问题、解决问题的核心阶段。通过规范运营，建立稳定的系统，来增加机构效益；关键是建立一套持续稳定的运作系统和被动现金流。

第三阶段：发展阶段。这时依靠的是硬实力（产业化的核心竞争力），整个商业机构形成了系统平台，依靠的是一个个团队通过系统平台来完成管理（人治变成了公司治理），销售变成了营销，区域性渠道转变成一个个地区性的网络。从而形成了系统，思维从平面到三维。

第四阶段：成熟扩张阶段。从创业者的经验及行业人脉来说，都会有一个全新的进阶和沉淀，这个阶段暂且称为成熟期。在成熟期，可以着手项目的拓展或深耕，总之为下一步发展做好规划。这是创业者的最高境界，可以考虑一种无国界的经营，也就是俗称跨国公司。集团总部的系统平台和各子集团的运营系统形成的是一种体系。集团总部依靠的是一种可跨越行业边界的无边界核心竞争力（软实力），子集团形成的是行业核心竞争力（硬实力），这样将使集团的各行各业取得它们在单兵作战的情况下所无法取得的业绩水平。

第二节　创业分类

目前国内外对创业的分类有不同的标准和方法，主要表现在：根据创业行业的区别，我们可以将创业活动分为传统技能型创业、高新技术型创业、知识型创业；根据创业者的创业阶段思维和冒险意愿等，我们可以将创业活动分为先锋型创业（又称冒险型创业）、

追随型创业（又称模仿型创业）、依附型创业（又称复制型创业）；根据创业动机，我们可以将创业分为机会型创业和就业型创业（又可称为生存型创业）。此外，围绕谁在创业、在哪里创业，创业资源来源等，我们可以将创业活动分为个体创业、初创企业、公司创业、机构衍生创业；根据新企业组建方法的不同，我们还可以区分出创建新企业和收购现有的创业型企业。

根据常用的分类进行分述如下。

一、基于创业机会的分类

当我们通过观察和提问发现问题并确定了一个潜在的创业机会之后，需要进一步明确这个创业机会的类型。对于同一个问题，因为创业机会的类型不同，解决方案就不同，需要的资源、知识产权保护方式、产品研发投入、承担的风险等都会不同。重要的是，了解创业机会的类型能够帮助人们分析这个机会是不是可以开发，是不是真的存在。常见的创业类型包括生存型创业（Necessity-push Entrepreneurship）、机会型创业（Opportunity-pull Entrepreneurship）。生存型创业是指因为找不到工作而迫不得已进行创业的类型，也可以称为自我就业型创业。生存型创业是创业者把创业作为其不得不做出的选择，是其必须依靠创业为自己的生存和发展谋求出路的创业，是为了获得生存的创业。而机会型创业是看到市场上有某种机会，为抓住这个机遇而创业的类型。机会型创业指在发现或创造新的市场机会下进行的创业活动，是创业者把创业作为其职业生涯中的一种选择的创业，是为了获得更好的机会的创业。

创业机会的核心是市场需求和满足需求的产品（或服务）。根据安索夫矩阵（Ansoff Matrix）与布鲁雅特和朱利安（Bruyat & Julien）的创业价值分类，整合为市场—产品—机会矩阵（Market-Product-Opportunity Matrix，简称 MPO 矩阵），把创业和创业机会细分为四类，如表3-1所示。下面对这四种创业类型进行介绍。

表3-1 市场—产品—机会矩阵

市场	产品	
	明确的（现有产品）	不明确（创新产品）
明确的（现有市场）	复制型机会（复制型创业）	增值型机会（增值型创业）
不明确的（新的市场）	模仿型机会（模仿型创业）	风险型机会（风险型创业）

（一）复制型创业

复制型创业（Entrepreneurial Reproduction）是在市场和产品都相对明确的情况下，复制已有的创业模式。网店、补习班、私立学校、洗衣店、饭店、来料加工厂、经济型旅店等都是典型的复制型创业，公司扩张、开连锁店、开加盟店也都属于复制型创业。这样的企业都有成功的例子，有规可循。所以，这样的创业机会叫作复制型机会。这样的创业机会比较容易识别，无论哪个城市都会有市场上的供需问题，所以这是一种显性的创业机会。看到这样的问题，也就找到了创业的机会。虽然显性创业机会相对容易识别，但并不意味着所有的人都能看到或者想到。显性创业机会的识别主要取决于创业者的创业意愿，想创业的意愿是根本动力，有这个意愿就不难找到这样的创业机会。还要注意的是，显性的复制型创业并不容易成功。正因为市场和产品是已知和明确的，所以门槛较低，竞争也会很激烈。所以，必须找到供需之间确实存在问题的行业，才能够生存和持久。如果这个市场已经饱和，就要认真评估，必须非常谨慎。

很多生存型创业都属于复制型创业，有些进入门槛相对比较低。但是，复制型创业未必都是开店等简单的生存型创业，很多高科技企业也可能是复制型的，如智能手机、计算机、汽车、电动汽车、卫星、火箭、过期专利产品等，都可能是复制型创业的机会。对于高科技企业的复制，竞争会很激烈。IBM很早就垄断了大型计算机市场，利润丰厚，很多企业试图复制大型计算机，一度有七家计算机公司和IBM竞争，但是没有一家成功。后来反而是小型计算机和微型计算机打败了IBM，这就是另外一种创业模式——模仿型创业。

（二）模仿型创业

模仿型创业（Entrepreneurial Imitation）是指对一种已经成功的创业模式进行改良，从一个市场移植到新的市场，或者从一个地方移植到另外一个地方，所以这样的机会也称作移植型机会。比如，QQ最初模仿了国外的ICQ，再结合中国人的习惯和市场进行改进和完善。其他类似的例子包括搜索引擎、网上支付、网上开店、电视广告、厂家直销、手机打车、健身房、众多的电视节目等，大多是复制后进行一定的改进。移植和模仿型创业机会的识别需要有广泛的阅历和视野。年轻人多学习、多了解，会提升识别移植和模仿型机会的能力。中国还是一个发展中国家，向西方学习和借鉴的创业机会很多，在合法的范围内，有很多创业机会可以开发和利用。

复制型创业和模仿型创业从产品的角度来看，主要区别是复制型创业基本复制市场类型和产品，而模仿型创业往往会根据新的市场对产品做小的改进或渐进式创新。中国地域辽阔，不同地区有不同的产品和区域特色，这些特点提供了很多可移植的创业机会。例如，南方的东北菜、北方的四川菜、东部的兰州拉面、西北的江南菜都是典型的复制型创业产品。但是你会发现，很多异地风味菜式的原材料、口味和原产地的并不完全一样，甚至会搭配一些本地菜式，很多国外的中餐馆也和中国的不一样。这样就不是简单的复制，而是更接近模仿，因而有一定的特色。成功的模式是不容易复制的，但可以借鉴。所以，模仿方式比简单的复制更复杂，尤其是在一个不明确的、文化不同的新市场上。

其他创业模式也可能涉及商业模式的创新，而商业模式的创新经常被模仿，因为大部分商业模式没有知识产权保护。不过涉及技术的移植和模仿就不那么容易实现，需要购买专利或者支付技术转让费。冒险模仿或生产山寨产品不是创新创业教育所鼓励的，寻找创业机会的前提是尊重知识产权，做到合法、合理。无论是商业模式的模仿还是技术的移植，本质上都是满足用户的需求，解决新市场用户面临的问题或潜在的问题。这种类型的创业是把已知的产品转移到新市场的过程。所以，了解本地市场的需求和问题，了解发达地区的技术和成功模式，就是识别这类创业机会的重要因素。

（三）增值型创业

增值型创业（Entrepreneurial Valorization）是通过提供一种全新的或者大幅度改进的产品来满足已知的用户需求的创业方式。创新的产品会比原有的产品提供更高价值或更高性价比，所以称为增值型机会。以教学为例，很多初创企业提供全新的教学用品，甚至是具有突破性或破坏性的创新产品，来满足教学的需要。例如，白板替代了黑板，PPT配合投影仪替代了白板，而慕课（MOOC，即大型开放式网络课程）大有可能替代现有的PPT加投影仪的教学形式。

增值型创业主要依靠新产品的开发。这样的创业机会有些是解决现有的问题，如为了解决学生上课睡觉和玩手机的问题，很多配合课堂实时教学的手机软件应运而生。手机打车软件是另外一个现有市场上的增值型创业的例子。出租车行业作为传统行业已有较长历史，这个行业已基本饱和，然而有时依然有很多人要排长队等候出租车，在用车高峰期尤其如此，而在比较偏僻的地方则很难打到出租车。手机打车软件解决了这个问题，并提供了方便快捷的打车和付款方式，给传统的出租车行业带来冲击，甚至有可能成为一个具有破坏性的创新创业。增值型创业既需要坚实的专业技术知识和创新能力，也需要敏锐的观察力和发现所在市场的各种问题和需求的能力。

（四）风险型创业

风险型创业（Entrepreneurial Venture）往往是利用某种技术或社会发展趋势带来的创业机遇而创造出全新的产品、全新的市场甚至全新的行业。风险型创业属于典型的机遇性创业的一种，准确地说，它是借助新趋势而开拓的新的创业机会的创业。这样的趋势包括技术变革、政治和制度变革、社会变革、人口结构变化和产业结构变革等。例如，半导体技术的出现给人们带来了意想不到的新产品；手机、卫星通信、个人计算机等在问世之前，无论是产品还是用户都是不存在的。因为市场和产品都是不确定的和高度创新的，所以风险很高，失败机会也大，因此称作风险型创业。风险型创业必须借助一个大的趋势，不然很难达到一定的规模。因为风险型创业的机会大部分是借助社会和技术的变化趋势，所以，关注某个领域的重大进步，深入学习和参与某个行业的技术发展，关注新闻和时事报道，参与时事政治讨论等，都有助于发现潜在的创业机会。风险型创业是隐性创业机会，不是发现机会，而是创造机会。怎样创造机会，预见到未来的问题是创造创业机会的前提。例如，中国新城镇发展、老龄化、纳米技术、航天技术、新能源技术等都可能带来新的创业机会。

二、基于创业效果的分类

克里斯汀（B. Christian）按照创业对市场和个人的影响程度把创业分为复制型创业、模仿型创业、冒险型创业（我们称为先锋型创业）。此外，在这几种类型之外，又将生存型，或称就业型和安家型创业归入这一分类范畴。

（一）冒险型创业

冒险型创业就是一种难度较高的类型。其中最为典型的就是高科技创新创业。虽然其面临失败的风险极高，但是所得的回报也很惊人。选择这种创业类型的人，必须在创业能力、创业时机、创业精神、创业管理、创业模式和创业策略等各方面都具备很好的素质和潜质。这种高难度的冒险型创业除了对创业者本身带来极大改变外，个人前途的不确定性也很高。冒险型创业是相对于新企业产品创新而言的，将面临很高的失败风险；但同样地，其成功之后所得的报酬也很惊人。这种类型的创业还需要在经营模式设计、创业过程等各方面都有很好的配置。冒险型创业者需要对企业产品和服务是否可行、是否合法等企业基本条件有更加深入的把握。他们需要更加了解自己企业的竞争优势，分析顾客的购买决策，精密设计商品和服务的营销与生产，做好创业企业人员安排，设计好企业控制，合理控制企业财务等，以求最大化降低风险，最大化提高冒险型创业的效益。

（二）就业型和生存型创业

就业型和生存型创业者未必就没有远大愿景和家国情怀，这类创业是主要的就业创造来源，是解决我国就业问题的主要途径，是我国经济发展的重要组成部分，要给予大力支持。

从2001年开始，GEM（全球创业观察）开始关注完全不同类型的创业，从创业动力区分出机会型创业与生存型创业，以往受认可的与技术、风险伴生的追求商业机会的创业活动被划分为机会型创业，而那些因对工作不满甚至找不到工作而被迫进行的创业活动被称为生存型创业。生存型创业的创业者的年龄、受教育水平、选择的行业都比机会型创业更宽松。机会型创业企业往往集中在发达地区的大中型城市，生存型创业企业则广泛存在于各地区。在我国，机会型创业企业只有10%，90%都是生存型创业企业。虽然一个机会型创业企业比一个生存型创业企业能够带动更多人就业，但是在中国由于数量还较少，目前能够解决我国城镇就业问题的还是生存型创业企业。要实现我国社会的充分就业，对生存型创业群体必须进行必要的职业培训、技术培训、市场信息服务等政策支持。在我国，生存型创业企业的主体分布在广大不发达地区，大多是从事传统制造、商品流通以及农业相关行业的中小型企业。各级政府需要改变对于中小企业的态度，只有像重视招商引资那样重视扶持创业，像大力改善投资环境那样改善中小企业的创业环境，才有望逐步带动就业。完成这样的转折，需要关注经济发展与就业有可能存在的矛盾关系。在大力发展地方大型企业，实现经济增长的同时，也应该给相关行业的中小企业提供发展机会，以创业带动地方就业，实现社会和谐发展。

三、基于创业主体性质的分类

根据创业活动的主体差异，创业活动可以分为个体创业和公司创业。个体创业主要指与原有组织实体不相关的个体或团队的创业行为；而公司创业主要指由已有组织发起的组织的创造、更新与创新活动。虽然在创业本质上，个体创业和公司创业有许多共同点，但是由于起初的资源禀赋不同、组织形态不同、战略目标不同等，在创业的风险承担、成果收获、创业环境、创业成长等方面也有很大的差异。

（一）个体创业

个体创业指创业者个人或联合几个人组成创业团队进行独立创建企业的活动。它是相对于公司创业而言的。其明显区别于公司创业的特点是：个人创业是从零开始创建一个企业。

（二）公司创业

公司创业又叫公司内部创业。公司内部创业一般有两种：一种是由下至上的自发性行为，另一种是自上而下的诱导性行为。自发性创业行为，主要表现为内部创业家根据自己的兴趣和爱好，利用工作闲暇进行创新构想。这些活动也许与公司现有业务具有一定关联，但也可能毫无关系。当内部创业者觉得自己的创意很有发展潜力时，就可以向公司中层经理或高层管理者推荐，由他们去选择和决定公司是否支持这项活动。

内部创业模式有助于发掘具有创业潜力的人才，有助于建立鼓励创新的机制，形成创业的气氛和向上的公司文化。随着创业活动的不断开展，有些新项目的潜力逐渐显现出来。与创业萌芽期不同，这些有前景的项目要想继续发展，就必须具备与之相适应的机制灵活、决策迅速、信息通畅的组织特性，而这又是那些组织层级较多的公司所不能满足的。随着新项目的不断成熟，以内部创业者为核心的创业团队就需要对创业项目投入更多的时间和精力，这又必然会与其原有的本职工作产生冲突。所以在这一时期，往往需要创建独立的创业企业，内部创业者和创业团队也要辞去母公司原有工作，全身心地投入新创企业中。

创业孵化器是通过提供一系列新创企业发展所需的管理支持和资源网络，帮助和促进其成长的创业运作形式。母公司通过提供场地和设施、培训和咨询、融资和市场推广等方面的支持，降低新创企业的创业风险和创业成本，提高成功率。创业孵化器的运作与内部创业有所不同，进入孵化器的新业务都以独立的新创实体的形式出现，其财务和人事等方面都与母公司完全脱钩，公司除了提供有偿的硬件和软件支持外，不过多地参与新创实体的经营管理，所以对新创企业的控制相对较松。而内部创业模式主要是为处于萌芽期的创新和创业思维提供初步的支持和保护，以鼓励创业机会的挖掘，同时也在一定程度上对这些活动进行适当的控制和引导。

公司风险投资创业模式是指有明确主营业务的非金融企业，在其内部和外部所进行的风险投资活动。公司从事风险投资的形式主要有两种：一种是把用于风险投资的资金委托给专业的风险投资公司进行管理，而其成立的投资基金根据委托方的战略需要选择投资目标；另一种是公司直接成立独立的风险投资子公司，其运作方式与专业的风险投资公司相似。与专业的风险投资公司相比，风险投资子公司具有比较显著的协同优势，既可以利用母公司的筹资功能，还可以依靠其丰富的管理经验、销售渠道、品牌优势等为初创企业提供增值服务。公司通过投资与其战略高度相关的新创企业，达到增强自身的竞争能力，增加财务回报的目的。

(三) 公益创业

公益创业 (Social Entrepreneurship, SE) 简单来说就是以公益项目为形式的创业，强调不仅要创造商业价值，还要谋取公众社会利益。公益创业是为了解决社会问题，在做公益项目的过程中，可以有一定的资金收入。目前比较火的公益创业项目有：开设专门为老年人服务的老年食堂、为留守儿童研发在线教育平台等。近十多年来，公益创业应社会需要而产生，并在国外许多国家得到不断发展，公益创业的概念也迅速出现在人们的视野中。然而界定"公益创业"的概念并不是一件容易的事。"公益创业"的核心内涵主要包括两个方面：一是非营利机构采用创造性的商业运作模式提升其社会价值；二是企业通过创造性地满足社会需要而提升其价值。简言之，所谓的公益创业就是社会组织（企业、非营利组织等）在经营过程中，将社会价值与经济价值创造性地融合的过程。公益创业是指采用创新的方法解决社会主要问题，采用传统的商业手段创造社会价值而非个人价值。它既包括创办非营利组织或者兼顾社会利益的营利组织，也包括一些营利组织充分利用资源解决社会问题，还包括非营利组织支持个体去创立自己的小型公司或者企业等。

(四) 社会创业

社会创业是指组织或个人（团队）在社会使命的驱动下，借助市场力量解决社会问题或满足某种社会需求，追求社会价值和经济价值的双重价值目标，保持组织的可持续发展，最终实现社会问题朝着人们希望的目标改变。

社会创业是20世纪90年代以来在全球范围内兴起的一种新的创业形式。这一创业形式在公共服务领域被发现，并逐渐超越民间非营利组织的范畴，成长为一种不同于商业创业和非营利组织的创业模式，被认为是一种解决社会问题的社会创新模式。

(1) 从社会创业的范围定位来定义。该观点认为，社会创业是一种混合模式，既包括传统的非营利组织为了实现可持续发展逐步地引入一些营利性的活动，也包括传统的营利组织基于树立企业形象、承担社会责任而开展的社会活动。这一定义以学者约翰逊 (S. Johnson) 为代表，他认为社会创业既包括营利组织的活动，也包括非营利组织的活动以及政府跨部门的合作。

(2) 从社会创业的价值主张来定义。社会创业和商业创业具有不同的价值主张：商业创业的价值主张是提供产品或服务，满足消费者的需求，创造经济价值；而社会创业的价值主张是从解决社会问题和满足社会需求出发，创造产品或服务，创造社会价值、经济价值和环境价值，重点是社会价值。这一定义以格雷戈里·迪斯 (J. Gregory Dees) 为代表。他认为，社会创业概念包含两个部分：一是利用变革的新方法解决社会问题并且为全社会创造效益；二是引用商业经营模式产生经济效益，但是经营所得不是为个人谋取利益。

(3) 从社会创业问题解决的创新性来定义。例如，斯坦福大学商学院创业研究中心认为，社会创业主要是采用创新方法解决社会焦点问题，采用传统的商业手段来创造社会价值（而不是个人价值）。

第三节 创业过程与管理

一、创业过程

创业过程是考察创业者在新企业创建情境下开展的活动,关注创业者做了什么。创业过程是创业者在创建自己的企业时通常要经历的基本步骤。在创业过程中所涉及的知识与技能,与一般的管理职能并不完全相同。创业者必须能够发现、评估新的市场机会,并进一步将其发展为一个新创企业,在这一过程中确实有着许多对现存企业进行管理时所未给予重视或不那么重要的知识与技能。不同的创业研究者对创业过程的划分不一致。有的学者认为创业过程一般包含四个阶段:识别与评估市场机会;准备并撰写经营计划;确定并获取创业所需资源;管理新创企业。

我们根据创业管理的基本规程,将其划分为创业动机的产生、创业机会的寻找与识别、资源的整合、企业的创建、新创企业的成长和创业的收获六个阶段。

(一) 创业动机的产生

一个人是否能成为创业者,直接受三方面因素的影响。一是个人特质。每个人都具有创业精神,但其强度不同,如温州人有强烈的创业动力,其中环境起到了很大作用。二是创业机会。创业机会的增多会形成巨大的利益驱动,促使更多的人创业。三是创业的机会成本。随着社会保障体系的建立和健全、产权制度改革的深化,原有体制差别形成的特殊利益会逐渐减少,结果会进一步降低创业成本,激发人们的创业动机。

(二) 创业机会的寻找与识别

创业机会一般分为两种:一种是意外发现的;另一种是经过深思熟虑才发现的。国家产业政策的调整、新技术的出现、人口和家庭结构的变化、人的物质和精神需要的变化、流行时尚等都可能形成商业机会。创业者应该具有敏感的嗅觉,能够及时、准确地识别创业机会。识别之后,还要对机会进行评价和提炼。这里需要创业者将知识、经验、技能和其他市场所需的资源进行整合。

(三) 资源的整合

整合这些资源是创业过程最为关键的阶段之一,除非成功地完成这个阶段,否则无论多么有吸引力的机会,或者有多好的新产品和服务,创意都等于零。创业者需要整合的资源包括基本信息(有关市场、环境和法律问题)、人力资源(合作者、最初的雇员)和财务资源等。

(四) 企业的创建

企业的创建需要进行大量的准备工作,其中创业计划、创业融资和注册登记尤为关键。创意能否变成行动，关键看其能否形成一个周密的创业计划；资金往往成为新创企业的瓶颈，创业融资在企业的创建过程中至关重要；当创业者完成创业计划并获得融资之后，就可以按照法定程序进行注册登记，包括确定企业的组织形式，设计企业形象识别系统，向工商行政管理机关提出企业登记注册申请，领取企业法人营业执照等内容。

（五）新创企业的成长

新创企业要在市场上取得成功，就需要在企业营销策略、组织调整、财务稳健管理等经营管理方面更上一层楼，这是企业成长管理的重要内容。从成长走向成熟的标志之一是能够建设好自己的品牌，形成名牌，在品牌、知识和企业文化等方面形成竞争优势。

（六）创业的收获

创业结果指在预期阶段内可感知的成功或失败。对创业者来说，回报可能是多种多样的，须从中进行仔细选择，以使收益最大化。对回报的满意程度在很大程度上取决于创业者的创业动机。现实生活中，多数创业者的创业动机首先是自己当老板，然后才是追求利润和财富，对这些人来说，当老板的感受就是回报。我国证券市场"科创板""北交所"开通，为"二板市场"建设摸索经验，也给创业者获取回报、继续创业创造了条件。

二、创业过程的管理策略

创业三件事：建班子、定战略、带队伍，核心都是强调"人"的重要性。企业的权力架构通常是金字塔式的，越往上，位置越重要，对人的选择也越慎重。柳传志著名的管理三要素是搭班子、定战略、带队伍。这里把搭班子放在定战略之前，说明了干事业，先要有一批志同道合的人，然后才能基于这批人自身的特点定出最能发挥这批人长处的战略。先搭班子说明了人的重要性，强调了人本主义，即先要确定一批志同道合的朋友，然后基于共同理想来定战略。

创业管理的四步曲：搭班子、定战略、带团队、抓过程。

同样地，首席执行官作为一个企业的最高执行官，要做的事情多而且繁杂，对职责不同的人有不同的期望和认识。搭班子、定战略、带团队、抓过程是首席执行官最主要的四大工作职责。

（一）搭班子：起步制胜，班子至关重要

班子的重要性，无须赘言。首先，建立一个好的班子能利用集体决策来代替领导者个人的决策，用集体智慧来代替个人智慧。其次，在我国现阶段，有些民营企业对领导者个人的依赖性较强，一个企业家一上任，这个企业马上就运转了起来；他一走，企业马上就不转了。这对企业家来说，当然是很过瘾的事，但是这种机制对企业来说却没有什么好处。搭建好的班子，可以凭借机制尽可能地减少对企业家个人的依赖。要寻找志同道合的卓越伙伴搭建企业班子。企业要想成功，光靠个人的力量是不够的，必须发挥群体的优势。在依靠个人的力量无法完成的情况下，寻找志同道合的合作伙伴就成了最佳选择。选择志同道合的合作伙伴可通过个人或朋友的人际关系圈，如原来的同事、战友等；也可通过招聘方式获得。招聘时，关键要看员工的个人理想是否与公司的愿景相符。

创始人或者 CEO 能否实现董事会下达给自己的目标任务，CEO 班子所起的作用至关重要。班子成员的人数、知识结构、能力结构、个性搭配要综合考虑。经理班子要和而不同，特别是在研究工作的时候，CEO 要营造一个大家畅所欲言的氛围，要鼓励大家发表不同意见，不要简单地将不同的声音看作反对意见。必要的时候，要邀请各方面的专业人士参与决策，特别是要倾听来自各项工作一线人士的意见。在工作执行中，所有参与决策的人员包括在讨论时持不同意见的人员必须一个声音，要步调一致，共同协作，相互配合，发挥管理团队的作用。个性只能在讨论时的小范围中体现，在执行时大家都应该忘掉个人，只记得团队。

（二）定战略：战略决定成败

班子组建了，接下来就是定战略，战略的内涵是方向，只有方向大致正确，团队的努力才不至于白费。要创业需有个目标去实现。任正非在华为早期提出的战略是世界通信产业里"天下三分"，为此，他不断调整内部班子，大力搞技术研发，训练市场队伍，引进 IBM 等世界一流的现金管理机制。通过种种努力，华为才从一个小"个体户"发展到有了能与世界通信巨头"掰手腕"的基础。

细节决定成败。这话说得一点也不假，天下成大事者，莫不注重细节。细节对成败的影响毋庸置疑，但其重要性远远还达不到决定成败的程度。决定成败的只能是战略。战略是方向，它决定你所做事情的对与错；细节只存在于管理执行当中，决定的只是多与少、快与慢的问题。细节抓得怎么样，直接影响着实现战略目标的快慢、盈利的多少。要始终坚持战略，也只有战略才决定企业的成败。所以，首席执行官最核心的工作就是制定正确、清晰、切实可行的战略。当然，首席执行官不是制定战略的唯一人员。根据现代公司治理结构对决策执行的分工，企业发展战略的制定决策权在董事会乃至股东会。尽管如此，首席执行官在战略制定中仍扮演着不可替代的角色，主要表现为：战略方案的提议权、战略决策中的影响力、战略实施中的关键性。对于公司的发展走向、战略实现路径、战略实现的可能性与可操作性最清楚的莫过于首席执行官。所以，在制定公司战略的过程中，不要说把首席执行官排斥在外，就是首席执行官参与得不够积极、不够密切，对战略质量的影响也是很大的。在战略确定后，首席执行官领导的执行系统对战略的实施起着决定性的作用。所以，参与战略的制定并付诸实施是首席执行官最重要的一项工作。战略不是口号，战略需要坚定的、持续的、按部就班的努力。

（三）带团队：构建一支好团队

定战略之后就是"带团队"。任正非说方向要大致正确、组织要充满活力，这是很深刻的经营理念。带团队的工作是持续的，不管是创业早期还是后期，团队的管理、组织的架构，包括 KPI 设计与考核，都是为了激励、培养队伍。

作为 CEO，个人能力应该超凡绝伦，但这还远远不够，其主要的一项工作能力或者工作业绩还在于他能不能带出一支招之能来、来之能战、战之能胜的经营管理队伍。员工队伍的组成无非以下两种情况：一是改造原有队伍；二是新组建队伍。改造原有队伍的难点在于固有的观念、习惯、做法不会轻易被改变。这些固有的东西有些方面可能能够适应企业的要求，有些方面可能距离企业的要求差距比较大。如果说一个人缺乏自知之明，不是说他不知道自己的无知，而是他不知道自己有多么的无知。新组建队伍的难点是一下子要找来这么多能拿得起本职工作的人很不容易；即使找到了，他们同时也会带来自己在过去职业生涯中的一些东西，需要较长时间的磨合才能逐步形成新的企业文化和管理模式。带出一支能征善战的队伍是一件很不容易的事情。正因为团队在企业发展中是如此的重要，而且要带出这样的队伍又是如此的艰难，所以，CEO 才需要花费更多的精力，要有足够的耐心，要具备相当的识人用人能力。

（四）抓过程：过程决定结果

有些领导的口头禅是"我只看结果，不管过程"，这是不负责任的说法。没有过程，哪有结果。作为下级，在接受任务后，当然不应该去找这借口、找那理由，应抱着积极的心态，想方设法克服困难，完成任务，给上级一个满意的结果。但对于领导来说，抓不抓过程，抓到什么程度，要具体问题具体分析、具体对待。对于公司的前途命运有可能产生重大影响的工作，哪怕这些事情看起来很小，甚至不值一提，也必须关注过程、抓细节，而不能简单地以看结果代替抓过程，这个时候真正是细节决定成败，因为这样的工作不容你有半点闪失，你错不起、输不起、赔不起；对于突发紧急的事件，也必须抓过程，因为只有最高领导才有权威，有相机处理的权利，权利和责任不是时时处处都完全对等的，但权利和责任一般情况下必须要力图保持对等，否则，无权的人最终也就无责；而对于每天都会发生的事情，也就是企业当中的非例外事件，可以多看结果，少关注过程，以免对正常的工作造成干扰。

世界上没有绝对的事情，连真理也是相对的。管理之所以是科学性和艺术性的结合，就是因为有很多最基本的方面有规律可循；还有一些方面，特别是 CEO 等高层领导在处理很多事情的时候，要靠职业判断、要靠多年经验的积累、要靠自己临场发挥，去把握、拿捏、斟酌，最终做到恰到好处。搭班子、定战略、带团队、抓过程四项职责，需要 CEO 在日常管理实践中仔细揣摩、大胆实践，最终达到炉火纯青的程度。

关键术语

创业　创业活动　创业过程　生存型创业　机会型创业　公司创业　社会创业　创业过程管理

思考与练习

1. 什么是创业？什么是创业管理？
2. 创业具有哪些特点？
3. 创业的基本要素有哪些？西方学者提出的这些要素是否符合中国情境？
4. 什么是创业过程？创业过程包括哪些环节？

实践训练

1. 结合2021年中国国际"互联网+"大学生创新创业大赛等赛事情况，举例说明创业过程的基本内容；观察和分析不同类型创新创业过程的要求，根据此要求，写出完成创业项目的具体创业活动及其过程管理策略。

2. 结合一家上市公司的实际情况，说明创业过程管理与一般管理的不同点；按照调查分析报告的基本格式，撰写分析报告。

第四章 创业机会识别与评价

 学习目标

- 了解创业机会的核心要素
- 理解发现问题与创业机会之间的关系
- 掌握如何定义、描述、澄清一个问题
- 了解创业机会的类型
- 了解创业机会的主要来源

 课程思政

创新全球治理格局,为人类更好地进行社会制度的探索提供中国方案。

今天的中国,作为世界第一大出口国、第二大经济体,无论是经济发展还是民生建设都取得了让世人瞩目的成就。正如习近平总书记所言:"当代中国的伟大社会变革,不是简单延续我国历史文化的母版,不是简单套用马克思主义经典作家设想的模板,不是其他国家社会主义实践的再版,也不是国外现代化发展的翻版。"当代中国的伟大社会变革是鲜活的中国独创版。在中国共产党的领导下,中国在充分借鉴西方现代化国家经验的同时,立足自身国情和历史传统,走出了一条属于中国的现代化之路。中国在这条路上通过开拓创新与锐意进取,充分挖掘自身优势并发挥后发优势,在多个领域实现"弯道超车"。同时,中国抓住世界大变局所提供的战略机遇,充分挖掘新时代的内涵特征,在注重经济增量的同时重视质的提升。在此基础上提出五大发展理念,通过转变经济结构实现创新发展、绿色发展;时刻关注发展的短板,力求实现协调发展;对社会弱势群体给予特别关注,处处体现中国共产党的为民初心,实现共享发展;并同世界各国分享发展经验与发展成果,实现开放发展。①

---

① 刘鑫鑫. 中国共产党建党百年成就的三重向度 [J]. 中国民族教育,2021(4):17-19.

案例引入

泰笛（上海）网络科技股份有限公司

2012年，即将进入而立之年的姚宗场开始了他的第三次创业之旅。这次应该做什么，他完全不知道。后来他发现，下班回家送脏衣服去洗衣店却碰上洗衣店打烊是一个常遇到的小麻烦。发现了这个问题后，他决定解决它。于是，他花了三个月时间去了解工厂的洗衣流程，研究了一套仓库计算模型之后，泰笛网正式上线了。泰笛网提供24小时免费上门取衣、送衣服务。用户通过免费400电话或网站下单，会有泰笛网的派送员上门取件，将取回的衣物送到最近的仓库，然后送入洗衣工厂；洗好的衣物会被运回最近的仓库，再由派送员送回用户。泰笛洗涤运营的第二年从元禾原点获得1000万元人民币的A轮融资。发展至今，公司业务涵盖在线洗涤、鲜花订阅和绿植租赁三大服务，并已在上海、北京、苏州、南京、成都、无锡、合肥、武汉、大连、广州、深圳、杭州设立分公司，用户只需下载泰笛生活App，即可享受优质网上洗衣、鲜花包月预订服务。

应用型任务

- 在新发展格局的探索中，如何识别创业机会？

第一节 创业机会的内涵

在一些创业故事中，机会识别似乎瞬间完成，这是一种错觉和误导。机会是创业的核心要素，创业离不开机会，但并不是所有的想法和创意都能适合创业而成为创业机会，不同的创业机会的价值也不同。机会是一种隐性的状态或情形，同样的机会，不同的人看到的会不同，让不同的创业者来开发，效果也会差异巨大。创业的实质是具有创业精神的个体对具有价值的机会的认知过程，包括机会的识别、评价和建构等环节。

一、创意与商业概念

任何重要的行动都来自某种想法，创业活动更不例外。虽然机会与创意（idea）等概念常被混在一起使用，但创业机会是一个具有独特内涵的概念体系，在创业过程中具有重要的地位和作用。

对机会的识别源自创意的产生。创意是具有创业指向同时具有创新性甚至原创性的想法，是将问题或需求转化成逻辑性的架构，让概念物象化或程序化，而不是单纯的奇思妙想。创意的形成是一个过程，尽管时间可能很短。创意与点子的不同之处在于创意具有创业指向。在创意没有产生之前，机会的存在与否意义并不大。创意很难说存在绝对意义上的好与坏，但具有价值潜力的创意一般会具有三个基本特征：一是新颖性。这意味着新的技术和新的解决方案，可以是差异化的解决办法，也可以是更好的措施。同时，还意味着一定程度的领先性，具有模仿的难度。二是真实性。有价值的创意绝对不会是空想，而要有现实意义，具有实用价值，能够开发出可以把握机会的产品或服务，而且市场上存在对产品或服务的真实需求，或可以找到让潜在的消费者接受产品或服务的方法。三是价值性。创意的价值特征是根本，好的创意要能给消费者带来真正的价值。创意的价值要靠市场检验，好的创意需要进行市场测试。

产生创意后，创业者会把创意发展为可以在市场上进行检验的商业概念（business concept）。商业概念既体现了顾客正在经历的也是创业者试图解决的种种问题，又体现了解决问题所带来的顾客利益和获取利益所采取的手段。这种利益是顾客认可并愿意支付成本的价值。商业概念的核心是产品，广义的产品定义包含了把普通人变成顾客的所有价值来源。顾客在与企业的互动中体验到的任何事与物，都应该被认定为公司的产品，无论是杂货店、电子商务咨询网站、咨询顾问服务，还是非营利社会服务机构，都概莫能外。当然，产品本身并不是目的，关键是学会如何解决顾客的问题。

产生创意并发展成清晰的商业概念，意味着创业者正在找到解决问题的手段，是启动创业活动所需具备的基本前提。至于发展出的商业概念是否值得投入资源开发，是否能成为有价值的创业机会，还需要认真的论证。随着论证工作的深入，商业概念可能会变得丰富，甚至接近后面介绍的商业模式，但商业概念一定要简洁，要能吸引人，要能有助于创业者整合资源。电梯间行销（elevator pitch）是商业概念描述的方式之一，要求创业者对创业构思、商业模式、公司组织方案、市场战略、投资者要求等进行简短的概括说明，起源于利用投资者乘电梯期间扼要地跟对方说明自己的项目情况，并在电梯到达前引起对方的兴趣。

二、创业机会

创业机会和创意之间是有很大区别的。本质上，创意仅仅是一种思想、概念和想法，它可能满足也可能不满足机会的标准。真正的创业过程开始于创业机会的发现。熊彼特指出，创业机会是通过把资源创造性地结合起来，满足市场的需要，创造价值的一种可能性，他强调企业家结合资源创造价值的可能性。伊斯雷尔·柯兹纳（Israel Kirzner）认为创业机会是一系列的市场不完全，因为市场参与者是基于信念、偏好、直觉以及准确或不准确的信息来进行决策的，他们对可能的市场、出售的价格以及将来可能产生的新的市场有不同的推断，他强调市场不完全所带来的创业机会。

结合现有的创业领域的研究，我们认为创业机会主要是指具有较强吸引力的、较为持久的、有利于创业的商业机会，是一种满足未满足的有效需求的可能性，它最终体现在能够为消费者或客户创造价值或增加价值的产品或服务之中。创业者据此可以为客户提供有价值的产品或服务，并同时使自身获益。需求和产品是创业机会的两个核心要素。

创业机会可以为购买者或使用者创造或增加价值的新产品或新服务，它具有吸引力、持久性和适时性；或者可以引入新产品、新服务、新原材料和新组织方式，并能以高于成本的价格出售；也可以是一种新的"目的—手段"（means-end）关系，它能为经济活动引入新产品、新服务、新原材料、新市场或新组织方式。对于创业活动来说，创业机会是创业活动中的机遇和机会，是对新产品、新服务或新业务需求的一组有利环境，是一种有利于创业的偶然性和可能性，或者说还没有被实现的商务必然性。

这里，所谓有效需求指的是这种需求还没有被满足或仅是部分被满足，有待于激发和再组织。这种有效需求还必须具有盈利潜力，因此这个需求具备以下要素：一是满足这个需求的成本低于人们满足需求所期望的价格；二是需求水平本身要足够高，这样才能为满足这个需求的努力提供合理的回报。换言之，创业机会必须能在市场上经受考验，能有持续的利益潜能；创业机会有其市场定位，有其价值脉络与竞争的前景。

三、创业机会的特征

创业机会要具有能给企业带来良好收益的可能性。对于创业成功，创业机会非常重要，只有抓住了创业机会，创业者才能实现自己的创业梦想。创业机会具有如下特征。

1. 客观性

创业机会是客观存在的，不依赖于人的主观想象，无论创业企业是否意识到，它都会客观存在于一定的社会经济环境之中。尽管有时是企业在创造一些市场机会，但是这些所谓"创造"的创业机会仍然是早就客观存在的，只是被创业企业最先发现和利用而已。

客观存在的创业机会对所有人都是公开的，每个创业者都有可能发现，不存在独占权。创业者在发现创业机会的时候，就要考虑潜在的竞争对手，不能认为发现创业机会就意味着独占，或者独占创业机会就意味着成功。

2. 偶然性

创业机会需要靠人去发现，但是由于缺乏科学方法的指导而没有发现机会是很正常的，但不能说没有创业机会。大多数时候，创业机会不可能明显地被摆在创业者面前，机会的发现常常具有一定的偶然性，关键要靠创业者去努力寻找。创业机会无处不在、无时不有，关键在于寻找和识别，要从不断变化的必然规律中预测和把握机会。

创业机会具有一定的偶然性，常常会突然显现，容易使创业者缺乏思想准备，在机遇面前犹豫不决，而看不准也就抓不住。机遇的发现都有一定的偶然性，但这种偶然性隐含着必然性，只是一般人难以预测和把握。创业者无论是自觉还是不自觉，如果总是努力地寻找创业机会，那么他发现机遇的可能性就大。

对待创业机会，创业者要防止两种倾向：一是贬低机遇的作用。机遇是客观存在的，机遇的发现和利用要依靠创业者的思考和实践，蕴含着创业者努力的必然性。二是盲目崇拜机遇。认为人们对机遇无能为力，它来无影去无踪，这也是不对的，忽视了创业者的主观努力。

3. 时效性

时效性是指创业机会必须在机会窗口存续的时间内被发现并利用。而机会窗口是指把商业想法推广到市场上所花费的时间。若竞争对手已经有了同样的思想，并已把产品推向市场，那么机会窗口也就关闭了。俗话说，机不可失，时不再来。企业如果不能及时捕捉机会，就会丧失难得的市场良机。事物总是不断发展变化的，当事物发展对创业有利时，这就是创业机会，但事物还会继续发展，不会停滞不动，机会如果不被加以利用就会因为发展变化而消失。而且由于机会的公开性，别人也可能利用，这就改变了供需矛盾，加速了事物的变化过程，机会也就失去了效用，甚至成为创业者的威胁。对于创业者来说，要抓住创业机会并及时利用，越早发现创业机会并采取措施将机会付诸实施，成功的可能性也就越大。

4. 行业吸引力

不同行业的利润空间、进入成本和资源要求不同，其行业吸引力自然存在差异。一般来说，最具有吸引力的持续成长的行业，有不断增长的市场空间和长期利润的预期，对新进入者的限制较少。此外，当产品对消费者来说必不可少时，如生活必需品，则消费者对该产品存在刚性需求，这也会提升行业吸引力。

行业的选择是创业者选择机会首先要考虑的问题。任何创业者都应首选进入那些大部分参与者都能获得良好效益的行业，而不要选择那些很多公司为了生存而拼命挣扎的行业。迈克尔·E. 波特（Michael E. Porter）认为，企业战略的核心是获取竞争优势，而获取竞争优势的因素之一是企业所处产业的整体盈利能力，即产业吸引力。因此，更多的创业机会应该来自具有潜在高利润的产业。

5. 创造或增加价值

创业机会能够为顾客或最终用户创造或增加极大的价值，能够解决一项重大问题或者满足某项重大需求或愿望，因此，顾客或最终用户愿意支付更多的费用。正如菲利普·科特勒（Philip Kotler）所说，顾客是价值最大化者，所谓满足顾客的需求，就是要为顾客提供最好、最多、最大的价值。因此，创业者在选择创业机会时的核心问题是：我们创办的企业能为顾客或最终用户提供什么样的价值。例如，杨致远为了使成千上万的人方便地进入信息高速公路而创立了雅虎，他不仅考虑让雅虎为用户提供分类目录，还致力于将其发展成为一个能够为用户创造更多价值的具有极大竞争力的新媒体。

6. 不确定性

创业机会总是存在的，但机会的发展事先往往难以预料。创业机会在一定的条件下产生，条件改变了，结果往往也会随之而改变。创业者在发掘创业机会的时候，一般是根据已知条件进行的，但结果可能会出乎意料，因为条件改变了，或者创业者利用机会的努力程度不够。

案例一

比尔·盖茨和微软的机会

20世纪70年代末，国际商业机器公司（International Business Machines Corporation，简称IBM）开始谋划进入个人计算机市场，并在1981年正式推出了IBM个人计算机（PC）。此时，IBM急需为自己的产品寻找合适的、基于英特尔X86系列处理器的操作系统，并找到了微软公司。然而，微软公司自身并没有合适的操作系统，但微软公司的领导者比尔·盖茨（Bill Gates）知道西雅图计算机公司有这样的操作系统，于是他与西雅图计算机公司商议，以5万美元的价格向该公司购买该操作系统。微软购买了该操作系统并将其更名为MS-DOS，再授权IBM使用该操作系统，售价为3万美元，即IBM每装一台机器都要交3万美元的装机费。

当时，IBM因为和王安公司竞争而选择了个人计算机的标准，采取了开放性设计。比尔·盖茨知道兼容机生产企业在IBM标准的带动下也要使用这一操作系统，便与其他计算机生产商谈判，将MS-DOS系统安装到所有兼容机的新计算机上。微软在这样的不断复制中迅速成长起来。

思考： 如果是你，你会像比尔·盖茨一样抓住这样的机会创业吗？为什么？

四、创业机会的来源

创业机会存在于社会和经济的变革过程中。环境的变化会给各行各业带来良机，通过变化，就会发现新的前景。关于创业机会，彼得·德鲁克认为变化为人们提供了创造新颖、与众不同事业的机会，创业存在于有目的、有组织地寻找变化，进而对这些变化可能导致经济和社会创新的机遇加以系统的分析。

创业机会可以经由系统性的研究来发掘，也可能来自创业者对工作和生活的长期体验和仔细观察。诸多创业研究和创业实践表明，技术、市场和环境的变化是创业机会的主要来源。

（一）技术机会

技术机会是指由于技术进步、技术变化带来的创业机会，是将新技术成功应用于生产的可能性。技术机会是现存技术的规范或性能有所改进的可能性，也包括全新技术的出现和应用。由于新的技术突破为创业者提供了创业的技术来源，这些技术来源有可能触发创业机会。技术机会体现在新技术和新功能的出现，新技术替代了旧技术，或者技术产生了新应用方式。

技术的创新表现在产品技术创新、工艺技术创新和生产设备技术创新。这些创新可能是渐进性技术创新、根本性技术创新、技术体系创新，甚至是技术革命。通常，由于创业者掌握了某种先进技术，或者对现有技术进行了重大改良，能够有助于获得竞争优势，促进创业的成功。

1. 技术突破机会

技术的发展推动新技术的诞生，技术推力表现为科学和技术的重大突破，从而创造全新的市场需求，或是激发市场潜在的需求。对技术创新的需求并不是由市场产生的，而是由拥有技术专利的创新主体按技术的功能适用性进行创新，从而间接地满足市场上存在的某种需求或在市场上创造新的需求。在经济发展过程中，许多重大的技术创新成果，如尼龙、人造纤维、核电站、半导体等都属于这一模式。技术突破往往意味着新产品的出现。

任何领域的技术进步最终都受到自然规律的制约。例如，在一块硅片上能放多少晶体管取决于硅的晶体结构，一根纤维的最终长度取决于其分子间的连接状况。这种最终的制约可以称为极限，技术进步的过程就是不断向极限逼近的过程。现实技术手段与技术极限之间总有一定的差距，这便是技术机会。技术机会分为两种：一种是内含的，即沿着现有技术规范继续改进；另一种是外延的，即该技术应用于其他技术系统的可能性。所谓技术突破，就是某一领域沿着技术发展的既定方向或内含机会迅速推进。

要实现技术突破，需要投入资金和人力进行技术开发。技术开发具有以下特点：综合多种知识；既依赖于基础研究和应用研究，同时又有相对的独立性；要求严格保密；与基础研究相比，研究时间较短；较之基础研究，投资费用较高。

通过技术上的突破，创业企业要获得核心技术能力，就是企业通过特有的技术要素和技能或各种要素和技能的独特组合来创造具有自身特性的技术，以产生稀缺的、不可模仿的技术资源（包括技术和知识等）的企业能力。核心技术能力是企业竞争能力的重要基础，有意识地培养和发展企业的核心技术能力是企业成功建立和保持竞争优势的关键。与一般技术能力相比，核心技术能力有以下特性：① 独特性。它为某一企业所独有。企业一般会采取申报专利、实行技术保密等各种手段确保核心技术不泄露。任何一个企业都不可能靠简单地模仿其他企业来建立和发展自己的核心技术能力。② 关键性。企业要想在激烈的市场竞争中站稳脚跟，必须向市场提供品质优良、价格适宜的产品和服务，而其背后必须有较高的技术水平做保证。

在创业实践中，实现科学技术突破的创业机会需要大量的资金，风险很大，需要的时间也相当长。例如，从一项科学技术突破到能大规模地生产，长的有时需要 10 年左右，短的也需要 2~3 年。

2. 工艺创新机会

与技术突破相对应，工艺创新是技术融合，是指沿外延技术机会将不同领域的现有技术进行融合集成，形成新的生产能力。在技术发展的不同阶段，技术机会是不一样的。在一项技术的萌芽阶段或成长的初期，多数创新是重大的技术突破，如晶体管代替真空管、集成电路取代分立元件等。随着新技术与新产业的不断发展，在进入成长期或成熟早期以后，技术创新从产品创新转向工艺创新，突破型技术创新让位于渐进型技术创新，技术机会从内含更多地转向外延，技术融合逐渐占主导地位。

工艺创新是指创业企业通过研究和运用新的生产技术、操作程序、方式方法和规则体系等，提高企业的生产技术水平、产品质量和生产效率的活动。对于创业者来说，工艺创新可分为以下类型。

（1）围绕提高产品质量等级品率的工艺创新。产品质量等级品率是表征质量水平和技术规格符合度的指标。为提高产品质量等级品率，企业必须在工艺技术、工艺管理和工艺纪律三个方面协调创新，忽视其中哪一方面，都可能使产品质量和优等品产值率无法得到保证。

（2）围绕减少质量损失率的工艺创新。质量损失率是一定时期内企业内部和企业外部质量损失成本之和占同期工业总产值的比重，是表征质量经济性的指标。为降低废品、减少损失，企业工艺要在设计、工艺技术等软件方面和材料、设备等硬件方面进行协调配套创新。

（3）围绕提高工业产品销售率的工艺创新。工业产品销售率是一定时期内销售产值与同期现价工业产值之比，反映产品质量适应市场需要的程度。通过工艺创新，企业既能生产独具魅力的物化产品，又能提供优质的服务产品，从而吸引顾客、拓展市场、扩大销售。

（4）围绕提高新产品产值率的工艺创新。产品产值率是一定时期内新产品产值与同期工业产品产值之比，反映新产品在企业产品中的构成情况，体现企业技术进步状况和工艺综合性水平。现代企业的生产往往需要由多种学科、多种技术综合成的工艺技术，尤其是技术密集型创新产品，需要荟萃机、电、光、化学、微电子、计算机、控制及检测等技术工艺，特别需要 CIMS（Computer Integrated Manufacturing System，计算机集成制造系统）技术。实现对产品生命周期信息流、物质流与决策流的有效控制与协调，以适应竞争市场对生产和管理过程提出的高质量、灵活响应和低成本的要求。

（5）围绕节约资源、降低成本的工艺创新。传统自然资源日益匮乏，通过改进原有工艺，科学、合理、综合、高效地利用现有资源，或是采用新工艺，开发利用新的资源，可以使企业节约能源，降低物耗能耗，降低产品成本。

（6）围绕有益于环境的工艺创新。低污染或无污染成为社会、政府和人民对企业生产及其产品越来越突出的要求。通过工艺创新，企业可以减少生产过程中产生的污染，提供无污染的产品。

3. 技术扩散机会

技术会在国家之间、地区之间和企业之间发生扩散。产生技术扩散有两个原因：一是存在技术势差；二是存在模仿学习者潜在利益的刺激。技术扩散可以包括技术贸易、技术转让、技术交流、技术传播等活动。当然，并不是所有技术都能得到扩散，其中有些技术被禁止向外扩散。由于技术的扩散，创业者在本国家、本地区和本行业率先采用了扩散技术，能够获得技术上的优势，发现创业机会。

技术产生后总是要通过各种途径，经历一定时间，向不同国家、不同地区、不同领域进行推广应用，这就是技术转移和技术扩散的过程。技术转移一般需要通过技术贸易来完成。技术贸易又称有偿技术转让，或技术的商业转让，这是相对于技术的无偿转让而言的。在现实生活中，绝大多数涉及产品和生产技术的转让都是通过有偿方式进行的。技术贸易的基本内容是专利使用权、商标使用权和专有技术使用权。技术贸易的主要方式有：技术买卖，即技术所有权的转移，这种工业产权所有权的转让，在技术贸易中是极少见的；许可贸易，即技术使用权的转移，是指技术的输出方将某项工业产权或专用技术的使用权及相关产品的制造权、销售权，通过许可证合同，有偿地转让给引进方的一种交易。许可贸易范围主要包括：专利许可、商标许可、专有技术许可、组合许可等；有偿技术咨询，提供技术服务与技术协助；合作开发经营；等等。

4. 技术引进和后续开发机会

技术引进是创业企业从外部获得先进适用的技术的行为。引进技术的内容主要有以下几个方面：引进工艺、制造技术，包括产品设计、工艺流程、材料配方、制造图样、工艺检测方法和维修保养等技术知识和资料，以及聘请专家指导、委托培训人员等技术服务；引进成套设备、关键设备、检测手段等；通过引进先进的经营管理方法，充分发挥所引进技术的作用，做到引进技术知识和引进经营管理知识并举；通过广泛的技术交流、合作以及学术交流、技术展览等，引进国外的新学术思想、科学技术知识以及人才。通过技术引进，能够弥补创业企业在技术方面的差距，提高技术水平，填补技术空白，获得发展的良好机会。

创业者通过对引进技术的消化、吸收与改进，也能够形成技术机会。创业者可以进行创造性模仿，消化、吸收引进技术，减少对技术提供方的依赖，实现更大的经济效益，甚至在新旧技术结构的相互适应下形成具有新特质的技术结构。创业者还能够逐步形成自主研发的能力，进而根据市场需要，通过自主研发进行改进型创新。后续开发能够促进创业者对技术的消化，并提高其自我发展的能力，这是建立技术机会的重要途径。

案例二

"空气中抓汽油"技术成就千万富翁

"空气中抓汽油"是通过把弥漫在空气中的汽油进行分离来实现油气回收。其核心技术是分离膜，通过这层膜将油气、空气分离开，使油气从气态转为液态，重新变为汽油，以便回收利用。该项技术既消除了空气中汽油的刺鼻味道，又解决了空气污染问题。为了在该项技术上取得突破，赵新在读研究生的4年里反复实验，于2006年研究生毕业时，研发出了有机气体分离膜。然而，赵新并没有匆忙注册公司，而是去了一家中美合资企业做了一名技术员。

2007年，国家出台了储油库大气污染物排放标准、加油站大气污染物排放标准、汽油运输大气污染物排放标准。根据新标准，北京、天津、河北等地的储油库、加油站不能直接将油气排入大气中，必须在2008年5月，赶在奥运会之前全部进行改造处理。赵新敏锐地意识到这一系列国标的出台，打开了创业机会窗口。当年10月，赵新辞职并成立了南京天膜科技有限公司，正式开始了自己的创业之路，并通过与北京5家民营企业的储油库合作,挖到了创业的第一桶金。

然而,奥运会结束后,整个2009年,他的企业几乎没有接到一笔业务,另外3个股东也没有能力再投资,企业资金出现了严重问题,不仅拖欠了房租,连员工工资也只能靠信用卡来支付。但赵新自信地认为,21世纪是膜分离的时代,于是他选择了坚守。

随着上海世博会、广州亚运会的召开,赵新和他的企业又迎来了机遇。2010年,仅借着世博会这股春风,他就成功地将企业的产品推销给了6家储油库,并成功地将产品打入了中石油、中石化这样的大企业。2011年,赵新的企业纳税达到了900多万元。

(二) 市场机会

企业市场营销的前提是市场上存在尚未满足需求的市场机会。这种机会必须要有吸引力,要能给企业带来利润,如果没有获得利润的可能性,不论有多大的吸引力都不是市场机会。创业市场机会同一般意义上的市场机会有所不同,因为创业主要是指以全新产品进入全新市场。所以,创业市场机会就是市场中那些创业企业本身没有涉及过的领域、没有生产过的产品和没有进入过的市场,而这些领域、产品和市场可能是其他企业已经进入的,但是这些领域、产品和市场对创业企业本身具有极大的吸引力,而且创业企业本身也具备进入并获取高额利润的成功条件。

1. 市场机会的特性

市场机会总是随着环境的变化而产生,并随着环境的变化而消失的。如果创业者推迟对市场机会的发现和利用,其他企业就会抢先发现和利用,这使得机会效益减少或完全丧失。企业如果不能及时捕捉机会,就会丧失难得的市场良机。另外,创业者也必须看到机会和威胁是一个事物的两个方面。在一定范围内,市场机会随着营销环境的变化而产生,但也会随着时间的推移而减弱和消失甚至演变为环境威胁。因此,市场机会的利用结果难以预测,具有不确定性,创业者需要十分慎重。

市场机会在被发现这一点上不存在独占权,任何创业者和企业都具有平等的认识和利用的可能性,只要善于寻找和识别,通过努力总是可以发现或创造市场营销机会的。但是,由于每个市场营销机会都有其特定的机会成功条件,各个创业者和企业的素质、能力也不相同,所以在发现和利用同一市场机会获益的可能性和程度方面也难免存在差异。各个创业者和企业由于自身条件和所处环境不同,对同一市场的营销机会大小、获利能力等的认识也会有很大差别,因此,在利用某一市场营销机会时享有的差别利益以及能够取得的竞争优势也就有所不同。而且,市场营销机会的环境变化,对于另外一些创业者或企业来讲则可能被认为是比较大的威胁。

2. 市场机会的类型

创业市场机会存在于社会生活的各个方面,是多种多样的,但众多的市场机会中,仅有很少一部分才具有实际开发和利用价值。为了及时发现、识别和创造市场机会,有效地抓住和利用有利的市场机会,创业者需要了解市场机会的各种类型,以便机会来临时能及时捕捉而不错过。

(1) 环境机会与企业机会。随着企业环境的变化而客观形成的各种各样的市场机会,就是环境机会。环境机会是所有人都可以加以利用的，但对于不同的创业者来说，可能并不一定是最佳机会。这些环境机会可能不符合创业者的能力和目标，不一定能够取得竞争优势。只有环境机会中那些符合创业企业战略计划的要求，有利于发挥创业企业自身优势的可以获利的市场机会，才是创业企业自身的企业机会。创业者要仔细分析和评价整个环境机会，并以此来选择合适的企业机会，积极采取有效的对策加以开发利用，只有这样才能获得创业良机。

（2）表面机会与潜在机会。在市场上明显存在的、能被所有创业者或企业很容易看到的市场机会，就是表面机会；而表现并不明显、还未完全为大多数创业者所意识到的市场机会，就是潜在机会。

表面机会易于被创业者和企业发现与识别，寻找和识别的难度小，这是优点也是缺点。由于容易被发现，利用表面机会的创业者和企业就较多，因而创业者难以取得较高的机会效益，甚至造成激烈的竞争，导致创业失败。

潜在机会虽然具有一定的隐蔽性，不易于为创业者所发现和识别，寻找和识别的难度大，但正因为识别难度大，能识别和抓住这种机会的竞争对手也相对较少，只要能够找到并抓住这种机会，就能取得较高的机会效益。所以，创业者应更加注意发现和利用潜在的市场机会。

（3）行业机会与边缘机会。创业者由于拥有的技术、资源和经营条件不同，一般有其特定的行业领域。在创业企业所处的行业或经营领域中出现的市场机会，称为行业机会；而在不同行业之间的交叉或结合部分出现的市场机会，称为边缘机会。

因为能够利用自身的经验和优势，行业机会寻找、识别的难度较小，创业者一般都较为重视。而且，由于自身研发、生产、经营和各种其他条件的限制，创业者一般将其作为寻找和利用的重点，进而取得专业化的规模经济优势。但是，行业机会在行业内部企业之间或形成激烈的竞争，往往使得行业机会效益减弱甚至丧失。这样，很多创业者和创业企业只好寻求在行业外发现市场机会。

但是，利用行业外出现的市场机会，通常又会遇到一定的困难或较大的障碍，因为这些机会往往是其他企业的行业机会，对于行业外的企业来说进入的难度更大。不过，随着社会经济的发展，人们的消费需求呈现出高层次和多样化特征，一些新的更复杂的消费需求应运而生，这些需求的满足不能单靠某个行业，而需要一些新的行业之间的结合。这种情况就促使一些企业在行业与行业之间的交叉或结合部分寻求较为理想的市场机会，即边缘机会。这种机会处在行业与行业之间的边缘地带，而处于各自行业中的企业一般关注本行业的主要领域，容易忽视此边缘地带，形成了真空地带。边缘机会较为隐蔽，不易为大多数竞争对手所重视和发现，而且还可以发挥企业的比较优势，所以利用这种机会的企业易于取得良好的机会效益。寻找和识别边缘机会的难度比较大，需要创业者具有创新思维和丰富的想象力以及较强的开拓精神。

（4）目前机会与未来机会。目前机会是指在目前尚存在的比较大的企业能取得利润的需求领域。未来机会是目前只有少数人有消费欲望或少量需求的领域，但随着市场及市场环境的发展变化，这种少数人的欲望和少量需求将在一段时间以后变为多数人的欲望和较大需求，并且企业能在此领域获得利润。

在把握目前机会的同时，创业者要注重寻求和正确评价未来机会，提前开发产品，并能在机会到来之时迅速将其推向市场，从而取得领先地位和竞争优势。这隐含着一定的风险性，但是利用的机会效益会非常大。目前机会与未来机会之间没有严格的界限，任何一种未来机会，经过一定的时间、一定的条件，待时机成熟后，都最终要转化为现实的市场机会。

对未来机会的准确预测和分析具有重要的战略意义，可以使创业者和创业企业选取到好的市场切入点，做好市场竞争的充分准备。当这种未来机会成为现实市场机会时，创业者或创业企业就能够迅速捕捉到这种机会，并牢牢把握住市场的主动权，获得领导地位。

（5）全面机会与局部机会。市场就其范围来说，有全面的大范围的市场和局部的小范围的市场，市场机会也就有全面机会和局部机会的差别。

全面机会是在大范围市场上，如全国市场甚至全球市场上出现的未满足的需求。全面机会意味着整个市场环境正在发展变化的一种普遍的趋势，对参与竞争的创业者有普遍意义。而在小范围市场上，如某一区域市场、某一市县市场出现的未满足的需求，则为局部机会，意味着局部市场环境的发展变化有别于其他市场部分的特殊发展趋势。

对于创业者来说，区分全面机会与局部机会是非常重要的。如果创业者或创业企业将全面机会误认为是特定环境中的局部机会，忽视了该地域或该领域的特殊条件，会使得企业水土不服；如果创业者或创业企业将某一地区的局部市场机会误认为是所有地区普遍存在的全面机会，就会因市场规模太小、企业吃不饱而出现被"饿死"的局面。创业者或创业企业需要在进入市场前测量市场规模、了解需求特点，从而抓住时机，有针对性地开展创业活动。

（6）大类产品市场机会与项目产品市场机会。市场上对某一大类产品存在的未满足需求，为大类产品市场机会；市场上对某一大类产品中某些具体品种存在的未满足需求，为项目产品市场机会。大类产品市场机会显示着市场上对某一大类产品市场需求发展的总趋势，是多数企业的寻求对象；而项目产品市场机会则表明社会上对某一大类中单项产品的市场需求的具体指向。了解大类产品市场机会，对于创业者或创业企业制定生产任务，明确今后业务发展的总体方向，制订长远战略计划，具有重要意义；而了解项目产品市场机会，对于创业者或创业企业明确将来怎么做才能有效率地实现战略计划的要求，制订市场营销计划，搞好市场营销工作，具有重要意义。

案例三

"90后"大学生掘金智能手机维修市场

当刘询大学毕业对家人、朋友说出"创业"这个词时，大家都认为这是个玩笑。因为面对那张稚嫩的脸，人们很难将其与创业的艰难联系起来。但是，他却在众人的否定下，怀揣创业梦想踏上了创业之路。"自己选择的路，就是跪着也要走完"，这是刘询一直不变的座右铭。创业的想法是在大二的时候开始萌芽的。那一年他报名参加大学生创业计划书大赛，在准备参赛项目的过程中，他对创业有了更进一步的认识，对创业项目的选择、创业项目的运作都有了更深入的想法。2009年寒假，刘询回到家乡仔细考察了当地的市场环境。他发现，在当地，手机市场是发展最快的，短短几年时间，在这个小小的县城里，智能手机已风靡街头巷尾。回到学校后，他又在网上查询智能手机的特点，发现智能手机虽然功能很多，但是故障率也相对较高。也就是说，当时智能手机刚刚开始流行，那么半年后肯定是智能手机维修需求量开始逐渐加大的时候。

分析好市场需求后，刘询确定了自己的创业项目：开一家智能手机维修店。2010年上半年，刘询除了忙学校学习上的事情外，还找了多份兼职，积攒自己的创业资金，每天经常只睡两三个小时。到当年7月，刘询终于攒够了自己的第一笔创业资金。2011年8月，刘询的"任你飞"手机维修店开张了。小店开起来后，刚开始客户一看他那张年轻的娃娃脸，都不敢相信他的维修技术，生意颇为冷清。怎么办呢？刘询灵机一动，开始先抓住年轻网友这个目标客户群体，在网上做宣传，有了第一批客户后，就好办多了。慢慢地，刘询就以其精湛的维修技术抓住了越来越多的顾客。截止到2012年7月，刘询的小店已掘金20多万元。但是刘询并没有满足于现状，2012年8月，他在原来手机维修的基础上，拓展了手机美容、配件销售等业务，打通手机后续服务产业链，并开始走品牌化的道路。

谈起创业感受，刘询认为大学生创业，不仅要有启动资金，有毅力和决心，更重要的是要抓住市场机会。他自己的成功就得益于抓住了智能手机市场高速增长的市场机会，选择了很多大学生较少关注的智能手机维修项目。

（三）环境机会

外部环境对创业者来说是可变的，同时也是不可控的，既包含创业发展的机遇，也包含可能面临的挑战。创业者要善于发现和把握对自身有利的环境因素，积极利用环境机会，规避创业风险。

1. 宏观环境机会

对于宏观环境方面的创业机会，创业者可从以下几个方面入手。

（1）政策法规调整。政策法规对创业和企业经营活动加以限制和要求，对创业活动具有现存的和潜在的影响。当政策法规出现变化时，往往意味着创业机会的出现。例如，国家加强了环保的立法和规定，这对环保产业就是一个巨大的创业机会。创业者应具备一定的政治头脑与法律意识，保持对政策法规的敏感性，分析国内外政治形势和法律、法规、方针、政策等是否适合创业。

随着我国市场经济及人口的发展，劳动就业问题成为社会的关注焦点，促进创业也成为政府重点关注的问题之一。国家和地方各级政府（如劳动和社会保障、财政、金融、工商、税务等机构）纷纷出台了相关政策，给予创业者更多的支持。创业扶持政策越来越多，面向就业者搭建创业平台专项扶持，体现在税收政策、资金定项扶持和开展专项工程

支持等方面，使创业成本不断降低。政府扶持和发展非正规就业，增加了创业机会。非正规就业主要面向社区提供各种社会服务，具有广阔的发展前景。非正规劳动组织就业，在现阶段主要是通过为社区居民提供各类服务，或为企业提供各种临时性、阶段性的劳务，以及参加城市环境维护方面的公益性劳动，在社区中发展家庭手工业、开办工艺作坊等形式来实现。

创业的门槛不断降低。一是国家颁布的《中华人民共和国行政许可法》自2004年7月1日实施以来，更多的行业领域许可民营进入，一些经营手续办理程序得到简化，企业的自主经营范围更为宽泛和自由；二是自2006年1月1日起实施新的公司法规定，有限责任公司注册资本的最低限额下调至3万元人民币（法律、行政法规对有限责任公司注册资本有另行规定的除外），且股东既可以用货币出资，也可以用实物、知识产权、土地使用权等可以用货币估价并可以依法转让的非货币财产作价出资。公司的注册资本按规定还可以在两年内分期缴足（投资公司可以在五年内缴足）。

（2）经济发展。企业经营的成败在很大程度上取决于整个经济运行情况，创业者要善于对经济因素进行分析，发现机会。随着经济的发展，我国资本市场日趋健全和活跃，在融资方面，银行贷款、金融支持、融资担保、风险投资、产权交易等多种业务不断推陈出新。为解决创业过程中融资难的问题，有关机构还启动了为创业者提供开业贷款担保和贴息的业务。目前的经济环境适合创业，为创业者提供了比以往更多的机会。

（3）社会进步。社会因素包括社会文化、社会习俗、社会道德观念、社会公众的价值观念、职工的工作态度以及人口统计特征等。变化中的社会因素影响社会对企业产品或劳务的需要，也会改变企业的战略选择和发展方向。社会的不断进步会催生很多新的需求，或改变人们对创业等的看法，创造更多的机会。因此，创业者需要在创业前对有关的社会进步因素加以考虑，需要分析消费者的收入水平、受教育程度、地区特点和民族特色。这些因素决定了创业者的产品需求和发展方向，是细分目标市场的重要依据。

（4）技术进步。技术进步可以极大地影响企业的产品、服务、市场、供应商、分销商、竞争者、用户、制造工艺、营销方法及竞争地位。技术进步可以创造新的市场，产生大量新型的和改进的产品，改变创业企业在产业中的相对成本及竞争位置，也可以使现有产品和服务过时。技术的变革可以减少或消除企业间的成本壁垒，缩短产品的生产周期，带来比现有竞争优势更为强大的新的竞争优势。对于创业者来说，能正确识别和评价关键的技术机会是至关重要的。

（5）自然环境条件。创业企业的自然环境主要是指企业所在地的全部自然资源。创业者应该基于资源从事创业。因此，创业者在创业前对于选定的创业项目，需要认真分析一下是否有足够的资源来支持创业企业的生存与发展。

2. 地区环境机会

随着近几年国家和地方政府对商业基础设施投入的加大，我国商业运作的硬件环境已经得到了很大的改善。各地的创业园区都在努力为创业者们提供便利，商业基础设施的变化是可喜的，也是有目共睹的。创业的专业化商业服务机构，也将使创业环节更加顺畅，使好的技术和创意能够更快、更好地得以商业化并形成良性循环。当地的创业教育、文化素质状况的改善，也有助于创业项目的成功。

我国各地的创业载体和创业服务机构发展加快。创业载体，如各类企业孵化器、园区建设、社区建设、企业服务中心、指导机构等不断增加。风险投资机构、担保服务机构、信用服务机构、顾问咨询等服务机构得到发展，更有利于创业的启动与发展。

创业者在创业时对地区环境进行分析，可以主要考虑以下几个方面的因素：创业者对该地区的熟悉程度如何；创业者在该地区有多大的影响力；新创企业在这个地区内将会有何影响；地区的人文和社区支持体系是否完善；创业者是否有特别的人际关系；地区的基础设施可行性如何；民情风俗是否会对创业产生正外部性；等等。

3. 行业发展机会

对行业环境因素的分析与评价将有利于创业者发现有价值的进入领域和创业机会。

（1）行业竞争要素分析。迈克尔·波特（Micheal Porter）的五种力量模型较好地反映了新创企业的行业环境因素。他认为，潜在的进入者、现有市场竞争者、供应商和购买商决定了一个产业的竞争力，构成了行业环境要素。

① 新进入者的威胁。新进入者是行业的重要竞争力量，它会对本行业造成很大威胁，即进入威胁。进入威胁的大小取决于进入障碍的大小和原有企业的反击程度。如果进入障碍大，原有企业激烈反击，进入者难以进入本行业，则进入威胁就小；反之，进入威胁就大。

决定进入障碍大小的主要因素有以下几个方面：

a. 规模经济。规模经济迫使新进入者必须以大的生产规模进入，或者以小的规模进入，但要长期忍受产品成本高的劣势。

b. 产品差别优势。产品差别优势是指原有企业所具有的商标信誉和用户的信任程度等。它是通过以往的广告、用户服务、产品特色、行业成就等形成的差异优势。新对手要打入市场，需要在产品开发、广告和用户服务等方面大量投资才能获得用户。

c. 资金需求。对于一些产业，创业者如果没有雄厚的资金实力，是很难进入的。

d. 转换成本。转换成本是顾客变换供应商所支付的一次性成本。这会造成顾客对变换供应商的抵制。进入者要进入，就必须用相当长的时间和特殊的服务等来消除抵制。

e. 销售渠道。正常销售渠道已经被在位者控制，对新进入者形成了进入障碍。

f. 其他因素。例如，专利权、优惠货源、政府补贴、生产经验、政府的某些限制政策等。

② 现有竞争者的抗衡。行业内企业之间存在着竞争，其竞争程度是受一些结构性因素制约的。每个行业的进入和退出障碍是不同的，可形成不同的组合。从企业长期利润的角度，波特认为，理想的情况是进入壁垒高而退出壁垒低。这样，新进入者的扩张会受到阻碍，而不成功的竞争者将退出该行业，企业就会获得稳定收益。

③ 替代品的竞争压力。所谓替代品，就是满足同一市场需求的不同性质的产品。科学技术的发展将导致替代品不断增多。创业企业在制定战略时，必须识别替代品的威胁及

其程度，对于顺应时代潮流而采用最新技术、最新材料的产品，尤应注意。

④ 购买者和供应者的讨价还价能力。任何行业的购买者和供应者，都会在各种交易条件（如价格、质量、服务等）上尽力迫使对方让步，使自己获得更多的收益。在这个过程中，讨价还价能力起着重要作用。无论是作为供应者还是购买者，其讨价还价能力均由以下因素决定：行业的集中程度；交易量的大小；产品差异化情况；转换供货单位费用的大小；纵向一体化程度；信息掌握程度；其他因素。

⑤ 其他利益相关者。这些利益相关者可能是股东、员工、政府、社区、借贷人、贸易组织以及一些特殊利益集团。它们对各个企业的影响大小不同。创业者从创业初始就应该适当考虑与利益相关者的价值分配均衡的问题以及它们对创业的影响。

（2）行业生命周期分析。行业是由产品和市场组成的，而任何产品都要经历一个从引入、成长到成熟和衰退的生命周期。这样，由产品及其市场组成的行业也就有一个生命周期。事实上，确定一个行业当前所处的生命周期位置并非易事。一般可考虑以下几个方面：市场规模（销售额或销售量）在过去的增长情况，从而判断行业是处于快速增长状态、平衡状态还是衰退状态，以及近期可能开发什么新产品或新市场。这些新产品或新市场的开发将引起更快的市场增长和吸引新进入者，或者导致中等的市场增长，并没有引起行业变化，或者只稍微延迟了市场衰退，减少了退出该行业的企业的数量。

创业者在选择进入一个行业时，除了要考虑行业市场规模及变化趋势外，还需要考虑该行业的稳定性。一个国家周期性的经济波动对不同行业的影响程度是不同的。在经济下滑时，有的行业可能所受影响不大，行业内企业安然无恙；而有的行业可能会遭受巨大打击，行业内的企业都受到挫折。总之，创业者在分析行业机会时，不仅要考虑整个行业的抗冲力和稳定性，还要构筑自己的实力，使之比行业内的其他企业更有竞争力。

第二节 创业机会识别

即使创业机会存在，也只有能够敏锐地识别和捕捉到它的人才能够掘得第一桶金。正是这种识别能力的差异才使得创业者特质显现出来，它对于大部分人来说是不明显的。在任何时候，只有少数人才能发现创业机会。创业者是特立独行的，他们能够做出常人做不出的与众不同的决策。

同时，创业者在识别创业机会过程中，也必须拒绝很多机会而后抓住少数机会。所以，本质上，成功创业者就是机会决策者。

一、创业机会识别的影响因素

创业机会识别过程是一个不断调整、反复均衡的过程。不同的创业者愿意关注的创业机会是不一样的，即使是同一个创业机会，不同的人对其评价也往往不同。因此，机会识别过程的影响因素也成为研究重点之一。在影响机会识别的各项因素中，主要可以分为四个方面：机会的自然属性、创业者的个人特质、社会网络和环境因素。其中，机会的自然属性和环境因素都具有客观性。创业者的个人特质、社会网络则具有很强的主观性，这两个因素不仅增强了获得机会相关信息的便捷性，而且增强了使用机会相关信息的能力（创造性思维），从而大大增强了识别具有潜在价值的机会的能力（图4-1）。

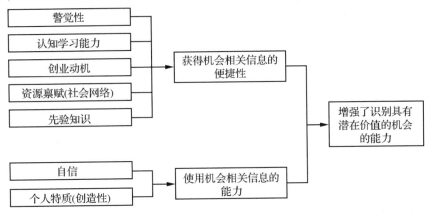

图4-1　创业者的个人特质、社会网络和机会识别

（一）机会的自然属性

创业者选择这项机会是因为相信其能够产生足够的价值来弥补投入的成本。创业机会的自然属性在很大程度上决定了创业者对其未来价值的预期，因而对创业者的机会评价产生重大影响。合乎创业的机会存在是创业者创业成功的客观现实，否则再好的创业者也难以实现自己的梦想。

杰里弗·蒂蒙斯（Jeffry A. Timmons，1999）给定了一个共同的机会识别的锁定目标，即机会能够：① 为顾客或最终用户创造或增加极大的价值；② 能够解决一项重大问题，或者满足某项重大需求或愿望，因此某些人愿意多支付一些；③ 有需求旺盛的市场，利润很高；④ 与当时的创始人和管理团队配合得很好，也很适合市场状况和风险、回报平衡。以上四个指标下还各设若干分指标用于机会评价。

（二）创业者的个人特质和社会网络

对于机会识别来说，更重要的因素应当来自创业者的个人因素，这是因为从本质上说，机会识别是一种主观色彩相当浓厚的行为。事实上，即使某一机会已经表现出较好的预期价值，也并非每个人都能从事这一机会的开发，并且坚持到最后的成功。因此，创业者的个人特质对于机会识别来说更为重要。

斯科特·夏恩（Scott Shane）和赛恩凯伦·文塔拉曼（Sankaran Venkataraman）总结并提出在创业机会识别中个人差异包括如下基本特征。

1. **警觉性**

伊斯雷尔·柯兹纳在1973年第一次提出了创业者警觉性（alterness）的概念，并揭示了警觉性对于机会识别的影响。亚历山大·阿德基费里（Alexander Ardichvili，2003）等认为，企业家警觉性越高，创业机会识别与开发的成功率就越高，而创业警觉性高则与企业家个人特质如创造力和乐观等相关。

2. 认知学习能力

机会识别是一个动态的过程，而机会认知是机会识别的首个步骤。机会认知就是感知和认识到机会，从而机会可能由模糊到清晰。由初始的发现到创业的决策，也是学习的过程，即机会的认知识别过程。社会认知理论学派（social cognitive theory，SCT）的阿尔伯特·班杜拉（Albert Bandura）认为，人类不仅从直接经验中学习，也能通过模仿他人来学习。学习他人的创业行为更有益于个人进行创业活动，创业者可以从创业模范中学习相关创业行为。大多数创业者属于初次创业，因此，如何间接地提升创业能力尤其是机会识别的能力显得尤为重要。

3. 创业动机

按创业动机分类，创业分为机会型创业和生存型创业。在不同的创业动机下，机会识别的方式可能有所不同，有拉动式识别，也有推动式识别。

4. 资源禀赋

资源禀赋指创业者在创业时期所拥有的资源。学术界一般将创业者的资源禀赋分为人力资本、物质资本、技术资本、金融资本、社会资本等方面。其中，人力资本指创业者个体所拥有的知识、智慧、判断力、洞察力、理解力、价值观和信念；物质资本指创业者所拥有的有形资产；技术资本指创业者所拥有的生产经验和各种工艺、操作方法与技能；金融资本指创业者所能够利用的所有不同来源的货币；社会资本指创业者的社会网络联系以及网络中流动着的资源。由于人类行为认知的局限性，以及资源和能力的相对匮乏，创业者必须要借助嵌入其现有稳定社会关系网络中的企业家社会资本，对创业机会仔细考虑，然后融入创业活动，开创新企业或新事业。因此，企业家资源禀赋差异，导致了企业家不同的创业行为预期，产生不同的创业动机，最终外化为不同的创业行为；企业家资源禀赋越丰富，就越容易感知到创业机会，并且更有能力抓住机会、应对不确定性并获得高收益。

5. 先验知识

特定产业的先验知识有助于创业者识别机会，这被称为"走廊原理"。它是指创业者一旦创建企业，就开始了一段旅程，在这段旅程中，通向创业机会的"走廊"将变得清晰可见。这个原理提供的见解是，某个人一旦投身于某产业创业，他将比那些从产业外观察的人，更容易看到产业内的新机会。夏恩（Shane）进一步将先验知识分为三种类型，即对于市场的先验知识、对于服务市场方式的先验知识和对于顾客问题的先验知识，而这三者对于机会发现都有重要影响。

很多创业者都是从早先从事的行业中获取上述三种先验知识的。福建省泉州市包袋加工制造行业十分发达，这个行业的很多创业者早先都有包袋加工制造的工作经验。例如，作为福建省包袋配件生产规模前两名的福建泉州丰泽长源橡塑制品有限公司总经理林雄杰先生，原先就在另外一家台资包袋加工企业惠安县荣祥旅游用品公司工作过，正是在荣祥的6年时间里，他积累了很多的橡塑加工制造经验，积累了相关市场和客户的信息，从而使得2005年的自身创业有了坚实的基础。

6. 自信

斯科特·谢弗（Scott Shaver）指出，成功的创业者需要有执着的信念，并且能够坚持他们的事业直至最后成功。迪克逊·克鲁格（Dickson Krueger）的研究显示，创业者的自信能够增强他们对机会的感知。

7. 个人特质

个人特质包括创业者的背景（如性别、年龄、受教育程度、民族、家庭成长环境等）及潜质方面的特征（如创造性、风险感知能力等）。这些创业者的个人因素之所以会影响创业者的机会识别能力，很大一部分原因是与机会信息的获得与加工有关。

（三）社会网络

在创业资源中，创业者的个人社会网络被称为"最重要的公司资源"，是产生创办新企业思路和影响机会识别的关键因素。在创业者和其社会网络成员接触中的碰撞经常成为新的创业思路的来源。创业者的社会网络能扩大信息的来源渠道并产生更多的创业思路和机会。

（四）环境因素

机会识别是一个受许多环境因素影响的过程，环境的变动酝酿大量的机会，是产生机会的源泉。

史蒂文森（Howard Stevenson）描述了影响机会识别的四个环境维度：技术、市场、社会价值和政府的政策法规。这些环境的变化产生了大量的信息，从而赋予了创业者创业的诸多可能。

二、创业机会识别的方法

无论什么类型的创业活动，发现问题是寻找创业机会的第一步。研究其他成功的创业案例，几乎毫无例外，这些企业都是解决了用户的问题。因此，寻找问题是发现创业机会的第一步。我们的日常生活、工作和学习中都存在很多问题，通过发现问题来寻找创业机会也是国际创业教育和创业实践的最新趋势。一言以蔽之，寻找问题就是识别创业机会。

有些创业案例会给人们一种错觉：发现问题和确定创业机会好像是灵光一闪的。其实创业从一开始就需要耐心，并不是一旦发现问题就找到了创业机会。从发现问题、描述问题、澄清问题、问题评估、需求评估到机会类型评估，是一个复杂而漫长的过程。这个过程即使对一个有丰富创业经验的人来说可能也需要几个月甚至几年时间。泰笛在线洗衣店的创业机会历时3个月才确定，其间有很多次反反复复的评估和修改。对于大学生和没有经验的年轻人来说，踏踏实实、一步一步地学习和反复练习是非常必要的。创业教育不建议单凭直觉和经验，而是理论知识和实践经验相结合，成功案例和具体方法相结合。图4-2是从发现问题到创业机会识别的基本流程。下面将分别介绍发现问题、描述问题、澄清问题、问题评估、需求评估和机会类型评估等概念和相应的方法。

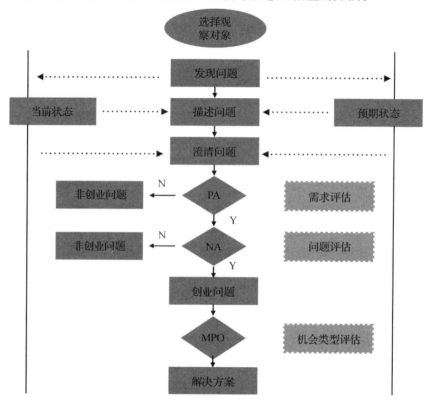

图 4-2　从发现问题到创业机会识别的基本流程

（一）发现问题

法国心理学家爱德华·德·波诺（Edward de Bono）认为，发现问题和解决问题一样重要，但是前者比后者更为困难。在一个有 5 000 人参加的国际发明大赛上，他发现参赛者解决问题的水平都很高。但是，他们发现问题的水平却低得让人惊讶，甚至大多数参赛者都不知道他们的发明用来解决什么问题。物理学家费里曼·戴森（Freeman Dyson）也说过："当你有一个问题去解决的时候，工作已经比较简单了。困难的是怎样找到一个问题。"

提出疑问和发现问题都是当今教育中极其缺乏的内容。当今教育的一个大前提是：教师给出问题，学生回答问题，这是理所当然的。学生很少有机会提出自己的问题和见解，而学生的疑问大多也是怎样解答教师给出的问题，更没有机会去发现问题。即便是在研究生阶段，很多课题也是由教师确定的。创业教育则完全不同，提出疑问和发现问题是创业教育的主要内容，是主动学习和以学生为中心的具体教育方式。创业者需要自己提出疑问并发现问题，进而提出解决方案，并从中发现创业机会。观察和提问是发现问题最直接和最实用的方法。这种方法尤其适合没有多少经验的学生和年轻人，因为提问和观察不需要很多的实际经验。有经验的创业家都是有意或无意地运用多年的积累和观察来发现问题和创业机会的。观察和提问在创新创业教育中起到至关重要的作用。李政道博士在 2010 年首届"创新中国论坛"上特别向青年学生提出建议:"要创新,需学问;只学答,非学问。要创新,需学问;问愈透,创更新。"因此,观察和提问是探索和发现问题的第一步。

1. 提问的四种方式

提问有不同的方式,既可以是自己问自己,也可以是直接询问用户或者相关人员。孙继伟把提问分为开放式提问、封闭式提问、诱导式提问和澄清式提问四种方式。以观察提款机为例。

开放式提问:你每个月从提款机提取多少钱?

封闭式提问:你每个月从提款机提取的钱是1 000~2 000元吗?

诱导式提问:你使用提款机的时候觉得方便吗?

澄清式提问:你说使用提款机不方便,具体指的是哪个方面?

2. 观察和提问的方法

巴甫洛夫(Pavolv)说:"学不会观察,你就永远当不了科学家。"创业家同样需要学会观察。观察和提问是大学生和年轻人发现问题的主要手段。观察并不是漫无目的地观看,而是带着目的、主动地去提出疑问,以便发现问题。说白了就是有意"找茬儿"。孙继伟提出用5W2H七个维度来提问和观察,日本学者高杉尚孝则建议九个维度(6W3H)。在此将这两种方法改进并整合成十二个维度(7W5H)的提出疑问和发现问题的方法。无论哪个维度,观察者要换位思考,以同理心设身处地、感同身受地从用户(或者所涉及的人)的角度来观察。抱有不同的心态和意图,所观察到的问题是不同的。表4-1以观察提款机为例来说明怎样利用7W5H观察、提问并发现问题。

表4-1 利用7W5H提出疑问和发现问题(以观察提款机为例)

维度		提出疑问	潜在问题
What	目标、目的、结果	提款机还可以做什么?可以查看信用卡吗?可以付电影票吗?可以付学费吗?可以提取零钱吗?可以回收零钱吗?	提款机不能提取零钱 提款机不能回收零钱
Where	空间、地点、范围	可以在其他地方吗?可以在商场里面吗?可以在家里吗?可以像自来水管道一样通到小区和家里吗?	部分商场和小区里面没有提款机
Which	事件、活动	哪家银行的提款机?其他银行可以吗?其他理财渠道可以吗?	线上银行不能提款 手机没有连接提款机
When	时间	是24 h可以使用的吗?24 h都安全吗?半夜提款怎么办?什么时候来的人多?有高峰期吗?	夜间提款不安全 高峰期排队时间长
Who	人物、用户、伙伴	谁来提款?什么样的人多?什么样的家庭、阶层?个子很矮的人可以吗?	老人取钱不方便 孩子拿着家长的银行卡取钱很危险 被偷的银行卡也能取钱
Whom	对象	提款给谁?谁是主要服务对象?	没有考虑残疾人提款问题
Why	原因	为什么提款机只有一面可以操作?为什么到提款机取钱?	有时排队时间很长

续表

	维度	提出疑问	潜在问题
How	状态、操作	输入密码方便吗?忘记密码怎么办?指纹、虹膜可以识别吗	提款机识别方式单一
How much	程度、成本	空间很拥挤,拥挤到什么程度?速度很慢,慢到什么程度?	室内提款机空间有限
How many	数量	取多少钱?多大币值的组合?多少人受到影响?	提款机不能提取零钱 提款机不能回收零钱
How long	时间	每次取钱等多久?	高峰时排队太久
How often	频率	用户平均每个月取多少钱?来多少次?	取款机有金额限制

运用观察和提问方法时,有四点需要注意:① 一方面,并不是每个维度都一定存在问题,要根据观察的对象和现象而定;另一方面,有些维度可能是相互关联的,也许会找到一组相关的问题。② 并不建议所有人同时观察同一个对象,而是要根据自己的兴趣自由选择观察的对象。在创业教育中,不要期待教师或者别人告诉你去观察什么,而要自己主动去选择感兴趣的观察对象。③ 观察对象未必一定是很多教科书所建议的用户或商家,家人、朋友或者任何感兴趣的人和现象都可以是观察的对象,他们都可能是潜在的用户。日常生活中充满了可以观察的对象。可以在学校观察,可以在家里观察,有条件也可以去企业和社会观察。④ 观察和提问不局限于实物和现场。电影里面、大数据里面、用户调查报告里面,大家聊天的时候、开会的时候,社交网络里面,书本里面、报刊里面,都可以找到观察的对象。

(二) 问题的描述、澄清和评估

1. 描述问题的重要性

非常遗憾,我们的教育并没有充分地重视怎样表达和描述一个问题,所以人们总是急于给出问题的解决方式。教育家约翰·杜威(John Dewey)认为,如果一个问题描述清楚了,就已经解决一半了。科学家阿尔伯特·爱因斯坦(Albert Einstein)也非常重视问题的界定和描述。有一次,他被问到"如果你有一个小时去拯救这个世界,你将如何安排这一个小时?"这个问题时,他的回答是:"我将花费55分钟去定义这个问题,然后用剩下的5分钟去解决这个问题。"爱因斯坦还说:"明确地表达一个问题往往比解决这个问题更重要。解决问题只不过需要数学或者实验技能,而从一个新的视角发现一个新的问题,却需要创造性和想象力。这才是科学进步的真正标志。""我没有什么特殊的才能,不过是喜欢刨根问底地追究问题罢了。"爱因斯坦说的虽然是科学研究,但是对创业也具有指导意义。

2. 问题的定义和描述

(1) 问题的定义。事件所处的当前状态与预期状态之间的差异以及该差异引起的不满和期待。这是"问题"这个概念的一般定义。

(2) 问题的描述。描述一个具体事件的当前状态、预期状态、它们之间的差异以及该差异带来的对当前状态的不满意和对预期状态的期待。对当前状态的不满意只是问题的一个要素,是发现问题的开始。当前状态、预期状态和差异是定义一个问题的三个核心要素。无论是发现问题、分析问题还是解决问题，都离不开这三个要素。

① 发现问题就是通过观察、提问和差异分析找到当前状态、预期状态、它们之间的差异以及该差异引起的不满和导致的困境。

② 分析问题就是进一步理解和明确当前状态、预期状态以及它们之间的差异及影响因素。

③ 解决问题就是找到方法消除当前状态和预期状态之间的差异，以达到预期状态。

必须指出，不是所有的问题都是创业机会。有些问题是相对短暂和偶然的，会自动消失或恢复原状，或者通过现有的方法干预可以被矫正到预期状态。例如，刮大风时建筑物会出现轻微倾斜，风停后就会自动恢复。又如，水管漏水是一个急迫问题，找人把漏水的地方修理好，就可以恢复常态了。这样的问题属于一般的管理问题或工程技术问题，不是创业问题。创业问题需要当前状态与预期状态之间的差异具有严重性和持续性等特点。

（3）创业问题。如果一个问题具有一定的严重性和持续性，当前状态与预期状态的差异导致用户对当前状态极度不满意，并因此而担忧、困惑、抱怨、痛苦、造成损失和伤害，而目前市场或局部市场没有新的解决方案，其解决方案可以体现在完整独立的产品或服务里面，而且有足够的用户期待这个产品，即有足够的市场需求，这样的问题才是真正的创业问题。创业问题也称亟待解决的迫切问题或者用户痛点。寻找创业机会一定要先找到创业问题。

3. 问题的澄清

在发现一个问题之后，要审慎地反复推敲和分析这个问题是否准确和清晰，而不要急于给出解决问题的方案。这个过程就是问题的澄清和重新描述。就像一个病人去看病，虽然他知道自己头痛，但并不代表他对自己的当前状态完全清楚，医生还需要分析和诊断。很多问题之所以需要进一步澄清，就是因为用户有时候不仅不清楚预期状态，可能对当前所处的状态也未必清楚。所以，澄清一个问题需要明确问题的当前状态和预期状态，这样才能确定它们之间的差异和用户的期待。根据问题状态的明确程度，甘华鸣把问题分为四种类型：① 当前状态和预期状态都明确；② 当前状态明确，预期状态不明确；③ 当前状态不明确，预期状态明确；④ 当前状态和预期状态都不明确。[①] 这里用大学生比较熟悉的出国留学的问题来解释怎样澄清和重新定义一个问题，如表4-2所示。如果一个学生来到留学咨询机构说遇到留学方面的问题，需要帮助。毫无疑问这是一个问题，是需要解决和帮助的问题。但是，这也是一个很不清晰的问题，需要澄清和仔细描述，否则留学咨询机构不知道提供什么样的咨询服务。对于不同性质的问题，解决方法不同，创业机会也不同。

表4-2 根据当前状态和预期状态的清晰度来澄清问题（以出国留学的问题为例）

	预期状态明确	预期状态不明确
当前状态明确	确定型问题 我在准备留学考试，而且要去A国留学。	目标型问题 我在准备留学考试，但是不确定要去哪个国家。

---

① 甘华鸣. 大领导力：决策力 [M]. 北京：中国国际广播出版社，2003.

续表

	预期状态明确	预期状态不明确
当前状态不明确	现状型问题 我不是很确定是否要去留学，但是如果我有机会去留学，我肯定要去丹麦，因为我喜欢安徒生和他的童话故事中的美人鱼。	双盲型问题 我不确定现在是应该准备留学考试还是在国内读研，也不确定将来去哪个国家留学，或去国内哪所学校读研。

（1）确定型问题。确定型问题是指当前状态和预期状态（即目标）都明确的问题。这就像教师把问题给学生，而学生不需要去寻找问题一样。典型的是数学问题，例如教师给出一组变量，学生将其代入一个公式，就能得到一个预期的结果，而且是统一的、标准的结果。有的学生选择出国留学的时候，对当前状态和预期状态都很清楚。例如，我在准备留学考试，而且要去美国留学。对于这类确定型问题，主要问题存在于从现状到目标的实现过程和方法。

（2）现状型问题。现状型问题是指当前状态不明确、预期状态明确的问题。要解决问题，必须先确定现状。例如，教师让学生设计一个汽车模型，三天后交作业，但是没有确定用什么材料、什么工具以及从什么时候开始。学生必须自己选择从哪里出发，制订一个计划以确定时间、材料和分工。以留学为例：我不是很确定是否要去留学，但是如果我有机会去留学，我肯定去丹麦，因为我喜欢安徒生和他的童话故事中的美人鱼。

（3）目标型问题。目标型问题是指当前状态明确、预期状态不明确的问题。解决问题的思路也是不明确的。很多应用题属于这类问题，因为只给出问题的描述，不清楚问题的最后答案，应用公式和结果也不确定。例如，很多大赛给学生提供一组材料或原件，要求学生设计一个机器人。这就需要学生自己找到目标。以留学为例：我在准备留学，但是不确定要去哪个国家。

（4）双盲型问题。双盲型问题是指当前状态和预期状态都不明确的问题。例如，教师让学生两天后交一份自由命题的作文。这就需要学生自己命题，自己确定目标，自己设计和规划作文的内容，自己收集资料。以留学为例：我不确定现在是应该准备留学考试还是在国内读研，也不确定将来去哪个国家留学，或去国内哪所学校读研。

这四类问题中，除了第一种问题是相对确定的外，其他三种问题都有不确定因素，需要进一步澄清和重新定义。甚至到了创业机会的确定阶段，也同样需要进行多次澄清和调整。只有问题清晰了，解决方案才能更具体，与问题更匹配。

4. 问题的评估

创业机会一定包含一个或多个问题，但是反过来却不一定成立。不是所有的问题都反映了确实需要关注的用户痛点，也不是所有的问题和痛点都能构成一个创业机会。这就好像人们并不是每次感觉不舒服都要去医院。有些问题是临时的干扰问题，很快就会自然消失，没有持久性；有些问题则可以用普通管理的方法解决。创业失败的一个主要原因就是所发现的问题根本就不是一个创业问题。"大问题做大生意，小问题做小生意"的观点未必正确。有些问题看似不大，却足以创业。你发现的问题是一个创业问题吗？如果你有一个解决方案（产品），它是用户希望拥有和期待的吗？创业者必须先回答这些问题，而这就需要对问题做一个初步的评估。这一点在创业高潮时期尤其重要。表 4-3 是根据问题的严重程度和持续性进行问题评估的矩阵（Problem Assessment Matrix，简称 PA 矩阵）。其中，两个维度的评估数值相加所得为 D-D 值。D-D 值至少在 6 以上，所发现的问题才是一个创业问题。也就是说，这个问题必须是严重的和持续的。

表 4-3　评估用户痛点严重程度和持续性的 PA 矩阵

持久性	严重程度				
	不严重	有点严重	严重	很严重	非常严重
时间不长					
时间有点长					
时间长					
时间很长					
时间非常长					

实际上，一个创业企业有可能介乎两者之间，或者更接近某个类型。以创新程度为例，并不是每个企业都是完全创新型（从 0 到 1）或者完全复制性（从 1 到 N）。虽然我们鼓励创新型创业，但是不排斥其他类型的创业。

表 4-4 对四种创业机会的特征、识别难度、创业风险和自主创新程度做了比较和总结。无论是风险、识别难度还是自主创新程度，都是相对而言的，而不是绝对的。同一个创业机会对于不同的创业者来说，因为拥有的经验和资源不同，所感受到的和承担的风险也不一样。所以，大学生评估创业机会，必须考虑自身的客观条件，而不能完全参考成功企业家的标准或者理论标准。对于缺乏实际经验的大学生来说，即使是复制一个成功的创业机会也是不容易的。

表 4-4　四种创业机会的比较

项目	机会			
	复制型	模仿型	增值型	风险型
机会特征	高度显性	中度显性	中度隐性	高度隐性
识别难度	低	比较低	比较高	很高
创业风险	低	比较低	比较高	很高
自主创新难度	很低	比较低	比较高	比较高

5. 同一个问题的四种创业机会

MPO 矩阵提醒人们，即便是同一个问题，也有不同的解决方法。因此，创业机会和方式可能完全不同，要根据自己的资源和市场上的竞争状况来开发和选择。MPO 矩阵还提醒人们，当发现一个创业机会的时候，要先看看是不是已经有相同或者类似的产品和企业；如果有，要先检索看看会不会构成侵权，以及怎样避免侵权。利用 MPO 矩阵，不仅能看到一个机会，而且可以开发和创造新机会。1989 年，美国斯坦福大学有一个名叫默巴克的普通学生,他利用闲暇时间承包了学生公寓的打扫工作。第一次打扫学生公寓时,默巴克在墙角、沙发缝、学生床铺下面扫出了许多沾满灰尘的硬币。默巴克牢牢地记住了这个问题。两年之后他毕业了,很快成立了自己的"硬币之星"公司,推出了自动换币机,并与一些连锁超市建立合作关系,共同经营换币业务。只用了短短 5 年时间,默巴克的公司就在美国 8 900 家主要连锁超市中设立了 10 800 台换币机,并成为纳斯达克的上市公司。默巴克也从一个一文不名的穷学生,变成了万人瞩目的大富翁。

30 多年后的今天,硬币问题在世界各地依然存在,依然有创业机会。表 4-5 利用 MPO 矩阵以"回收硬币"的问题为例来说明同一个问题的四种创业机会。

表 4-5 利用 MPO 矩阵介绍"回收硬币"问题的四种创业机会

市场	产品	
	现有产品 (明确的)	创新产品 (不明确)
现有市场 (明确的)	复制型机会 问题:本地没有硬币回收机 机会:在本地商场安装硬币回收机	增值型机会 问题:本地没有硬币回收机 机会:设计流动硬币回收车
新的市场 (不明确)	模仿型机会 问题:本地银行没有硬币回收机 机会:模仿并开发类似产品用于银行	风险型机会 问题:商业街道有很多被丢弃的硬币 机会:收集被丢弃的硬币用于动物保护

在确定一个创业机会之后,创业类型不同,创业过程和所需要的资源也完全不一样。所以,创业机会类型的判断也是机会识别的必要阶段。必须在机会评估和商业模式设计之前就知道创业机会的类型。但即便在创业机会评估之后,也很可能会有改变和调整。由此可见,发现问题、描述问题、澄清问题、评估问题,再到评估机会类型,确实是一个相当复杂的过程。

第三节 创业机会评价

一、基于创业者的评价

(一)创业者与创业机会的匹配

不管创业机会是创业者自己识别到的还是他人建议的,也不管创业机会是偶然发现的还是系统调查发现的,兴奋之余,首先应该问自己的问题是:这个机会适合我吗?为什么应该是我而不是别人开发这个机会?

机会并非适合每个人,一位资深律师可能因为参与一场官司而发现了一个高科技行业内的机会,但是,他不太可能放弃律师职业而进入高科技行业创业,因为他缺乏必需的技术知识和在高科技行业内的关系网络。换句话说，即使看到了有价值的创业机会，个体也可能因为没有相应的技能、知识、关系等而放弃创业活动，或者把机会信息传递给其他更合适的人，或者是进一步提炼加工机会从而将其出售给其他高科技企业。当然，创业活动往往不会拘泥于当前的资源约束，创业者可以整合外部的资源开发机会，但这需要具备资源整合能力。

并非所有的机会都有足够大的价值潜力来填补为把握机会所付出的成本，包括市场调查、产品测试、营销和促销、员工雇用、设备和原材料购买等一系列与机会开发活动相关的成本，还包括为创业所付出的时间、精力，以及放弃更好工作机会而产生的机会成本。研究发现，创业者的创业机会成本越高，所把握的创业机会的价值创造潜力也就越大，所创办的新企业的成长潜力也更高。

总体而言，创业活动是创业者与创业机会的结合，一方面创业者识别并开发创业机会，另一方面创业机会也在选择创业者。只有创业者和创业机会之间存在着恰当的匹配关系时，创业活动才最可能发生，也更可能取得成功。

（二）创业者对创业机会的初始判断

认定创业机会适合自己，还要对创业机会进行评价。创业者对机会的评价来自他们的初始判断，而初始判断简单地说，就是假设加上简单计算。杰弗里·蒂蒙斯教授认为，机会应该具有吸引力、持久性和及时性，是具有如下四项特征的构想：对消费者具有吸引力；能够在你的商业环境中实施；能够在现存的机会窗口中执行；创业者拥有创立企业的资源和技能，或者知道谁拥有这些资源与技能并且愿意与其共同创业。

创业者对创业机会的初始判断，有时看似简单得不可信，但也经常奏效。机会转瞬即逝，如果都要进行周密的市场调查，有时会难以把握机会；或者有时会在调研中发现很多的困难，最后反而失去了创业的激情。假设加上简单计算只是创业者对机会的初始判断，进一步的创业行动还须依靠调查研究，以对机会价值做进一步的评价。

二、基于系统分析的评价

系统评价类似于大公司开展的可行性论证分析。在系统评价创业机会时，一定要注意创业活动不确定性高的特点。创业者不太可能按照框架中的指标对创业机会一一做出评价，而仅会选择其中若干要素来判断创业机会的价值，从而使得创业者机会评价表现为主观感觉而非客观分析的过程，不能事事都强调依据，不确定环境本身就难以预测，需要在行动中不断地检验创业者的假设。过分强调证据，容易把困难放大，弱化创业者承担风险的勇气。

（一）蒂蒙斯的创业机会评价指标体系

蒂蒙斯提出了比较完善的创业机会评价指标体系，认为创业者应该从行业和市场、经济因素、收获条件、竞争优势、管理团队、致命缺陷问题、个人标准、理想与现实的战略差异等8个方面评价创业机会的价值潜力，并围绕这8个方面形成了53项指标（表4-6）。

表 4-6　蒂蒙斯的创业机会评价指标体系

评价方面	评价指标
行业和市场	1. 市场容易识别，可以带来持续收入
	2. 顾客可以接受产品或服务，愿意为此付费
	3. 产品的附加价值高
	4. 产品对市场的影响力大
	5. 将要开发的产品生命力强
	6. 项目所在的行业是新兴行业，竞争不完善
	7. 市场规模大，销售潜力达到 0.1 亿～10 亿美元
	8. 市场成长率在 30%～50% 甚至更高
	9. 现有厂商的生产能力几乎完全饱和
	10. 在 5 年内能占据市场的领导地位，市占率达到 20% 以上
	11. 拥有低成本的供货商，具有成本优势
经济因素	12. 达到盈亏平衡点所需要的时间在 1.5～2 年
	13. 盈亏平衡点不会逐渐提高
	14. 投资回报率在 25% 以上
	15. 项目对资金的要求不是很大，能够获得融资
	16. 销售额的年增长率高于 15%
	17. 有良好的现金流量，能占到销售额的 20%～30%
	18. 能获得持久的毛利，毛利率要达到 40% 以上
	19. 能获得持久的税后利润，税后利润率要超过 10%
	20. 资产集中程度低
	21. 运营资金不多，需求量逐渐增加
	22. 研究开发工作对资金的要求不高
收获条件	23. 项目带来的附加价值具有较高的战略意义
	24. 存在现有的或可预料的退出方式
	25. 资本市场环境有利，可以实现资本的流动
竞争优势	26. 固定成本和可变成本低
	27. 对成本、价格和销售的控制度较高
	28. 已经获得或可以获得对专利所有权的保护
	29. 竞争对手尚未觉醒，竞争较弱
	30. 拥有专利或具有某种独占性
	31. 拥有发展良好的网络关系，容易获得合同
	32. 拥有杰出的关键人员和管理团队

续表

评价方面	评价指标
管理团队	33. 创业者团队是一个优秀管理者的组合
	34. 行业和技术经验达到了本行业内的最高水平
	35. 管理团队的正直廉洁程度能达到最高水准
	36. 管理团队知道自己缺乏哪些方面的知识
致命缺陷问题	37. 不存在任何致命缺陷问题
个人标准	38. 个人目标与创业活动相符合
	39. 创业家可以做到在有限的风险下实现成功
	40. 创业家能接受薪水减少等损失
	41. 创业家渴望进行创业这种生活方式，而不只是为了赚大钱
	42. 创业家可以承受适当的风险
	43. 创业家在压力下状态依然良好
理想与现实的战略差异	44. 理想与现实情况相吻合
	45. 管理团队已经是最好的
	46. 在客户服务管理方面有很好的服务理念
	47. 所创办的事业顺应时代潮流
	48. 所采取的技术具有突破性，不存在许多替代品或竞争对手
	49. 具备灵活的适应能力，能快速地进行取舍
	50. 始终在寻找新的机会
	51. 定价与市场领先者几乎持平
	52. 能够获得销售渠道，或已经拥有现成的网络
	53. 能够允许失败

（二）刘常勇的创业机会评价框架

定性评价法是不采用数字的方法，而是根据评价者对评价对象平时的表现、状态或文献资料的观察和分析，直接对评价对象做出定性结论的价值判断。定性评价强调观察、分析、归纳与描述。刘常勇的创业机会评价框架是一种简单的评价方法，主要围绕市场评价和回报评价两个层面展开（表4-7）。

表4-7 刘常勇的创业机会评价框架

维度	主要指标
市场评价	1. 是否具有市场定位，专注于具体顾客需求，能为顾客带来新的价值
	2. 依据波特的五力模型进行创业机会的市场结构评价
	3. 分析创业机会所面临市场的规模大小
	4. 评价创业机会的市场占有率
	5. 分析产品的成本结构

续表

维度	主要指标
回报评价	1. 税后利润至少高于5% 2. 达到盈亏平衡的时间应该在2年以内，如果超过3年还不能盈亏平衡，则这样的创业机会是没有价值的 3. 投资回报率应高于25% 4. 资本需求量较低 5. 利率应该高于40% 6. 能否创造新企业在市场上的战略价值 7. 资本市场的活跃程度 8. 退出和收获回报的难易程度

（三）通过市场测试评价创业机会

市场测试类似于实验，不同于市场调研。一般市场调研关心的是顾客认为他们想要什么，市场测试却能获得更精确的顾客需求数据，因为测试是站在一个和真实顾客互动交流的位置上了解顾客的要求，能观察到真实的顾客行为，而不是通过提出假设性问题来估计；还可以意外发现一些突如其来的顾客行为，一些以前可能没有想到的问题。

市场测试是指评估消费者对创意和商业概念的反馈。产品开发的早期阶段需要对创意进行检测，以确定后续是否有必要继续进行探索。对概念和产品的检测，有助于了解消费者对创业的想法和原型的反应，获取有关用户的满意度、购买意愿以及下一步创意开发可行性的信息。测试是一项处于产品和服务开发早期阶段的工作，通常需要较少的资源，所以项目的早期阶段往往高度关注测试和假设验证工作。测试的结果包括：获知完善产品和服务特性的信息，进一步明确产品或服务的定位，明确开发的经济成本，以及其他关键决策信息。

在产品开发领域，为了给资源配置和产品选择提供信息并推动开发阶段顺利度过"模糊前端"（fuzzy front end），需要针对新产品开发设计一套概念生成、检测和选择的流程。通过对各种产品属性的重要性、消费者价格敏感度和其他问题的定量分析，概念测试有助于降低不确定性，帮助设计者权衡和优化产品特性水平。在实践中，概念测试的目的是在打算对产品进行大幅投资之前，预测消费者对这个产品创意的反应。

为此，创业者需要遵循"创建—测试—学习"的步骤，步步为营来检测创业机会的愿景，目的是快速获取重要的顾客信息，通过迭代性的进程推动商业概念以及最终的商业模式得以奏效实施。循环必须通过小批量的快速原型制作来完成，这会促进学习并鼓励假设的检验，从而做出调整或者改变商业模式的决定。

例如，X光磁场系统就是根据这一思路设定项目进度的。首先用1天的时间建立一个虚拟模型，然后用3天的时间构建一个真实模型，接着再用5天的时间进行设计迭代，最后用15天的时间完成初始装配。在测试中，两个基础假设需要被验证：一是价值假设，即测试产品或服务是否真的能够在消费者使用时向消费者传递价值；二是成长假设，即测试新的消费者如何发现一种产品或服务。目的是找到一个可重复和可升级的模型，最为核心的环节在于成型制作以及对消费者接受度和产品可行性的现场检测。

这个满是新奇的项目设计，并不是真正的创新。因为它没有真正地解决社会问题，且不可持续。为什么这么明显的问题，人们当初没看出来，还会投入这么多资金，有这么高的曝光度？其原因是：当有了第一个支持者，特别是当这个支持者还是一个权威人士或者权威机构，他们表态支持这样的项目，其他人就很容易在光环效应下追随这个项目。有了越来越多的投资，越来越多的关注和支持，于是这个项目在人们眼里就显得越发的好了，形成了一个光环效应。

（四）创业机会评价的定性原则

创业机会定性评价，需要回答5个基础问题：①机会的大小、存在的时间跨度和随时间成长的速度；②潜在的利润是否足够弥补资本、时间和机会成本的投资而带来令人满意的收益；③机会是否开辟了额外的扩张、多样化或综合的商业机会选择；④在可能的障碍面前，收益是否会持久；⑤产品或服务是否真正满足了真实的需求。

创业机会定性评价，通常依据以下5项基本标准：①机会对产品有明确界定的市场需求，推出的时机也是恰当的；②投资的项目必须能够维持持久的竞争优势；③投资必须具有一定程度的高回报，从而允许一些投资中的失误；④创业者和机会之间必须互相合适；⑤机会中不存在致命的缺陷。

创业机会定性评价，通常分为5个环节：①判断新产品或服务将如何为购买者创造价值，判断新产品或服务的使用的潜在障碍，以及思考如何克服这些障碍，根据对产品和市场认可度的分析，得出新产品的潜在需求、早期使用者的行为特征、产品达到创造收益的预期时间；②分析产品在目标市场投放的技术风险、财务风险和竞争风险，进行机会窗口分析；③分析在产品的制造过程中是否能保证足够的生产批量和可以接受的产品质量；④估算新产品项目的初始投资额，以及思考使用何种融资渠道；⑤在更大的范围内考虑风险的大小，以及如何控制和管理那些风险因素。

关键术语

创意商业概念　创业机会　技术机会　市场机会　环境机会　问题的定义、描述、澄清　PA矩阵　MPO矩阵　复制型创业　模仿型创业　增值型创业　风险型创业　创业机会评价指标体系

思考与练习

1. 如何产生创意？
2. 创意与创业机会的关系是什么？
3. 创业机会有哪些特征？

4. 识别创业机会受到哪些因素的影响?
5. 如何评价商业机会?

案例与讨论

1995年的一天,日本人小西国义在一家理发店等待了很久以后,终于坐到了理发师身前的椅子上。但是,理发并没有立即开始,洗发小工们先是给他递上一条又一条热毛巾,然后是没完没了地按摩肩头和手臂,之后又开始推销各类美发产品……大量不需要的服务浪费了他很多时间,最后还要收取他几千日元的费用。而他真正想要的,只不过是快点把头发剪短。他认为,一定有人像他一样讨厌这些根本不需要的服务。如果有一个地理位置方便、只提供简单理发、收费合理的理发店,人们会感兴趣吗?小西国义带着这样的问题进行了一次市场调查,他觉得只要有10%的人感兴趣,就有机会试试。而调查结果显示,和他有同样想法的人竟然高达43%。于是,简单、省时、省钱的QB House诞生了。经过十几年的努力,QB House已经成为日本最成功的连锁理发店。截止到2015年,QB House在中国香港也开设了30多家分店。它在成立后几年时间就实现了年收入40亿日元(约2.9亿元人民币),而这还是由一个从来没有开过理发店的外行人创办的公司!

讨论:结合本章所学,基于上述内容试分析QB House创业成功的关键。

实践训练

1. 选择两三个你感兴趣的观察对象,通过观察和提问找到问题。从中选择一个问题,试着对其进行描述、澄清和评估。
2. 利用MPO矩阵分析上述问题的创业机会。

第五章 创业团队创建与管理

 学习目标

- 了解创业者的含义、特征以及素质、能力培养
- 理解创业团队创建在创新创业活动中的核心作用，了解创业团队塑造的基本要素和流程
- 理解创业团队组建、塑造，创业团队创业动力培养与激发
- 理解创业合伙人制度的基本内涵和操作流程

 课程思政

创新创业、创业团队与国家创新驱动战略

党的十八大以来，习近平总书记把创新摆在国家发展全局的核心位置，高度重视科技创新，围绕实施创新驱动发展战略、加快推进以科技创新为核心的全面创新，提出一系列新思想、新论断、新要求。这些重要论述，对于适应和引领我国经济发展新常态，发挥科技创新在全面创新中的引领作用，加快形成以创新为主要引领和支撑的经济体系和发展模式，实现"两个一百年"奋斗目标，实现中华民族伟大复兴的中国梦，具有十分重要的指导意义。在通过高质量发展实现共同富裕的新时期和新发展阶段，我们更要大力实施创新驱动发展战略，加快完善创新机制，全方位推进科技创新、企业创新、产品创新、市场创新、品牌创新，加快科技成果向现实生产力转化，推动科技和经济紧密结合。实施创新驱动发展战略，是加快转变经济发展方式、提高我国综合国力和国际竞争力的必然要求和战略举措，必须紧紧抓住科技创新这个核心和培养造就创新型人才这个关键，瞄准世界科技前沿领域，不断提高企业自主创新能力和竞争力。

在2020年7月21日召开的企业家座谈会上，习近平总书记强调，要千方百计把市场主体保护好，激发市场主体活力，弘扬企业家精神，推动企业发挥更大作用、实现更大发展，为经济发展积蓄基本力量。企业家要带领企业战胜当前的困难，走向更辉煌的未来，就要在爱国、创新、诚信、社会责任和国际视野等方面不断提升自己，努力成为新时代构

建新发展格局、建设现代化经济体系、推动高质量发展的生力军。更为重要的正是企业家的爱国精神，要厚植爱国情怀。习近平总书记强调："希望大家增强爱国情怀。企业营销无国界，企业家有祖国。优秀企业家必须对国家、对民族怀有崇高使命感和强烈责任感，把企业发展同国家繁荣、民族兴盛、人民幸福紧密结合在一起，主动为国担当、为国分忧，正所谓'利于国者爱之，害于国者恶之'。"

案例引入

中国"史上最牛创业团队"

2017年10月17日，《人民日报》官方微信公众号发布文章《从13人到8 944万：中国最牛团队的创业秘笈来了》，文章称"中国共产党为史上最牛创业团队"。2018年2月23日，《人民日报》刊发评论文章《艰苦奋斗再创业》。文中指出，中国共产党是中国近代以来最伟大的创业团队。2020年10月1日，人民日报出版社发行新书《从13人到9 000多万人——史上最牛创业团队》，探寻了中国共产党这个史上最牛创业团队的发展历程。1921年，来自全国各地的13名代表在上海正式建立"创业团队"——中国共产党。当时全国仅50余名党员。28年后，中华人民共和国成立。如今中国共产党拥有9 000多万名党员，中国已成为全球第二大经济体，并长期保持稳步增长。从13人到9 000多万人，从一艘小船到第一大党，史上最牛"创业团队"的成功秘籍是什么？成功的秘籍是：第一，她拥有伟大的使命和价值观；第二，团队成员不惧失败、不怕牺牲；第三，特别善于自主创新；第四，特别善于自我管理、自我净化。

（资料来源：曹磊，杨丽娟，《从13人到9 000多万人——史上最牛创业团队》，人民日报出版社，2020）

请思考：1. 从中国共产党百年发展历程看，伟大建党精神对创业团队建设和管理有什么启发？

2. 从中国共产党百年历程中涌现的精神的视角，如何正确看待创业途中的困难与挑战？

应用型任务

● 假如你现在是一个创业团队的负责人，如何做好创业团队管理和建设？

第一节 创业者

在人力资本理论中，人在各种资源中起着决定性作用。在对创业产生影响的诸多因素中，创业者特质是最为关键的因素。哪些人属于创业者呢？创业者具有哪些独有特征呢？创业者如何实现创业呢？这正是我们在学习中需要关注的重点之一。国家处于深入推进创新驱动战略的新发展格局时期，国家在鼓励和扶持创新的同时，越来越多地关注创业活动，将创新与创业紧密结合起来。鼓励和支持创业，就需要激励、培育和帮助创业者。创业越发成为经济发展的强劲推动力，不仅促进了市场的竞争和发展，推动了产业的创新，也有利于解决就业问题，成为加快经济发展和建设和谐社会的强劲动力。

一、创业者的含义

（一）谁是创业者

创业者是利用或借用相应的平台或载体，将其发现的信息、资源、机会或掌握的技术，以一定的方式，转化成更多的财富、价值，并实现某种追求或目标的人。创业搭档是创业者，而创业者的合伙人不一定是创业者。

（二）创业者的由来

"创业者"一词由法国经济学家坎蒂隆（Richard Cantillon）于1755年首次引入经济学。1800年，法国经济学家萨伊（Jean-Baptiste Say）首次给出了创业者的定义，他将创业者描述为将经济资源从生产率较低的区域转移到生产率较高的区域的人，并认为创业者是经济活动过程中的代理人。著名经济学家约瑟夫·熊彼特（1934）则认为创业者应为创新者，即具有发现和引入新的更好的能赚钱的产品、服务和过程的能力的人。创业者是创业活动的推动者，或者是活跃在企业创立和新创企业成长阶段的企业经营者。

"创业者"一词的英文是"entrepreneur"，从字面意思来看，创业者从事了一项事业，并且及时形成或者从根本上改变了这项事业的神经中枢。在欧美学术界和企业界，创业者被定义为组织、管理一个生意或企业并承担其风险的人。创业者有两个基本含义：一是指企业家，即在现有企业中负责经营和决策的领导人；二是指创始人，通常理解为即将创办新企业或者是刚刚创办新企业的领导人。

二、创业者的特征

（一）创业者的身份

创业者并不等于企业家，因为多数创业者并不完全具备企业家必备的个人品格。创业者只有不断提升个人素质，带领企业获得商业上的成功，才可能逐步转变为真正的企业家。

创业者是一种主导企业的领导人，是一种需要具有使命、荣誉、责任能力的人，是一种组织、运用服务、技术、器物作业的人，是一种具有思考、推理、判断能力的人，是一种能使人追随并在追随的过程中获得利益的人，是一种具有完全权利能力和行为能力的人。

其一，创业者指的是企业家，即在现有企业中负责经营和决策的领导人。当前，学界对企业家的定义越发强调企业家的创新意识和能力，创业与企业家密不可分。从这一角度来看，我们可以把企业家和创业者画等号。

其二，创业者指的是创始人，即新创企业或即将创办企业的领导者和负责人。他们是指活跃在企业创立和成长阶段的企业经营者或者是创业活动的推动者。

为便于达成共识，我们将创业者界定为参与创业活动及在创业过程中扮演核心角色的领袖人物，在新创企业或正在创办企业的活动中，通过自身或是领导团队进行一系列创业行为，对于资源进行有效整合，借此努力创造价值，为企业成长、经济发展和社会进步做出贡献。

从创业者、职业经理人和商人的区别视角，作为一个商业领域，创业致力于理解创造新事物（包括新产品或服务、新市场、新生产过程或原材料、组织现有技术的新方法）的机会是如何被特定个体所发现或创造的，这些人如何运用各种方法去利用或开发机会，然后产生各种结果。这样一群人就是创业者。我们还可以这样定义，对于初创企业来说，创始人就是创业者，创业者为自己打工，他们很自然地把公司当作自己真正的家。

（二）创业者的特质

创业者特质的表现为创业者所具有的与众不同的且能够创造企业绩效的素质特征及能力水平。

创业者区别于一般人的特征主要表现在六个方面：创新；成就导向；独立自主；拥有掌控自己命运的意识；拥有低风险厌恶，善于和倾向于为了风险带来的利益寻找风险；对于不确定性具有包容性。

大多数有影响力的创业者在其以往的经历中总有某方面或某些方面的过人之处，比如他们的胆识、毅力和眼光等。在创业者与非创业者的区别上，创业者独有的心理特质，如成就需求、内控制源、领袖气质、责任感、自我效能感等，起着统帅的作用，对创业成功大有裨益。不同于非成功创业者，成功创业者在创业过程中所表现出来的心理特质，如责任、决心和胜出动机等，具有共性。

创业者特征还包括：创业者根据自身情况设定相应目标，通过自身努力去完成目标，从而实现自我价值，表现出高成就导向；创业者做事特别主动，有强烈的欲望去与人竞争，不断超越当下的标准且渴望面对和解决具有挑战性的问题，这驱使着他们进行创业，深深影响创业者在创业活动中的行为特点。

我们不仅要关注创业者的自身特征，为了使创业成功，我们还要关注创业者需要聚合和利用的社会资源，以求为今后的工作获取经验。相对于创业者的个人特质，创业者的社会特质是指创业者通过后天的工作和学习形成的独特个性特征，主要表现在创业者的先前经验和社会资本两方面，这也是构成创业者独有特质的关键。创业者的先前经验主要包括行业经验、创业经验、管理经验以及职能经验。这些经验与创业者个人的创业能力的历练和提高正相关，对于先前经验的积累和学习也是创业者知识和能力变化的直接反映。作为创业者社会特质的重要部分，创业者先前经验能够使创业者寻觅合适的创业机会，进行精确的创业定位，也同样能够促进企业绩效提升和加快企业发展。尤其是在创业实践领域，有先前经验的创业者更容易获得风险投资家的青睐，新企业的存活率也得以提高。现有对于创业者先前经验的研究，多从创业者先前经验的内容和结构出发，来探讨对于创业活动和创业过程的影响，丰富了对于创业者特质研究的内容同时，呈现出多元化与细致化的趋势。创业者的社会资本内涵丰富，主要是指创业者拥有什么样的社会关系，以创业者为中心并依附于创业者形成网络体系，是创业者动员内部和外部资源的能力的表现。对于创业者社会资本的划分，多从结构维度和利益相关者的维度出发。基于创业者的视角，创业者的社会资本一方面能够激发创业者的积极性、主动性和创造性，另一方面通过在网络体系中与他人的互动、学习促进自身素质的提高。再者，还可以通过影响新创企业其他成员的积极性来促进创业效果的提升。由于社会资本具有积累性、维护性和低投资回报率等特征，创业者对于如何在有限的资源下加大对社会资本的合理投资以取得相应的回报需要做出平衡决策。

创业者与职业经理人之间有什么共同点与区别呢？职业经理人是在创业者已经构建好的平台上，凭着自己的专业经验和个人能力把企业经营得更好或更规范，在企业的发展过程中起协调和促进作用；但职业经理人不用承担企业资产损失，也不能获得企业资产增长带来的收益。而创业者不仅需要关注企业业绩的增长，业务的增长，更要关心企业资产的增长和效益，企业资产的变化，直接影响创业者的财富变化。具体如表5-1所示。

表5-1 创业者与职业经理人的区别

特征变量	创业者	职业经理人
雇佣关系	雇佣者	被雇佣者
创业与否	创业者（与所控制资源无关）	企业内创业
出资与否	出资或继承出资	不出资
承担企业风险与否	承担企业风险	承担与本人雇佣契约有关的风险
所有权与控制权	同时拥有	无所有权，有一定控制权
担任企业主管与否	担任	不一定担任
创新功能	更强调	强调

三、创业者的分类

(一) 从创业的背景和动机上划分

1. 生存型创业者

生存型创业者指自主创业的下岗工人、失去土地或不愿困守乡村的农民及毕业找不到工作的大学生。

2. 变现型创业者

变现型创业者是指过去在党政机关掌握一定权力或者在国有企业、民营企业当经理人期间积累了大量市场关系并在适当时机自己开办企业,从而将过去的权力和市场关系等无形资源变现为有形财富的创业者。目前,后一类变现者是主体,前一类变现者在增加,而且一些地方政府的政策对此起到了推动作用,如鼓励公务员带薪下海,允许政府官员创业失败之后重新回到原工作岗位。但是,这种做法有可能造成市场竞争环境公平性的人为破坏。

3. 主动型创业者

主动型创业者又可以分为两类:一类是盲动型创业者;另一类是冷静型创业者。盲动型创业者大多极为自信,做事冲动。有人说,这种类型的创业者大多同时是博彩爱好者,喜欢买彩票,而不太喜欢计算成功概率。这样的创业者很容易失败,一旦成功也往往是一番大事业。冷静型创业者的特点是谋定而后动,不打无准备之仗;一旦行动,成功概率通常很高。

(二) 从在创业过程中所处的角色和所发挥的作用上划分

1. 独立创业者

独立创业者是指自己出资、自己管理的创业者。其创业动机和实践受很多因素的影响,如发现很好的商业机会,失去工作或找不到工作,对目前的工作缺乏兴趣,对循规蹈矩的工作模式和个人前途感到无望,受他人创业成功的影响,等等。独立创业充满挑战和机遇:创业者可以自由发挥想象力、创造力,充分发挥主观能动性、聪明才智和创新能力;可以主宰自己的工作和生活,按照个人意愿追求自身价值,实现创业的理想和抱负。但是,独立创业的难度和风险较大:可能缺乏管理经验,缺少资金、技术资源、社会资源、客户资源等,生存压力大。

2. 主导创业者与跟随创业者

主导创业者与跟随创业者是相对的。在一个创业团队中,带领大家创业的人就是团队的领导者,即主导创业者;其他成员就是跟随创业者,也叫参与创业者。

四、创业者的素质与能力培养

(一) 创业者素质构成

根据我国的创业环境,创业者的基本素质包括创业意识、创业心理品质、创业能力和创业知识结构等四大要素,每一项要素均有其独特的地位与功能,任何一个要素发生变化或残缺不全,都会影响其他要素的形成和发展,影响其他要素的功能和作用的发挥,乃至影响创业的成功。

1. 创业意识

主要包括需求、动机、兴趣、理想、信念、价值观、世界观等。

2. 创业心理品质

包括独立性、敢为性、坚韧性、适应性、合作性等。

3. 创业能力

包括专业能力、经营管理能力、综合能力。

专业技术能力包括专业知识和专业技能。专业知识是指从事某一专业工作所必须具备的知识，一般具有较为系统的内容体系和知识范围。掌握专业知识是培养专业技术能力的基础。专业技能包括智力技能和操作技能：智力技能是在大脑内部借助于内部语言，以缩简的方式对事物的映象进行加工改造而形成的；操作技能是由一系列外部动作构成的，是经过反复训练形成和巩固起来的一种合乎法则的行动方式。

在现代社会中，经营管理能力为人的生存和发展提供了较好的主体条件，同时也能形成人、财、物、时间、空间的合理组合。管理能力直接关系到创业活动的效率和成败，因此管理也是生产力。经营管理能力主要包括善于经营、善于管理、善于用人、善于理财四个方面。

综合能力主要包括：① 学习能力，包括逻辑思维能力、综合应用能力、分析比较能力、归纳总结能力、阅读理解能力和口头表达能力等；② 驾驭信息能力，即对信息的获取、分析、加工、处理、传递的能力，是理解和活用信息的能力；③ 激励员工能力，包括目标激励、评判激励、榜样激励、荣誉激励、逆反激励、许诺激励、物质激励等七个方面；④ 应变能力，就是灵活机动、锐意创新，能根据社会的变化和市场上新的需求，迅速采取相应对策的能力；⑤ 独立工作能力，包括独立思考能力、组织决策能力、自我控制能力、经营管理能力、承受挫折能力、人际交往能力以及在市场经济条件下的竞争能力等；⑥ 开拓创新能力，创新意识主要由好奇心、求知、竞争、冒险、怀疑、灵感、个人求发展的动力等心理因素和创造性思维、独立性思维等因素组成；⑦ 社交能力，指学会认识人际关系，正确理解人际关系，培养良好人际关系的能力。

创业的过程就是不断熟悉社会，同时让社会熟悉自己、接纳自己的过程。为此，创业者一定要敢于面向社会，闯入社会，把社会看成是自己获得支持，从而获得能量、信息与材料的源泉，即在社会实践中逐步提高自己的创业意识，从而提升创业能力。同时，必须把社会的需要、社会的利益、社会的价值标准与评价原则作为自己行动的一个参照系，把自己所从事的事业与集体的、社会的事业沟通起来，提高自己的社交能力，扩大交往，与人合作，取信于他人，取信于社会，为自己创造一个开放的创业环境。

创业意识、创业心理品质、创业能力、创业知识结构要素之间既相互独立，又相互影响，形成相互制约的一个有机整体。因此，一个未来的创业者，不但要注意在环境和教育的双重影响下培养自己的创业素质，而且要重视其整体结构的优化，在创业实践中不断提高自己的创业素质。

（二）创业能力培养

GEM 报告将创业能力分为创办企业的经验、对创业机会的捕捉能力，以及资源整合能力。具体包括：第一，责任感与决心。承担责任和决心是创业者具备的第一要素。第二，领导力。成功的创业者不需要凭借组织正式权力就能够向别人施加影响，创业者必须学会与许多角色，包括客户、供应商、资金援助者、债权人、合伙人以及内部员工等相处，成为一个调停者、磋商者。第三，专注于创业机会，寻求并抓住商机，并将其转化为有价值的东西。第四，对风险、模糊和不确定性的容忍度。第五，创造、自我依赖和适应能力。成功的创业者具有很强的适应能力和恢复能力，从错误、失败和挫折中学习。第六，成功的创业者受到内心强烈愿望的驱动，追寻并达到富有挑战性的目标。

对于大学生而言，如何培养创业能力呢？一般而言，可以从以下几个方面入手。

（1）大学生创业需要在校期间有意识地做好准备。有创业志向的大学生在校期间应在树立崇高理想的基础上，和实际学习目标结合起来，不怕困难和挫折，加强意志锻炼。

（2）积极参加各种实践活动，在确立目的、制订计划、选择方法、执行决定和开始行动的整个实践活动中，实现意志目的，锻炼意志品质。

（3）加强意志的自我锻炼，注意培养提高自我认识、自我检查、自我监督、自我评价、自我命令、自我鼓励的能力。此外，积极参加体育活动，也是锻炼坚强意志品质的重要途径。

（4）在培养自己的创业能力时，不能局限于单纯从成才的方面去寻求提高的捷径，而必须在多方面打好扎实的基础，既要通过学习增长知识和智力，还要通过创业和实践来增长才能，更要通过创业过程中的竞争和自我否定来增长才能，以求得创业才能的综合性提高。培养大学生创新创业能力，实践是关键。只有把课堂上所学到的文化知识应用到形式多样的课外活动中，尤其是广泛的社会实践活动中，才能使创新创业能力真正得以提高。与创业进程心态变化相对应的学习过程：起初，被动盲目学习和积累——专注目标直接相关内容，扩大目标外延，理解目标的社会背景和真实必要条件；接下来在尝试、失败、总结、调整的循环中发现缺陷（包括知识、能力甚至目标本身）并改进，领悟隐藏在市场、技术、商业背后的秘密即规律性，有的放矢地学习；最后，形成自己的观点和思维体系，有选择地补充和提升知识水平。因此，大学生创业知识、能力和素质一方面需要事先有意识地准备，另一方面需要在创业进程中不断提高完善。

当然，创业者也需要承担社会责任，遵守基本的创业伦理。

五、创业型领导者

要想获得创新创业的成功，强烈的创业动力发挥着重要作用。强烈的创业动力是创业成功的一个重要支撑点，是克服创业过程中遇到的困难与挫折的主要部分。创业人员只有具备良好的创业激情，才能使创业者以饱满的精神状态坚持下去，促进创新创业得到更好的发展。而要激发创业成员和团队的激情和创业动力，就离不开创业团队中创业型领导者的带领和榜样作用。有些领导者天生具有这种影响力和感召力，例如，通用电气工业研究实验室的中层管理者曾经说过，他们的领导惠特尼有种神奇的力量，他只要和你谈上三分钟，你的激情和斗志就可以至少保持半年；中国的企业家马云一场激情演讲就可以让员工干劲十足；而张瑞敏砸完冰箱后将整个团队聚合起来，以品质起家，打造了中国冰箱第一品牌；楚霸王项羽能带领八千子弟兵出生入死一敌十；随着改革开放，很多乡镇企业家和强人创业领导带领集体创造了富甲一方的"第一村"，凡此案例不一而足。

（一）创业型领导

1. 创业型领导的概念与特征

刘邦曾说："夫运筹策帷帐之中，决胜于千里之外，吾不如子房；镇国家，抚百姓，给馈饷，不绝粮道，吾不如萧何；连百万之军，战必胜，攻必取，吾不如韩信。此三者，皆人杰也，吾能用之，此吾所以取天下也。"[1]

创业型领导是通过创造一个组织愿景来动员、号召忠于此愿景的追随者，探索和开发战略价值的领导方式。创业型领导是一个综合性概念，由创业精神和领导力融合而来。我们还可以用领导型创业者和协助创业者的区别来对其加以了解。领导型创业者为团队确定总体经营思路或愿景，而协助创业者则在实施中充分发挥其先前知识与专业技能的作用。领导型创业者不必具有超群的市场知识与商业技能，但要有卓越的创造力和战略视野，能敏锐地发现商机。为了培育协助创业者并保证其与自己的认知相一致，领导型创业者必须充分发挥自己的认知领导力，加强与团队成员的交流和互动，以形成团队共识，更有效地传播其总体经营思路。根据之前学者的研究，我们可以从特质视角和过程视角来理解创业型领导概念的内涵（表5-2）。

比较一致的认识是古普塔（V. Gupta）等人提出的关于创业型领导的定义。古普塔等人对以往研究进行了总结，并在整合创业、创业导向、创业管理与领导理论的基础上对创业型领导进行了界定，即创造一个愿景，以此号召，动员下属，并使下属承诺对战略价值创造进行发现与探索的一种领导方式。这个定义强调创业型领导面临挑战的有关价值创造的资源获取、下属承诺这两个问题，它包括创造愿景以及拥有一个有能力实现愿景的支持者群体。此外，它也强调对创业采取战略性思路，以便创业主动性能够提高公司持续创造价值的能力，因此创业型领导能够为公司构建一个竞争优势和技术增长的基础。

表 5-2　创业型领导概念分类

特质视角	利皮特（Lippitt）	承担风险、发散思维、精准聚焦、责任感、经济导向和吸取经验
	利什隆（Lischeron）	创造机会、授权、保持组织间亲密和发展人力资源系统
	尼科尔森（Nicholson）	抗压、不在意他人的看法、坚定自信、非实验性行动、勤勉、顺从和好竞争
	黑格姆（Brigham）	愿景、影响力、改革和创新计划
	费尔纳尔德（Fernald）	激励、成果导向、创造力、灵活、耐心、忍耐力、承担风险和愿景
	库拉特科（Kuratko）	愿景、创新、发展创业团队、构建创业环境、机会识别、冒险和意志坚定

---

[1] 司马迁. 史记·高祖本记.

续表

过程视角	爱尔兰德（Ireland）	通过影响他人来获取战略性管理资源的能力，强调寻求机会和优势的行为
	古普塔（Gupta）	通过创造一个组织愿景来动员、号召忠于此愿景的追随者，探索和开发战略价值
	鲁米（Roomi）	通过建立和传达愿景来获得团队认同，发展和利用机会来获得竞争优势
	伦科（Renko）	通过影响和指引组织成员的行为而实现组织目标，包括创业机会的识别和开发

经总结和对比分析可见：在特质视角下，创业型领导主要包含愿景、承担风险、创新、机会识别以及意志坚定等内容；在过程视角下，创业型领导被理解为领导者通过自身行为来激发他人的内在动机，将各具才能的创业人才聚合在一起，从而引领组织实现机会的识别、开发，并最终转化为价值创造的过程。由此，创业型领导者必须要基于自身对市场变化独特的洞察能力构建一个具有建设性的愿景，通过成功的创业行为和敢于承担风险的精神来获得追随者对此愿景的认同，进而营造积极的组织创业氛围，并利用成功的创业活动来提升组织竞争力，以应对不确定的环境，最终实现组织可持续发展。

2. 创业型领导与其他类型领导

我们通过对创业型领导和其他类型领导的对比、对创业领导者的特征和作用发挥进行分析（表5-3），以求对创业型领导有更多的了解，更利于培育创业型领导，并保持其创业领导力，以建立基业长青、拥有永续创新发展力的成功企业。

表5-3 创业型领导与其他类型领导对比

领导类型	影响方式	影响动机
创业型领导	通过个人创业能力和构建愿景获取员工对领导的信任和对愿景的认同	激发员工创新，营造组织创新氛围，把握创业机遇，提高组织竞争力，应对不确定的环境，使组织可持续发展
变革型领导	通过个人魅力和构建愿景激发员工更高层次需求和内在动机水平	提高员工工作期望，鼓励员工创新以应对变化，并达到更高水平绩效，最终实现组织目标
交易型领导	以经济性、政治性和心理性奖励换取员工工作付出	提高员工工作绩效
魅力型领导	通过个人魅力和构建愿景获取员工对领导的崇拜和对愿景的认同	激励员工效仿领导者，提高工作热情，达到更高水平绩效
精神型领导	满足员工对基于使命和成员身份的精神性存在的需求	激发员工的工作积极性和主动性，达到更高水平的组织承诺和生产效率
授权型领导	通过情境授权赋予员工实践权利，通过心理授权激发员工的自我效能感	提高员工的主动性和工作绩效
知识型领导	通过学习模范作用和知识管理行为激发员工进行知识共享和不断学习	营造组织学习氛围，提升组织竞争力，最终实现组织目标

创业型领导可以概括为以下六个维度。

（1）培养创业能力。强调创业和人力资本开发具有同等重要价值的愿景有利于促使人们发展诸如敏捷、创新和战略管理的创业能力。

（2）保护对当前经营模式有威胁的创新。有效的创业型领导会与组织成员一起就破坏性创新的潜在收益（如促进新竞争优势的发展等）进行充分沟通。

（3）重视机会的价值。创业型领导能够与员工充分交流机会的价值以及如何利用机会实现企业和个人目标，促使人们乐于去追寻创业机会并据此发展出独一无二的竞争优势。

（4）敢于挑战主导逻辑。主导逻辑是指领导者将其经营概念化的方法。领导者应该定期评估主导逻辑的潜在假设，对其进行审视和变更，从而通过识别可创造财富的创业机会对企业进行成功的定位。

（5）对"想当然"的再思考。重新审视和思考关于企业竞争市场的诸多问题非常关键，因为如何回答这些问题往往会影响企业识别何种机会以及怎样管理资源去运用这些机会。

（6）融合创业和战略管理。当领导者的创业理念帮助他们构建一种兼顾战略（优势导向）和创业（机会导向）的管理文化时，战略和创业的融合目的就可以实现了。

不管是哪种类型的创业领导者能力，在创业创新的大潮中我们都要积极培育和发掘，以培育和塑造出更多的成功创业团队。要激发和培育变革型领导，需要让领导者通过魅力模范、智力激发、动机鼓舞和亲和感召来满足下属的高层次需求，使下属最大限度地发挥自己的潜力，并产生超过原来期望的结果，在组织和环境中寻找创业机会，并引领组织将机会转化为价值。

（二）创业型领导的企业家精神来源

在创新创业的研究中，创业精神又称企业家精神，这种精神品质既涵盖经济和政治领域，又涉及学术界和社会工作等多个领域。企业家精神是创业者，尤其是创业团队领导者取得成功的根本基础，相应的制度创新是创业者成功的基本条件。领导企业或一个团体从政治、经济等多个领域创业就需要熟悉与深谙这种精神品质的培育。我们需要培养学生的创业动力和企业家精神，在实践中训练这种企业家精神，并利用大环境下的制度条件培养学生的精神动力；同时，国家也要从制度上为创业者企业家精神的培养与发扬光大创造条件件、搭建平台，形成经济和社会体制改革与创业精神品质的关联性，使创业精神和制度创新良性互动，促进创业团队的塑造，发扬创业精神。

创业家的成功是多种因素的综合体，其中，社会和经济制度的变革是这些因素中最关键的条件之一。而中国在20世纪80年代初和90年代初的经济体制改革，对新兴国有和民营企业，以及大量创业精英涌现的促进作用，则可以给出一个强有力的实证依据。正是创业者的创业品质和实践作为，推进了制度创新；而制度创新又激发和护佑了发轫创业者的成功，以及企业家群体的崛起。创业精神是创业者成功实践的基本要素，而相应的制度变革与依托是创业者成功的基本条件，创业精神与制度创新的良性互动推动了一代代创业家的勃兴，以及创新企业的创立与生长。

第二节 创业团队建设与管理

创业活动和创新事业需要伟大的团队,创业团队要具有崇高的愿景。风险投资公司 CB Insights 在对超过 100 家创业失败的公司进行研究后得出结论,导致创业失败的三个最主要原因就是没有市场需求、没有资金和没有强大的创业团队。如今各行各业的工作,都需要由团队来完成,而且,组建团队是一件辛苦的事情,因为团队是一个集体,需要有人有物有架构有分工,所以,如果没有经验,是不可能完成组建团队这样的任务的。那么,快速组建一个团队应该注意哪些事情呢?

一、创业团队的内涵

创新创业已经成为国家重点实施战略,社会各界,尤其是各级高等院校和学术界高度重视对创新创业的研究。而对创业的研究和概念界定也随时间发展,以及对创业活动的深入认识而不断发展,各方都做出了重要贡献,其中,对创业团队的研究更是方兴未艾。例如,国内有学者从腾讯科技"五虎将"和阿里巴巴"十八罗汉"的成功,到在线教育网站"泡面吧"创始人内斗、逻辑思维创业团队的解体,大量案例反映了创始人及其团队的内部协作和冲突治理;也有学者对创业团队的特性、形成过程与创业绩效之间存在的紧密关系进行了研究;还有很多学者的研究聚焦于创业型领导对团队创造力的影响机制。

(一) 创业团队的概念

所谓团队是指由两个或两个以上拥有不同技能、知识和经验的人组成,具有特定的工作目标,成员间相处愉快并乐于在一起工作,互相依赖、技能互补、成果共享、责任共担,通过成员的共同协调、支援、合作和努力完成共同目标。创业团队是由两个或两个以上具有一定利益关系的,彼此间通过分享认知和合作行动以共同承担创建新企业责任的,处在新创企业高层主管位置的人共同组建形成的有效工作群体。

依据国内外对创业团队概念的研究与界定,我们将沿用如下定义:创业团队是由两个或以上具有共同愿景和目标,共同创办新企业或参与新企业管理,拥有一定股权且直接参与战略决策的人组成的特别团队。他们拥有可共享的资源,按照角色分工相互依存地在一起工作,共同对团队和企业负责,不同程度地共同承担创业风险并共享创业收益。创业团队研究涵盖成员构成、共同愿景与目标、所有权与经营权配置、团队合作方式与职责等重要领域。

(二) 创业团队的构成

1. 创业团队人员组成

创业团队的含义有狭义和广义之分。狭义的创业团队是指具有共同目的、共享创业收益、共担创业风险的经营新成立的营利性组织的一群人。他们提供一种新的产品或服务，为社会提供新增价值。广义的创业团队不仅包含狭义创业团队，还包括与创业过程有关的各种利益相关者，如风险投资商、供应商、专家咨询群体等。

（1）初始合伙人团队。由在创业初期就投资并参与创业行动的多个个体组成，素质特征包括受教育程度、前期创业经历、相关产业经验、社会网络关系。

（2）董事会。提供指导、增加资信。

（3）专业顾问。顾问委员会、贷款方和投资者、咨询师。

2. 创业团队结构类型

创业团队的构成可以分为两大类，第一类称为有核心主导的创业团队，这种创业团队一般是有一个人想到了一个商业点子或有了一个商业机会，他就去开始组成所需要的团队。例如，太阳微系统公司创业当初就是由维诺德·科尔斯勒（Vinod Khmla）确立了多用途开放工作站的概念，接着他找了比尔·乔伊（Bill Joy）和贝托尔斯海姆（Bechtolsheim）两位分别在软件和硬件方面的专家，和一位具有实际制造经验和人际技巧的麦克尼里（McNeary），于是，创业团队诞生了。

第二类称为群体性的创业团队，这种创业团队的建立主要来自因为经验、友谊和共同兴趣的关系而结缘的伙伴，经由合伙彼此在一起发现商业机会。例如"Yahoo!"的杨致远和斯坦福电机研究所博士班的同学大卫·费罗（David Filo），微软的比尔·盖茨和童年玩伴保罗·艾伦（Paul Allen），HP 的戴维·帕卡德（Dave Parkard）和他在斯坦福大学的同学比尔·体利特（Bill Tillett）等多家知名企业的创建多是先由于关系和结识，基于一些互动激发出创业点子，然后合伙创业，这样的例子比比皆是。

简单地说，有核心主导的创业团队是先有创业点子再有创业团队，而群体性的创业团队则恰好相反，先有核心创业团队的结识才有创业点子的提出；此外，群体性的创业团队比有核心主导的创业团队更强调人际关系在创业团队构成中所扮演的角色。从中国的创业团队类型来看，由于中国特有的文化特征和数千年来形成的行为方式，群体性的创业团队数量远远超过了有核心主导的创业团队。北大纵横管理咨询公司曾经对所服务的 70 多家民营企业客户做过分析，发现 80% 以上的民营企业创业团队属于群体性的创业团队。

从团队的稳定性来看，群体性的创业团队不如有核心主导的创业团队。主要原因在于有核心主导的创业团队是由一个核心主导来组成所需要的团队，他在挑选成员的时候就已经考虑到成员的性格、个性、能力、技术以及未来的价值分配模式，这保证团队成员的能力不会因为公司规模的扩张而不适应经营的要求，同时也不会出现由于创业成员间因为自身性格、兴趣不合，导致创业团队解散的情况。

3. 创业团队主要职务

在创业实践中，创业团队的分工不同，会有不同的角色。

（1）一个会讲故事的掌舵人。一个初创公司能否成功，最重要的是什么？毫无疑问，是老板，是掌舵的人。一个会讲故事的老板，能够润物细无声地把公司的产品、文化和品牌传播出去；一个会讲故事的老板，通常善于观察周围的人、事、物，能够将感性的关怀

渗透在理性的工作中。

（2）一个善解人意的行政经理。初创公司可以没有豪华的办公环境，可以没有完善的管理规范和福利制度，但必须有人性化的关怀。如果公司里有一位善解人意的行政经理，可以在工作中时刻关怀和爱护员工，可以游刃在制度和规范之外，给予员工适当的人性化管理，可以营造一种让员工在企业中可以自由呼吸，荣辱与共的工作氛围，那么无意中会大大提升员工的积极性，也许高效率的工作和无穷尽的创意也会随之而来。

（3）一个逻辑清晰的产品经理。在互联网，尤其是移动互联网领域，产品经理绝对是团队中的香饽饽。人们对产品经理的期望也日渐升高，号称产品经理是综合能力要求最高的岗位之一，既要能敏锐地洞察到客户的需求，又要精通运营和推广；既要有对设计的独特审美能力，又要有能统领项目的管理能力。

（4）一个精通实战的营销经理。营销其实就是一门实战的学问，所以那些所谓的营销案例和营销大师，并不能拿来模仿，聪明的人往往还能学到一点精髓，不聪明的人也只能把这些当成幻想和谈资而已。初创公司重要的是根据自身的条件和资源，来策划营销活动，很多时候都需要摸着石头过河，切莫想一步登天。

（三）创业团队的特征

1. 创业团队的一般特征

从概念来讲，创业团队首先是一个群体，但它是一个拥有自己独有特征的特殊群体，创业团队成员在创业初期把创建新企业作为共同努力的目标。团队成员在集体创新、分享认知、共担风险、协作进取的过程中，形成了特殊的情感，创造出高效的工作流程。虽然曾有少数似乎单枪匹马创业成功的英雄得到了人们的赞叹惊呼，但是从历史上刘关张桃园三兄弟到梁山泊的一百单八将，再到现如今阿里巴巴的"十八罗汉"，团队才是成功创业的中流砥柱。可以说，创业团队是有着共同目的、共享创业收益、共担创业风险的一群创建新企业的人，也就是初始合伙人团队。此外，从外部大的创业生态环境来讲，创业团队成员还包括与创业过程有关的风险投资家、专家顾问甚至特定用户等各种利益相关者。大卫·哈珀（David Haper）在他的创业团队理论中指出，创业并非完全是创业者个人英雄主义的展现，更是一个社会分布过程，需要创业团队的共同努力来有效推进创业活动。因此，创业团队成为新企业成长的中坚力量。实际上，纵观各主要国家的创业活动，尤其是从20世纪80年代中美等国家创业热潮的兴起，创业团队建设从实践到理论越来越成为各界关注的焦点。新企业尤其是成长导向型新企业，通常都是由两个或两个以上创始人组成的创业团队创办的。

团队创业现象如此普遍，以至于无论从创业所在地域或行业、创业类型还是创业者性别来看，大多数新创企业都是由团队创办的。从创业绩效看，团队创业无论是成功率还是新创企业的绩效表现，都要比个人创业好得多。随着创业活动的不断发展，人们对创业团队的概念和内涵有更加深入的理解和总结，同时对创业团队的研究范畴和领域也不断细化，不仅丰富了理论，而且更加具有实践指导意义。例如，很多学者将公司创业中的高管团队视为创业团队，把创业企业的早期团队称为高管团队（如马化腾的团队、雷军的团队、新东方的"三驾马车"等)。到了 20 世纪 90 年代,创业团队概念不断完善,卡岑巴赫(Katzenbach)和科恩(Cohen)等学者在整合以上不同宽泛定义的基础上给出了一个更加全面的创业团队定义。他们的定义是,创业团队由具有财务或其他利益,对新创企业做出过承诺且未来能从新创企业成功中获取利益的两个或更多的人构成。他们为追求共同的目标和企业成功而相互依存地工作,对团队和企业负责,在创业早期阶段(包括创办与启动前)被视为负有行政责任的高管,并且把自己同时又被别人看作一种社会团队。

创业团队成员要具有实现基本职能的能力;要志同道合,目标明确;要能够分工协作,协同增效;创业团队领导者要能够扬长避短,合理用人;整个团队要具有强烈的创业动力和创业精神。要想获得创新创业的成功,强烈的创业动力发挥着重要作用。强烈的创业动力是实现创业成功的一个重要支撑点,是克服创业过程中遇到的困难与挫折的主要精神源泉。创业人员只有具备良好的创业激情,才能以饱满的精神状态坚持下去,促进创新创业得到更好的发展。创业的目的是为了获得良好的经济效益,做自己喜欢的事情,也有的创业者是为了赢得威望与尊重,但是强烈的创业激情是提升创新创业团队核心竞争力的重要一点。

此外,创业团队成员必须具备胆量、见识和意志。创业者应当具备长远的发展眼光。随着当前市场竞争力的逐渐增强,要想使创业项目在激烈的市场竞争中占有一席之地,敏锐的市场洞察力是创业者最需要具备的,创业者应当在当前迅速变化的市场环境中抓住商机。创业者大多为年轻人,且具有冒险与创新精神,敢于去尝试和接受挑战。因此,创业者独到的观察能力,敢于迎接挑战的精神,以及承担风险的胆量,是提升创新创业团队核心竞争力的基础。由于在创业路上有较多的困难,创业活动直接考验创业者的综合能力。创新创业从产品的开发到销售的维护,都会遇到较多的问题需要解决。在面对挫折的时候,如果无法有效地分析问题,并采取有效措施解决问题,将给创业项目的持续成长带来不良影响。因此,创业者具备坚定的意志与良好的耐心是提升创新创业团队核心竞争力的要素之一。

创业团队有助于新企业获取知识、网络、资本等关键资源。在创业过程中单打独斗往往难以取得期望的结果,所谓"众人拾柴火焰高",高质高效的创业团队使新企业更有可能生存下来,并实现更快的增长。同时,创业团队成员的异质性和多样能力的协调与合作,更是创业成功的保证。

综合起来看,创业团队具有以下几种基本特征。

(1) 创业团队是一种特殊群体。

(2) 创业团队工作绩效大于所有成员独立工作绩效之和。

(3) 创业团队是高层管理团队基础和最初组织形式。

2. 成功创业团队的特征

一个成功的创业者需要知道如何管理团队,并具备领导团队运作的能力。一般而言,成功的创业团队运作,除了具备创业团队的一般特征之外,还应具备以下几种特征。

(1) 强大的凝聚力。团队是一体的,成败是整体的而非个人的,成员能够同甘共苦,

经营成果能够公开且合理地分享,团队就会形成坚强的凝聚力,并更快地与公司融为一体。每一位成员都应将团队利益置于个人利益之上,且充分认识到,个人利益是建立在团队利益基础上的。因此,团队中没有个人英雄主义,每一位成员的价值、表现是对于团队整体价值的贡献。成员愿意牺牲短期利益来换取长期的成功果实,而不计较短期薪资、福利、津贴,将利益分享放在成功之后。

(2) 与企业同成长。团队成员保持对企业长期经营的信心,对于企业经营成功给予长期的承诺,每一位成员均了解企业在成功之前将会面临的挑战,并承诺不会因为一时的利益或困难而退出,同意将股票集中管理。如有特殊原因而提前退出团队者,必须以票面价值将股权转让给原公司团队。

(3) 企业价值发掘。团队成员全心致力于创造新企业的价值,认为创造新企业价值才是创业活动的主要目标,并认识到唯有企业不断增值,所有参与者才有可能分享到其中的利益。

(4) 股权分配合理。平均主义并非合理,团队成员的股权分配不一定要均等,但需要合理、透明与公平。通常创始人与主要贡献者会拥有较多股权,但只要与他们所创造价值、贡献能够相配套,就是一种合理的股权分配。有一家创业公司的四位成员以平均方式各拥有25%股权,但其中两位几乎对于新企业发展完全没有贡献,这样的创业团队其实是不健全的,也难以吸引外部投资。

(5) 利益分配公平有弹性。创业之初的股权分配与以后创业过程中的贡献往往并不一致,因此会发生某些具有显著贡献的团队成员,拥有股权数较低,贡献与回报不一致的不公平现象。因此,好的创业团队需要有一套公平弹性的利益分配机制,来弥补上述不公平的现象。例如,新企业可以保留10%盈余或股权,用来奖赏以后有显著贡献的创业成员。

(6) 能力搭配完美。创业者寻找团队成员,应该基于这样的考虑——弥补当前能力上的不足,也就是说考虑创业目标与当前能力的差距,来寻找所需要的配套成员。好的创业团队,成员间的能力通常都能形成良好的互补,而这种能力互补也会有助于强化团队成员间彼此的合作。当然创业团队也并非一蹴而就,往往是在新企业发展过程中才逐渐孕育形成完美组合的创业团队。在这一过程中,创业成员也可能因为理念不合等原因,在创业过程中不断替换。有人统计,在美国创业团队成员的"分手率"要高于"离婚率",由此可见团队组成的不易。虽然有诸多不易,团队组成与团队运作水平对创业集资与创业成败都具有关键影响力,因此,创业者必须重视如何发展创业团队,并培养自己在这一方面的能力。

(7) 创业激情。建立优势互补的团队是创业关键。团队是人力资源的核心。创业团队的组织还要注意个人的性格与看问题的角度,如果团队里能够拥有可提出建设性和可行性建议,或者能不断发现问题的批判性成员,对于创业过程将大有裨益。作为创业者还需要特别注意,要选择对项目有热情的人加入团队,并且使所有人在企业初创时就有每天长时间工作的准备。任何人,不论其专业水平如何,如果对事业的信心不足,将无法适应创业的需求,而这样一种消极因素,对创业团队所有成员产生的负面影响可能是致命的。创业初期，整个团队可能需要每天十几个小时不停地工作，并要求在高负荷的压力下仍能保持创业的激情。

(8) 彼此信任。团队成员之间最重要的就是信任，团队能力大小受团队内部成员信任程度的影响。任何一个团队，由于团队中每个人的性格、教育背景、生活环境的不同，在工作中会有不同的意见，但是即便如此，创业者依然还是要学着鼓励团队成员，大胆提出一些可能产生争议或冲突的问题。在团队成立之初就应当让成员彼此之间建立信任，猜疑会令企业瓦解。建立和维护创业团队成员之间的信任，简单地说，一要增强信任；二要防止出现不信任，避免信任转变为不信任。信任是一种非常脆弱的心理状态，一旦产生裂痕就很难缝合，要消除不信任及其带来的影响往往要付出巨大的代价，所以防止不信任比增强信任更加重要。

(9) 富有魅力的领导者。对于创业企业而言，创业团队的实力、团队精神直接影响到创业的成败。一个合格的创业团队，应该相互协作，共同承担风险，但绝不能出现太多的领导者，否则在执行的过程中，很有可能会出现决策上的冲突，甚至出现各种各样的问题，只会让实际效果与美好的初衷背道而驰，更有甚者，还会导致公司的破裂。所以这就要求公司领导者不宜过多，并且要求领导者要有魅力。

一般来说，创业者在选择创业伙伴时主要考察对方的人品和能力。相对于能力而言，人品更加重要，它是人们交往和合作的基础，也是决定一个人是否值得信任的前提。在创业团队中人们注重的人品主要有：成员是否诚信，成员的行为和动机是否带有很强的私心。另外，团队成员要对集体忠诚，彼此以诚相待、和平相处，误会和猜疑产生时应及时沟通，避免越积越多而不可收拾。

二、创业团队组建

创业团队的组建对于创业项目、创业公司来讲都很重要，但也是一个相当复杂的过程，不同类型的创业项目所需的团队不一样，创建步骤也不完全相同。

(一) 创业团队组建原则

1. 目标明确合理原则

目标必须明确，这样才能使团队成员清楚地认识到共同的奋斗方向是什么。与此同时，目标也必须是合理的、切实可行的，这样才能真正达到激励的目的。

2. 互补原则

建立优势互补的团队是创业成功的关键。"主内"与"主外"的不同人才，耐心的"总管"和具有战略眼光的"领袖"，技术与市场两方面的人才，都不可偏废。创业者寻找团队成员，首先要弥补当前资源能力上的不足，要针对创业目标与当前能力的差距，寻找所需要的配套成员。好的创业团队，成员间的能力通常都能形成良好的互补，而这种能力互补也会有助于强化团队成员间彼此的合作。创业者之所以寻求团队合作，其目的就在于弥补创业目标与自身能力间的差距。只有当团队成员相互间在知识、技能、经验等方面实现互补时，才有可能通过相互协作发挥出"1+1>2"的协同效应。

3. 精简高效原则

为了减少创业期的运作成本，最大比例地分享成果，创业团队人员构成应在保证企业能高效运作的前提下尽量精简。

4. 动态开放原则

创业过程是一个充满了不确定性的过程，团队中可能因为能力、观念等多种原因不断有人离开，同时也有人要加入。因此，在组建创业团队时，应注意保持团队的动态性和开放性，使真正完美匹配的人员能被吸纳到创业团队中来。

5. 分工明确原则

创业团队的职权划分就是根据执行创业计划的需要，具体确定每个团队成员所要担负的职责以及相应所享有的权限。团队成员间职权的划分必须明确，既要避免职权的重叠和交叉，也要避免无人承担造成工作上的疏漏。

6. 管理制度明确原则

要实现有效的激励，首先要界定收益模式和分配，尤其是关于股权、奖惩等与团队成员利益密切相关的事宜。团队制度体系也应以规范化的书面形式确定下来，以免带来不必要的混乱。

7. 合伙人原则

一般企业都是招员工，而员工都是在做工作。但创业团队需要招的是"合伙人"，因为合伙人做的是事业，一个人只有把工作当作事业才有成功的可能，一个企业只有把员工当作"合伙人"才有机会迅速成长。因此，创业团队要先解决价值分配障碍，然后去寻找自己的"合伙人"。

此外，创业团队还要注意个人的性格与看问题的角度，团队里必须有总能提出建设性意见和不断发现团队问题的成员，一个成员都喜欢说好话的组织绝对不可能成为一个优秀的团队！

（二）创业团队组建的主要影响因素

创业团队的组建受多种因素的影响，这些因素相互作用，共同影响着组建过程并进一步影响着团队建成后的运行效率。

1. 创业者

创业者的能力和思想意识从根本上决定了是否要组建创业团队，团队组建的时间表，以及由哪些人组成团队。创业者只有在意识到组建团队可以弥补自身能力与创业目标之间存在的差距时，才有可能考虑是否需要组建创业团队，以及在什么时候需要引进什么样的人员才能和自己形成互补，并做出准确判断。

2. 商机

不同类型的商机需要不同的创业团队类型。创业者应根据创业者与商机间的匹配程度，决定是否要组建团队以及何时、如何组建团队。

3. 团队目标与价值观

共同的价值观、统一的目标是组建创业团队的前提，团队成员若不认可团队目标，就不可能全心全意地为此目标的实现而与其他团队成员相互合作、共同奋斗。而不同的价值观将直接导致团队成员在创业过程中脱离团队，进而削弱创业团队作用的发挥。没有一致的目标和共同的价值观，创业团队即使组建了起来，也无法有效地发挥协同作用，缺乏战斗力。

4. 团队成员

团队成员的能力的总和决定了创业团队的整体能力和发展潜力。创业团队成员的才能互补是组建创业团队的必要条件。而团队成员间的互信是形成团队的基础。互信的缺乏，将直接导致团队成员间协作障碍的出现。

5. 外部环境

创业团队的生存和发展直接受到了制度性环境、基础设施服务、经济环境、社会环境、市场环境、资源环境等多种外部要素的影响。这些外部环境要素从宏观上间接地影响着对创业团队组建类型的需求。

三、创业团队的组建程序及其主要工作

创业团队的组建是一个相当复杂的过程，不同类型的创业项目所需的团队不一样，创建步骤也不完全相同。团队组建的主要工作有以下几项。

1. 明确创业目标

创业团队的总目标就是要通过完成创业阶段的技术、市场、规划、组织、管理等各项工作实现企业从无到有、从起步到成熟。总目标确定之后，为了推动团队最终实现创业目标，再将总目标加以分解，设定若干可行的、阶段性的子目标。

2. 制订创业计划

在确定了一个个阶段性子目标以及总目标之后，紧接着就要研究如何实现这些目标，这就需要制订周密的创业计划。创业计划是在对创业目标进行具体分解的基础上，以团队为整体来考虑的计划，创业计划确定了在不同的创业阶段需要完成的阶段性任务，通过逐步实现这些阶段性目标来最终实现创业目标。

3. 招募合适的人员

招募合适的人员也是创业团队组建关键的一步。关于创业团队成员的招募，主要应考虑两个方面：一是考虑互补性，即考虑其能否与其他成员在能力或技术上形成互补。这种互补性形成既有助于强化团队成员间彼此的合作，又能保证整个团队的战斗力，更好地发挥团队的作用。一般而言，创业团队至少需要管理、技术和营销三个方面的人才。只有这三个方面的人才形成良好的沟通协作关系后，创业团队才可能实现稳定高效。二是考虑适度规模，适度的团队规模是保证团队高效运转的重要条件。团队成员太少则无法实现团队的功能和优势；而过多又可能会产生交流的障碍，团队很可能会分裂成许多较小的团体，进而大大削弱团队的凝聚力。一般认为，创业团队的规模控制在 2~12 人为最佳。

4. 职权划分

为了保证团队成员执行创业计划、顺利开展各项工作，必须预先在团队内部进行职权

的划分。创业团队的职权划分就是根据执行创业计划的需要，具体确定每个团队成员所要担负的职责以及相应所享有的权限。团队成员间职权的划分必须明确，既要避免职权的重叠和交叉，也要避免无人承担职责造成工作上的疏漏。此外，由于还处于创业过程中，面临的创业环境又是动态复杂的，不断会出现新的问题，团队成员可能不断出现更换，因此创业团队成员的职权也应根据需要不断地进行调整。

5. 构建创业团队制度体系

创业团队制度体系体现了创业团队对成员的控制和激励能力，主要包括了团队的各种约束制度和各种激励制度。一方面，创业团队通过各种约束制度（主要包括纪律条例、组织条例、财务条例、保密条例等）指导其成员避免做出不利于团队发展的行为，实现对其的行为进行有效的约束，保证团队的稳定秩序；另一方面，创业团队实现高效运作要有有效的激励机制（主要包括利益分配方案、奖惩制度、考核标准、激励措施等），使团队成员能够看到随着创业目标的实现，其自身利益将会得到怎样的改变，从而达到充分调动成员的积极性、最大限度发挥团队成员作用的目的。

6. 团队的调整融合

完美组合的创业团队并非创业一开始就能建立起来的，很多时候是在企业创立一定时间以后随着企业的发展逐步形成的。随着团队的运作，团队组建时在人员匹配、制度设计、职权划分等方面的不合理之处会逐渐暴露出来，这时就需要对团队进行调整融合。由于问题的暴露需要一个过程，因此团队调整融合也应是一个动态持续的过程。团队调整融合工作专门针对运行中出现的问题不断地对前面的步骤进行调整直至满足实践需要。在进行团队调整融合的过程中，最为重要的是要保证团队成员间经常进行有效的沟通与协调，培养、强化团队精神，提升团队士气。

创业的问题不在于是独自创业好，还是一个团队创业好。你更需要考虑的是你的项目现在需不需要伙伴，需要几个创业伙伴，或者说未来还要拉入几个合作伙伴。但是，不管是几个人创业，你都需要学会处理团队关系，知道团队的重心选择，这些都是创业路上的重点。

四、创业团队管理

（一）创业团队管理要素

创业团队管理需要具备的五个重要要素：目标、人员、定位、职权、计划。

1. **目标管理**

创业目标（purpose）：创业团队要有一个明确的目标，目标引导团队成员的思想和行为。没有目标，团队就没有存在的价值。目标管理是指一种程序或过程，它使组织中的上级和下级一起协商，根据组织使命确定一定时期内组织的总目标，继而决策上、下级的责任和分目标，并把这些目标作为组织经营、评估和奖励每个部门和个人贡献的标准。

2. **定位管理**

创业团队的定位（place）：创业团队的定位，即确定团队在企业中处于什么位置，由谁选择和决定团队的成员，团队最终应对谁负责，等等。团队定位和团队目标是紧密联系在一起的。团队目标决定了团队的定位，明晰的战略定位是企业组织设计的蓝图，只有明确了战略定位，企业才能确定其团队组织的规模、产品或服务的范围、组织的结构等。

3. 计划管理

创业计划（plan）：计划是对达到目标所做出的安排，是未来行动的方案，可以把计划理解成目标实施的具体工作程序。团队应该如何分配和行使组织赋予的职责和权限？团队成员多少合适？团队成员分别做哪些工作，如何做？这些都是创业团队计划管理应该解决的问题。

4. 职权管理

职权（power）：团队领导人的权力大小与创业团队的发展阶段相关。职权管理的过程，可以说是不断地分权、分责、分利的过程。职责就是任务是什么，做到什么程度，横向、纵向的关系及完成任务应配备的权限。

5. 人员管理

创业人员（people）：人是构成创业团队最核心的力量，三个或者三个以上的人就可以构成团队。任何团队都是由不同的个人组成的。确定团队目标、定位、职权和计划，都只是为团队取得成功奠定基础，团队最终能否获取成功、达到目标还是要取决于人员的表现。因为不同个体有不同的特点，团队成员之间的关系好坏也是影响团队是否成功的因素。

（二）创业团队管理机制

好的机制必须由八大激励机制组成，缺一不可。

1. 建立竞争机制

人进步是因为有危机感，竞争产生对抗，对抗产生效率，从而激发员工的团队荣誉感和竞争意识。

2. 目标激励机制

从不同角度和维度来看，目标体系中有诸多分类：战略目标、经营目标、岗位目标；短期目标、中长期目标；个人目标、团队目标；基础目标、激励目标、挑战目标；年目标、季目标、月目标、周目标、日目标。目标管理本身就是一个大的激励系统。

3. 个体利益驱动机制

不能只停留在"底薪+提成""固定月薪+考核年薪""固定工资+各种奖励"如此简单而粗糙的薪酬模式。员工需要及时的激励和持续的驱动。

4. 建立奖惩机制

人皆是趋利避害的，应设计合理的奖惩机制引导和驱动员工的行为。奖励要及时，要奖得心花怒放；惩罚不过夜，不要罚得胆战心惊。

5. 共同利益趋同机制

没有完美的个人，但可以有完美而卓越的团队。把所有人的力量汇聚在一起，这才是真正的团队。要让团队目标一致、行动一致，除了保持共同的价值观外，共同利益绝对是

核心。

6. 明确职责和制度流程

责任具有稀释和跳跃两大定律,用明确的职责和流程锁定责任,不给推卸留下空间,建立一对一责任反馈机制,建立公司制度管理体系。

7. 文化驱动机制

积极的团队氛围、高效的工作习惯、正确的思维方式,靠的是文化的力量。赶走负能量的人,摒除坏的细胞,让优秀的人、积极的人形成一个强大的企业磁场。

8. 人才发展机制

人才的激励机制永远是企业的核心。招对人、用贤人、育好人、留能人、激励到人,每个环节都很重要。在很多创业企业,人才为什么会是一个瓶颈,就是因为缺乏人才的发展规划和激励机制。

(三)创业团队管理技巧

团队建设和管理很重要,任何一项业务都不能由一个人独立完成,因此不管是从营业处这个小团队建设到公司的大团队建设,加强团队建设与管理具有不可替代性。针对公司实际,加强团队建设与管理,应该做好以下几点。

1. 各单位负责人要注重自身素养的提高,做好团队建设与管理的"头"

每个单位的负责人,应该负责各项目标的实现,并带领团队共同进步。他既是管理者,又是执行者;既是工作计划的制订者,又是实施计划的领头人。作为团队的"头",其个人素质起着至关重要的作用。要做好这支团队的领头羊,不仅要用平和之心客观公正地对待团队中的每件事和每个人,更重要的是要全面提高自身素质。

2. 打造团队精神,建立明确的共同目标

打造团队精神,首先要提出团队目标,抓好目标管理,没有目标,团队就失去了方向。因此,建立一个明确的目标并对目标进行分解,同时通过组织讨论、学习,使每一个单位、每一个人都知道本单位或自己所应承担的责任、应该努力的方向,这是团队形成合力、劲往一处使的前提。

3. 抓规范,抓执行,营造积极进取、团结向上的工作氛围

衡量一个公司管理是否走上正轨的一个重要标志就是制度、流程是否被公司员工了解、熟悉、掌握和执行,是否有监督和保障措施。让员工熟悉、掌握各类制度、流程,不但是保证工作质量的需要,也是满足公司长远发展和员工快速成长的需要。事实证明,没有一套科学完整、切合实际的制度体系,管理工作和员工的行为就不能做到制度化、规范化、程序化,就会出现无序和混乱,就不会产生井然有序、纪律严明的团队。所以,要从小团队做起,要运用各种形式,加大学习力度,抓执行力,抓落实兑现。

4. 用有效的沟通激活团队建设,建立良好的工作氛围

沟通是维护团队建设整体性的一项十分重要的工作,也可以说是一门艺术。如果说纪律是维护团队完整的硬性手段的话,那么沟通则是维护团队完整的软性措施,它是团队的无形纽带和润滑剂。沟通可以使团队建设上情下达、下情上达,促进彼此间的了解;可以

消除员工内心的紧张和隔阂，使大家精神舒畅，从而形成良好的工作氛围。因此，作为各单位负责人必须要保持团队内部上下、左右各种沟通渠道的畅通，以利于提高团队内部的士气，为各项工作的开展创造"人和"的环境。

5. 用好考核激励机制，不断激发员工进步

绩效考核是一种激励和检验。它不仅检验每个团队成员的工作成果，也是向团队成员宣示公司的价值取向，即倡导什么，反对什么，所以它同样关系到团队的生存和发展。著名管理大师彼得·德鲁克说过："现代企业不仅是老板和下属的企业，而应该是一个团队。"我们应该采取切实有效的措施，抓好团队建设，凝聚团队的力量，推动公司不断向前发展。

情境案例

西游团队是经常被业界提及的创业案例。唐僧是团队的领导者，既有由上级领导任命所拥有法定的权力，又拥有高尚的道德修养、渊博的学问、谦和的为人、善良纯洁的心灵所产生的人格魅力，赢得了团队所有成员发自内心的认同和崇拜，成为团队的核心，确保团队一直向目标迈进；孙悟空的本领高强、洞察力强、判断准确、反应敏捷，在降妖除怪中无所畏惧、冲锋陷阵，拥有多项核心技能，他成了团队的大师兄、二把手，在两个师弟面前有着极高的威信；猪八戒虽然好吃懒做兼好色，但事实上，他在团队中最有人情味，他豪爽直率、幽默大气、心胸坦荡、毫无心计，常常充当给团队释放压力的角色，而且天蓬元帅斩妖除魔的本领也不可小觑；沙僧不引人注目，他勤勉、老实、敬业，让人信赖，他默默地工作，作为团队优秀的后勤部长，沙僧是功不可没的。通常情况下，一个同质性很高的团队将会是一个低效并缺乏创造力的团队。《西游记》取经团队的一大成功因素在于，它的同质性较低。团队成员能力各异、各有所长，把他们这些异质性结合在一起，就能够取长补短、优势互补，从而产生合力和活力，使团队能够高效运转。唐僧的领导能力卓越，孙悟空的业务能力高强，猪八戒的沟通和表达能力突出，沙僧对行政事务的执行力强。他们的能力互补，是成功的关键。

新企业的成功在很大程度上取决于它所获取的人力资源，以及最初的、早期的员工所带来的人力资源。在角色安排上，创业者虽然可以选择在各方面与自己相似的合作者，但更重要的是要以互补的方式选择有差异的人，以便他们提供自己所缺少的知识、技术和能力。多数人倾向于选择在背景、教育、经验上与自己非常相似的人交往，认为这样相互之间更易于了解，更容易自信地对彼此未来的反应和行为加以预测，许多新企业就是由来自同一领域或同一职业的创业者所组成的团队创建的。但是，相似的人越多，他们的知识、培训、技能和欲望重叠的程度就越高，这样这个团队就会缺乏其他的知识和能力。如果团队成员具有异质性，拥有不同教育背景和工作经验等因素，团队中宽泛的知识、技术和经验就更加有利于新企业的发展。

因此，在互补性而不是相似性的基础上选择合作创业者是一种更为有益的策略。创业团队必须掌握广泛的信息，拥有各种技能、才能和能力，形成优势互补，优势抵充劣势，

优势化劣势为有益因素,形成合作一致、协同增效的团队合作机制,以求创业成功。各有所长,精诚一致,是创业团队成功的法宝,正如西游团队,团队成员都受到了一个共同的使命激励。这一崇高的使命对于所有成员都有着巨大的激励作用,促使每位成员都能体会到自己工作的神圣价值和重要意义,在艰难险阻面前坚持下去,直到取得成功。创业团队的建设和发展绝不能仅限于任务导向,不能任务成功后就解散团队,而是要不断促进创业团队的持续创新和成长。一个失去创业精神的创业者就不再有资格被称为企业家,充其量是个"富家翁"、墨守成规者,甚至是创新创业的绊脚石。因此,创业团队的建设是个动态持续的成长过程,它驱动着创新创业事业的永续发展。

如我们所见,西游团队成员虽各有所短,但也各有所长。通过有效的管理和激励,每位成员都能够一展所长,做到人尽其才。这些成员的长处最后就构成了整个团队的价值和能力。十全十美的人才是不存在的,只要能够为人才提供能够充分发挥自身才能的舞台,就能实现组织和人才的双赢。

创业是创业者打破"循环流转"的经济状态,对资源重新进行合理配置,进行"创造性毁灭",实现经济新的、跨越式的发展的活动。这一过程由企业家来执行,企业家实现这一过程的途径是创建企业,而这个企业需要有在特定时期,利用特定资源进行创新创业的知识、技能和经验。拥有这些知识和能力的就是创业团队成员,这些创业团队成员也就成为企业的核心能力来源。这些成员可能具有相同的教育和知识背景,任职具有相同的行业和从业经验,这使他们更加便于协作交流,有利于创业团队的组建。但是,企业需要的能力是多样的,要拥有多种不同的职能,这就需要创业团队成员知识、技能和经验的互补,需要具有异质性创业者的协同合作、能力的协同增效。例如,一个高科技的智能手机公司,不仅要有熟知手机硬件制造知识和技能的创业成员,还要有计算机硬件、软件、互联网等技术专家,更要有该领域的销售专家以及财务、管理、法律与政策事务等多领域专家的合作,以形成能力的聚合和协同增效。这是一个创业团队的最基本要求。

情境案例

俞敏洪离开北大西语系后创立北京海淀私立新东方学校。就像人们都熟悉的,他的演讲富有感召力,鼓舞人心,对青年学子求学,甚至创业都产生了很大的激励作用。从补习班到以教育股形式上市,俞敏洪开创了中国民办教育发展的新模式。众所周知的"三驾马车",也成为这个创业团队的经典组合。俞敏洪具有一种个人英雄主义的感召力和激发力,他对事业发展愿景的执着和激情吸引着大量人才聚集于新东方。正如他自己所说的,他非常喜欢读刘邦的故事,他说自己和刘邦一样,虽然在很多方面不如周围的同事,但是,他有一个很好的优点,就是能够使这些具有各种才能的人聚集在一起,为共同事业而努力,他激发和凝聚了这些人的创业愿景和企业家精神。王强善于管理,徐小平善于投资理财,而他们又都具有同样的经验背景——来自教育领域,他们成为新东方的核心团队。这一核心团队吸引和培养了更多的具有不同知识、背景和经验的人才加盟新东方的教育事业,培育出新东方在线教育等内部创业团队,并为其他领域的创业活动提供了经验、管理和资金等方面的支持。新东方俨然成了一个创新创业活动的人才培育基地。

企业能力理论将企业知识、经验和技能等能力的积累作为企业发展的根本，而创业企业如果想取得成功，就需要塑造相应的必备能力，而组建具有能力互补和协同增效作用的团队就成为重中之重。同时，随着创业企业的发展，企业还需要培养不同的能力，根据创业活动的领域、时段和背景不断提升各种必需的能力，以实现其可持续发展。

第三节　合伙人制度

案　例

《中国合伙人》是由中国电影股份有限公司、我们制作有限公司联合出品的商业励志片，由陈可辛执导，黄晓明、邓超、佟大为、杜鹃主演。该片于2013年5月17日在中国上映。该片讲述了"土鳖"成东青、"海龟"孟晓骏和"愤青"王阳从20世纪80年代到21世纪，大时代下三个年轻人从学生时代相遇、相识，共同创办英语培训学校，最终实现"中国式梦想"的故事。该片抛弃了中国传统厚黑学的桎梏，开始认真思考现代商业下的团队合作模式，所以观众至少能看到三位主人公友情的转变和考验，这也是这部电影最大的亮点。同时该片制作水准高，摄影、美术考究。故事情节以中国现实版创业者——新东方的三巨头俞敏洪、徐小平和王强为创作原型，真实展现了中国式合伙人如何将企业做强做大的辛酸历程。

一、合伙人制度的概念

合伙人公司是指由两个或两个以上合伙人拥有公司并分享公司利润的企业。合伙人为公司主人或股东。其主要特点是：合伙人享有企业经营所得并对经营亏损共同承担责任；可以由所有合伙人共同参与经营，也可以由部分合伙人经营，其他合伙人仅出资并自负盈亏；合伙人的组成规模可大可小。

（一）合伙人的概念

合伙人在法学中是一个比较普通的概念，通常是指以其资产进行合伙投资，参与合伙经营，依协议享受权利，承担义务，并对企业债务承担无限（或有限）责任的自然人或法人。合伙人应具有民事权利能力和行为能力。就法律层面而言，合伙是指合伙人提供资金、技术、实物等，合伙经营、共同劳动和共享收益、共担风险，对债务承担无限连带责任或有限责任。受《中华人民共和国合伙企业法》规范，有普通合伙企业和有限合伙企业两种模式。普通合伙企业的合伙人承担无限连带责任，有限合伙企业的合伙人承担有限责任。在我国实行合伙人制的企业基本上有三类：会计师事务所、律师事务所和咨询公司。

然而在现代企业的发展中,出现了很多不同的合伙人制度,其对现有的公司治理结构进行了创新,赋予了企业更多的活力和持续发展的动力。

在实际立法中,各国对于合伙人向合伙企业投资、合伙经营方面的要求,是大体相同的;而对于合伙人的自然身份、合伙人对企业债务承担责任的形式,以及民事行为能力的限定,则由于法系的不同和习惯上的差异而有所区别。

在合伙人的身份方面,多数国家规定合伙人可以是自然人也可以是法人,即允许法人参与合伙;少数国家或地区则禁止法人参与合伙。

在合伙人的行为能力方面,所有国家都禁止无行为能力人参与合伙,但对限制行为能力人参与合伙的问题,则有的国家予以允许,有的国家予以限制或禁止。

(二)合伙人制度的概念

1. 合伙人制度的含义

合伙人制度是指由两个或两个以上合伙人拥有公司并分享公司利润,合伙人即为公司主人或股东的组织形式。其主要特点是:合伙人共享企业经营所得,并对经营亏损共同承担无限责任;它可以由所有合伙人共同参与经营,也可以由部分合伙人经营,其他合伙人仅出资并自负盈亏;合伙人的组成规模可大可小。

在合伙制企业中,合伙人既是企业的所有者,也是企业的运营者。只有基于合伙人理念设计的才是真正的合伙人制度。合伙人之间更容易形成相互信任、目标一致的企业团队,在企业的管理方针、文化更为有效地贯彻下去的同时,提升了企业的稳定性。

2. 合伙人的责任形式

合伙人的责任形式,指合伙人对合伙企业债务承担责任的方式,是合伙企业区别于法人类企业的基本特征。对于合伙人的责任形式,不同国家的法律有不同的规定,有的要求所有合伙人都承担无限责任,有的规定合伙人可承担有限责任,有的允许部分合伙人在有人对企业债务承担无限责任的基础上承担有限责任,有的还要求承担无限责任合伙人对企业债务负连带责任。我国合伙企业法规定,合伙人应对合伙企业债务承担无限连带责任。

3. 合伙人的权利与义务

作为合伙企业的投资人,合伙人在企业享有权利,也负有义务。一般而言,合伙人的权利为经营合伙企业,参与合伙事务的执行,享受企业的收益分配;义务为遵守合伙协议,承担企业经营亏损,根据需要增加对企业的投入,等等。由于合伙企业是人合性企业,合伙人的权利与义务主要由合伙协议予以规定,对于一些特定的权利与义务也可以在事后由全体合伙人共同确定;但对有些合伙人的特定权利与义务,法律也进行了一些必要的规范。

二、合伙人制度的机制

(一)合伙人制度的机制优点

合伙人制度因具有独特的较为完善的激励约束机制,曾被认为是投资银行最理想的体制。在投行中，合伙人制度的机制优点主要表现在以下几个方面。

（1）所有者和经营者的物质利益得到了合理配置，有了制度保障。在有限合伙制投资银行中，有限合伙人提供大约99%的资金，分享约80%的收益；而普通合伙人则享有管理费、利润分配等经济利益。管理费一般以普通合伙人所管理资产总额的一定比例收取，大约为3%；而利润分配中，普通合伙人以1%的资本最多可获得20%的投资收益分配。

（2）除了经济利益提供的物质激励外，有限合伙制对普通合伙人还有很强的精神激励，即权力与地位激励。

（3）有限合伙制由于经营者同时也是企业所有者，并且承担无限责任，因此在经营活动中能够自我约束控制风险，并容易获得客户的信任；同时，由于出色的业务骨干具有被吸收为新合伙人的机会，合伙人制度可以激励员工进取和对公司保持忠诚，并推动企业进入良性发展的轨道。

（4）有限合伙的制度安排也充分体现了激励与约束对等的原则。合伙人制度是当下比较时髦的词，不能为了制度本身去设计一套合伙人制度，一定要适应企业自身发展，能够真正促进企业的业务发展。所以，首先有必要了解合伙人制度的价值，它能够为企业带来什么。

合伙人制度最核心的价值是有利于凝聚事业团队，通过权责的匹配和利益的捆绑将人员凝聚在一起，为了企业的共同目标而努力。之所以合伙人制度相比其他制度设计更有利于团队建设，是因为其特点在于更加强调人员能力，而非出资额度。合伙人股权占比的衡量标准是人员能力，以能力为标准提供相匹配的股权、决策权以及分红权。其无论是企业管理还是激励导向都直接指向人员能力，因而能够更加吸引优秀人员，在此基础上再通过股权将大家绑定在一起共同经营。和"出多少钱贡献多少力量"刚好是相反的逻辑，认可人员能力在先。所以，当企业对人力资本的要求提高到较高程度，甚至高于资本时可以开始考虑合伙人制度的应用。

（二）合伙人制度模式受创业企业主追捧的原因

（1）员工既出钱更出力。

（2）合伙人出钱却不占有公司股权。

（3）合伙人分享的是超价值，向市场要利益分配。

（4）合伙人并不分走股东的既得利益，而是不断做大股东利益。

（5）合伙人的收益不仅与出资相关，更与团队超价值、个人贡献价值关联。

（6）合伙人践行的是现代企业体制，将所有权与经营权分离。

（7）合伙人将管理者转变为经营者。

（8）合伙人使管理团队实现高度利益趋同。

（9）合伙人既留人、吸引人，又强调激励人。

（10）合伙人将传统的虚拟股份、增值奖励股、在职股高度融合。

（三）合伙人制度模式落地操作步骤

（1）定量：确定参与持股载体，或者参与人的个人持股数量，老板要确定拿出多少虚拟股份和员工分享。

（2）定人：确定哪些人可以参与合伙人计划。一般合伙人模式，公司60%～80%的人都可以参与。

（3）定份：确定持股载体和计划参与人的认购价格。

（4）定时：确定合伙时间节点，何时开始，何时可以退出。

（5）定条件：确定什么人可以参与，或者达到什么样条件的人可以参与。

（6）定权利：确定合伙人拥有哪些特权。

（7）定稿：合伙人签署合同协议。

（四）合伙人制度的操作要点

（1）管理层共同参与，根据业绩贡献出钱成为合伙金。

（2）共识平衡点目标。

（3）商定超出基值的分红办法。

（4）给予合伙人一定的收益保障。

（5）根据实际贡献大小分享超值成果。

（6）可以选择毛利润作为分享对象。

（五）合伙人制度的关键

（1）公司要保证员工资金安全，像放置在银行一样，不会有风险，并且至少可以获得和银行同等比例的利息。

（2）合伙人的分红收益要按时按量按约定发放，一分都不能少。

（3）合伙人得到的收益必须由贡献度和出钱额结合而定，避免合伙人只是出钱坐享其成。

三、合伙人制度的模式

（一）合伙人制度的基本模式

1. 增量分红模式

传统的雇佣模式激励体系是"工资+提成+奖金+福利"。增量分红模式是在传统的薪酬体系下增加利润分红。公司可以先约定目标业绩与利润，当达到目标利润后，可以把超额或者增量的利润分配给团队核心人员，存量可以按照公司90%、员工10%分配，增量部分可以是公司50%、员工50%，体现激励的效果。像永辉超市的合伙人制度，面向一线的店长、员工。实施合伙人制度后效果明显，2014年永辉员工人均工资从2 309元增加到2 623元，增加了14%；日均人效从1 610元提高到1 918元，升高了19%；而离职率从6.83%降低到4.37%。

2. 虚拟股模式

虚拟股并不是真正的公司股份，比如华为的虚拟股，本质上是一种分享制，可以将公司或者事业部资产换算成多少股，然后给予员工一定数量的虚拟股。虚拟股有分红权和资产增值收益权。这种模式对财务核算要求比较高,要特别设置好进入、调整、退出机制,特别是退出时的资产增值收益。

3. 实股注册模式

公司与核心高管合资成立公司,共同运营业务。根据出资额的多少确定股份比例,还可成立董事会,共同决策。合伙制公司模式下,公司有控制权,员工有经营权和分配权,可以设置一定的期权池和激励机制,公司一步步过渡股份,激发员工的创业热情。这种模式需要员工具备一定的资金实力,或通过借贷解决。类似的案例有芬尼科技的内部创业案例,用创业大赛和人民币选出优秀的合伙人,效果很好。

4. 风险投资模式

员工成立公司,母公司作为投资人,只出钱不出力;员工出力,也可出钱。比如项目估值500万元,公司投资100万元,占股20%,年底分红。公司也可要求确保资产回报率不低于多少。像海尔的创客模式,让人人都是CEO,在公司平台创业。

5. 内部交易模式

员工成立普通合伙企业,内部约定分红比例和经营机制。像海澜之家的经销商模式、拉夏贝尔以及蜂巢的合伙人制度都是很好的尝试。公司将产品以"成本价+合理利润"供给店员合伙企业,合伙企业利用公司的门店资源进行经营。公司不再给店员发工资,从雇佣变成合作。

6. 项目跟投合伙模式

项目跟投合伙模式将公司的业绩、股市的表现、投资的风险与员工密切联系在一起。项目开发的过程中,项目所在区域公司相关人员必须跟投项目,共享利益、共担风险;而管理者须将年终收入购买公司的股票;所有人员的收入不再仅仅靠个人绩效考核来定,而是与公司的收益、项目的收益紧紧捆绑在一起。早些年的万科合伙人制度不必多说,效果有目共睹。

(二) 合伙人制度设计注意的问题

公司进行合伙人制度设计需要注意三个关键方面。

1. 明确公司实施合伙人制度的目的

稻盛和夫的"阿米巴经营"理念及管理方式,被誉为"京瓷经营成功的两大支柱之一"。"阿米巴经营"基于牢固的经营哲学和精细的部门独立核算管理,将企业划分为小集体,像自由自在的重复进行细胞分裂的"阿米巴"——以各个"阿米巴"为核心,自行制订计划,独立核算,持续自主成长,让每一位员工成为主角,"全员参与经营",打造激情四射的集体,依靠全体人员的智慧,努力完成企业经营目标,实现企业的飞速发展。

不同于"阿米巴经营"聚焦于公司内部的思维,合伙人制度着眼于产业的创业者思维。合伙人制度旨在为公司导入优秀的人才和产业资源,使得公司横向扩张和纵向延展成为可能,通过"运营分利"实现"战略获利",通过短期内利益的让渡实现业务规模和公司体量的大幅提升。

2. 明确合伙人与公司的责权边界

京瓷的"阿米巴经营"借助管理会计工具,在内部实现模拟结算,并没有从本质上改变员工与组织的关系。但合伙人与公司则是互利共赢的合作关系，双方风险共担、利益共享。机制的设计过程中，须明确合伙人单位的能力要求、经营权限、标准（分级）。一般来说，合伙人独立承担业务相关的各个模块，背负业绩指标与市场压力，平台主要提供辅助支撑功能，给予合伙人规范化的各种支持和服务。

3. 设计与责权匹配的分利机制

根据责权利对等的原则，在明确责权的基础上，需要建立有效的合伙人分利机制，明确合伙人利益分配，充分调动各级合伙人的积极性，进而带动公司业务体量的提升。首先，对业务链条进行梳理。沿着业务链梳理公司各业务流程，挖掘业务开展的具体资料和信息，包括市场信息的引入、市场开拓、业务开展等。其次，对公司财务状况进行详细核算，对最终的财务报表进行分析，明确现有业务的收入、成本、费用项；明确各业务回款周期，计算各业务利润率，用于后期分利测算。合伙人作为独立的业务单元，实行独立核算；总部平台向合伙人提供品牌、管理、资金、财务、人力等方面的支持，并收取平台管理费用。合伙人根据贡献和承担的职责，分享市场开发收益，合伙人与公司进行利润分配，一般在保证公司合理盈利水平基础上进行一定程度的让利，两者共同分享项目利润。同时，内部可设置跟投制度、股权激励制度进行合伙人利益捆绑与激励。

大部分公司采用合伙人制是出于激励的目的，在这种激励模式下，对于所谓的合伙人，除了给予一些经济利益外，可能还会进行文化层面的捆绑，包括人才的任用标准等，并赋予他们一定的权利。但是不可否认，也有很多公司的合伙人机制是出于其他的目的，比如对公司的控制权。在这种情况下，一是要明确合伙人的机制是什么；二是要确定有哪些人能够成为合伙人，这是所谓标准的问题；三是合伙人能够拥有哪些权利；四是合伙人应该履行哪些义务；五是如何对合伙人进行管理。这些是合伙人制度当中比较核心的话题，只有把这些问题解释清楚，所谓的合伙人制度才是完整有效的。

四、合伙人制度的管理

（一）合伙人的进入

合伙人团队是开放的，企业的持续发展离不开人才。每个人的能力都是有限的，无论是面对越来越复杂的管理环境，还是面对越来越多元化发展的业务，凭个人的能力很难维持企业的持续发展，因而公司合伙人团队应该是开放和流动的。选择合适的股权制度是必要的。常见的有股权和期权。一方面是股权的持有方式，包括代持、持股平台等；另一方面就是用期权。代持的方式，可以减少工商登记的麻烦，但是需要在代持协议中约定代持显明的条件和情形；通过持股平台让合伙人持股，主要是减少小股东要挟大股东（如不配合签字、恶意查账等）的情况；期权，就是延缓公司登记及股权的持有时间点，增加合伙人的磨合期。以上几种方式，都不会损害合伙人的经济利益，只要白纸黑字写清楚即可。

（二）合伙人的退出

合伙人可以进入也可以退出，这样才能够保证合伙人团队的流动性，而且退出机制本身也是人员在决定是否加入合伙人团队时所必须明确的前提条件,否则人员会存在自己被捆绑住的忧虑。设定退出机制,主要是通过公司章程或者股东协议进行。两者相比较,如果设计了退出机制的公司章程能够备案成功,那么就不需要股东协议了。同时,如果是在代持或者持股平台模式下,退出机制就需要股东通过签协议方式约定。退出机制,一般是指股权的回购机制,主要包括两个方面:一是成熟机制,这主要是在回购股权时影响回购价格;二是设定回购情形。

合伙人退出的直接操作是股权价值的回购,包括回购的主体和金额。回购的主体会在合伙人权利中明确,对创始合伙人往往赋予优先回购合伙人股权的权利,确保创始合伙人对公司的控制;回购金额则须按照合伙人进入之初的方式确定。通常合伙人制度下的企业价值计算会低于企业的真实价值,无论是进入还是退出时的计算,这有利于合伙人制度的开放流动,前者有利于吸引有能力却没资金的合伙人,后者则防止大量资金的抽离,保障组织的长远发展。

(三)合伙人的激励与考核

合伙人制度是企业的一种治理机制,是企业管理层的一种权力结构。合伙人制度的设计包括了股权、分红权的分配,这也构成了合伙人激励中的一部分,但是股权、分红权并不是合伙人激励的全部,合伙人的激励还包括基本年薪、绩效年薪。

合伙人和股东不同,包含了两种身份:企业的所有者和经营者。作为企业的所有者,剩余利润分配影响了分红大小;作为经营者,其分管领域经营业绩的好坏则会直接影响到绩效薪酬。所以整体看,合伙人的激励主要包括以下三个方面。

(1)基本年薪:体现合伙人任职岗位的基础价值与人员能力。

(2)绩效年薪:体现合伙人分管领域当期贡献的回报,是对直接承担利润创造和企业经营的合伙人的中期激励。

(3)分红:体现的是资本价值,是合伙人对投资业绩为了打造公司长远价值的回报。

(四)合伙人制的主要形态

合伙人制主要可以分为三类:股份合伙、事业合伙、业务合伙。在商业实践中很多企业会运用到多种合伙制,成为混合型的合伙制模式。

股份合伙最好理解,即合伙人投资并拥有公司的股份,成为公司股东,参与公司运营的同时,承担经营与投资风险,享受股份分红。股份合伙在过去是最常见的形式,对于创业公司来说即是共同出资、共同经营称为初始合伙人,而对于传统企业或非创业期的公司来说,更多地表现为公司与业务骨干共同出资成立合资新主体公司的形式。

事业合伙,即常见的虚拟股份或项目跟投,员工出资认购公司虚拟股份,共同经营、共享利润、共担风险,但并不涉及法人主体或工商注册信息变更。事业合伙可以分为两类:一类是公司拿出一项业务、产品、项目、区域(单店)等可独立核算的经营体与参与该经营体运营的员工共同投资、共享利润、共担投资风险,如万科的项目跟投、很多连锁企业的单店员工入股;另一类是公司不区分不同业务、项目、区域,其虚拟股份对应整体经营盈利情况,全体合伙人出资认购公司整体的虚拟股份,并根据公司整体盈利状况进行分红、承担风险，如华为的内部员工持股计划。

业务合伙常见的有两类形式：一类是经营团队独立自主进行业务开拓与执行，享受团队经营所得的利润，这是合伙人制最早的形态，常见于智力服务机构，如管理咨询、会计师事务所、律师事务所、投资银行等轻资产运作的机构，人力资本是企业经营的主要因素，对于新业务板块的增加不需要额外的资源与资本投入，有人就能上新业务；另一类类似于承包制的演化，即在公司确定的业绩、利润基础之上，对经营团队通过努力实现的增值部分进行利润共享，不足部分会影响员工的收益，适用于非轻资产运作但员工对业绩、利润起到较大作用，员工经济实力不足以进行资金跟投的企业，更多应用于基层员工的合伙人制改造，如永辉超市推行的一线员工合伙人制。业务合伙不涉及法人主体及股份身份事宜，业务合伙人通过自己的开拓与努力实现业绩与利润，并享受分成。

第四节　合伙人制度的企业应用案例

一、海尔的变革：人单合一

2013年，海尔提倡进行企业平台化、员工创客化、用户个性化的"三化"改革。企业平台化就是总部不再是管控机构，而是一个平台化的资源配置与专业服务组织；并且提出管理无边界、去中心化，后端要实现模块化、专业化，前端强调个性化、创客化。

第一，平台化企业与分布式管理。海尔企业总部在向着资源运筹与人才整合的平台转型。企业不再强调集中式的中央管控，而是通过分权、授权体系，把权力下放到最了解市场和客户的地方去。

第二，人单合一自主经营体。以用户为中心的人单合一模式在海尔已经推行好几年了，并且在不断完善中。所谓人单合一双赢模式，就是运用会计核算体系去核算每个员工为公司所创造的价值，依据员工所创造的价值来进行企业价值的分享。这种模式使海尔内部形成了无数个小小的自主经营体，员工自我经营、自我驱动。

第三，员工创客化。海尔内部设立了专门的创业基金，并与专业投资公司合作，支持员工进行内部创业。员工只要有好主意、好点子，公司就可以给资金鼓励他组建队伍去创业，而且员工可持股。

第四，倒逼理论与去中心化领导。所谓倒逼，就是让消费者去成为变革的"信号弹"，让消费者倒逼员工转变观念、提升素质；而去中心化，就是企业不再强调"以某某某为核心"，员工只是任务执行者，而是强调"人人都是CEO"，人人都成为自主经营体，员工也可以去做CEO做的事情。管理者则要从发号施令者转变为资源的提供者和员工的服务者。

第五，利益共同体与超值分享。海尔提出，企业与员工是利益共同体，共创价值、共享利益。员工只要创造超越了应为公司创造的价值,就可以分享超值的利益。

第六,海尔改革的启示。① 平台与合伙人制度大势不可逆。作为一家极为传统的制造业企业,海尔借助互联网思维,将企业向平台化转变,将组织与激励向人单合一转变,将雇佣关系向生态圈的合伙创业者转变,这一改革对于一家几万人的制造业企业来说无疑是巨大的。海尔的改革也预示着在新的商业环境下,传统企业向平台化转变、向合伙人制度转变这一历史潮流的到来。② 接受公司的组织失控与无序状态。在海尔的改革中,从领导分配任务到自己找"用户",从公司发放薪酬到自己找"订单"从而得到酬劳,从被雇佣关系到合伙创业关系。在这一转变过程中,海尔作为一个几万人的组织明确、流程严谨的制造业企业,逐步进入了混乱甚至无序状态,组织进入"失控状态":内部市场化、自由竞争,从同事变为了同行、从协作变成了竞合。每个人自己找自己的位置与价值,前端向市场去找、后端向前端去找。③ 用市场规则而非管理逻辑塑造企业。类似海尔这样的大改革,过程一定会出现无序和失控,很多员工会不适应,找不到人做决策和签批,不知道自己怎么获取订单,内部竞争和抢单等情况都会出现。这种失控是将习惯了打卡上班领工资的员工转变为自主经营体的一个适应过程,正是在这种"乱象丛生"中会走出一批批真正适应市场、能抓住市场、有外部竞争力的团队和经营体,实现最终的转型和成功。用管理逻辑、管理者的价值判断来管理企业,必然会遇到市场阻碍。但只有将员工放入市场,用市场规则去重塑企业,才能实现竞争力的增长,才能不被时代淘汰,永远站在时代的风口。在合伙人制推行的过程中,同样的道理,必须减少行政干预,实现内部市场化,员工一定是自己找位置、自己找团队、自己找自己在大平台中的价值点,而非人力资源部主导、安排。从海尔来看,这样的双向选择,会使得那些对平台、对各个合伙人团队没有任何价值的工作不再有人为其支付酬劳,对平台和合伙人团队没有任何贡献的人员一定慢慢地找不到自己的岗位,企业慢慢地实现内部净化。

第七,海尔改革小贴士。员工创客化的小微自主经营体雷神科技是海尔内部员工的创业企业,创始人路凯林及其三名合伙人是海尔的员工,在海尔推行内部改革的时候成为海尔内部小微主,并成功创办了雷神科技。

像雷神这般的小微公司,海尔集团内部有212个,小微化实现比例为20%左右;而像雷神这般已获得风投青睐的小微企业,在海尔内部毕竟还是少数。打造一家雷神,令人感到兴奋;而如何能在海尔内部诞生上百乃至上千个雷神,是张瑞敏现在要考虑的问题。

海尔的配送派单由过去的雇佣制转变为"车小微",员工自己购买车辆,加盟海尔的物流配送系统,每天抢单、送货、安装、维修,收益按比例分成。"我现在平均每天接单四到五个,加上车的成本的话,平均每个单子至少净赚60~70元。买车花了2万元,基本上一个月之内就把买车的钱都赚回来了。"海尔原服务中心的高如强成为海尔的"车小微"后如是说。

海尔的财务共享中心功能也进行了人单合一的改造,过去由业务部门提出申请后,财务部门按部就班地处理,而如今转变成了业务部门将需求发布到平台,财务部门同一岗位的人员可以像滴滴打车一样进行"抢单",及时办结,并获得自己的"单酬"。

二、小米的合伙制

小米的合伙人制度——独当一面的创始股东合伙人、初期员工的全员入股、充分授权与放权,深入到小米的组织与人力资源创新去看,会发现小米把合伙人制掌握到精髓。

第一,初期员工的股份合伙。小米拥有8位合伙人,据公开资料显示:雷军持股77.8%、黎万强持股10.12%、洪峰持股10.07%、刘德2.01%,是典型的股份合伙制;而其余初创期的40多名员工自掏腰包成为公司的初始股东。

第二,充分授权的扁平化组织。小米合伙人班子各管一块,充分授权,各自全权负责自己负责的一块业务或职能,其他人不予干预。而其组织架构基本上只有三级:合伙人—核心主管—员工。

第三,一流人才的保障。合伙人意味着共同的使命远景、共同努力、达成组织目标,因此对于合伙人、员工的选择一定是找到最一流的人才。小米赖以成功的核心在于其合伙人队伍、人才队伍,靠的是有创新心态的靠谱的技能高超的人才。

第四,小米的启示。找到最合适的伙伴,采取合伙人的方式充分授权,各管一块,实现了每一块的高效运转,就像乐高玩具一样,用这样的优秀合伙人组建出一个个美妙的"世界"。也正是有了硬件、工业设计、软件、互联网等模块的合伙人,才搭建出"软件+硬件+互联网"的小米公司。

平台型企业已经逐渐成为常态,由单一产品或应用的开发时代到多产品或应用组合的平台,甚至发展为商业生态型组织的过程,正诠释着商业社会的发展进步。充分授权、给人才机会、内部创业等形式培育一块块的产品业务,打造平台型的企业成为未来竞争的常态。

对于传统企业中已经具有一定规模的非初创期企业来说,只有在未来释放内部的人才能量、搭建内部创业平台、给足机制与授权,让合适的、优秀的人才一个个出来参与到内部创业中,才能打造平台企业,用以应对无数的即将崛起的"小米"公司。

三、阿里巴巴的合伙人制度

2009年9月,阿里巴巴的18位创始人集体辞去元老身份,阿里巴巴将改用合伙人制度;2010年,阿里巴巴合伙人制度正式开始试运营。

阿里巴巴的合伙人不同于股东、不同于董事,合伙人必须持有公司一定的股份,但是在60岁时退休或在离开阿里巴巴时同时退出合伙人(永久合伙人除外),不再保有股份。

阿里巴巴合伙人并非公司的经营管理机构,合伙人的主要权力是董事会成员候选人的提名权:合伙人拥有人事控制权,而非公司运营的直接管理权。

创立背景:为了解决两大核心问题——如何掌控对公司未来的控制权,以及如何在创始人不在的情况下,建立一种可以永续发展的创新文化,2010年开始,阿里巴巴开始在管理团队内部试运行合伙人制度。

团队组成:由30名具有不同的业务能力和背景的高层管理人员组成(共持有阿里巴

巴14%的股权）。在合伙人团队中，有负责交易系统的；有来自技术部门的；也有具有金融背景，负责金融业务的。从任职过的部门、负责过的业务来看，横跨了财务、人力、技术、战略、法务等。

团队分工：合伙人团队"三代人"负责不同的管理内容，最年轻的做执行；中间一代的管战略；资深的合伙人只把握重大人事权。

合伙人的任职资格：在阿里巴巴工作5年以上，具备优秀的领导能力，高度认同公司文化，对公司发展有突出贡献，愿意为公司文化和使命传承竭尽全力。

合伙人的权利：拥有董事提名权，不拥有公司运营的直接管理权。有权提名超过一半董事会董事，若所提名人选不获委任，则合伙人有权再次提名新的董事，直到被股东大会批准。

合伙人的主要职责：体现和推广阿里巴巴的使命、愿景和价值观。

阿里巴巴的启示：① 平台型企业更具有未来。阿里巴巴是一家典型的平台型企业，也是中国最大的互联网公司之一，全球市值最高的几家互联网公司之一，强力证明了平台型、生态型企业的价值和对社会的贡献远远大于产品型和应用型。这也是海尔要转型的重要因素，要向平台型转型，打造生态圈。② 合伙人的标准和条件值得深思。阿里巴巴对于合伙人的条件和标准：有能力，有突出贡献，高度认同阿里文化，是文化与使命坚定的守护者与传承者，经过过往至少五年的验证。这些条件和标准对于推行合伙人制的传统企业具有极大的借鉴意义。在实行合伙人制改革中，公司内部哪些人可以做合伙人？公司将资源、资本倾向于哪些合伙人、哪些项目？从阿里巴巴的案例来看，公司虽然提供创业平台，但并非每个人都应该完全地享受公司的资源，那些有能力、有意愿、经得起实践检验、认同企业文化与愿景的人，才是合伙人的最佳人选。

四、华为："知识资本化"

任正非从1987年创办华为到现在，没有引入任何外部资本。现在华为有16万名员工，研发人员占了近一半，其他人绝大多数是知识工作者，是一个典型的知识密集型企业。华为在创业的早期就推行了员工持股计划，到2020年有近8万人持有公司股票，任正非持有公司1.01%股份，其余股份全部由员工持有，没有任何外部股东。符合绩效条件的员工每年按照经过审计的每股净资产购入公司股票，每年享受分红。

华为轮值CEO徐直军在接受媒体采访时提到，员工持股机制是华为成功的最核心要素。他说：任总认为高科技行业需要大家一起进行利益分享，员工持股就是知识资本化，员工分享企业的利益。正是因为员工持股，才团结了这么多的人。西方顾问公司发现我们公司干部队伍储备是很充足的，这是他们不可想象的。要想挖我们公司一位中高级主管很难，因为开不起我们这样的待遇。

股权激励的核心是利润分享权，在企业实践中，也有公司提供部分利润分享权给员工，认为这也是合伙人制度的一种形式。

 **关键术语**

创业者　创业团队　创业型领导者　企业家精神　合伙人　合伙公司　合伙人制度

 思考与练习

1. 什么是创业者？创业者的特征有哪些？创业者和职业经理人的区别有哪些？
2. 简述创业团队的组建原则。
3. 创业团队管理需要具备哪些重要要素？
4. 创业团队管理的基本机制有哪些？
5. 合伙人制度的含义及其机制优点有哪些？

 案例与讨论

1984年，35岁时任青岛市家电公司副经理的张瑞敏临危受命，出任资不抵债、濒临倒闭的国营青岛电冰箱总厂厂长。在他担当职责前，该厂一年内已更换了三个厂长。张瑞敏迎面遇到的是53张请调信，上午8点上班，9点人们开始"下班"，10点人已经几乎走尽。厂内设备杂乱无序，毫无规则，随意拿用厂里物资成了寻常事。张瑞敏上任伊始即制定13条新规，其中包括"不准在车间随地大小便""不准在工作时间喝酒""不准哄抢工厂物资"（这些在他上任前是司空见惯的事），等等。在理性规制工厂职工纪律的基础上，张瑞敏又积极寻求冰箱厂的科技和市场发展途径与战略，并最终抓住时机取得了与德国利勃海尔公司的技术和制造设备支持合作，使冰箱厂发展走向正轨，"海尔"品牌随之诞生。理性和诚信，对企业发展愿景的追寻与坚定信念，使张瑞敏对产品质量更加精益求精。张瑞敏"砸冰箱"就是这史诗中的一个篇章，在一台冰箱价值800多元，相当于工厂一个职工两年工资的情况下，张瑞敏毅然坚定地重锤砸烂质量上有瑕疵的76台冰箱。1991年，海尔集团成立；1992年，青岛海尔工业园开建；1999年，美国南卡罗来纳州海尔生产基地开建；2005年，张瑞敏被英国《金融时报》评为50位"全球最受尊敬商业领袖"之一。

任正非出身于贵州贫困山区的乡村教师家庭，渴求知识、尊崇智慧是他后期成长的第一决定性因素。大学毕业后，任正非成为一名建筑兵。复员转业后，在1987年他筹资2.1万元人民币，成立华为公司。2014年10月9日，Interbrand在纽约发布的"最佳全球品牌"排行榜中，华为以排名第94的成绩出现在榜单上，这也是中国大陆首个进入Interbrand的百强榜单的企业。

1982年，刘永行和刘永好等兄弟四人辞去公职，卖掉手表、自行车，凑齐1 000元，成为中国农村改革后第一批养殖专业户。创业初期，由于某项合同意外解除，兄弟几人为卖出8万只鸡苗，连夜赶制竹筐，连续十几天奔波于养殖场和集市，硬是用摆摊叫卖的方式卖完了鸡苗，并有所获利。2008年，刘永行在福布斯中国大陆富豪榜排名第一。1992年，刘氏四兄弟完成第一次产权分割，以及业务经营分制改组。1996年，刘永好旗下新希望集团在深圳股票交易所上市A股；同年，刘永好成立民生银行，任副董事长。2012年，新希望集团列中国民营企业500强第12位。2021年，新希望集团荣登世界500强榜单第390位。

思考与讨论：1. 我国第一代企业家创业的动因是什么？
2. 第一代企业家的成功秘诀是什么？

实践训练

1. 积极参加全国和地区范围的创新创业大赛，积累知识、经验，提升技能，学有所用，行动为重。

2. 关注小企业创新研究计划、小企业技术转移计划、新技术开发大竞赛，学习经验，组织相应的创业活动。

3. 多参加一些创业园区的调研活动，整理资料，理论和实践学习相结合。

第六章 创业愿景与战略规划

 学习目标

- 理解创业使命、创业愿景、创业战略的内涵与关系
- 掌握创业使命、创业愿景、创业战略制定
- 掌握创业战略规划以及落地策略

 课程思政

创业愿景和创业战略制定需要结合新时代中国特色社会主义经济思想要求与新时代新形势和新要求，需要体现长久发展和以客户为中心，更要体现国家战略需要和以人民为中心的核心宗旨，将企业利益、人民利益和国家利益统一起来；创业愿景和战略表达需要规范化、正规化，与国家政策保持一致。

 案例引入

马德龙：使命、愿景、价值观是创业公司发展的三个重要因素

新华网北京 2017 年 3 月 29 日电（凌纪伟） 3 月 29 日，"双创 1+1"走进高校系列——"第五代移动通信"主题沙龙活动在北京邮电大学举行，3W 咖啡合伙人、拉勾网创始人马德龙就创新创业趋势分享经验。马德龙说，作为一家创业公司，无论你的方向是什么，你做什么具体业务，这都不重要，重要的是你要梳理公司的使命、愿景、价值观。如果要成为具有伟大未来的企业，你会发现梳理使命、愿景、价值观很重要。什么是使命？马德龙认为，使命就是你这个团队、你这一帮人要成就什么样的伟大价值。使命可能是你这家企业，或者你这个人一辈子到达不了的地方，但是它就是一个方向，这个方向始终让你看到你做的事情是有价值的，一步一步接近这个目标。"基本上我见过的伟大公司，都没有实现他们的使命，一直都是在实现他们使命的道路上。"马德龙说，因为你的愿景存在，你可以在整个战略布局、战略设定上一步一步地接近你的愿景。使命、愿景这两样

东西对于一家企业来说是指引的方向。排在第三位的是价值观。他以自己的创业经历为例介绍说，等公司有三四百人的时候，跟以前完全不一样了，你会发现队伍迈不开腿，这就是由于价值观缺失造成的。"我们意识到这个问题后马上停下来，必须梳理公司的价值观，所以我们整个公司去年到今年跑得非常顺。"如果用一句话来定义什么是价值观，马德龙的答案是："价值观是你这家公司每一个人做事情的判断标准。""这件事情做与不做？你的标准是什么？不可能每一件事情都要 CEO 决策。"马德龙说，做一些决策就需要价值观指引，使命、愿景、价值观是公司发展非常重要的三个因素。对于资本在创业过程中扮演的角色，马德龙认为，既然是创业，肯定离不开资本。但他提醒说，不能太"巴结"投资人，而是要用好的项目吸引投资人追着你。创业向死而生，但创业不一定都会成功。马德龙的建议是，创业过程中如果你发现实在扛不下去了，马上换一个方向。创业不怕失败，怕的是你失败了还不承认。

（资料来源：新华网 2017-03-29，有改动）

 应用型任务

● 根据"互联网+"创新创业大赛的基本要求，应用理论知识，如何制定创业愿景和战略规划。

第一节　创业战略环境分析

创业环境研究是创业研究的关键问题之一。创业环境是一系列概念的集合体，是各种因素综合的结果，正确认识和了解创业环境的前提是对创业环境进行评价。

一、创业环境的含义

（一）创业环境的定义

创业环境，是指围绕创业者的创业和发展的变化，并足以影响或制约创业活动的一切内外部条件的总称。一方面指影响人们开展创业活动的所有政治、经济、社会文化诸要素；另一方面指获取创业帮助和支持的可能性。

创业环境是这些因素相互交织、相互作用、相互制约而构成的有机整体。创业者的创业过程并不仅依靠某一方面的推动，也不仅是某一种因素作用的结果，它的运作需要环境各方面的支持。创业环境分析是发现创业机会的基础，是进行创业分析的前提。具有不确定性复杂环境，能给创业者带来美好的机遇，也能给创业者造成致命的威胁。创业者必须清楚宏观的、微观的等各种环境因素及其发展趋势，以及对具体行业、企业的影响是限制性的还是促进性的，只有这样，创业者才能抓住机遇，规避威胁和风险，从而有利于成功

的创业。

（二）创业环境的分类

创业环境可以从多个角度进行分类。其基本的分类如下。

1. 按创业环境的构成要素分类

从宏观层次看，可以分为经济环境、政治法律环境、科技因素、商务环境、教育环境、社会文化环境以及自然环境等几个方面。

2. 按创业环境的层次分类

创业环境是有层次的，形成一个分级系统。宏观环境指一国或一个经济区域范围内的创业环境；中观环境是指某个区域或城市、乡镇的创业环境等；微观环境是指企业的文化氛围、团队合作精神、创新精神等。

3. 软、硬环境之分

硬环境是指创业环境中有形要素的总和，如有形基础设施、自然区位和经济区位；软环境指无形的环境要素总和，如政治、法律、经济、文化环境等。硬环境是创业的物质基础，软环境在创业过程中变得越来越重要，而且在一定时期内，硬环境的变化是有限度的；而软环境的改善能够弥补硬环境的缺陷，提高硬环境的效用，最终成倍提高整体环境的竞争力。

二、创业战略环境分析的内容

创业战略环境分析是指创业者对面临的外部环境和内部条件进行分析，从而寻求机会，明确风险，找出优势和劣势，对企业所处的内外部竞争环境进行分析，以发现创业企业的核心竞争力，明确创业企业的发展方向、途径和手段。

战略环境分析的目的是展望创业企业的未来，这是制定创业战略的基础。战略是根据环境制定的，是为了使创业企业的发展目标与环境变化和创业企业能力实现动态的平衡。

一般情况下，创业战略环境分析主要包括以下几个要点。

第一个要点是行业市场的调查数据以及分析，包括这个行业的现状、每年销售额的增长率、人均消费额、发展空间、跟国外市场的对比差距、市场容量、未来的发展前景，等等。

第二个要点是同行竞争分析。目前这个行业市场有多少家同行，做得好的有哪几家，做得不好的有哪几家；做得好的其优点有哪些，还有没有可以提升的空间，做得不好的其缺点有哪些。扬长避短，借鉴了优秀同行的优点，也要做到避免出现同行的缺点。总之，核心竞争力是用你公司的优势去打击同行的劣势，一击即中。

第三个要点是所在地理位置以及不同区间的市场分析。分析公司所在地理位置是否具有优势，是否存在劣势，同一个城市不同区域的市场如何。

第四个要点是行业市场定位。确定公司市场定位，分析定位的优劣势。

第五个要点是产品价格定位。确定公司产品价格，对比同行价格，分析这个价格定位的优劣势。

第六个要点是消费者群体分析。分析消费者的消费心态，不同年龄段的消费者的消费需求，有什么特征，是否满足主要目标消费群体的消费要求，等等。

第七个要点是产品竞争力、特色分析以及应对策略。产品的特色有哪些，竞争力是什么，有什么不同的地方；创业项目的整体优劣势；项目存在的优势分析，项目存在的劣势分析，项目劣势如何应对，有什么策略；等等。

创业战略环境分析框架图如图 6-1 所示。

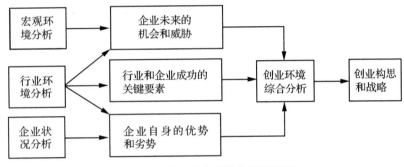

图 6-1　创业战略环境分析框架图

三、创业战略环境分析的方法

创业环境包含的因素比较多，除了指影响人们开展创业活动的所有政治、经济、社会文化诸要素外，还指获取创业帮助和支持的可能性。创业环境是这些因素相互交织、相互作用、相互制约而构成的有机整体。创业者的创业过程并不仅仅依靠某一方面的推动，也不仅仅是某一种因素作用的结果，它的运作需要环境各方面的支持。创业环境是一个由各要素相互作用、相互联系而组成的有机整体，创业环境的各要素也是相互联系、相互影响而存在的。由于创业环境具有整体性的特征，在研究创业环境的时候，应该运用系统的原则和方法，从整体的角度来考察创业环境，不能割裂各要素之间的联系，从创业环境的整体去研究个体要素的表现。在创业环境的各要素中，总有一个或几个要素在某一阶段的发展中居于主导的地位，即在创业环境这个整体中决定和支配着其他的要素。因此，对主导要素的研究具有特别重要的意义。区域环境和创业环境都是不断发展变化的，包括经济结构的调整、政治制度的优化、市场需求的变化、消费水平的提高等，这些都极大地影响着创业环境，使创业环境始终处于不断变化的过程之中，并且逐步趋于完善。因此，只有用动态的观点来看待、研究创业环境，才能正确认识创业与创业环境之间的关系。创业环境是个空间概念，所在的区域不同，内容也不尽相同。区域政治、经济、文化等方面的差异，决定了创业环境的地区差异。

正因为创业环境的整体性、复杂性、差异性和动态可变性，需要使用合适的分析工具对其进行综合分析，以下将介绍 SWOT 分析。

（一）SWOT 分析的核心要点

SWOT 分析又称为态势分析，也称波士顿矩阵，它是由美国旧金山大学的管理学教授

于 20 世纪 80 年代初提出来的，是一种能够较客观而准确地分析和研究一个单位现实情况的方法。在战略管理的理论中，有一个对企业或项目的优势、劣势、机会和威胁的全面评估方法，称为 SWOT 分析，后来这个方法被广泛应用于分析各类竞争问题。这是一个客观性的分析方法，对于创业者分析创业项目十分有帮助。

其中 S 代表"优势"（Strengths），W 代表"劣势"（Weaknesses），O 代表"机会"（Opportunities），T 代表"威胁"（Threats）。S 和 W 表示项目主体的内部环境，O 和 T 表示项目面临的外部环境。可以尝试着对自己的项目进行简单的分析，也许会对项目是否可行有一个更全面的认识。比如你正准备尝试推出一个极具潜力的电子商务网站，那么想想你的优势（S）是什么。优势不仅仅是你会什么或你有什么，而是指竞争优势，也就是你具备而其他人或竞争者可能不完全具备的，这才能称为优势，比如核心的技术、大量现成的用户、先发优势、符合用户的消费习惯、行业中的地位等。然后想想你的劣势（W）是什么，比如你有想法但并没有技术实现的能力，或者没有维持项目启动和发展的资金，或者还没有组建起团队，等等。如果有些劣势可能会影响到项目成败，那基本上是采用"一票否决制"。所谓机会（O）就是市场上存在什么机遇，你是处于行业的创新期、旋风期还是成熟期。一般来说，处于创新期和旋风期的结合点是最佳的时间段，太早容易成为"先烈"，太晚就没有创业机会了（但是对资源拥有者依然是机会）。威胁（T）则主要考虑政策的风险、更有实力的竞争者介入、人员流失或生存压力等。

SWOT 是一种战略分析方法，通过对被分析对象的优势、劣势、机会和威胁加以综合评估与分析得出结论，通过有机结合内部资源、外部环境来清晰地确定被分析对象的资源优势和劣势，了解其所面临的机会和挑战，从而在战略与战术两个层面加以调整资源，以保障被分析对象的实行，达到所要实现的目标。

在创业战略方面，SWOT 分析用来确定创业企业本身的竞争优势、竞争劣势、机会和威胁，从而将公司的战略与公司内部资源、外部环境有机结合。因此，清楚地确定公司的资源优势和劣势，了解公司所面临的机会和挑战，对于制定公司未来的发展战略有着至关重要的作用。SWOT 分析从某种意义上来说属于企业内部分析方法，即根据企业自身的既定内在条件进行分析。SWOT 分析有其形成的基础。按照企业竞争战略的完整概念，战略应是一个企业"能够做的"（组织的强项和弱项）和"可能做的"（环境的机会和威胁）之间的有机组合。

SWOT 分析自形成以来，被广泛应用于战略研究与竞争分析，成为战略管理和竞争情报的重要分析工具。分析直观、使用简单是它的主要优点。即使没有精确的数据支持和更专业化的分析工具，也可以得出有说服力的结论。但是，正是这种直观和简单，使得 SWOT 分析不可避免地带有精度不够的缺陷。例如 SWOT 分析采用定性方法，通过罗列 S、W、O、T 的各种表现，形成一种模糊的企业竞争地位描述。以此为依据做出的判断，不免带有一定程度的主观臆断。所以，在使用 SWOT 分析时要注意方法的局限性，在罗列作为判断依据的事实时，要尽量真实、客观、精确，并提供一定的定量数据弥补 SWOT 定性分析的不足，构造高层定性分析的基础。SWOT 分析可与 PEST 分析和波特的五力模型等工具结合使用。

（二）SWOT 分析的主要步骤

SWOT 分析常常被用于制定集团发展战略和分析竞争对手情况，在战略分析中，它是最常用的方法之一。进行 SWOT 分析时，主要有以下几个方面的内容。

1. **分析环境因素**

运用各种调查研究方法，分析出公司所处的各种环境因素，即外部环境因素和内部能力因素。外部环境因素包括机会因素和威胁因素，它们是外部环境对公司的发展直接有影响的有利和不利因素，属于客观因素；内部环境因素包括优势因素和弱点因素，它们是公司在其发展中自身存在的积极和消极因素，属于主观因素。在调查分析这些因素时，不仅要考虑到历史与现状，而且要考虑未来发展问题。

2. **构造 SWOT 矩阵**

将调查得出的各种因素根据轻重缓急或影响程度等排序方式，构造 SWOT 矩阵。在此过程中，将那些对公司发展有直接的、重要的、大量的、迫切的、久远的影响因素优先排列出来，而将那些间接的、次要的、少许的、不急的、短暂的影响因素排列在后面。

3. **制订行动计划**

在完成环境因素分析和 SWOT 矩阵的构造后，便可以制订出相应的行动计划。制订计划的基本思路是：发挥优势因素，克服弱点因素，利用机会因素，化解威胁因素；考虑过去，立足当前，着眼未来。

运用系统分析的综合分析方法，将排列与考虑的各种环境因素相互匹配起来加以组合，得出一系列公司未来发展的可选择对策。SWOT 分析在最理想的状态下，是由专属的团队来达成的。一个 SWOT 分析团队，最好由一位会计相关人员、一位销售人员、一位经理级主管、一位工程师和一位专案管理师组成。

SWOT 分析框架如图 6-2 所示。

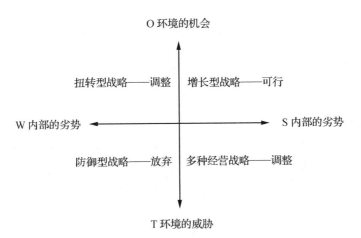

图 6-2　SWOT 分析框架：要素组合与对策组合

SWOT 矩阵分析包括组合分析和综合分析两部分。组合分析是对优势—机会组合、优势—威胁组合、劣势—机会组合、劣势—威胁组合这 4 个组进行分析，或者是利用内部资源优势去赢得外部发展机会；或者是利用内部资源优势去应对外部环境威胁，或者是创造条件抓住机会降低劣势。而劣势—威胁组合是最不利的，任何组织都要尽量避免。综合分析是应对实际复杂情况的权衡方法。由于实际工作中，机会、威胁、优势、劣势往往交织在一起，所以需要权衡利弊，结合具体情况，寻找次优解。例如，（S＋W）O 结合即面对机会时要综合考虑优势和劣势。

（三）成功应用 SWOT 分析的简单规则

（1）进行 SWOT 分析的时候必须对公司的优势与劣势有客观的认识。

（2）进行 SWOT 分析的时候必须区分公司的现状与前景。

（3）进行 SWOT 分析的时候必须考虑全面。

（4）进行 SWOT 分析的时候必须与竞争对手进行比较，比如优于或是劣于你的竞争对手。

（5）保持 SWOT 分析的简洁化，避免复杂化与过度分析。

（6）SWOT 分析因人而异。

第二节　创业使命、愿景与战略目标

在分析创业环境的基础上，需要进一步制定创业使命、愿景与战略目标。

一、创业使命

（一）创业使命的定义

所谓创业使命，是指创业企业在社会进步和社会经济发展中所应担当的角色和责任，是指企业的根本性质和存在的理由，说明企业的经营领域、经营思想，为企业目标的确立与战略的制定提供依据。

创业使命应该包含以下含义。

（1）创业使命实际上就是企业存在的原因或者理由，也就是说，是企业生存的目的定位。创业使命具体地定义到回答企业在全社会里经济领域经营活动的这个范围或层次，也就是说，创业使命只具体表述企业在社会中的经济身份或角色，即在社会领域，该企业的分工是什么，在哪些经济领域为社会做贡献。创业使命主要考虑的是对目标领域、特定客户或社会人在某确定方面的供需关系的经济行为及行为效果。不论这种原因或者理由是"提供某种产品或者服务"，还是"满足某种需要"或者"承担某个不可或缺的责任"。

（2）创业使命是企业生产经营的形象定位。它反映了企业试图为自己树立的形象，诸如"我们是一个愿意承担责任的企业""我们是一个健康成长的企业""我们是一个在技术上卓有成就的企业"等。在明确的形象定位指导下，企业的经营活动就会始终向公众昭示这一点，而不会"朝三暮四"。

（二）创业使命的意义

创业使命的意义在于：保持整个企业经营目的的统一性；为配置企业资源提供基础或标准；建立统一的企业氛围和环境；明确发展方向与核心业务；协调内外部各种矛盾；树立用户导向的思想；表明企业的社会政策，为企业提供持续稳健向上的框架。

（三）创业使命的内容

创业使命包括两个方面的内容，即企业哲学和企业宗旨。

所谓企业哲学是一个企业为其经营活动方式所确立的价值观、态度、信念和行为准则，是企业在社会活动及经营过程中起何种作用和如何起作用的一种反映。

企业哲学的主要内容通常由处理企业经营活动中的指导思想、基本观点和行为准则构成。

所谓企业宗旨是指企业现在和将来从事什么样的事业活动，以及应成为什么性质的企业或组织类型。

（四）公司使命的描述案例

迪士尼——使人们过得快活。

微软——致力于提供使工作、学习、生活更加方便和丰富的个人电脑软件。

索尼——体验发展技术造福大众的快乐。

惠普——为人类的幸福和发展做出技术贡献。

沃尔玛——给普通百姓提供机会，使他们能与富人一样买到同样的东西。

华为——聚焦客户关注的挑战和压力，提供有竞争力的通信解决方案和服务，持续为客户创造最大价值。

联想——为客户利益而努力创新；创造世界最优秀、最具创新性的产品；像对待技术创新一样致力于成本创新；让更多的人获得更新、更好的技术；最低的总拥有成本（TCO），更高的工作效率。

二、创业愿景

（一）创业愿景的含义

创业愿景是创业组织在未来所能达到的一种状态的蓝图，阐述企业存在的最终目的。创业愿景是一个创业企业关于未来的独特画面，它面向未来；可以给员工带来巨大的利益和最为广阔的发展空间。愿景指引着企业应该坚守何种核心价值观及宗旨，应该朝着什么样的未来进步。精心构建的愿景由两大要素组成，即核心理念和未来图景。在此，我们可以借用中国太极中的阴阳概念：核心理念好比我们愿景方案中的"阴"，定义着我们主张的理念和我们存在的理由；"阴"恒定不变，与"阳"——未来图景，形成互补。未来图景就是我们渴望成为、渴望得到和渴望创造的——需要通过重大变革及进步来实现的东西。

哲学角度的创业愿景：高瞻远瞩的创业需要时常审视自身存在是为了什么、存在的价值是什么以及如何存在。

文化角度的创业愿景：愿景是战略与文化的交集，既是战略的指引，也是文化的导航。它给了战略与文化一个明确的方向。

领导者角度的创业愿景：愿景是一种征服世界的野心。这种野心是善意的雄心壮志，是"我想成为什么，所以我能成为什么"的最佳诠释。

(二) 创业愿景的作用

创业愿景是指企业长期的发展方向、目标、目的、自我设定的社会责任和义务，明确界定公司在未来社会范围内是什么"样子"。

其"样子"的描述主要是从企业对社会（也包括具体的经济领域）的影响力、贡献力，在市场或行业中的排位（如世界500强），与企业关联群体（客户、股东、员工、环境）之间的经济关系来表述。

愿景主要考虑的是对企业有投入和产出等经济利益关系的群体产生激励、导向、投入作用，让直接对企业有资金投资的群体（股东）、有员工智慧和生命投入的群体、有环境资源投入的机构等产生长期的期望和现实的行动，让这些群体、主体通过企业使命的履行和实现感受到实现社会价值的同时，自己的利益得到保证和实现。

吉姆·柯林斯（Jim Collins）和杰里·波拉斯（Jerry Porvas）在其著作中将企业划分为两种类型：一种是有明确的企业愿景，并成功地将它扎根于员工之中的企业，这些大多是在世界前列的广受尊敬的企业；另一种类型的企业认为只要增加销售额便万事大吉，而没有明确的企业愿景，或企业愿景没有扩散到整个企业，这些企业绝不可能位居世界前列。只有具备全体员工共同拥有的企业愿景，这个企业才有了成长为优秀企业的基础。

在当今的企业活动中企业愿景的效用主要体现在以下六个方面。

1. **提升企业的存在价值**

企业愿景的终极目标就是将企业的存在价值提升到极限。这不同于财务报表上的利润或"近视（Myopia）"的期望值。企业愿景涵括的意义分为三个不同层次：企业对社会的价值处在愿景的最高层；中层是企业的经营领域和目标；下层是员工的行动准则或实务指南。企业对人类社会的贡献和价值是企业赖以存在的根本理由，也是其奋斗的方向，它是最高层次的企业愿景，具有最高的效力；企业的经营领域和目标是低一层次的概念，指出企业实现价值的途径和方式；行动准则和实务指南是在这个过程中应该遵循的经济和道德准则。愿景所处的层次越高，具有的效力越大，延续的时间越长。

2. **协调利害关系者**

对于一个特定的组织来说，利害关系者通常是指那些与组织有利益关系的个人或者群体。爱德华·费里曼（R. Edward Freeman）认为，利害关系者就是指"能够影响组织任务的完成或者受组织任务的实现影响的群体或者个人"。如果组织忽略了某个或者某些能够对组织产生影响的群体或者个人，就有可能导致经营失败。

正像利害关系者会受到企业的决策、行动的影响一样，这些利害关系者也会影响该企业的决策、行动，两者之间存在着双向的影响和作用力。实质上，企业与利害关系者之间是一种互动的共生关系。企业在制定企业愿景时，必须界定利害关系者的类型，他们的利益诉求以及相应的策略。如何识别各种各样的利害关系者，并通过企业愿景加以反映和协调，是企业高层管理人员的重要任务。

3. **整合个人愿景**

现代社会的员工特别是知识员工非常注重个人的职业生涯规划，都有描述自己未来的个人愿景。要使企业员工都自觉、积极地投入企业活动中，就需要有企业愿景来整合员工的个人愿景。在现代社会，企业不能仅仅从经济代价或交换的角度去理解个人和企业的关系。企业在制定愿景的时候，应当激发员工的自觉参与意识，理解和尊重员工的个人愿景并将它们恰当地融入企业共同愿景当中。企业愿景还能产生软约束的效果。

4. **应对企业危机**

在动态竞争条件下，环境的关键要素复杂多变且具有很大的随机性。企业的生存时刻面临极大挑战，处理不慎就可能演变为致命危机。企业应对危机、摆脱困境迫切需要愿景，明确的企业愿景是动态竞争条件下企业应对危机的必要条件和准则。必须从企业愿景出发去寻找行动方案，考虑所采取的行动是不是与企业一贯的方针和自身承担的使命和社会责任相一致。以愿景为危机处理的基准才能保证企业的长远利益和获得社会认同。企业愿景还有可能将危机转化为机遇。

5. **累积企业的努力**

企业的现状是日积月累的努力的最终结果，而企业愿景就是有选择地、高效地累积这些努力的关键手段。愿景是企业有能力实现的梦想，也是全体员工共同的梦想。愿景还能让每一个人的努力发生累积的效果。在动态竞争中，环境要素复杂多变，拥有愿景的企业可以在别人还未看见、尚无感觉的时候，已经开始了对未来的规划和准备。经过长时间努力，当市场机会出现时，企业已经具备所有的竞争力，从而在竞争中占据主动，赢得先动者优势。

6. **增强知识竞争力**

当前企业愿景受重视的另一个理由是组织知识、应变能力等"知识竞争力"作为企业竞争力要素开始受到广泛关注。这些要素的作用发挥取决于企业愿景这种基于知识资源的管理体系的建立。企业愿景有助于知识和能力的获取及其作用的发挥。在动态竞争条件下，如果不能创造性地、柔韧地应对环境变化，企业本身的生存发展就会出现问题。一般认为，组织取决于战略，战略的张力和柔性决定着组织的灵活程度和应变能力。而企业愿景是战略规划的最终目的和根本依据，其长期性和预见性提供了规避风险的线索。科学明确的愿景决定企业战略的选择范围，在保证战略方向正确性的同时留有回旋的余地，提升企业的应变能力。

优秀企业愿景案例：

苹果——让每人拥有一台计算机。

腾讯——成为最受尊敬的互联网企业。

索尼——成为最知名的企业，改变日本产品在世界上的劣质形象。

（三）创业愿景的内容

彼特·德鲁克认为，企业要思考三个问题：第一个问题，我们的企业是什么？第二个问题，我们的企业将是什么？第三个问题，我们的企业应该是什么？

这也是思考我们创业企业的相关问题的三个原点，这三个问题集中体现了一个创业企业的愿景，即创业愿景需要回答以下三个问题：我们要到哪里去？我们未来是什么样的？我们的目标是什么？

企业愿景即用一句话回答上面三个问题。

一般来讲，创业愿景通常包含四个方面的内容。

（1）使整个人类社会受惠受益。例如，有些企业的愿景就表达出企业的存在就是要为社会创造某种价值。

（2）实现企业的繁荣昌盛。例如，美国航空公司提出要做"全球的领导者"，这就是谋求企业的蒸蒸日上。

（3）员工能够敬业乐业。

（4）使客户心满意足。

企业愿景制定的责任方是企业的治理层。企业所有股东、董事会成员以及企业CEO和其他的高级管理人员需要定义企业的愿景，需要在企业内宣传企业的愿景，需要检查企业的运作是否符合企业愿景的方向和要求。

三、创业战略目标

目标要足够清晰、足够远大，但这并非说我们定的目标是遥不可及的，而是通过这样的目标真正地强化自身的信念。目标是分阶段实现的，真正实现它可能需要很长时间，正因为目标很难实现，才需要坚定自己的信念；然后在不同的阶段去分解目标，用阶段性目标来实现更长远的目标，在这一过程中不断修正并朝着最终的方向前进。

（一）战略目标的设定

一般来说，战略目标的设定需要经历调查研究、拟定目标、评价论证和目标决断这样四个具体步骤。企业战略目标包括市场目标、创新目标、盈利目标和社会目标。这些目标要求企业先进行调查研究，然后对已经做过的调查研究成功进行复核，进一步把机会与威胁、长处与短处、自身与对手、企业与环境、需求与资源、当前与未来加以对比分析，从而为战略目标的制定奠定基础。

创业战略目标制定的原则有6个：关键性原则、可行性原则、定量化原则、一致性原则、激励性原则、稳定性原则。

创业目标体系一般包括三个部分的内容：业绩目标、能力目标、社会贡献目标，具体内容如表6-1所示。

表6-1 创业目标体系

分类	目标项目	目标项目构成
业绩目标	收益性、成长性、稳定性	资本利润率、销售利润率、资本周转率、销售额成长率、市场占有率、利润增长率、自有资本比率、附加价值增长率、盈亏平衡点
能力目标	综合研究开发能力、生产制造能力、市场营销能力、人事组织能力、财务能力	战略决策能力、集团组织能力、创业文化、品牌商标新产品比率、技术创新能力、专利数量 生产能力、质量水平、合同执行率、成本降低率、推销能力、市场开发能力、服务水平 职工安定率、职务安排合理性、直接间接人员比、资金筹集能力、资金运用效率
社会贡献目标	顾客、股东、职工、社区	提高产品质量、降低产品价格、提高服务水平、分红率、股票价格、股票收益性 工资水平、职工福利、能力开发、士气 公害防治程度、利益返还率、就业机会、创业形象

（二）彼特·德鲁克的八大战略目标

彼特·德鲁克提出了精辟而独特的见解，从八个不同的领域来寻找并制定目标，以达到目标之间短期与长期的平衡、外界与内在的平衡、个人绩效表现与团体目标的平衡。德鲁克所说的八个目标具体如下。

1. 营销目标

在设定营销目标之前必须先做出两项重大的决策，否则，将无法着手设定营销目标，这两项决策是专注决策与市场地位决策。首先，专注决策是指企业决定要在哪一个市场区域内竞争，企业必须先做出专注决策，这有利于获得最大的绩效，因此，专注决策对企业而言是非常重要的。其次，是市场地位决策。沃尔玛超市已经成为超级大型集团，其营业额超过了许多国家的GDP，虽然没有成为垄断者，也可以说是富可敌国了。但是，这样的企业容易因滋生"自满文化"而失败，市场支配力量会使企业内部抗拒变革和创新，所以，容易受到金融危机等外在因素的影响。这两大决策等于是应对"我们的事业是什么"这一问题的具体决策，也就是制定营销目标的主要策略；同时，也是通过顾客和市场来决定企业的营销目标的先决要件。

2. 创新目标

创新目标并不像营销目标那样明确。为了设定这个目标，企业必须预测实现营销目标所需要的创新，也就是，以产品线、现有市场、新市场及服务要求作为决策的依据，并确定企业需要什么样的创新。规模小的公司由于弹性好，并且较接近市场，因此与大公司相比，更能敏锐地发觉客户的需求，这样，就能快速反映客户的新的期望，并且使自己的公司能够提供有效的创新产品或服务来满足客户的需求。

3. 人力资源目标

企业需要明确指出经理人应当为企业做出的贡献，并且能够通过对经理人设定绩效目

标来实现；同时，也需要经理人对知识工作者的工作设定目标，一个企业的衰退就是无法再吸引有知识、有抱负的知识工作者。

4. 财务资源目标

我们的事业需要什么样的投资？我们的现金流量在未来的三年内是否稳定？我们如何筹措资金？我们的股票是否需要上市？我们如何分配盈余？我们公司的短、中、长期资金运用究竟是怎样安排的？预先确定好企业的财务资源目标，就会防止出现由于资金短缺而影响企业长期发展的情况。

5. 生产力目标

这是对经理人管理能力的一项考验，因为企业的任务在于让企业的资源具有生产力，生产力则是评价经理人管理能力的指标。而最艰难、最具挑战性的工作之一就是"持续提升生产力"，只有体现为促进单位工时的产值、提高单位工时的获利能力时，指标才具有意义。无论是每个人平均的生产力，还是总体的生产力，都应该以产业界的标杆为目标，并且以国际业界的最高标杆作为努力的目标。除了对员工设定生产力目标之外，企业还需要设定资本生产力目标，通过设定这个目标，彻底弄清楚投入单位资本对生产力的影响到底有多大。

6. 实体设备的生产力目标

丰田汽车实施全自动的生产流程，用机器人代替员工，使丰田的实体设备生产力发挥了效益。但是，实体设备的投资要以长期的眼光来衡量其贡献的价值，同时实体设备的贡献价值（贡献价值是指公司从产品或服务中获得的总营收额扣除原料和由外部供应商提供服务等产生的费用后所剩的余额）也只能衡量生产力的"量"，根本不能衡量生产力的"质"。因此，贡献价值完全是一种量化的工具，只有当成本的分配具有经济意义时，才可以使用贡献价值来分析生产力。贡献价值可以合理地分析生产力，并且设定改善目标。为此，提高实体设备生产力问题的关键就是观察并合理安排不同资源的组合。缺少实体设备生产力目标的工厂或企业会失去方向，而缺乏生产力评量指标的企业或工厂将失控。

7. 利润目标

企业组织永远只有"成本中心"，根本没有所谓的"利润中心"（德鲁克一生中唯一后悔的是发明了"利润中心"一词）。因此，利润是企业生存的必要条件，是企业未来的资本。"获利"是为了满足这样三个方面的需要：第一，支付企业继续经营的"成本风险保险费"；第二，作为企业执行未来工作的资本来源；第三，作为企业创新及经济增长的资本来源。企业经营唯一正确而有效的定义是"创造顾客"，而不是"创造利润"。利润是未来的资本，是顾客未兑现的支票；同时，利润也是企业经营成果的最终检验标准，是衡量经理人管理能力的依据。但是，利润本身并不是目标，而只是个"必需品"，因为企业仅需要合理的利润，而不是暴利。因此，企业必须客观地设定利润目标。

8. 社会责任目标

企业必须重视对社会的影响，并且应该肩负起社会责任，同时，企业应当将两者设定为企业目标。彼特·德鲁克把企业组织称为社会的"器官"。他指出，企业要正常运作，就必须对社会做出贡献,这样,企业才有存在的价值,社会也会因为企业而受惠,因此,社会才能有效地发展出依赖于企业的有效管理。正因为如此,企业组织只有有效运营,才能使社会托付给企业的财富资源发挥有效的作用;同时,企业对社会所做的贡献也会带来正面的影响,这也是承担社会责任的表现。再次,企业应爱护地球、保护资源。保护环境的措施不但能够降低地球的负荷,还能创造出不一样的替代资源或新商品。

四、使命与愿景的比较

(一) 含义不同

使命:是人或组织自我的生命意义的定位。公司的使命感一般指的是为公司做出应尽的贡献与努力。

愿景:是目标所指的状态和结果,是对公司进行的一种未来规划,是企业希望通过全体成员的努力达到的战略目标。

宗旨:简单来说就是对客户服务的一种标准。企业的口号也算是企业宗旨。

企业核心价值观:企业决策者对企业性质、目标、经营方式的取向做出的选择,是员工所接受的共同观念,是长期积淀的产物,是企业员工所共同持有的,是支持员工精神的主要价值观。核心价值观,简单来说就是某一社会群体判断社会事务时依据的是非标准、遵循的行为准则。核心价值观是指企业必须拥有的终极信念,是企业哲学中起主导性作用的重要组成部分。它是解决企业在发展中如何处理内外矛盾的一系列准则,如企业对市场、对客户、对员工等的看法或态度,它表明与影响企业生存的立场。

(二) 内容不同

企业使命是企业存在的目的和理由。明确企业的使命,就是要确定企业实现远景目标必须承担的责任或义务。

企业愿景是战略与文化的交集,既是战略的指引,又是文化的导航。

企业宗旨从根本上说是要回答"我们的企业是什么"这个问题;实质上是企业主要为整个企业定下发展基调的问题,即"我们的企业将成为什么样的企业"的问题。

(三) 作用不同

企业确定的使命为企业确立了一个经营的基本指导思想、原则、方向、经营哲学等,它不是企业具体的战略目标,不一定表述为文字,但影响经营者的决策和思维。

企业愿景是企业的发展方向及战略定位的体现,聚焦企业管理八大领域,快速提升CEO自身领导力及管理能力并借此达到推动企业成长的目的。

企业宗旨的作用是确保企业有一个重心点,提供分配资源的基础或标准,建立企业环境或企业文化,使企业员工与企业的宗旨保持一致,有助于将企业的目标分解为工作目标,这涉及在企业里分配任务。

第三节 创业战略规划

一、企业战略概述

(一)企业战略的含义

"战略"(strategy)源于军事用语,本义是"将军的艺术"。一般意义上的战略,泛指重大的、全局性的和决定性的计谋。在企业管理中提到的"战略"则是事关全局的重大决策或方案。

策略是指在一定的环境条件下,根据具体情况所采取的措施和方式方法。战略侧重于全局和长远的谋划;策略侧重于微观、技术操作层面的谋划。两者的关系是战略指导、决定策略。

企业战略是指企业面对激烈变化的外部环境,为求得长期生存和发展而进行的总体性谋划,是企业制定目标、部署和配置资源的基本形式,也是企业对市场、竞争者和其他环境因素的变化所做出的反应。因此,企业战略是指为保证企业长期的生存和发展,而对企业发展方向和经营领域做出的规划和决策。

(二)企业战略的特征

1. 长远性

战略是关于企业未来发展的长远规划。一个战略周期往往要持续10~15年,甚至更长的时间。10~15年的战略周期,又进一步分解为短期(2~3年)战略规划、中期(3~5年)战略规划和长期(5~10年)战略规划。

2. 全局性

战略是从企业发展全局出发,以企业整体为对象,根据企业整体发展需要而制定的。它规定的是企业整体的行动,追求的是企业整体效果。因此,企业的决策者必须具有全局观念,树立整体意识,抓住主要矛盾,根据企业整体发展需要而制定战略,统筹兼顾,立足全局,关注长远。

3. 决定性

战略管理与一般日常事务管理的根本区别在于,它是关系企业盛衰兴亡和决定企业整体利益的管理,而不是一般的、局部利益的管理。作为一种高层次的决策,它是最大限度地实现企业整体利益的根本保证。

4. 抗争性

企业战略是企业在激烈的竞争中与对手抗衡的行动方案,也是针对各种冲击、威胁和困难,迎接这些挑战的基本安排。与那些不考虑竞争、挑战,单纯为了改善企业现状、增加经济效益、提高管理水平等的计划不同,只有当这些工作与强化企业竞争能力和迎接挑战直接相关,具有战略意义时,才构成企业战略的内容。

5. 纲领性

战略规定的是企业整体的长远目标、发展方向和重点,应当采取的基本方针、重大措施和基本步骤。这些都是原则性的、概括性的规定,具有行动纲领的意义,必须通过落实,才能变为具体的行动计划。

二、企业战略的层次结构

典型的企业战略与战略管理,可以分为三个层次,如图6-3所示。

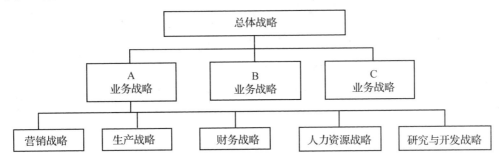

图6-3 企业战略的层次结构

(一)总体战略

总体战略又称公司战略,是企业管理最高层次的战略。大企业特别是多种经营的企业,需要根据企业使命选择业务领域,合理配置资源,使各项业务之间相互支撑、协调。通常,总体战略是企业高层负责制定、落实的基本战略。

(二)经营战略

经营战略又称业务战略、竞争战略。大企业特别是企业集团,往往从组织形态上将一些具有共同战略因素的二级单位或其中的某些部分,组成战略业务单位(也称战略业务单元)。企业的每一项战略业务都应有自己的经营战略。

(三)职能战略

职能战略又称智能层次战略,是企业各职能部门的战略,分别涉及营销、生产、财务、人力资源、研究与开发等领域的管理。

三、企业战略规划的内容与步骤

(一)企业战略规划的含义

企业战略规划是这样一种管理过程,即企业的最高管理层通过规划企业的基本任务、目标及业务(或产品)组合,使企业的资源和能力对不断变化着的市场营销环境保持和加强战略适应性的过程。换言之,是企业为了使自己的资源和能力同市场营销环境相适应,为加强自己的应变能力和竞争能力而制定的长期性、全局性、方向性的规划。这是一种覆盖企业活动各个方面的总体规划，它确定了企业的发展远景和基本战略，指明了企业在一个较长时间内的发展方向，是企业一切工作所必须遵循的总纲。

（二）企业战略规划的重要意义

企业战略规划关系着企业在市场竞争中的前途和命运，对企业具有头等重要的意义。企业战略规划是企业发展的总体规划，它确定了企业的发展远景和基本战略，对企业的生存和发展具有决定性的指导作用。在现代市场经济条件下，企业的战略规划正确与否是企业兴衰成败的关键。

（三）企业战略规划的步骤

企业战略规划的内容和步骤是：首先，在整体层次上定义企业使命，规定企业的基本任务；其次，根据企业使命和基本任务的要求确定企业的目标；再次，规划企业的业务组合（或产品组合），并确定企业的资源在各业务单位（或产品）之间的分配比例；最后，规划成长战略，在业务单位、产品和市场层次上制订营销计划及其他各项职能计划（如生产计划、人力资源计划等），这些计划是企业的总体战略在各业务单位、产品和市场层次上的具体化（图6-4）。

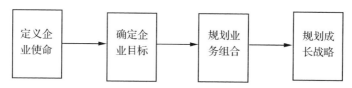

图6-4 企业战略规划的步骤

企业的战略管理是为了完成整个企业的市场定向，明确企业的总体业务范围，确定企业总的发展方向、发展途径、预期目标和资源调配。为此，企业战略规划人员一方面要分析、评价、比较宏观的经济环境和市场环境，明确地预测其未来的发展趋势，从中寻找出与企业发展总目标相匹配的各种市场机会；另一方面还要现实地、全面地分析企业的状况，包括相对优势和相对劣势，从而制定出企业的总体发展战略。

企业和组织的决策者都知道，战略是面向未来的。但在动荡、不确定、复杂和模糊的环境中，想要对未来做出客观准确的判断，几乎是不可能的。最终的决策，常常是基于直觉和信念，以及关键时刻"赌一把、拼一把"的风险担当。如果我们只看到世界的复杂、动荡，而忽视了其中的简单规律，我们就可能无所适从，茫然失措。如果我们能够发掘其中的简单规律，就可能帮助我们理解和驾驭复杂的世界。伦敦大学劳伦斯·弗里德曼（Lawrence Friedman）在其《战略：一部历史》中多次强调，"战略受制于起点，而非囿于终点"。现有的战略理论与工具，均把公司"现在"所处的环境、拥有的资源，及其未来的演化，作为战略分析的出发点和重点。把组织的现在作为分析的起点，有助于认识战略的初始条件和约束条件；而将终局（endgame）作为战略分析的起点，则有助于确定组织的方向和目标。事实上，已经有部分企业家在商业实践中感悟到，战略决策应"洞察终局、以终为始"，并引起了广泛的共鸣。

企划书是一种说明公司的长期目标、阶段目标、商业策略以及战术的文书。经过完善准备的企划书，可以帮助公司大大改进持续达成各种营运目标的能力。这对公司的所有人（企业主及股东）、员工和合作者而言，都是最有利的做法。

战略规划书是公司发展宏图的体现和细化，是对未来的展望，战略规划需要每年进行审核及向前滚动修正，以适应市场变化的需要。

商业计划书是公司、企业或项目单位为了达到招商合作和其他发展目标，根据一定的格式和内容要求而编辑整理的一个向受众全面展示公司和项目目前状况、未来发展潜力的书面材料。

（四）基于终局的战略决策核心架构

首先分析一个案例，从中提炼以终局洞察为基础的战略决策的关键要素。

亚马逊的崛起：1995年杰夫·贝索斯（Jeff Bezos）预见到网上购物的无限潜力，开始了创业历程，并以全球物种最丰富的亚马逊河谷（Amazon）命名自己的公司。1997年贝索斯在给股东的信中，披露了公司的战略洞察与决断。

产业终局：网上零售将冲击甚至颠覆传统零售行业，而且网上零售将是一个强者恒强，甚至赢者通吃的行业。

战略定位：成为网上零售业的领导者。一切围绕着股东长期价值，而股东长期价值在于不断加强行业领导地位，行业领导地位能带来更高的收入、更高的利润率、更好的资本流动性和投资回报率。

路径：从标准化的图书、音像制品切入市场，不仅通过品类扩张颠覆传统产业，还通过增强娱乐功能、交付效率和技术功能，构建全场景、全渠道的数字化体系，随时随地满足消费者的个性化需求。品类扩张——图书、音乐制品、服装、家电、日用品、食品生鲜；娱乐功能——金牌影音、金牌游戏、金牌音乐；交付功能——网店取货、无人商店、自助提货、金牌现时、无人机送货；技术功能——一键下单、仓库机器人、移动结算、无人超市、语音助手。

从这个案例，我们提炼出战略决策的核心要素：洞察终局、决断定位、选择路径。

洞察终局，是战略决策的基础。所谓"终局"是一个相对的概念，是指决策者能够预见到的最远的、相对稳定的格局或状态。看清终局，才可能决定组织在终局中想要达到的地位，从而确定组织的愿景。

愿景的确定，不应是一个"半意识"的"神秘"的过程，也不能仅仅是企业家深层强烈愿望的形象化表达。在洞察终局基础上的战略定位与愿景形成，是同一问题的两个不同方面，本质上是统一的，虽然二者的顺序可能不同。有时候是先有愿景，再确定定位；有时候则反之。战略定位，既受决策者雄心、愿景的驱动，也受资源、能力的制约。而战略路径，则是决定愿景能否实现、定位能否达成的关键。

战略定位极其关键。在未来的终极格局中，公司应居于何种地位？公司应以何种理念、何种方式为关键利益相关者创造价值，即公司应选择何种商业模式？公司应成为一个具有何种特色的组织？

当组织自身是终局的重要塑造者时，合理的战略定位非常关键。在高度对抗性的环境中，追求超出自身资源能力支撑的勃勃雄心、宏大愿景，就像一只将自己想象为老虎的猫，可能因英雄气概和伟大梦想而赢得喝彩。但若自己信以为真，与老虎争夺对其生死攸关的食物，便会慷慨赴死。

而对自身资源能力做出客观、可靠的认知，并非易事。尤其是某阶段发展较快但对对手缺乏认知的封闭组织，常常沉迷于特定阶段的相对速度优势而忽略起点差异、存量差异，以及未来整合、培育资源能力的差异，将自身的某些优势与对手的短板进行对比，产生整体优势妄想症。但是，感知到重大机遇，却不敢超越现有资源的限制，有效地开发、整合、利用外部的潜在资源，追求宏大的目标，又不可能成为伟大的企业家。二者之间如何进行平衡，对决策者战略创造力、决断力是一个非常重要的考验。无论如何，决策者需要认识到，潜在资源的开发、整合能力，与组织的愿景、使命、价值理念等能否得到利益相关者的广泛认同高度相关。得道多助、失道寡助，在企业竞争中，同样是适用的。

从企业角度看，战略定位有三个层次：一是在不同产业路径或应用场景中的定位；二是选定产业方向后，在产业格局中的定位；三是企业确定在产业格局中的地位后，从营销的视角看，产品在消费者心智中的定位。比如，在互联网刚刚出现的时候，洞察互联网应用的终局，可能看到互联网购物、互联网娱乐、互联网媒体、互联网金融等。战略定位的第一个层次，是在众多可能的应用场景中，确定企业该选择哪个方向。确定方向，如网上购物后，第二层次的定位，是洞察网上购物市场的终局；与之对应的定位是在网上购物市场中居于何种地位、选择何种商业模式。第三层次的定位是，在网上购物多边客户心智中，企业的核心特色是什么、以何种形象和特点而存在。洞察终局的对象不同、层次不同，定位的层次也就不同，需要将其协调起来考虑。

路径：达到定位目标的关键路径或战略安排。其主要包括满足实现终局定位的需要必需的资源能力开发、整合战略；达到战略定位的业务发展路径或优先次序安排；为构建未来主导的商业模式，需要提前进行的商业模式优化、调整、布局的关键安排；统筹协调关键利益相关者关系的策略；等等。

战略决策的三个要素——洞察终局、决断定位与选择路径，三者是相互影响的：当自身是终局的重要塑造方时，终局常常因为自身战略定位不同而不同；同样地，对终局的判断与定位不同，达成愿景的路径就不同。

战略制定后，战略实施层面的具体行动则需要顺势而为，灵活应变。

四、战略落地的年度计划

为了推动公司年度经营计划的制订，有些公司会成立专门的计划预算工作组，有些公司则是由总经办进行推动。此外，为了决策，有些公司也会组成包括董事长、公司总经理、副总经理在内的高层决策委员会。总体而言，年度经营计划的制订都要经过项目启动，战略研讨，经营目标确定，具体经营策略、措施、计划的实施与监控等流程。

为了保障战略规划的全面贯彻执行，需要明确制订年度计划时，可以从以下几个方面入手。

(一) 成立统筹性管理组织

年度计划制订是一个相对庞大的系统工程，需要站在企业整体的角度进行统筹规划，而且涉及企业的方方面面，不仅工作量巨大，其间还要保证不能影响到正常的工作。因此，在制订年度计划阶段时最好成立一个计划推进委员会，对时间的安排、资料的准备、任务的下达、食宿的解决等都进行统筹安排。

(二) 确保公司级目标合理

只有公司级目标合理了，才会有合理的部门目标。因此，制定企业的年度目标时，要结合企业的使命、愿景、近几年的历史数据、同行业的数据、市场趋势分析、内部资源分析和企业的发展要求等方面。

(三) 学会制订年度计划的方法

在制订年度计划时，由于计划制订者未必受过制定战略规划的专业训练，需要事先培训如何进行数据统计、比较、差距分析、趋势判断、独立性原因寻找，以及如何制定目标、如何确立标准、如何拟定措施等。只有掌握了这些基本的工具和方法，效率才会大幅提升，计划的合理性才能得到确保。

(四) 合理安排任务

要做好年度计划，必须合理安排以下任务：提前提供各部门所需的数据（如各规格销售额、成本数据、部门费用、质量数据、服务满意率、供货周期、物料周转率、人员流失率等，都需要相应专职部门提供给使用部门）；告知各部门提前准备的资料、需要收集的数据、各阶段的会议主题和时间安排等，这就能避免开会时临时抱佛脚，可以加快工作进度。每个部门都有N个工作项目，如果将这些项目都事无巨细地罗列下来，只会顾此失彼，舍本逐末。在项目设置上，可以分经营和管理两类，前者围绕短期的经营效益，后者围绕长期的基础搭建（包括内外部顾客满意、流程优化、创新改进等）。

(五) 量化具体目标

在管理上，几乎没有不可量化的指标。没有量化，意味着没法公正客观地考量，更没法进行考核。在制定量化目标时，可以结合企业的要求指标、部门历史数据、自身要求等，最好同时设置挑战和保底两个目标，以激发团队的潜力。

(六) 合理划分阶段目标

部门的年度目标是指全年需达成的目标，还需进一步分解到每个月份，只要每个月的目标达到了，全年的目标自然也就实现了。在分解阶段目标时，建议分解到月，无须到周，在每月制订月计划时再行分解到周；否则，任务量过大不说，还会由于时间跨度太长而预测过于细微，导致计划来回修改，既劳而无功，又影响员工的信心。

(七) 将计划任务落实到个人

在部门年度计划确定后，部门内部还需要再次细化分解，将指标、措施和完成时间等尽量落实到每一位员工身上。任务目标确定后，薪酬和考核体系须同步跟进。为防止部门各扫门前雪，可采取"大饼分成小饼"的考核方式。

创业是一项庞大的工程，涉及合作、选项、选址、营销等诸多方面，因此在职人员创业前，一定要进行细致的准备：通过各种渠道增强这方面的基础知识；根据自己的实际情况选择合适的创业项目，为创业开一个好头；撰写一份详细的商业策划书，包括市场机会评估、赢利模式分析、开业危机应对等，并摸清市场情况，知己知彼，打有准备之仗。

 关键术语

创业环境　创业战略环境分析　SWOT 分析　使命　愿景　战略目标　战略规划

 思考与练习

1. 如何使用 SWOT 分析？
2. 如何制定企业战略规划？
3. 创业战略目标应包括哪些内容？

第七章　商业模式设计与创新

学习目标

- 了解商业模式的意义与作用
- 掌握商业模式的概念与构成要素
- 了解商业模式的类型
- 掌握商业模式的设计方法

课程思政

通过教学，学生能够了解和掌握企业商业模式设计的基本概念及基本理论，并通过各种案例能够掌握将这些理论运用到实际中的方法，并且可以将一些理论与策略与我国企业实践现状相结合，制定有中国特色的企业商业模式；提升自主学习和自主分析的能力，从而在今后的就业或创业过程当中拥有一定的竞争优势。

案例引入

一支画笔下诞生的灵感

2012年10月，中山大学大四学生王子和莫子皓打算做一些不一样的事，回馈社会。这个想法源于一段往事，进而成为"米公益"的第一颗种子。

王子曾跟随学校组织的支教团，去山区小学上美术课，教孩子们画画，他发现孩子们缺少画笔。王子便问带队的队长，能否买一些笔在下次支教时带给孩子们。结果遭到拒绝，队长表示，过去有很多志愿者有过类似考虑，但他们承诺了之后没有做到，或者以后很难再来，孩子们就会产生失落感。王子又问："如果我不买，他们又没有画笔，那怎么办？"

队长也难以回答这一问题，事实上，当时的他们并没有能力去改变这一现实。王子想到，这个问题或许源于整个公益行业的运行机制。个体之力过于分散，很难跟公益需求实现匹配，一人一时的恻隐之心也只是杯水车薪，结果无非是头痛医头、脚痛医脚。那么能否改变这种现状呢？公益资金的供给方、需求方以及执行者，有没有实现更好匹配的方法呢？

后来，王子跟莫子皓成功组建了一个20多人的结构完整的优秀团队。这20余人都是中山大学各个学院里数一数二的能人，有着财务、技术、宣发等不同领域的专业背景。

新组建的米公益团队对当时的公益市场做了深入的分析，经过大量调研和团队"头脑风暴"之后，他们想到一个三位一体的商业模式，即将用户、公益机构和企业联系到一起，构成一个三角模式，由企业出钱，公益机构负责工作、用户投入碎片时间，与公益社区一起成长。

（资料来源：王强，占辉，米壮，等. 粒米虽小，公益事大——米公益，不止更好的自己。商学院管理案例与教学创新案例库2018年度案例）

应用型任务

- 应用理论和实践知识，如何设计你的创业企业商业模式？

第一节 商业模式概述

对商业模式的广泛关注始于20世纪末期的互联网创业潮。互联网兴起以后，涌现出许多新的经营模式，同时在网络经济条件下，出现了各种业务流程、收入模式。不同的信息流通方式，迫使企业重新思考竞争优势的来源、结构以及过程，这时企业商业模式受到了从创业者到投资者的广泛关注。人们逐渐认识到，企业必须选择一个适合自己的、有效的和成功的商业模式，从而保证自己的生存和发展。

一、商业模式的概念

商业模式来源于创业者创意，商业创意来自机会的丰富和逻辑化，并有可能最终演变为商业模式。其形成的逻辑是：机会是经由创造性资源组合传递更明确的市场需求的可能性（Schumpeter, 1934; Kirzner, 1973），是未明确的市场需求或者未被利用的资源或者能力。尽管它第一次出现在20世纪50年代，但直到90年代才开始被广泛使用和传播，现在已经成为挂在创业者和风险投资者嘴边的一个名词。

有一个好的商业模式，成功就有了一半的保证。商业模式就是公司通过什么途径或方式来赚钱。简言之，饮料公司通过卖饮料来赚钱，快递公司通过送快递来赚钱，网络公司通过点击率来赚钱，通信公司通过收话费来赚钱，超市通过平台和仓储来赚钱，等等。只要有赚钱的地方，就有商业模式存在。

随着市场需求日益清晰以及资源日益得到准确界定，机会将超脱其基本形式，逐渐演变成为创意（商业概念），包括如何满足市场需求或者如何配置资源等核心计划。随着商业概念的自身提升，它变得更加复杂，包括产品/服务概念、市场概念、供应链/营销/运作概念[①]，进而这个准确并差异化的创意（商业概念）逐渐成熟并最终演变为完善的商业模式，从而形成一个将市场需求与资源结合起来的系统。

商业模式是一种包含了一系列要素及其关系的概念性工具，用以阐明某个特定实体的商业逻辑。它描述了公司所能为客户提供的价值以及公司的内部结构、合作伙伴网络和关系资本等用以实现（创造、推销和交付）这一价值并产生可持续盈利收入的要素。

在文献中使用"商业模式"这一名词的时候，往往模糊了两种不同的含义：一类作者简单地用它来指公司如何从事商业的具体方法和途径；另一类作者则更强调模型方面的意义。这两者实质上是有所不同的：前者泛指一个公司从事商业的方式；而后者指的是这种方式的概念化。后一观点的支持者们提出了一些由要素及其之间关系构成的参考模型，用以描述公司的商业模式。

商业模式新解：是一个企业满足消费者需求的系统，这个系统组织管理企业的各种资源（包括资金、原材料、人力资源、作业方式、销售方式、信息、品牌和知识产权、企业所处的环境、创新力，又称为输入变量），形成能够提供消费者无法自力更生而必须购买的产品和服务（输出变量），因而具有自己能复制且别人不能复制，或者自己在复制中占据市场优势地位的特性。

二、商业模式概念的发展

彼得·德鲁克说："当今企业之间的竞争，不是产品之争，而是商业模式之争。"移动互联网时代，商业模式再度成为热点，产品、商业模式、运营成为互联网企业的利器。尤其是在企业发展到有一定的用户规模，需要商业变现的时候，商业模式成为企业获得倍速发展的一个加速器。

商业模式的发展大概经历了三个阶段。

（一）第一阶段：商业模式画布阶段

传统的商业模式画布由9块方格构成，代表着构成商业模式的9个要素，每一块方格都代表着成千上万种可能性和替代方案，通过按图索骥，找到最佳的组合。这9个要素分别是：客户细分、价值主张、用户获取渠道、客户关系、收入来源、核心资源、关键业务、重要合伙人、成本架构。具体如图7-1所示。

---

① 陈琛. 新企业创业团队断层对创业行为的影响研究［D］. 长春：吉林大学，2014.

图 7-1 商业模式画布构成

商业模式画布的使用者只需按照一定的顺序填充即可。首先要了解目标用户群，再确定他们的需求（价值定位），想好如何接触到他们（渠道），怎么盈利（收益流），凭借什么筹码实现盈利（核心资源），能向你伸出援手的人（合伙人），以及根据综合成本定价。

（二）第二阶段：三重体验商业模式

商业模式画布中的客户细分、用户获取渠道、客户关系、关键业务、成本架构等发生了根本性的变化。

第一，客户细分没有必要。用户的精力是有限的，他们关注了你，就可能没有时间关注他。

第二，用户获取渠道会被堵死。互联网经济的逻辑是商家绕过渠道直连用户，不再需要层层的渠道将货品分布到各个终端，只要在网络上架设一个销售终端即可。

第三，客户关系实现交互。未来没有所谓的客户关系，产品都是人格化的，买小米是和雷军在交互，买锤子是和罗永浩在交互，用户愿意做的永远是和一个活生生的人在交互。

第四，关键业务走向趋同。以前关键业务是各做各的，现在所有的模式都是在和用户交互以后获得需求，再推送产品。要么是交互以后直接听取用户吐槽，要么是交互以后累积大数据进行分析。

第五，成本架构不被考虑。贝佐斯和刘强东等人都说过"不要给我说赚钱"，但资本还是追逐他们。为什么这么有底气？是因为资本知道拥有了流量之后，商业模式就会存在很大的想象空间。

新商业模式中，所谓的四要素指的是收益获取、内部资源能力、外部合作生态、价值创造。

企业讲述自己的商业模式，要说清楚两件事：第一，怎么通过内部资源能力吸引外部合作生态，为用户创造出价值？这里面要说清楚你们一群小伙伴谁做什么，才能创造那种用户体验；第二，怎么通过内部资源能力吸引外部合作生态，为自己获取收益？这里面要说清楚你们一群小伙伴谁分多少钱，才能维持、强化那种生态。

商业模式要素模型如图 7-2 所示。

四要素模型要解决的两个问题——

问题一：
怎么通过内部资源能力吸引外部合作生态，为用户创造出价值？

问题二：
怎么通过内部资源能力吸引外部合作生态，为自己获取收益？

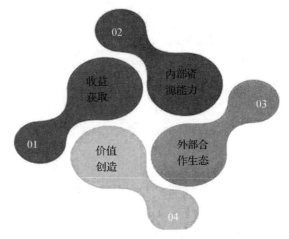

图 7-2　商业模式要素模型

由此，商业模式九元素就简化成了四要素。其中，不难看出，四要素中最重要的是"价值创造"，这是整个商业模式得以构建的基础。"价值创造"错了，商业模式再对也是错；这一点对了，商业模式迟早走上正轨。因此，如何构建"价值创造"是个关键。穆胜顺势提出了"三重产品体验模型"理论来解决这一问题，并以此为基础构建互联网思维指导下的四大商业模式。

所谓三重产品体验模型（图 7-3），指的是：

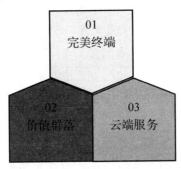

图 7-3　三重产品体验模型

完美终端——产品要"有用"。有用就是功能出色，你给我一部手机，它的功能好我才会用它。

价值群落——产品要"有爱"。罗永浩用反对主流的方式生存，粉丝们用购买来为这种非主流的价值观点赞，他们说："你只负责认真，我们帮你赢！"

云端服务——产品一定"有趣"。云端是资源的集合，通过终端释放无限的功能，有了云端，产品就能有趣！

由这三种产品体验，可得到 7 种商业模式：终端、群落、云端、"终端+群落"、"终端+云端"、"群落+云端"、"终端+群落+云端"。其中，后四种就是具有互联网思维的商业模式了。具体如表 7-1 所示。

表7-1 产品角度的 7 种商业模式

产品体验	商业模式	典型企业	商业模式类型
单层体验	完美终端	中兴、华为、联想、酷派	传统思维
	云端服务	数据分析公司、软件公司	
	价值群落	传统粉丝经济、新粉丝经济	
双层叠加	终端+群落	黄太吉、雕爷牛腩、小米	互联网思维
	终端+云端	京东、天猫、淘宝、亚马逊	
	群落+云端	逻辑思维、微信	

（三）第三阶段：移动互联网商业模式

移动互联网商业模式，是互联网时代产品快速裂变的利器，产品出来之前，一定要做好互联网商业模式。先做好一个核心产品，由核心产品延展其他产品和业务，这是互联网企业的模式，也是互联网生态圈得以实现的不二法则。

商业模式首先要有足够的吸引力，要让参与者先疯狂（参与者可能是投资者，也可以是渠道商、代理商、用户或者消费者）；其次还要有自动自发的推动作用；最后才是盈利问题。随着时代的发展，人们更加追求简单易懂的东西。

因此，任何模式要简单易懂，要让这些人"躺着赚钱"，只有明确这些模式的基本逻辑，才可能在"红海"中脱颖而出。卖产品没错，但产品的生命周期变得越来越短，把产品植入某种模式中，让产品在场景之下产生刚需，成为痛点的解决方案，这就是终极的产品差异化，让特定的商业模式带动产品的销售。

成功的商业模式具有三个核心特征。第一，成功的商业模式要能提供独特价值。更多的时候，它往往是产品和服务独特性的组合。这种组合要么可以向客户提供额外的价值；要么使得客户能用更低的价格获得同样的利益，或者用同样的价格获得更多的利益。第二，商业模式是难以模仿的。企业通过确立自己的与众不同，如对客户的悉心照顾、无与伦比的实施能力等，来提高行业的进入门槛，从而保证利润来源不受侵犯。第三，成功的商业模式是科学管理的。企业要做到量入为出、收支平衡。现实当中的很多企业，不管是传统企业还是新型企业，对于自己的钱从何处赚来，为什么客户看中自己企业的产品和服务，乃至有多少客户实际上不能为企业带来利润，反而在侵蚀企业的收入等关键问题，都不甚了解。

三、商业模式的类型

根据上述理解，可以把商业模式分为两大类。

（一）运营性商业模式

重点解决企业与环境的互动关系，包括与产业价值链环节的互动关系。运营性商业模式创造企业的核心优势、能力、关系和知识，主要包含以下几个方面的主要内容。

1. 产业价值链定位

企业所处的产业链条以及产业链条的定位，通过资源条件和发展战略对企业进行定位。

2. 赢利模式设计（收入来源、收入分配）

企业从哪里获得收入，获得收入的形式有哪几种，这些收入以何种形式和比例在产业链中分配，企业是否对这种分配有话语权。企业收入来源、收入形式以及企业在产业链条中的分配是否有话语权。

（二）策略性商业模式

策略性商业模式对运营性商业模式加以扩展和利用。应该说策略性商业模式涉及企业生产经营的方方面面。

1. 业务模式

企业向客户提供什么样的价值和利益，包括品牌、产品等。

2. 渠道模式

企业如何向客户传递业务和价值，包括渠道倍增、渠道集中/压缩等。

3. 组织模式

企业如何建立先进的管理控制模型，比如建立面向客户的组织结构，通过企业信息系统构建数字化组织等。

每一种新的商业模式的出现，都意味着一种创新、一个新的商业机会的出现，谁能率先把握住这种商业机遇，谁就能在商业竞争中先拔头筹。

商业模式具有生命性，一个世纪前，金·吉利（Kim Geely）通过赠送产品来赢得财富，创造了一种新的商业模式，而今天当各商家都用打折或买一送一的方式来促销时，这就不再是一种商业模式。商业模式具有可移植性，如果今天我们生产剃须刀片的企业仍然通过免费赠送剃须刀来卖刀片，它就不能称为商业模式；而当新型的网络企业通过各种免费方式赢得眼球时，我们就能称这种免费形式为网络企业的新商业模式。在企业的创办过程中，每一个环节上有多种创新形式，偶尔的一个创新也许就能改变企业的整个经营模式，也就是说，企业的商业模式具有偶然性和广阔的衍生性。

所谓的商业模式是指企业根据自己的战略性资源，结合市场状况与合作伙伴的利益要求而设计的一种商业运行组织。这种商业运行组织一般会涉及供应商、制造商、经销商、终端商以及消费者等综合性利益。因此，商业模式是涉及综合性利益组织的一种商业组织形式。商业模式不同于单一的渠道策略，商业模式更多的是一种以利润结构为导向的组织结构性设计，而不是简单的一种渠道铺货策略。

制造商、品牌商、经销商、终端商，都有自己比较独特的商业模式。这里主要针对快速消费品与耐用消费品制造企业，因此，所说的商业模式主要是制造商（含品牌商）商业模式。目前，制造商商业模式主要有如下六种形式。

第一，直供商业模式。主要应用在一些市场半径比较小、产品价格比较低，或者是流程比较清晰、资本实力雄厚的国际性大公司。直供商业模式需要制造商具有执行力强、现金流状况良好、市场基础平台稳固、市场产品流动速度很快的特点。中国市场战略纵深很大，市场特点迥异，渠道系统复杂，市场规范化程度比较低，在全国市场范围内选择直供商业模式是难以想象的。因此，即使强大如可口可乐、康师傅等跨国企业也开始放弃直供这样的商业模式。但是，利润比较丰厚的一些行业与产业还是会选择直供商业模式，如白酒行业的很多公司就选择了直供的商业模式，云峰酒业为了精耕市场，在全国各地成立了销售性公司，直接控制市场终端，广州云峰酒业、西安云峰酒业、合肥云峰酒业、湖北云峰酒业等公司在当地市场上均具备一定的实力与良好的基础；很多OTC产品也会选择直供商业模式。

第二，总代理制商业模式。这种商业模式为中国广大的中小企业所广泛使用。由于中国广大的中小企业在发展过程中面临着两个最为核心的困难，其一是团队执行力比较差，他们很难在短时间内构建一个庞大的执行团队，而选择经销商做总代理可以省去很多当地市场执行面的困难；其二是资金实力上的困难，中国中小企业普遍资金实力比较薄弱，如果选择总代理制商业模式，他们可以在一定程度上占有总代理商一部分资金，更有甚者，他们可以通过这种方式完成最初原始资金的积累，实现企业快速发展。

第三，联销体商业模式。随着大量中小企业选择采取总代理商业模式，市场上好的经销商成为一种稀缺的战略性资源。很多经销商对于鱼目混珠的招商方产生了严重的戒备心理，在这样的市场状况下，很多比较有实力的经销商为了降低商业风险选择了与企业进行捆绑式合作，即制造商与经销商分别出资，成立联销体机构。这种联销体既可以控制经销商市场风险，也可以保证制造商始终有一个很好的销售平台。联销体这种方式受到了很多有理想、有长期发展企图的制造商的欢迎。如食品行业的龙头企业娃哈哈就采取了这种联销体的商业模式；空调行业巨头格力也选择了与区域性代理商合资成立公司共同运营市场，取得了不错的市场业绩。

第四，仓储式商业模式。仓储式商业模式也是很多消费品企业选择的商业模式。很多强势品牌为了提升竞争能力，选择了仓储式商业模式；因制造商竞争能力大幅度下降的现实，选择了仓储式商业模式，通过价格策略打造企业核心竞争力。比如20世纪90年代，四川长虹电视在中国大陆市场如日中天。为降低渠道系统成本，提高企业在市场上的价格竞争能力，长虹集团就选择了仓储式商业模式，企业直接将产品配送到消费者手里。仓储式商业模式与直供商业模式最大的不同是，直供商业模式没有实体店铺，通过第三方平台完成产品销售，企业将货源直接供应给第三方销售平台；而仓储式商业模式是企业拥有自己的销售平台，通过自己的销售平台完成市场配货功能。

第五，专卖式商业模式。随着中国市场渠道终端资源越来越稀缺，越来越多的中国消费品企业选择专卖式商业模式。如TCL幸福村专卖系统，五粮液提出的全国两千家专卖店计划，蒙牛乳业提出的蒙牛专卖店加盟计划，云南乳业出现的牛奶专卖店与牛奶总汇，等等。选择专卖式商业模式需要具备三种资源中的任何一种模式或者三种特征均具备。其一是品牌。选择专卖式商业模式的企业基本上具备很好的品牌基础，消费者自愿消费比较多，而且市场认知也比较成熟。其二是产品线比较全。要维系一个专卖店的稳定利润，专卖店的产品结构就应该比较合理，因此，选择专卖渠道的企业必须具备比较丰富的产品线。其三是消费者行为习惯。必须看到，在广大的农村市场，可能专卖式商业模式就很难起到推动市场销售的功能，因此，专卖式商业模式需要成熟的市场环境。专卖式商业模式与仓储式商业模式完全不同，仓储式商业模式是以价格策略为商业模式核心，而专卖式商业模式则是以形象与高端为核心。

第六，复合式商业模式。由于中国市场环境异常复杂，中国很多快速消费品企业在营销策略上也选择了多重形式。复合式商业模式是一直基于企业发展阶段而做出的策略性选择。但是，要特别注意的是，一般情况下，无论多么复杂的企业与多么复杂的市场，都应该有主流的商业模式，而不能将商业模式复杂化作为朝令夕改的借口，使得营销系统在商业模式上出现重大的摇摆。而且，我们应该了解，一旦我们选择了一种商业模式，往往需要在组织建构、人力资源配备、物流系统、营销策略方面都做出相应的调整；否则，我们就不能认为这个企业已经建立了成熟的商业模式。

四、常见的十种商业模式

向前看 20 年，当时有很多实力雄厚的公司占据着行业的主导地位，如摩托罗拉、诺基亚、武富士、柯达、雷曼兄弟、日本中道等，可它们在经历了数十年的成功经营后如今却已经销声匿迹。特别令人印象深刻的是诺基亚，当时几乎在任何场所都能听到诺基亚特定的铃声。诺基亚被认为是身份的象征，如今却沦落到了"老年机"的行列，字体大，按键方便。如果从商业模式的角度分析，这些公司都没能及时地调整它们的商业模式来适应新的环境变化，而是满足于昔日的辉煌。商业模式是不断创新的，它没有恒久不变的固定模式。

（一）附加商业模式

附加商业模式是当核心产品价格低下时，会通过附加产品使总体价格上升的商业模式。客户以极低的价格购买核心产品，但是为了满足具体需求还需要购买其他产品，最终花费的金钱要比预期的多，而商户也从中获取更大的利益。

例如，装修行业就是采用附加商业模式：前期的报价方案，通过后期增加项目及改动项目来使整体价格上涨。附加商业模式已经存在很多年了，特别是服务行业。

旅游业也广泛使用附加商业模式，因为竞争激烈所以通过极低的价格吸引顾客，然后在旅游过程中销售贵宾客房、饮料、特殊活动、景点购物来提升整体利润。

确保这个模式良好运行的前提是，客户能够先选择一个基础产品，然后增加一些客户对其价格敏感度较低的可选产品。最初，客户会在包括价格的理性标准基础上做决定，后来就会变成以情感为动机进行购买。一旦你在高铁列车上饿了，就不在乎列车上的快餐比饭店里的贵多少元。

（二）试用商业模式

这个商业模式描述的是个人或者组织团体之间进行不同种类的产品和服务的交换。例如，在大型商场，商家为了促销新品，会准备一定数量的免费试用品，让客户体验产品的效果，从而用口碑打开新品市场。通过为潜在的新客户介绍某种产品，试用模式能对产品宣传起到一定作用。

如今，在互联网发达的形势下，试用模式也被套用在网络营销上。而这不仅仅是让客户免费体验这么简单。例如，某个香水品牌的商家在自己的公众号上开通了商城，并且提供了大量的免费试用小瓶，然后通过其他媒体大肆宣传：只要关注该公众号就能免费领取试用小瓶装，而且还是包邮。当客户试用后在该公众号上给予意见及评价，就能以半价购买该品牌的香水。这样不仅推广了品牌，而且连带着增加了销售收入，最主要的是吸引了一大批的粉丝。

（三）交叉商业模式

交叉商业模式与附加商业模式不同，但又有相似之处，交叉商业模式的目的是开发现有的客户关系来销售更多的产品。

例如，在加油站内不仅仅可以加油，还可以购买跟汽油无关的产品，如玻璃水、饮料等。

交叉商业模式的优点是已经建立起来安全感，让客户能够充分相信，从而当客户消费其他产品时，能够让客户达到很高的满意度。

这个商业模式还存在双赢的关系，例如在餐厅吃饭，客人喝完酒就可以通过餐饮服务员寻找代驾公司，而代驾公司通过餐饮渠道找到了客户，餐饮因为帮客人寻找到代驾公司而让客人满意，从而取得了双赢。

交叉商业模式的潜力还可以发掘，可以用利润小的产品绑定利润大的产品销售，也可以用利润大的产品绑定利润小的产品，可谓是多样化。例如，一家有名气的电商在主营自己核心产品的同时，通过代买的方式销售其他电商的产品，实现多样化的、交叉式的盈利模式。

（四）众筹商业模式

众筹商业模式就是把一个项目所需要的资金，分一大部分外包给大众。

众筹通过媒体等把项目分享给大众，引起大家对项目的兴趣和关注，从而吸引支持者投资。作为回报，支持者会得到该项目的报酬，或者附加的专项收益，如定期分红。

众筹商业模式可以追溯到几百年前，当时最早一批起家的晋商们就是通过集资，用个人少量的资金运作大额资金的商业活动。

集资也是众筹的一种表现，特别是在改革开放初期，房地产商人崛地而起，而当时比较普遍的购房交易就是开发商们拿下地皮之后就会用集资的方式向购房者打开销售通道，购房者通过集资的方式买房可以更加优惠，而开发商通过集资能够快速地回笼资金。在当时的银行政策下开发商如果运作得当可以"空手套白狼"，就连前期购买地皮的钱都可以通过合作的方式拿到。

众筹商业模式与传统投资不同之处在于，众筹者可以参与项目，很多众筹者更是对能够参与项目更感兴趣，众筹者的参与也能够使得项目的开展更加顺利；而且众筹商业模式能够提供一个独特的机会来拓宽人际关系圈子。

更重要的是，众筹商业模式能够让项目发起人通过众多的众筹者获得有价值的反馈和评价，除了能完善项目外，还可以省下很多在实验阶段产生的费用。

而众筹的发起人首要有吸引人的想法和可行性的项目，这样才能吸引认同项目的人的支持，从而获得资金支持。

（五）众包商业模式

众包商业模式是把一项任务外包给外围的执行者去完成，他们通常以公开的方式输送任务。众包的目的是在不增加费用的前提下更有效地解决问题。

众包也应用于企业为了找出更多更好的创意而发起的投稿活动。参与者可以在完成任务后得到一笔可观的金钱报酬，而企业不只是得到创意文案，还可以获得大众对产品的喜好等更加广泛的信息，省下了时间、人力等成本。

众包商业模式也非常适用于找出更多关于客户想要和喜好的新产品的信息。例如，东莞一家服装企业为了得到更好的设计方案，邀请全国服装设计师提供设计样品及方案，如果作品被采纳则给予很高的报酬。

现在网络时代中也常见众包商业模式，很多外卖O2O平台也采用了众包商业模式，当有顾客订餐时，平台会通过手机定位把外卖送餐业务发送给抢到该订单的跑腿员，跑腿员完成任务就可以得到报酬。

（六）会员制商业模式

会员制商业模式的特点是与客户建立长期关系，通过奖励特殊产品或者折扣金额来培养客户的忠诚度。保持这种忠诚度需要商家提供的价值超出产品的价值。

发放会员卡是目前最为常用的保持顾客忠诚度的手段，而注册会员卡时顾客提供的身份信息能让商家更好地为顾客提供附加服务。例如，节假日时送上美好祝福，生日时提供精美礼品，等等。

保持顾客的忠诚度仅提供附加服务是不够的，同时要设计出顾客理性消费的需求，要利用心理效应，顾客常常会受到寻找优惠的本能刺激，实际上顾客消费的往往比预想的要多。

这个模式的另一个优点是能为企业带来重要的客户数据，能够获得顾客的消费行为记录，这可为以后进行分析提供很大的帮助。

电商企业还可以选择把减免金额直接与顾客的账户挂钩，当顾客购买时折扣就自动生效；也可以采用会员返点的模式，当顾客消费了一定的金额就会给予一定的代金券，等下次顾客再购买时就可以用代金券抵现金使用。例如，沃尔玛会员超市、美国的美乐家超市都是使用的会员制商业模式，只有办理了会员才可以在该超市消费，而超市通过积分抵现金等形式获得了大批的忠诚顾客。这个模式适用于很多情况，实际上，客户忠诚度已经变得必不可少，企业长期成功的基础就是以顾客为中心。鉴于大多数行业的竞争越来越激烈，赢得顾客的忠诚度无疑是一个很好的销售方式。

（七）数字化商业模式

数字化商业模式就是把现有产品或服务转化成一个数字体，它的优势就是省去了中间商，降低费用，配送更合理。例如，在线视频电影、视频教学等，用户支付了不多的费用就可以在线观看。与大多数商业模式相比，数字化商业模式包含了近几十年来的主流技术，反映了社会经济的发展和进步。倒退20年，当时的人们观看电影依赖的是购买录像带、CD或者磁带，这在现在是不可想象的。

另一个例子是现时代的教学模式也推出了网络在线教学、网络在线考试，通过网络就可以拿到所需要的认证。而这个网络教学模式为偏远地区的人们提供了很多帮助，也为工作繁忙的年轻人提供了自己选择学习的便利。数字化模式是一个非常有前景的商业模式，会被广泛应用，特别是互联网企业很难避免数字化。

（八）直销商业模式

直销商业模式是一家公司的产品是由该生产商直接销售，而不是通过代理商、渠道商、零售店再销售出去。通过这一模式，生产商能够在保证获得更高的利润的同时让消费者花费更少的费用，而且还能提升消费者的消费体验，从而帮助公司更好地了解消费者的需求变化，改进产品。

传统商业模式：生产商—中间商—经销商—零售店—顾客。

直销商业模式：生产商—顾客。

此外，直销商业模式还能使公司对销售信息把握得更加精准，并能一直保持统一的销售模式、统一的销售价格。

安利公司就是一个很成功的例子。安利通过一个由分公司和个人组成的全球网络向客户销售产品，人们可以通过跟安利公司签约成为直销商，并按照公司统一的价格销售，顾客在使用之后也可以签约成为直销商。公司会为每一位直销商提供专业的培训，使每一位直销商都能成为独立的个体。

直销商业模式是非常广泛的，而且在与顾客完成整个销售过程中能达到两个目的：可以密切关注顾客，追踪他们不断变化的需求；可以优化销售、营销、生产和其他部门之间的内部协调。

（九）电子商务商业模式

电子商务商业模式是把传统的产品与服务通过网络渠道进行在线销售，省去了实体店及运营的成本费用。消费者可以在不同的产品之间比较，比在实体店之间比较更加节省时间，并且以更低的价格购买。

电子商务是随着电脑的广泛普及而出现的。不过电子商务也存在一个很大的缺陷，就是购买者在购买的时候不能直接地体验虚拟物品。这种缺陷必须要通过把各种益处尽可能清楚地展现给消费者予以弥补，要保证客户不满意时能够退货换货。

电子商务商业模式还可以影响一家公司的所有层面和领域。例如，可以利用数据挖掘技术来分析公司的销售；可以给销售部门提供优化销售策略的数据，而且这种优化也可以自动运行；可以发给消费者个性化的广告和新产品、打折商品的推荐，而公司用最低的费用把广告发送给潜在顾客。

电子商务能作为一个补充销售渠道，通过这一渠道，数字化产品的好处就能充分得到挖掘。电子商务具有无穷的潜力，电子商务的出现重新定义了购物。近年来比较火的外卖O2O平台就是电子商务的延伸。

（十）体验式销售模式

在体验式销售模式中，一个产品或者服务的价值会因为提供了体验的机会而增加。例如，近年来比较流行的VR眼镜，因刚上市时缺乏消费者对其的认可，通过让消费者体验的方式把价值释放出来。

体验式销售模式被广泛应用到各个行业，很多公司通过让顾客体验，塑造自身产品的价值，让顾客区分自己与竞争对手的差别。

美国星巴克咖啡公司是一个很好的例子，除了为顾客提供多种咖啡、茶、点心等之外，还为顾客提供一系列的附加服务。例如，免费的Wifi、轻松的音乐、舒适的座椅及环境，通过让顾客自己体验，增加顾客的黏性，从而名声也越来越大，客户忠诚度也越来越高，商家收入也是不断增加。

体验式销售模式也被应用在饮品经销商中。当一个品牌的饮品刚刚上市时，为了得到顾客的认可，经销商都会跟餐厅、超市等协商，为这些终端销售商提供产品，等卖完之后再结款。终端销售商因为没有前期投资费用，又能增加销售商品，很愿意合作，而经销商就是利用这种体验式销售模式快速地打开市场。

以上就是时下比较常见的10种商业模式。

五、我国十大成功商业模式

目前企业之间的竞争已不再是简单的产品层级的竞争而是商业模式的竞争。企业必须根据自身的资源与禀赋，结合外部环境，选择一个适合自身发展的商业模式，并且随着客观环境的变化不断加以创新，以获得持续的竞争优势与核心竞争力。简而言之，商业模式就是企业创造营收与利润的手段和方法。尽管这在概念上并没什么惊人之处，但每一个商业模式创新却成为人们关注的焦点。这不仅是因为在某一行业，商业模式不同而使企业的价值与盈利能力有天壤之别，更是因为基于某种创意所形成的商业模式创新，不但颠覆了传统的盈利模式或发展模式，而且成为引领行业发展方向的决定性因素。

改革开放以来，中国诸多企业的成功缘于偶然而失败归于商业模式者比比皆是。实际上，成功的商业模式非常一样而又非常不一样。非常一样的是这一模式创新性地将内部资源、外部环境、盈利模式与经营机制等有机结合，不断提升自身的盈利性、协调性、价值、风险控制能力、持续发展能力与行业地位等；非常不一样的是这一模式是在一定条件、一定环境下的成功，更多的具有个性，不能简单地拷贝或复制，而是必须通过不断地修正才能保持企业持久的生命力。

(一) 成功商业模式的主要特征

1. 基于产业价值链的分解而形成

商业模式创新主要体现为以技术为基础、依托产业价值链、着力管理创新的方式。其中，基于产业价值链这一外生因素的价值定位、盈利源选择、盈利点选择是至关重要的。因此，依托产业价值链挖掘商业机会、展开商业模式创新成为商业模式建构与实践的分水岭。而商业模式最核心的部分——盈利模式，恰恰完全依赖于对产业价值链的分解。目前，将某一环节或细分领域做深、做专、拔高，或将不同产业的价值链条实现耦合，成为做强做大企业的主流。而纵向一体化、全产业链等产业整合，适合一个全新产业初期，但不能当作长期发展战略。

2. 有独特的、持久的盈利模式

商业模式最为关注的不是交易的内容而是方式，其目的不在于概念的重整而在于实现营收与利润，因而盈利模式是成功商业模式的核心要素。同时，一个盈利模式必须有一定的价值主张及运营机制的导向和支撑，因而是成功商业模式的集中体现。成功的商业模式必须具备一定的独特性与持久性。所谓独特性，就是能构成企业的竞争优势，且在同一行业中难以被竞争对手模仿或采用；所谓持久性，就是指能够支持企业持续赢利。

3. 具有一定的原创性或较强的创新性

创新是一种商业模式形成的逻辑起点与原动力，也是一种商业模式区别于另一种商业模式的决定性因素。因此，创新成为成功商业模式的灵魂与价值所在。现阶段，我国企业商业模式的形成有多种路径，从经济发展阶段来看，成功商业模式不必苛求完全原创但也不能完全模仿，需要将中国人的特定思维或特质与特殊的市场经济发展环境相结合，形成经世致用的商业模式。改革开放以来我国成功商业模式主要来源于两个层次：一是具有完全的原创性，或在关键环节实现了突破并形成了较强的原创性；二是模仿或借鉴了国外最新的商业模式，进行了一定创新，但具有浓厚的中国特色。

(二) 十大成功商业模式的内容

改革开放以来我国的"十大成功商业模式"来源于一批在持续经营、盈利能力、核心竞争力、增长态势、影响力与体量等方面表现突出，在成功度、创新性方面成绩优异的企业。基于价值链定位的我国十大成功商业模式简述如下。

1. 腾讯的产业价值链定位

抓住互联网对人们生活方式的改变形成新的业态的机遇，通过建立中国规模最大的网络社区"为用户提供一站式在线生活服务"，通过影响人们的生活方式嵌入主营业务。盈利模式：在一个巨大的便捷沟通平台上影响和改变数以亿计网民的沟通方式和生活习惯，并借助这种影响嵌入各类增值服务。创新性：借互联网对人们生活方式改变之力切入市场，通过免费的方式提供基础服务而将增值服务作为价值输出和盈利来源的实现方式。

2. 阿里巴巴产业价值链定位

抓住互联网与企业营销相结合的机遇，将电子商务业务主要集中于B2B的信息流，为所有人创造便捷的网上交易渠道。盈利模式：通过在自己的网站上向国内外供应商提供展

示空间以换取固定报酬,将展示空间的信息流转变为强大的收入流并强调增值服务。创新性:通过互联网向客户提供国内外分销渠道和市场机会,使中小企业降低对传统市场中主要客户的依赖及营销等费用并从互联网中获益。

3. **携程产业价值链定位**

抓住互联网与传统旅行业相结合的机遇,力求扮演航空公司和酒店的"渠道商"角色,以发放会员卡吸纳目标商务客户、依赖庞大的电话呼叫中心做预订服务等方式将机票预订、酒店预订、度假预订、商旅管理、特约商户及旅游资讯在内的全方位旅行服务作为核心业务。盈利模式:通过与全国各地众多酒店、各大航空公司合作以规模采购大幅降低成本,同时通过消费者在网上订客房、机票积累客流。客流越多,携程的议价能力就越强,其成本就越低,客流就会更多,最终形成良性增长的盈利模式。创新性:立足于传统旅行服务公司的盈利模式,主要通过"互联网+呼叫中心"完成一个中介的任务,用信息技术和互联网技术将盈利水平无限放大,成为"鼠标+水泥"模式的典范。

4. **招商银行产业价值链定位**

抓住信息技术与传统金融业相结合的机遇,以"金融电子化"建立服务品牌,先后推出国内第一张基于客户号管理的银行借记卡、第一家网上银行、第一张符合国际标准的双币信用卡、首个面向高端客户的理财产品金葵花理财、首推私人银行服务及跨银行现金管理等业务。盈利模式:通过扩大服务面、延伸服务线取得多方面的利息收入与增值收入。创新性:将信息技术引入金融业的发展,并以"创新、领先、因你而变"时刻不断推出新服务,引领金融业的发展。

5. **苏宁电器产业价值链定位**

以家电连锁的方式加强对市场后端的控制力,同时加强与全球近10 000家知名家电供应商的合作,打造价值共创、利益共享的高效供应链,强化自身在整个产业价值链中的主导地位。盈利模式:基于SAP系统与B2B供应链项目,通过降低整个供应链体系运作成本、库存储备并为客户提供更好的服务这一"节流+开源"的方式实现营收。创新性:以家电连锁的方式加强对市场后端的控制力,并以此为基础加强向上游制造环节的渗透,使零售与制造以业务伙伴方式合作,进而提高整个供应链的效率,打通整个产业价值链以谋求更高价值的回报。

6. **百度产业价值链定位**

力求"让人们最便捷地获取信息,找到所求",为网民提供基于搜索引擎的系列产品与服务,全面覆盖了中文网络世界所有的搜索需求。盈利模式:通过采用以效果付费的网络推广方式实现营收。创新性:借助超大流量的平台优势,联合所有优质的各类网站建立了世界上最大的网络联盟,使各类企业的搜索推广、品牌营销的价值和覆盖面均大幅提升,并从中扩大盈利来源。

7. **华为产业价值链定位**

以客户需求为驱动,定位为通信设备领域的系统集成服务商与量产型公司,为客户提供有竞争力的端到端通信解决方案,并围绕通信设备领域的整个产品生命周期形成完整的产品线。盈利模式：主要依靠整个通信产品的整个产品生命周期赚钱。创新性：凭借通信设备领域整个产品生命周期上完整的产品线的营收，以牺牲暂时的亏损为代价将投入市场的新产品按两三年后量产的模型定价，利用企业规模效益、低耗与高效的供应链管理、非核心环节外包、流程优化等方法挖掘出的成本优势挤垮或有效扼制国内竞争对手，并利用研发低成本优势快速抢夺国际市场份额，打败在成本上处于劣势的西方竞争对手，形成著名的"华为优势"。

8. 巨人产业价值链定位

紧紧抓住企业价值链上"营"与"销"的环节，通过颠覆式的"营"定义新的产品或服务，通过"地毯式"与"侧翼进攻"的"销"加强对市场后端的控制力。盈利模式：尽管在表面上"脑白金""黄金搭档""黄金酒"用的是传统盈利模式，而"征途"游戏采用"基础服务免费＋道具收费"的模式，但实质上巨人是通过营销创新形成的产品服务新概念实现营收的。创新性：紧紧围绕消费者的消费习惯、消费决策处境、消费心理、消费心态等，用全新的"营"与"销"的方式赋予实际品质不高的产品或服务全新的概念，并以较短的销售渠道、较宽的销售网络从侧翼迅速介入市场。

9. 比亚迪产业价值链定位

依托某一产业领域的技术优势，在相关产业转型或兴起的背景下，将其产业优势向这一领域进行逆向的产业转移，形成跨领域的、稳步攀升的产业扩张。盈利模式：在产业转移与扩张的过程中，通过改变产业近况、设定新的游戏规则、合并细分市场、整合顾客需求进行价值创新，以蓝海战略实现营收。创新性：基于电池领域的绝对竞争优势与产业优势，在已有商业领域取得成功后，以较强的复制能力、稳定性、技术创新等，集中利用内部资源，整合各业务群中的优势元素塑造向新兴领域或转型产业进行产业布局的调整与转移，繁衍一个又一个新业务，实现塑造蓝海、产业扩张与价值创造的统一。

10. 联想产业价值链定位

依托强大的销售网络，以"贸工技"向"创新驱动"转变的路径，围绕国际计算机及信息服务产业价值链，从加工代销的低端环节向重研发、重服务的高端环节与高级业态攀升与演化。盈利模式：在产业升级的过程中，逐步由以往的将大规模低成本制造作为盈利源开始向以服务增值作为盈利增长点的方向转变。创新性：在缺乏，甚至一度弱化自主知识产权的"弯路"下，依托庞大的国内市场与政府支持，利用民族情结建立起庞大的营销体系、服务网络与市场优势，逐步以产业后端（市场）的控制力提高对产业中端（资本）的控制力，进而以产业中端（资本）的控制力提升对产业前端（技术）的控制力。

对上述商业模式进行梳理不难发现，中国十大成功商业模式呈现出"两端少、中间多"的格局，所涉及的企业实现了持续经营并具有较强的盈利能力和一定的体量。

第二节 商业模式设计

一、商业模式设计的方法

在了解商业模式的构成框架之后就需要设计商业模式了。每个创业者都想为自己的企业设计一个独特、全新的商业模式来覆盖企业内现有的产业。虽然商业模式创新是一件非常困难的事情，但很多企业都是在模仿改进现有商业模式的基础上获得了巨大成功，如腾讯、百度等。即便已经设计了一个独特的商业模式，也会面临其他企业的快速模仿或利用相似的商业模式开展竞争。因此，在模仿与竞争中，设计商业模式显得极为重要。

（一）全盘复制法

全盘复制法比较简单，即对经营状况良好的企业的商业模式进行简单复制，根据企业自身状况稍加修正。全盘复制法主要适合同行业的企业，特别是细分市场、目标客户、主要产品相近或相同的企业，其甚至可以直接复制竞争对手的商业模式。

全盘复制优秀企业的商业模式需要注意以下三点：① 复制不是生搬硬套，需要根据企业自身的区域、细分市场和产品特性进行调整；② 要注重对商业模式细节的观察和分析，不仅要在形式上进行复制，更要注重在流程和细节上进行学习；③ 为避免和复制对象形成正面竞争，可在不同的时间和区域对商业模式进行复制。

情境案例

中国的 Airbnb——小猪短租

Airbnb 成立于 2008 年 8 月，是一家联系旅游人士和家有空房出租的房主的服务型网站。它可以为用户提供各式各样的住宿信息，用户也可以通过网络或 App 发布、搜索房屋租赁信息，并完成在线预订。2011 年，Airbnb 服务增长了 800%，用户遍布 190 个国家和地区的近 34 000 个城市，发布的房屋租赁信息达到 5 万条，被《时代周刊》称为"住房中的 eBay"。与此同时，中国涌现出一大批效仿者，如小猪短租、住百家、途家、蚂蚁短租、爱日租等。小猪短租的创始人陈驰把创业目光放在短租项目上并不是因为亲身体验过或者灵光乍现，是有同事向他介绍了 Airbnb 的模式，而当时他也正在 OTA（在线旅行社）行业做酒店预订业务。陈驰听完同事的介绍之后，觉得这个项目在国内还没有开展，如果能抢占市场会带来很大的商机。于是，小猪短租于 2012 年 8 月上线，运营不到半年就获得晨兴创投的千万美元融资。

陈驰对小猪短租的商业模式毫不讳言：借鉴美国的 Airbnb 模式，提供平台为房东和用户做线上撮合性交易。这种线上预订交易根据房源不同又分为两种：一种是自有房东将自己的多余房间分享出租；另一种是职业租客在平台上出租。对于短租平台的精髓，陈驰总结为"分享经济、协同消费"。

（二）借鉴提升法

通过学习和研究优秀的商业模式，对商业模式中的核心内容或创新概念进行适当的提炼，并对这些创新点进行学习。如果这些创新点比企业现阶段商业模式中的相关内容更符合企业发展需求，企业就应结合实际需要，引用这些创新概念并使其产生价值。通过引用创新点来学习优秀商业模式的方法适用范围最为广泛，对不同行业、不同市场定位的企业都适用。

情境案例

小猪短租玩起了"文艺范儿"

为了在激烈的同质化竞争中找到差异化的品牌特色，小猪短租开始突出"文艺""人情味的住宿"等特点。2015年7月完成了6 000万美元的C轮融资之后，小猪短租特地聘请了作家、前媒体人潘采夫担任公关副总裁，推出了一系列名人跨界合作的项目。潘采夫通过自己原有的文艺圈人脉，为小猪短租营造了一个"文艺范儿"的品牌特性，希望吸引关注社交网络、喜爱尝试新鲜事物的文艺青年。首批名人房源有前国家女排名将薛明的花店住宿、作家古清生在神农架的深山小院、作家王小山在北京的四合院、导演高群书的电影主题房、网络红人"作业本"在北京的隐藏民居等。不过，对于小猪短租和国内众多短租平台来说，目前最大的困难仍在于如何吸引更多优质的房源和房客，由于征信机制不完善，出于安全、隐私和卫生考虑，人们对共享房屋的接受程度仍然有限。与国外相比，中国的房源也普遍缺乏文化气息和多样性；而与酒店相比，短租房屋也未必有价格优势。至于小猪短租的个性房源等能在多大程度上培育这个市场，还需要时间来证明。

（三）逆向思维法

通过对行业领导者商业模式或行业内主流商业模式的研究与学习，模仿者有意识地实施反向学习，即知道市场领导者商业模式或行业内主流商业模式如何运行后，模仿者反向设计商业模式，直接切割对市场领导者或行业内主流商业模式不满意的市场份额，并为它们打造相匹配的商业模式。

情境案例

奇虎360的逆向思维颠覆了杀毒软件行业

2009年以前，杀毒软件行业看上去是一个很成熟的行业，软件厂商包括消费者在内，都一直信奉"一手交钱、一手交货"的杀毒软件经营思路。行业被瑞星、金山等几个巨头垄断,巨头之间的竞争基本陷入僵持状态。表面上看,这是一个饱和的、不可能让后来者进入的领域,后期的小公司在这种行业几乎没有生存空间。但是,奇虎360改变了既定规则。2009年,奇虎360在杀毒软件市场上推出了反其道而行的服务策略——杀毒软件终身免费,除了免费之外,它还将自己的产品定位从单纯的杀毒演进为电脑的"安全卫士",给那些不懂也懒得去学习计算机知识的人使用。这些策略为其带来了惊人的用户量,奇虎360彻底颠覆了杀毒软件行业,其商业模式也逐渐演变为"免费+收费"模式。

采用逆向思维法学习商业模式时有三个关键点:① 找到行业领导者或行业主流商业模式的核心点,并据此制定逆向商业模式;② 企业选择制定逆向商业模式时,不能简单地追求反向,须确保能够为消费者提供更高的价值,并能够塑造新的商业模式;③ 防范行业领导者的报复行动,评估行业领导者有可能的反制措施,并制定相应的对策。

(四)相关分析法

相关分析法是在分析某个问题或因素时,将与该问题或因素相关的其他问题或因素进行对比,分析其相互关系或相关程度的一种分析方法。相关分析法需要根据影响企业商业模式的各种因素,运用有关商业模式设计的一般知识,采用影响因素与商业模式一一对应的方法确定企业的商业模式。利用相关分析法,可以找出相关因素之间的规律性联系,研究如何降低成本以达到创造价值的目的。例如,亚马逊通过分析传统纸质书在网上开办了电子书店,eBay的网上拍卖也来自传统的拍卖方式。

(五)关键因素法

关键因素法是以关键因素为依据来确定商业模式设计的方法。商业模式中存在多个因素影响设计目标的实现,其中若干个因素是关键的和主要的。关键因素法通过对关键成功因素的识别,找出实现目标所需的关键因素集合,确定商业模式设计的优先次序。关键因素法主要有五个步骤:① 确定商业模式设计的目标;② 识别所有的关键因素,分析影响商业模式的各种因素及其子因素;③ 确定商业模式设计中不同阶段的关键因素;④ 明确各关键因素的性能指标和评估标准;⑤ 制订商业模式的实施计划。

(六)价值创新法

对一些从未出现过的商业模式设计,往往需要进行创新,即通过价值要素的构建、组合等设计出新的商业模式,这一点在互联网企业中表现得尤为明显。例如,盛大网络最先创建网络游戏全面免费、游戏道具收费的模式,开创了网游行业新的商业模式——CSP(Come-Stay-Pay)。至今,各大网游公司依旧沿用这一商业模式运营。Airbnb和Uber创建的通过共享资源而获取收益的模式,也成为当今流行的一种商业模式。

二、商业模式设计的结构性维度

了解商业模式的重要一步,是考察商业模式的理论维度。描述商业模式的理论维度与描述人的个性和身体特征的方式非常相似。事实上,影响商业模式的因素有许多,商业模式的理论维度不仅是研究范围的确定和出发点的界定，更重要的是它决定了商业模式的取向或指向。结构性维度是商业模式的内生性变量，反映的是商业模式的内在特征，主要可以分为八个维度。

商业模式并不仅仅是各种商业要素的简单组合，商业模式的构成要素之间必然存在内在联系。一个好的商业模式可以把这些要素有机地联系在一起，从而阐明某个企业或某项活动的内在商业逻辑。只有某个企业或某项活动的内部构成要素协调一致，才能阐明创造价值、传递价值和实现价值的商业逻辑。

亚历山大·奥斯特瓦德（Alexander Osterwalder）提出的商业模式设计框架很好地回答了商业模式涉及的创造价值、传递价值和实现价值三个基本问题，可以帮助理清商业模式。该框架包含9个关键要素：客户细分、价值主张、渠道通路、客户关系、收入来源、核心资源、关键业务、重要伙伴和成本结构。参照这九大要素就可以描绘、分析乃至设计和重构企业的商业模式，如图7-4所示。

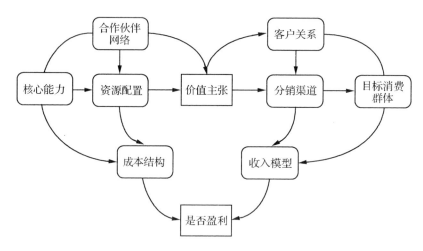

图7-4 商业模式设计框架

（一）价值主张

价值主张是指厂商要为顾客解决什么样的问题；厂商想为顾客提供什么样的价值。随着厂商间的价值定位不同，厂商的活动也将会产生不同的差异，通过厂商所有活动的设计与执行，厂商将其价值主张传递给顾客，并为厂商和个人创造价值。价值主张是指厂商实际提供给顾客的特定利益组合，即是指厂商提供哪些利益给顾客。厂商经由经营使命提出战略的整体目标：要设计什么样的商业模式来完成何种目标或提供何种产品给市场。价值主张是指提供技术上的价值给顾客，而厂商必须先定义厂商要提供何种商品及顾客如何使用产品。所谓的价值可通过两个很简单的问题来回答：① 顾客会用产品来解决什么样的问题？② 这些问题对于顾客造成了多大的影响？这些问题对于顾客的影响程度，与厂商为顾客创造的价值有很大的关系。价值主张描述了厂商提供了何种价值给顾客，对顾客而言，商业模式定义了厂商将如何满足顾客以创造价值。

（二）客户关系

有了客户细分、准确的企业定位和良好的渠道通路之后，与消费者形成什么样的互动或者什么样的顾客关系决定了企业想通过什么样的方式来引导顾客消费。客户关系最终让消费者产生怎样的情感、如何互动尤为重要。

企业与顾客的关系有三个重要的驱动要素。第一是开发新客户。企业的产品或者服务需要有很多的新客户来进行消费，开发新客户是一种进攻的战略，所以基于进攻开发新客户需要我们建立一种新的客户关系。第二是维护老客户。企业需要留住或者巩固老客户，老客户是非常重要的，通常开发一个新客户与巩固一个老客户所耗费的时间资源是不一样的，巩固一个老客户可能比开发十几个新客户要来得更直接、更有效。第三是提高企业商品或者服务的销量、单价，这是一个重要的驱动因素。如何让更多的人消费企业的某一个商品或者某一项服务从而提高销量，同时还提升价格，如果做到这一点，那么就实现了一个良性循环。企业通过这三个要素与顾客建立良好的客户关系。

（三）核心战略

核心战略是指厂商决定用何种方式将所拥有的资产和资源转换成对顾客有意义的价值。这需要厂商运用市场细分来决定要给顾客提供哪些价值，并决定在这些细分市场中能为顾客提供具有什么差异性的价值。当然，这需要企业考虑产业结构、可能的竞争者、供货商、顾客、潜在竞争者、替代品之间的关系，并思考厂商与这些要素之间的关系及竞争者可能进行的活动将会对厂商造成什么样的影响，预测其可能的影响。核心战略的主要作用有：① 决定细分市场，即商业模式必须能够清楚定义出顾客群体或细分市场，这种市场取向可以帮助厂商了解顾客所需要的价值，经由价值定位，厂商可以进一步提供不同技术特性的投入来实现顾客价值，商业模式最后的部分则是竞争战略——厂商如何在选定的市场形成；② 决定竞争战略，这就是波特研究提出的三种方式：成本领先战略、差异性战略、集中性战略或利基市场战略。

（四）资源配置

资源配置是指厂商为了实现其为顾客提供价值的主张对其资产、资源和流程所进行的安排。一般来说，厂商的资产、资源包含厂商的设备、厂房、品牌、专利权、知识、技能、能力、顾客资料等。这些资源是可以帮助厂商提供出不同于竞争者的差异化价值或是能够为顾客创造出独特的价值的资源。因此，这些资源必须是为厂商所专有的（资源必须是稀有的，是无法模仿的、无法取代的），且厂商的流程也必须要能与这些资源相配合，使厂商可以整合这些资源为顾客创造价值。资源配置决定了：① 核心能力，即厂商拥有的知识、技能与独特的能力；② 战略性资产，即品牌、专利权、基础设施、专利标准、顾客资源和资料，以及其他稀有的、有价值的资产，当然也包括了用新奇的方式运用战略性资产创造出的新经营观念；③ 核心流程，即厂商将投入变成产出所运用的方法与例行流程。总之，资源配置就是厂商以独特的方法结合能力、资产与流程，来支持其特定的战略所进行的安排。商业模式就为顾客提供比竞争者更好的顾客价值及在供货商、顾客、

竞争者、潜在竞争者、替代品之间取得有力的竞争地位。厂商为了取得竞争优势需要资源、资产及能力。当厂商的能力是有价值的、稀有的、专有的、难以被模仿或取代的时候，企业将会拥有持久性的竞争优势。

（五）组织设计

组织设计是指厂商将其自身组织结构形态调整成适合其资源配置与核心战略所进行的工作。一般来说，厂商的组织设计必须以价值主张和价值定位为导向，以组织结构形态配合核心战略、资源配置。在设计具体的组织架构时，必须考虑其流程是什么，怎样使厂商将其资源转换为对顾客价值最大化的产出。需要注意的是，商业模式设计包括了利用外部商业伙伴来为顾客创造价值。因此，组织设计的内容应当包括整个价值链的设计。当然，并不是所有商业伙伴都会主动地参加某个厂商的商业模式设计，有一些商业伙伴是被动的，像提供补充品的厂商就是常见的被动伙伴。组织设计的内容包括：① 价值步骤。即通过商业模式描述为所有利益相关者创造价值的流程与顺序。② 沟通渠道与协调机制。在利益相关者创造价值的流程与顺序中需要沟通渠道与协调机制，沟通渠道决定利益相关者之间是如何连接的；协调机制使厂商决定如何使利益相关者协调他们的活动。当整合了价值步骤与沟通渠道及协调机制，也就整合了整个商业模式的价值链。③ 决定什么是外部价值。商业模式中很重要的一点，就是要决定哪些价值步骤是由外部的价值伙伴创造的。这部分的关键决定因子在于谁控制了满足价值定位所必需的专用性资产。

（六）价值网络

当厂商决定了某些营运活动需要外包后，就可以通过外部的商业伙伴来为顾客共同创造价值。一般商业伙伴包括供货商、经销商、合伙人、战略联盟伙伴。厂商与商业伙伴之间必须有一个沟通渠道与协调机制，而这是需要厂商去创造的。如果厂商与商业伙伴能一致地为顾客创造价值，就需要建立起完整的价值网络。如果厂商在价值网络的整合行动中失败，将会使提供给顾客的价值大幅度下滑。价值网络包含了三个方面：① 供货商。和供货商有密切的合作关系，这是建立新商业模式的要素之一。② 经营伙伴。经营伙伴可以供应弥补最终产品不足的互补品。③ 战略联盟。面临投资额大、技术障碍高、风险较高的情况时，构建厂商间必要的战略联盟是重要的策略之一。结盟者不仅只是经营伙伴，也包括了供货商和经销商。结盟者既直接承担风险，也分享成功的果实。

（七）产品与服务设计

不论厂商如何定义其价值主张，消费者所能感受到的是厂商所提供的产品与服务。因此，产品与服务设计非常重要。厂商应确保其产品和服务与其价值主张一致，甚至是整个产品与服务的配套措施也应与其价值主张一致。一致性的感觉，将会提高顾客对于产品或服务价值的感受，忽略任何一个环节都会使得厂商为顾客提供的价值受到损失。产品设计应当考虑：① 履行与支持。这是指公司运用何种方式接触顾客，并使用何种渠道、提供何种形式的顾客支持，以及提供何种水准的服务。② 信息与洞察力。这是指厂商由顾客身上所获得的信息，以及洞察信息的能力，经由这种能力厂商可以为顾客提供独特的价值。③ 关系动态。这是指厂商是如何与顾客进行互动的，经由这种过程，回答厂商所能培养出的顾客忠诚度是什么的问题。产品与服务连接起厂商与顾客，这是由价值定位所决定的，而且厂商必须满足对顾客的承诺利益。

（八）经营收入机制

厂商的经营收入机制设计决定了如何对顾客收取费用和收费的标准。一般来说，厂商的经营收入模式需要与其成本结构相匹配，经营收入模式要既能够被顾客接受，又能支撑厂商的成本结构。厂商决定了经营收入机制与产品价格，并衡量了厂商经由其他活动所产生的成本后，能够计算出目标利润。经营收入机制决定了两个重要方面：① 收益来源。在选择出细分市场之后，厂商可能拥有多重的收益来源，辨认出这些来源，有助于厂商决定要提供什么样的价值给顾客，以及以何种方式来进行创造价值的活动。② 价格。厂商需要为其产品确定有效的价格和顾客价值，提供给适当的顾客并从中获取利润。

（九）赢利潜力

商业模式创新的目的就是帮助厂商获得财富，因而商业模式设计中赢利潜力是一个最关键因子。商业模式创新就是厂商通过整体性思考其产生成本与创造价值的活动，来获得赢利潜力扩大的过程。一般来说，厂商提升其赢利潜力不外乎两种方法：其一，厂商能以独特的方法为顾客创造出独特的价值；其二，厂商能以较低的成本满足顾客对厂商的期望和向顾客提供理想的价值。商业模式除了描述公司的战略、顾客界面、资源、价值网络及其互相连接之外，还有一个重点，就是公司如何赚得应有的利润。为了使企业能够成长，厂商必须向投资者提供足够高的报酬来吸引投资者进行投资，使整个商业模式得以被创造及扩展。当决定厂商的成本结构与收益模式时，也决定了厂商能拥有多少价值，而这也是商业模式是否可以存续的最关键因子。

第三节 商业模式创新

一、商业模式创新的含义及构成

（一）商业模式创新的含义

在蒂蒙斯的定义下，商业模式是指一个完整的产品、服务和信息流体系，包括每一个参与者和其起到的作用，以及每一个参与者的潜在利益和相应的收益来源与方式。商业模式创新作为一种新的创新形态，其重要性已经不亚于技术创新等。近几年，商业模式创新在我国商业界也成为流行词汇。商业模式创新是指企业价值创造基本逻辑的创新变化，它既可能包括多个商业模式构成要素的变化，也可能包括要素间关系或者动力机制的变化。通俗地说，商业模式创新就是指企业以新的有效方式赚钱。

（二）商业模式的构成

由于商业模式构成要素的具体形态表现、相互间关系及作用机制的组合几乎是无限的，因此，商业模式创新企业也有无数种。可以通过对典型商业模式创新企业的案例考察，看出商业模式创新的三个构成条件。

商业模式创新企业有以下几个共同特征，或者说构成商业模式创新的必要条件有以下几个。

（1）提供全新的产品或服务、开创新的产业领域，或以前所未有的方式提供已有的产品或服务。如格莱珉银行（Grameen Bank）面向贫困人群提供的小额贷款产品服务，开辟全新的产业领域，是前所未有的。亚马逊卖的书和其他零售书店没什么不同，但它卖的方式全然不同。西南航空公司提供的也是航空服务，但它提供的方式，也不同于全服务航空公司。

（2）商业模式至少有多个要素明显不同于其他企业，而非少量的差异。如格莱珉不同于传统商业银行，主要以贫困家庭中的妇女为主要目标客户、贷款额度小、不需要担保和抵押等。亚马逊相比传统书店，有产品选择范围广、通过网络销售、在仓库配货运送等不同特点。西南航空也在多方面如提供点对点基本航空服务、不设头等舱、只使用一种机型、利用大城市不拥挤机场等，不同于其他航空公司。

（3）有良好的业绩表现，体现在成本、赢利能力、独特竞争优势等方面。如格莱珉银行虽然不以赢利为主要目的，但它一直是赢利的。亚马逊在一些传统绩效指标方面良好的表现，也表明了其商业模式的优势，如短短几年就成为世界上最大的书店。数倍于竞争对手的存货周转速度给它带来独特的优势，消费者购物用信用卡支付时，通常在 24 小时内到账，亚马逊付款给供货商的时间通常是收货后的 45 天，这意味它可以利用客户的钱长达一个半月。西南航空公司的利润率连续多年高于其全服务模式的同行。如今，美国、欧洲、加拿大等国内中短途民用航空市场，一半被像西南航空这样采用低成本商业模式的航空公司占据。

二、商业模式创新的类型

（一）按照市场主体类型的分类

在前人研究的基础上，爱德华·吉森（Edward Giesen）等提出三种商业模式创新类型。

1. 行业模式创新

这种创新主要通过重新定义与整合当前的行业价值链来体现。例如，戴尔通过直销的模式重新整合电脑行业的价值链，大大地降低了电脑总成本。苹果公司通过 iTunes 的创新重新定义了音乐消费行业，直接淘汰了传统的唱片租赁业。当然，行业模式创新也包括创造出全新行业，或者进行新的行业细分，如互联网行业中出现的搜索引擎行业。

2. 收入模式创新

这种创新就是改变一个企业的客户价值定义和相应的利润方程或收入模型，包括企业如何通过重新架构产品或服务，或者通过创新定价模式，从而产生收入。太阳马戏团的商业模式创新就是一个典范，它在保留帐篷、杂技等马戏的基本元素的同时，将剧场表演中的某些元素融入马戏节目中，由此重新定义了马戏表演的价值主张，走出马戏表演市场衰退的困境，成长为全球最大的马戏公司。收入模式创新需要从更宏观的层面重新定义用户需求，即深刻理解用户购买产品或服务需要完成的任务或实现的目标是什么。

3. 企业模式创新

这种创新包括创新企业的结构、创新企业在价值链中的角色。企业模式创新一般是通过垂直整合策略或出售及外包实现的。例如，谷歌在意识到大众对信息的获得已从桌面平台向移动平台转移，自身仅作为桌面平台搜索引擎会逐渐丧失竞争力时，就实施了垂直整合策略，大手笔收购摩托罗拉手机和安卓移动平台操作系统，进入移动平台领域，从而改变了自己在产业链中的位置及商业模式。

（二）按照核心逻辑变革的分类

林德（J. Linder）和坎特雷尔（S. Cantrell）按核心逻辑变革的程度，把商业模式分为四类：现实模式、更新模式、扩展模式和旅途模式。现实模式是所有变革模式中改变最少的一种，公司应用该模式探索当前商业模式的潜力，以获得成长与盈利。更新模式是指公司通过持续更新有意识地强化其产品、服务平台、品牌、成本结构和技术而进行的变革。扩展模式是指公司把业务扩展到新的领域。这类公司对其运营模式进行延展，包括延伸到新的市场，扩展其价值链、产品和服务线等，经常包括前向集成与后向集成。旅途模式把公司带到一个新的商业模式中。与扩展模式不同，旅途模式中的公司经过深思熟虑，有目的地进入一个新的运营模式中。在这四种变革模式中，现实模式并不改变一个公司所运营的商业模式，其他三种模式可能改变公司的商业模式。在核心逻辑的改变程度上，各个公司可以显著不同。

（三）按照模式变革方法的分类

埃森哲咨询公司在对70家企业的商业模式做了研究分析后，总结了再造商业模式的六种方法。

1. 扩展现有商业模式

在原有商业模式的基础上将业务引向新的地域、增加产品客户数量、调整价格、增加产品线和服务种类等，这些都属于通过量的改变增加回报。

2. 更新已有商业模式的独特性

这种方法注重更新的是企业向客户提供的价值，借以抵抗"价格战"带来的竞争压力。

3. 复制新领域的成功模式

在有些情况下，企业用现成手法向新市场推出新产品，等于在新条件下复制自己的商业模式。例如，Gap公司用品牌营销优势和商品管理知识，复制全新的"酷品牌"零售模式，如其旗下的Baby Gap、Banana Republic、Old Navy等。

4. 通过兼并增加新模式

相当多的公司通过购买业务重新定位自己的商业模式。

5. 发掘现有能力，增加新的商业模式

有些公司围绕自身独特的技能、优势和能力，建立新的商业模式，以实现增长。

6. 从根本上改变商业模式

有些公司的产品逐渐失去往日的优势，此时它们所面对的挑战就是从根本上再造商业模式。这意味着对整个公司进行改造，从组织、文化、价值和能力诸方面着手，用新的方式创造价值。

三、商业模式创新的特点

创新概念可追溯到熊彼特，他提出创新是指把一种新的生产要素和生产条件的"新结合"引入生产体系。具体有五种形态：开发出新产品、推出新的生产方法、开辟新市场、获得新原料来源、采用新的产业组织形态。相对于这些传统的创新类型，商业模式创新有几个明显的特点。

（一）商业模式创新更注重考虑客户的需求

从根本上思考设计企业的行为，视角更为外向和开放，更多注重和涉及企业经济方面的因素。商业模式创新的出发点，是从根本上为客户创造增加的附加价值。因此，它逻辑思考的起点是客户的需求，根据客户需求考虑如何有效满足它，这点明显不同于许多技术创新。同一种技术可能有多种用途，从技术创新的角度出发，一般是根据技术特性去确定功能用途，看它能用来干什么，去找它潜在的市场用途。商业模式创新即使涉及技术，创新也多是和技术的经济方面因素，与技术所蕴含的经济价值及经济可行性有关，而不是纯粹的技术特性。

（二）商业模式创新表现得更为系统和根本，它不是单一因素的变化

它常常涉及商业模式多个要素变化的同时，需要企业组织的较大战略调整，是一种集成创新。商业模式创新往往伴随产品、工艺或者组织的创新；反之，则未必足以构成商业模式创新。如开发出新产品或者新的生产工艺，就是通常认为的技术创新。技术创新，通常是对有形实物产品的生产来说的。但如今是以服务为主导的时代，如美国2006年服务业比重高达68.1%，对传统制造企业来说，服务也远比以前重要。因此，商业模式创新也常体现为服务创新，表现为服务内容与方式，以及组织形态等多方面的创新变化。

（三）商业模式创新开创了一个全新的可赢利产业领域

从绩效表现看，商业模式创新如果提供全新的产品或服务，那么它可能开创了一个全新的可赢利产业领域；即便提供已有的产品或服务，也能给企业带来更持久的赢利能力与更大的竞争优势。传统的创新形态，能带来企业局部内部效率的提高、成本的降低，而且它容易被其他企业在较短时期内模仿。商业模式创新，虽然也表现为企业效率提高、成本降低，但它更为系统和根本，涉及多个要素的同时变化，因此，它也更难以被竞争者模

仿，常给企业带来具有战略性的竞争优势，而且优势常常可以持续数年。

四、商业模式创新的方法

商业模式创新就是对企业的基本经营方法进行变革。一般而言，有以下四种方法：创新收入模式、创新企业模式、创新产业模式和创新技术模式。

（一）创新收入模式

创新收入模式就是改变一个企业的用户价值定义和相应的利润方程或收入模型。这就需要企业从确定用户的新需求入手。这并非是市场营销范畴中的寻找用户新需求，而是从更宏观的层面重新定义用户需求，即深刻理解用户购买你的产品需要完成的任务或要实现的目标是什么。其实，用户要完成一项任务需要的不是产品，而是一个解决方案。一旦确认了此解决方案，也就确定了新的用户价值定义，并可依次进行商业模式创新的。

国际知名电钻企业喜利得公司（Hiti）就从此角度找到用户新需求，并重新确认用户价值定义。喜利得一直以向建筑行业提供各类高端工业电钻著称，但近年来，全球激烈竞争使电钻成为低利标准产品。于是，喜利得通过专注于用户所需要完成的工作，意识到他们真正需要的不是电钻，而是在正确的时间和地点获得处于最佳状态的电钻。然而，用户缺乏对大量复杂电钻的综合管理能力，经常造成工期延误。因此，喜利得随即改动它的用户价值定义，不再出售而是出租电钻，并向用户提供电钻的库存、维修和保养等综合管理服务。为提供此用户价值定义，喜利得变革其商业模式，从硬件制造商变为服务提供商，并把制造向第三方转移，同时改变盈利模式。戴尔、沃尔玛、道康宁（DowCorning）、Zara、Netflix 和 Ryanair 等都是如此进行商业模式创新的。

（二）创新企业模式

创新企业模式就是改变一个企业在产业链的位置和充当的角色，也就是说，改变其价值定义中"造"和"买"的搭配，一部分由自身创造，其他由合作者提供。一般而言，企业的这种变化是通过垂直整合策略或出售及外包来实现的。例如，IBM 在 20 世纪 90 年代初期意识到个人电脑产业无利可寻，即出售此业务，并进入 IT 服务和咨询业，同时扩展它的软件部门，一举改变了它在产业链中的位置和它原有的商业模式。甲骨文（Oracle）、礼来（Eli Lilly）、香港利丰和 Facebook 等都是采取这种思路进行商业模式创新的。

（三）创新产业模式

创新产业模式是最激进的一种商业模式创新，它要求一个企业重新定义本产业，进入或创造一个新产业。例如，IBM 通过推动智能星球计划（Smart Planet Initiative）和云计算，重新整合资源，进入新领域并创造新产业，如商业运营外包服务和综合商业变革服务等，力求成为企业总体商务运作的大管家。亚马逊也是如此，它正在进行的商业模式创新向产业链后方延伸，为各类商业用户提供如物流和信息技术管理的商务运作支持服务，向它们开放自身的 20 个全球货物配发中心，并大力进入云计算领域，成为提供相关平台、软件和服务的领导者。其他如高盛集团（Goldman Sachs）、富士集团（Fuji Group）和印度巴劳电信集团 Bharti Airtel 等都在进行此类的商业模式创新。

（四）创新技术模式

第四种方法是创新技术模式。正如产品创新往往是商业模式创新的最主要驱动力，技术变革也是如此。企业可以通过引进激进型技术来主导自身的商业模式创新，如当年众多企业利用互联网进行商业模式创新。当今，最具潜力的技术是云计算，它能提供诸多崭新的用户价值，从而提供企业进行商业模式创新的契机。另一项重大的技术革新是 3D 打印技术。如果一旦成熟并能商业化，它将帮助诸多企业进行深度商业模式创新。例如，汽车企业可用此技术替代传统生产线来打印零件，甚至可采用戴尔的直销模式，让用户在网上订货，并在靠近用户的场所将所需汽车打印出来。

当然，无论采取何种方式，商业模式创新需要企业对自身的经营方式、用户需求、产业特征及宏观技术环境具有深刻的理解和洞察力。这才是成功进行商业模式创新的前提条件，也是最困难之处。

五、商业模式创新的四个维度

亚历山大·奥斯特瓦德（Alexander Osterwalder，2004、2007）指出，在商业模式这一价值体系中，企业可以通过改变价值主张、目标客户、分销渠道、顾客关系、关键活动、关键资源、伙伴承诺、收入流和成本结构等因素来激发商业模式创新。也就是说，企业经营的每一个环节的创新都有可能成为一个成功的商业模式。一般商业模式创新可以从战略定位创新、资源能力创新、商业生态环境创新以及这三种创新方式结合产生的混合商业模式创新这四个维度进行，如图 7-5 所示。

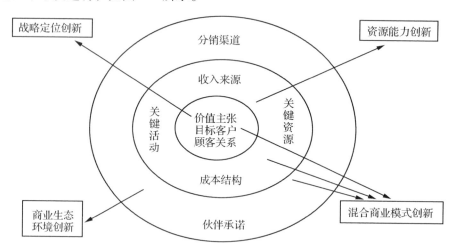

图 7-5 商业模式创新的思维模型

（一）战略定位创新

战略定位创新主要是围绕企业的价值主张、目标客户及顾客关系方面的创新，具体指企业选择什么样的顾客，为顾客提供什么样的产品或服务，希望与顾客建立什么样的关系，其产品和服务能向顾客提供什么样的价值等方面的创新。在激烈的市场竞争中，没有哪一种产品或服务能够满足所有的消费者，战略定位创新可以帮助我们发现有效的市场机会，提高企业的竞争力。

在战略定位创新中，企业首先要明白自己的目标客户是谁，其次要考虑如何让企业提供的产品或服务在更大程度上满足目标客户的需求，在前两者都确定的基础上，再分析选择何种客户关系。合适的客户关系也可以使企业的价值主张更好地满足目标客户。

例如，美国西南航空公司抓住了那些大航空公司热衷于远程航运而对短程航运不屑一顾的市场空隙，只在美国的中等城市和各大城市的次要机场之间提供短程、廉价的点对点空运服务，最终发展成为美国四大航空公司之一。日本 Laforet 原宿个性百货商店打破传统百货商店的经营模式——每层经营不同年龄段不同风格服饰，专注打造以少男少女为对象的时装商城，最终成为最受时尚年轻人和海外游客欢迎的百货公司。王老吉创新性地将自己的产品定位于"饮料 + 药饮"这一市场空隙，为广大顾客提供可以"防上火"的饮料，正是这种不同于以往饮料行业只在产品口味上不断创新的竞争模式，最终使王老吉成为"中国饮料第一罐"。

(二) 资源能力创新

资源能力创新是指企业对其所拥有的资源进行整合和运用能力的创新，主要是围绕企业的关键活动，建立和运转商业模式所需要的关键资源的开发和配置成本及收入来源方面的创新。所谓关键活动是指影响其核心竞争力的企业行为；关键资源指能够让企业创造并提供价值的资源，主要指那些其他企业不能够代替的物质资产、无形资产、人力资本等。

在确定了企业的目标客户、价值主张及顾客关系之后，企业可以进一步进行资源能力的创新。战略定位是企业进行资源能力创新的基础，而且资源能力创新的四个方面也是相互影响的。一方面，企业要分析在价值链条上自己拥有或希望拥有哪些别人不能代替的关键能力，根据这些能力进行资源的开发与配置；另一方面，如果企业拥有某项关键资源如专利权，也可以针对其关键资源制定相关的活动。对关键能力和关键资源的创新也必将引起收入来源及成本结构的变化。

例如，丰田采用的以最终用户需求为起点的精益生产模式，改变了 20 世纪 70 年代以制造商为起点的商业模式，通过有效的成本管理模式创新，大大提高了企业的经营管理效率。再如，20 世纪 90 年代，当通用发现传统制造行业的利润越来越小时，它改变行业中以提供产品为其关键活动的商业模式，创新性地提出以利润和客户为中心的"出售解决方案"模式。在传统的经营模式中，企业的关键活动是为客户提供能够满足其需求的机械设备，但在"出售解决方案"模式中企业的关键活动是为客户提供一套完整的解决方案，而那些器械设备则成为这一方案的附属品。有资料显示，这一模式令通用在一些区域的销售利润率超过 30%。此外，通用还积极扩展它的利润源，建立了通用电气资本公司。在 20 世纪 80 年代中后期，通用电气资本公司的年净收入率达到 18%，远远超出通用其他部门 4% 的平均值。

(三) 商业生态环境创新

商业生态环境创新是指企业将其周围的环境看作一个整体，打造出一个可持续发展的共赢的商业环境。商业生态环境创新主要围绕企业的合作伙伴进行创新，包括供应商、经销商及其他市场中介，在必要的情况下，还包括其竞争对手。市场是千变万化的，顾客的需求也在不断变化，单个企业无法完全完成这一任务，企业需要联盟，需要合作来达到共赢。

企业战略定位及内部资源能力都是企业建立商业生态环境的基础。没有良好的战略定位及内部资源能力，企业将失去挑选优秀外部合作者的机会以及与他们议价的筹码。一个可持续发展的共赢的商业环境也将为企业的未来发展及运营能力提供保证。

20世纪80年代，美国最大的连锁零售企业沃尔玛和全球最大的日化用品制造商宝洁争执不断，各种口水战及笔墨官司从未间断。由于争执给双发都带来了损失，后来他们开始反思，最终建立了一种全新的供应商—零售商关系，把产销间的敌对关系转变成了双方均能获利的合作关系。宝洁开发并给沃尔玛安装了一套"持续补货系统"，该系统使宝洁可以实时监控其产品在沃尔玛的销售及存货情况，然后协同沃尔玛共同完成相关销售预测、订单预测以及持续补货的计划。这种全新的协同商务模式为双方带来了丰厚的回报。根据贝恩公司调查显示，2004年宝洁514亿美元的销售额中有8%来自沃尔玛，而沃尔玛2 560亿美元的销售额中有3.5%归功于宝洁。另一个建立共赢的商业生态环境的是戴尔公司。戴尔自身既没有品牌又没有技术，它凭什么在短短的二十几年，从一个大学还没毕业的学生创建的企业一跃成为电脑行业的佼佼者？就是因为它有独特的销售渠道模式。但是，在其独特的销售渠道模式背后是戴尔建立的共赢的商业生态模式。它在全球建立了一个以自身的网络直销平台为中心、众多供应商环绕其周围的商业生态经营模式。

(四) 混合商业模式创新

混合商业模式创新是一种战略定位创新、资源能力创新和商业生态环境创新相互结合的创新方式。根据研究，企业的商业模式创新一般都是混合式的，因为企业商业模式的战略定位、内部资源、外部资源环境构成要素之间是相互依赖、相互作用的，每一部分的创新都会引起另一部分相应的变化。而且，这种由战略定位创新、资源能力创新和商业能力创新两两相结合甚至同时进行的创新方式，都会为企业经营业绩带来巨大的改善。

苹果公司的巨大成功，不单单在其独特的产品设计，还源于其精准的战略创新。苹果公司看中了终端内容服务这一市场的巨大潜力，因此，从纯粹地出售电子产品转变为以终端为基础的综合性内容服务提供商。从"iPod + iTune"到后来的"iPhone + App"都充分体现了这一战略创新。在资源能力创新方面，苹果突出表现在能够为客户提供充分满足其需求的产品这一关键活动上。苹果每一次推出的新产品，都超出了人们对常规产品的想象，其独特的设计以及对新技术的采用都超出消费者的预期。例如，消费者所熟知的重力感应系统、多点触摸技术以及视网膜屏幕的现实技术都是率先在苹果的产品上使用的。此外，苹果的成功也得益于其共赢的商业生态模式。2008年3月，苹果公司发布开发包SDK下载，以便第三方服务开发商针对iPhone开发出更多优秀的软件，为第三方开发商提供了一个既方便又高效的平台，也为自己创造了良好的商业生态环境。

总之，商业模式创新既可以是三个维度中某一维度的创新，也可以是其中的两点甚至三点相结合的创新。正如迈克尔·莫里斯（Michael Morris, 2005）提出的，有效的商业模式这一新鲜事物能够（导致卓越的超值价值商业模式创新），这将成为企业家追求超值价值的有效工具。

案例与讨论

"互联网+"时代的六种商业模式

"互联网+"企业的四大落地系统（商业模式、管理模式、生产模式、营销模式）中，最核心的就是商业模式的互联网化，即利用互联网精神（平等、开放、协作、分享）来颠覆和重构整个商业价值链。目前来看，主要分为六种商业模式。

一、"工具+社群+电商/微商"模式

互联网的发展，使信息交流越来越便捷，志同道合的人更容易聚在一起，形成社群。同时，互联网将散落在各地的星星点点的需求聚拢在一个平台上，形成新的共同的需求，并形成了规模，创造了重聚的价值。

如今互联网正在催熟新的商业模式，即"工具+社群+电商/微商"的混合模式。比如，微信最开始就是一个社交工具，先是通过各自工具属性/社交属性/价值内容的核心功能过滤到海量的目标用户，加入了微信朋友圈点赞与评论等社区功能，继而添加了微信支付、精选商品、电影票购买、手机话费充值等商业功能。

二、长尾型商业模式

长尾概念由克里斯·安德森（Chris Anderson）提出，这个概念描述了媒体行业从面向大量用户销售少数拳头产品，到销售庞大数量的利基产品的转变。虽然每种利基产品相对而言只产生小额销售量，但利基产品销售总额可以与传统面向大量用户销售少数拳头产品的销售模式媲美。可以通过 C2B 实现大规模个性化定制，核心是"多款少量"。

所以，长尾型商业模式需要低库存成本和强大的平台，并使得利基产品对于兴趣买家来说容易获得，例如 ZARA。

长尾型商业模式具体如图 7-6 所示。

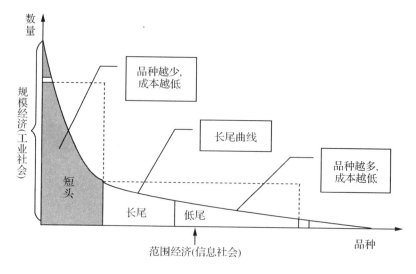

图 7-6　长尾型商业模式

三、跨界商业模式

余额宝推出半年规模就接近 3 000 亿元；雕爷不仅做了牛腩，还做了烤串、下午茶、煎饼，还进军了美甲界；小米做了手机，做了电视，做了农产品，还要做汽车、智能家居。

互联网为什么能够如此迅速地颠覆传统行业呢？互联网的颠覆实质上就是利用高效率来整合低效率，对传统产业核心要素进行再分配，也就是重构生产关系，并以此来提升整体系统效率。互联网企业通过减少中间环节，减少所有渠道不必要的损耗，减少产品从生产到进入用户手中所需要的环节来提高效率、降低成本。因此，对于互联网企业来说，只要抓住传统行业价值链条当中的低效或高利润环节，利用互联网工具和互联网思维，重新构建商业价值链，就有机会获得成功。

四、免费商业模式

"互联网+"时代是一个"信息过剩"的时代，也是一个"注意力稀缺"的时代，怎样在"无限的信息中"获取"有限的注意力"，便成为"互联网+"时代的核心命题。"注意力稀缺"导致众多互联网创业者们开始想尽办法去争夺注意力资源，而互联网产品最重要的就是流量，有了流量才能够以此为基础构建自己的商业模式，所以说互联网经济就是以吸引大众注意力为基础，去创造价值，然后转化成赢利。

很多互联网企业都是以免费、好的产品吸引到很多的用户，然后通过新的产品来服务不同的用户，在此基础上再构建商业模式，如 360 和腾讯等。互联网颠覆传统企业的常用打法就是在传统企业用来赚钱的领域免费，从而彻底把传统企业的客户群带走，继而转化成流量，然后再利用延伸价值链或增值服务来实现盈利。

五、O2O 商业模式

2012 年 9 月，腾讯 CEO 马化腾在互联网大会上的演讲中提到，移动互联网的地理位置信息带来了一个崭新的机遇，这个机遇就是 O2O，二维码是线上和线下的关键入口，将后端蕴藏的丰富资源带到前端，实现了线上和线下的高效衔接。

O2O 是 Online To Offline 的英文简称。O2O 狭义来理解就是线上交易、线下体验消费的商务模式，主要包括两种场景：一是线上到线下，用户在线上购买或预订服务，再到线下商户实地享受服务，目前这种类型比较多；二是线下到线上，用户通过线下实体店体验并选好商品，然后通过线上下单来购买商品。

六、平台商业模式

平台商业模式的核心是打造足够大的平台，产品更为多元化和多样化，更加重视用户体验和产品的闭环设计。

张瑞敏对平台型企业的理解就是利用互联网平台，企业可以获取更广阔的资源，原因有：第一，这个平台是开放的，可以整合全球的各种资源；第二，这个平台可以让所有的用户参与进来，实现企业和用户之间的零距离。在互联网时代，用户的需求变化越来越快，越来越难以捉摸，单靠企业自身所拥有的资源、人才和能力很难快速满足用户的个性化需求，这就要求打破企业的边界，建立一个更大的商业生态网络来满足用户的个性化需求。通过平台，以最快的速度汇聚资源，满足用户多元化的个性化需求。所以，平台模式的精髓在于打造一个多方共赢互利的生态圈。

聚一国际教育余煜明认为，目前传统企业需要转型。那么如何转型呢？

需要重新定义经营模式，用互联网思维进行商业模式转型；特别是客户消费渠道数据信息已经融合到了产业互联网的发展方向中，那么传统企业就要依托互联网实现商业模式创新，充分应用互联网信息技术，从产品研发、用户需求、柔性生产、快速响应、快捷物流、用户体验等多方面、多维度去设计公司发展商业模式，最终满足用户需求。

（资料来源：易凡布道）

请思考："互联网+"商业模式创新有何共同点？你认为成功的原因是什么？未来会面临什么风险？

第八章 创业资源与融资

 学习目标

- 了解创业资源的分类和获取途径
- 掌握创业融资的困境和渠道
- 熟悉创业融资的决策
- 掌握天使投资的投资过程
- 掌握风险投资的特征

 课程思政

让学生了解国家在鼓励创业就业的主要环节和关键领域陆续推出了多项直接融资优惠政策和减税降费优惠政策。让学生了解创业资源获取的途径、创业融资决策的原则;知晓中国创业企业融资的现状和大体过程,能够让学生更好地知晓创业的不易,关心中国企业的成长,培养学生的家国情怀与国际视野。

 案例引入

腾讯的创业史

马化腾1989年考入了深圳大学计算机系攻读计算机专业,他也在这个时期与同系同学张志东和许晨晔建立了坚固的友谊。1998年11月,马化腾与他的同学张志东"合资"注册了深圳腾讯计算机系统有限公司(以下简称"腾讯公司"),之后又吸纳了三位股东:曾李青、许晨晔和陈一丹。1999年2月,腾讯公司开发出第一个"中国风味"的ICQ(OICQ)后,受到用户极大欢迎。后由于域名问题,OICQ更名为QQ。

随着QQ用户数量的增长,腾讯公司需要大量资金不断扩充服务器。此时马化腾只能要么向公司增资,要么把腾讯卖掉。股东们把股本从50万元增加到100万元后,资金问题依然难以解决。把公司卖掉也许是一个更痛快的办法,当时马化腾的开价是300万元,可没有一家公司愿意以这个价格买下腾讯。

不久之后,马化腾迎来了腾讯融资路上的天使投资人——刘晓松。刘晓松曾听丁磊提起过马化腾。当马化腾他们找到刘晓松时,在看过腾讯公司的数据并得知合伙人是马化腾后,刘晓松毫不犹豫地同意按腾讯开的条件投资,以 50 万元占股 20%,成为腾讯的天使投资人。然而,此次腾讯要融的资金比较多,刘晓松无法一下子拿出这么大一笔钱来,他答应再介绍人来投资。

刘晓松将风险投资机构 IDG 的熊晓鸽(刘晓松的湖南大学校友)推荐给了腾讯。之后,IDG 深圳总经理王树与马化腾会面,决定投资已拥有庞大用户群的腾讯。而李泽楷旗下的香港盈科数码在 IDG 最终拍板之后,也同意投资腾讯。最终,IDG 和香港盈科数码联合投资 220 万美元持有腾讯控股 40% 的股权。2000 年初,投资协议最终签订,恰好赶在了 3 月纳斯达克互联网泡沫破灭前。由于用户急剧增加,马化腾不得不将融资资金几乎全数用于服务器添置,可腾讯盈利仍然遥遥无期。2000 年底,腾讯再次出现财务危机,IDG 与香港盈科数码不愿再追加投资。

2001 年 1 月,南非 MIH 公司中国业务部副总裁网大为主动找到腾讯希望对其投资。2001 年 6 月,香港盈科数码以 1 260 万美元的价格将其所持腾讯控股 20% 的股权悉数出售给 MIH 公司。IDG 将 12.8% 的腾讯控股股权出售给 MIH 公司。

2004 年 6 月,腾讯控股在香港主板上市,各个创始人身价倍增。而在上市后,MIH 股份比例调整为 33.2%。按 2021 年 6 月 30 日腾讯控股收盘价 584 港元计算,腾讯市值约 5.6 万亿港元(约 4.65 万亿人民币),而 MIH 的持股市值约 1.34 万亿人民币,加上之前几次套现的 1 688 亿人民币,账面回报超过 7 000 倍,完全是投资史上最成功的几笔投资之一。

(资料来源:1. "腾讯大股东套现千亿,二十年回报率 7 800 倍赚 1.6 万亿",网易 https://www.163.com/dy/article/G7T9NUB005199OR3.html;2.《创投之巅:中国创投精彩案例》,人民邮电出版社,2019)

本章引例中,可以看到马化腾团队创办腾讯之前所做的前期资源积累,也可以看到在创办腾讯之初的艰难融资历程。在创业路上,马化腾团队是非常幸运的,因为他们创办的腾讯公司在商业模式未明、长期难以实现盈利的情况下获得了外部投资,并最终走出创业企业的"死亡之谷",成长为大企业。本章将分析创业企业的资源获取,创业融资中的困境和渠道,怎样做出正确的创业融资决策,并详细介绍创业者在创业初期的主要外部投资来源——天使投资和风险投资。

 应用型任务

- 根据你的创业计划,如何制订你的融资计划方案?

第一节 创业资源获取

一、创业资源的含义

所有的创业活动都离不开资源,那么什么是资源呢?资源是一切可被人类开发和利用的客观存在。联合国环境规划署对资源的定义是:"所谓资源,特别是自然资源是指在一定时期、地点条件下能够产生经济价值,以提高人类当前和将来福利的自然因素和条件。"马克思在《资本论》中说:"劳动和土地,是财富两个原始的形成要素。"在经济学中,资源被认为是生产要素的代名词,《经济学解说》定义"资源"为"生产过程中所使用的投入"。

在企业资源的理解上,伯格·沃纳菲尔特(Birger Wernerfelt)1984年发表的《企业的资源基础论》中提出:"企业是由一系列资源束组成的集合,每种资源都有多种不同的用途,企业的竞争优势源自企业所拥有的资源。"而杰恩·巴尼(Jay Barney)1991年提出,能为企业带来持续竞争优势的资源必须具备价值性、稀缺性、不可完全模仿性和不可等效替代性。

对创业企业来说,传统上的创业资源包括任何与创业活动有关的有形资源(如机器设备、厂房及办公用品等)和无形资源(如专利、软件、商标和品牌等)。林嵩(2007)对创业资源的定义为:"创业资源是高科技企业创立以及成长过程中所需要的各种生产要素和支撑条件。"创业活动实质上是在识别机会的基础上,整合资源满足顾客需要的过程,所以在创业过程中,应当积极拓展创业资源获取渠道。由此,除了传统意义上的创业资源外,也可以把创业企业未来可能获取创业资源的资源载体(如天使投资、外部研发联盟等)看作创业资源。

二、创业资源的分类

(一)早期资源基础理论分类

资源是新企业创建、成长和扩张的基础,早期的资源基础理论将资源分为三种类型,即物质资源(存货、设备)、财务资源(资金、贷款)、人力资源(劳动力、管理者)。对于创业企业来说,人力资源是创业时期中最为关键的因素,创业者和团队的知识、能力、经验、洞察力对创业企业至关重要。而创业企业在初期,物质资源和财务资源往往都较少,其中物质资源是企业生产经营活动中所使用和产生的直接性的物资资源,包括原料、厂房、机器设备设施及生产出来的存货;财务资源是企业以货币形式存在的资源。

(二)核心资源与非核心资源分类

随着资源基础理论的演化,人们发现并非所有资源都可以成为企业竞争优势或高额利润的源泉。对创业企业来说，识别并利用核心资源，发挥非核心资源的作用，是创业企业资源运用的基本原则。

一般来说，核心资源主要包括人力资源和技术资源。根据杰恩·巴尼提出的能为企业带来持续竞争优势资源的四个特性，即价值性、稀缺性、不可完全模仿性和不可等效替代性，可以发现，企业的知识尤其是企业独特的生产性知识、制度性知识和管理性知识，以及企业拥有的默会知识非常符合上述特征。对创业企业来说，创业的动机往往就是创业团队具备独特的企业知识，因此，创业团队的人力资源对创业企业十分重要，是企业创业的源泉。此外，技术资源是积极的机会资源，主动开发或引进利用现有技术资源同样是创业企业获得竞争优势的来源。

情境案例

携程旅行网的核心人力资源和技术资源

1999年5月，梁建章、季琦、沈南鹏和范敏共同创建了携程旅行网。四人发挥了各自的能力优势：梁建章之前是ORACLE中国咨询总监，技术背景深厚，可以提供技术支持；沈南鹏是耶鲁大学的MBA，时任德意志银行高管，是具有多年投资经验的银行家，具备相当的融资能力和宏观决策能力；季琦则有着丰富的创业经验，擅长管理、销售；范敏之前是上海旅行社总经理，有丰富的具体业务以及市场经验。2003年12月，携程旅行网在美国纳斯达克成功上市。

携程旅行网的成功，是创业企业充分配置和使用核心人力资源和技术资源的典型案例。

（资料来源：网易《携程旅行网：企业概况及核心人物》，https://www.163.com/tech/article/3I3BJVJV00092B14.html）

非核心资源往往包括资金、场地和环境资源。在竞争较为充分的市场上，很多资源是可以通过市场交易获得的，这类资源大多可以归为非核心资源类。其中，资金资源是创业企业维持运营和保持发展的基础；良好的场地资源可以降低创业企业的运营成本；环境资源包括政策环境、文化环境等，也是一种影响企业发展的外围资源。有效配置、使用和整合非核心资源，对创业企业保持快速增长，早日实现盈利目标也非常重要。例如，自2014年9月夏季达沃斯论坛上李克强总理提出"大众创业、万众创新"后，国务院和各地政府纷纷出台各类优惠政策鼓励创业创新，但各地创业的发展态势还是有很大差异，表明环境资源的利用对创业企业同样至关重要。

（三）加入创业者因素后的分类

创业者对创业活动的重要性越来越受到广泛关注。马克·多林格（Marc J. Dollinger, 1995）提出一种创业资源的分类，将创业资源分为六种类型，包括人力或智力资源、财务资源、物质资源、技术资源、组织资源和声誉资源。在他的分类中，将创业者社会资本

（网络资本、关系资本）作为人力资源中的一部分，而将创业者的声誉资源作为一种独立的创业资源类型。

我国学者蔡莉和柳青（2009）将创业资源归纳为六种类型，包括人力资源、物质资源、技术资源、财务资源、市场资源和组织资源，其中人力资源进一步分为智力资源、声誉资源和社会资源三种（表8-1）。相比于马克·多林格的分类，她们将声誉资源并入人力资源中，同时认为在早期阶段，消费者或导向用户所提供的销售订单对于新创企业获得其他资源非常重要，故将销售订单也作为新创企业非常关键的一种创业资源。

表8-1 创业资源的类型

资源类型	定义
人力资源	依附于个人的智力资源、声誉资源和社会资源
物质资源	企业运营所必需的有形资产、工具和设备
技术资源	由工艺、系统或实物转化方法组成
财务资源	企业创建和成长所需要的资金
组织资源	组织关系和结构、规章和文化及组织知识
市场资源	消费者或导向用户所提供的购买订单

（资料来源：蔡莉，柳青. 新创企业资源整合过程模型［J］. 科学学与科学技术管理，2009（2）：95－102）

三、创业资源的获取途径

（一）人力资源的获取途径

创业企业的成功需要创业团队通力合作，投资者在最初投资创业企业时往往看中的也是创业团队。例如，雷军（小米科技创始人、董事长）曾说过："我在选择投资项目时，通常考虑四个必备条件：大方向很好，小方向被验证，团队出色，投资回报率高。"因此，优秀的创业团队和人力资源优势至关重要。人力资源的获取途径主要有以下几种。

1. 发动创业团队寻找认识的周边人才

创业团队成员最了解创业企业所需的人才，每个团队成员要充分利用自己的人脉关系（亲戚、朋友、同学、校友及前同事等），为企业寻找和引进专业人才。

2. 利用专业猎头和招聘网站的力量

如果创业企业有一定的资金实力，可以通过专业猎头和招聘网站来直接招募人才，这种方式的优点是可以在更大的范围内寻找人才。

3. 借助投资机构的力量

如果创业企业获得了股权融资，可以向投资机构（天使投资人、风险投资或私募股权基金等）求助，让其帮助创业企业引入人才。由于投资机构在各行业领域都有丰富的投资经验，对各行业领域的核心人才会有更深入的接触。

（二）技术资源的获取途径

技术是大部分创业项目的起点，只有具备优势的技术，创业企业才能实现发展壮大的目标。技术资源的获取途径主要有以下几种。

1. 创业者自己持有技术

在高科技行业，创业者最常见的是自己拥有某项特定技术后开始创业。比如美国的Google公司，就是两位创始人开发出了新型的网页搜索技术而创建的；同样地，中国的百度公司也是在创始人李彦宏拥有"超链分析"技术专利后开始被创建的。创业者自己拥有技术后进行的创业具有较高的成功率。

2. 将技术持有者吸收入创业团队

有时候不少创业者并不掌握创业需要的技术，这时创业者就需要吸收技术持有者加入自己的创业团队。这种情况下，创业者虽然不懂技术，但对产品和企业商业模式应该有非常清晰的认知，能够通过吸收技术人才，实现对产品开发方面的引领。

3. 购买其他企业或其他人的技术

在团队自身不具备技术的情况下，可以通过购买其他企业或其他人的技术来实现创业。此时要对技术进行深入、详尽的技术甄别，进行技术的市场寿命分析和前景展望。既要防止购买的是落后技术，进而进入一个拥挤的"红海"市场，又要防止购买的是特别超前的前景技术，无法实现商业化应用。比如小米公司在初始开发制造手机时，购买了市场上许多成熟的技术来使用和再开发。只要整合利用得好，购买其他企业或其他人的技术是可行的。

4. 同时购买技术和技术持有人

在某种意义上，同时购买技术和技术持有人是购买他人技术进而创业的最佳路径。因为技术最终是由人掌握的，在购买技术的同时，"购买"掌握技术的人，无疑有助于创业者迅速消化、理解、完善和使用所购买的技术。

（三）市场资源的获取途径

对创业企业而言，市场资源的获取主要解决两个重要问题：市场信息的获取和营销网络的建设，前者使创业企业掌握市场需求，后者使创业企业完成市场交易。

1. 市场信息的获取

市场信息的获取直接关系到创业企业对市场需求的掌握，创业企业获取的市场信息主要包括以下几个方面。

（1）政策信息。政府机构会出台各类技术、经济与行业政策。随时关注政府机构发布的政策信息，可以保证创业企业的产品合理合法，掌握政府政策的引导方向，调整创业决策。

（2）互联网信息。当今社会信息传输的途径越来越依赖于互联网，特别是在移动互联网时代，借助互联网可以获取大量的信息。创业企业可以通过互联网和工具软件自己进行或委托他人检索、调查、分析市场信息。

（3）实际调研信息。创业者可以自己在市场上实际调研，获得一手的调研信息，了解顾客的实际需求。特别是在当今移动互联网时代，可以利用地推、社交推荐等多种方式完成产品调研。此外，市场上有许多专业的调研机构，可以根据创业企业的需求，完成政策、经济、行业、市场等各方面信息的分析调研。

（4）媒体信息。传统的新闻媒体，如报纸、杂志、电视、广播等，也是重要的创业信息来源；而在当今自媒体盛行的时代，许多自媒体也在快速传播着经济和市场信息。创业者需要紧抓媒体的信息线索，获取自己需要的相关信息。

（5）同行业信息。同行得到的信息往往对创业者是十分有益的。对同行行为的了解和把握，有助于创业者把握竞争态势，判断自己的优劣长短，进而正确地调整、决定自己的行为策略。因此，创业企业要积极参与同行创业者或同行企业举办的各类活动，加强交流沟通。

2. 营销网络的建设

创业企业要卖出自己的产品或服务，须逐步建设和完善营销网络。一般情况下，创业企业可以通过三种途径打造营销网络。

（1）自建营销网络。自己建设营销网络往往要求创业者投入相当大的人力、物力和财力，并在建设中逐步完善、提升自己的营销网络体系。这对缺乏营销经验的创业者是一项挑战。

（2）借用营销网络。借用他人已有的营销网络可以为创业者节约大量的网络建设费用，免去起步阶段的营销困难。但是借用营销网络会减少创业企业的收益，并使企业的营收命脉掌握在他人手中，而且假若创业企业的产品变为畅销产品，也可能增加被模仿的风险。

（3）自建与借用结合。自建与借用结合即将前两种方法结合起来。一种理性的做法是，在创业初期，以借用他人的营销网络为主；待创业企业发展到一定程度后，以建设自己的营销网络为主。

总之，无论是自建营销网络、借用营销网络还是将两者结合，都需要考虑不同行业产品经营要求的营销网络的差异，使得营销网络更适应创业企业产品营销的客观要求。

第二节　创业融资

一、创业融资的困境

在本章引例中，可以看到马化腾团队筹集资金的艰难之路，但马化腾和他的腾讯最终还是募集到了所需要的资金。但很多新创企业为了生存和发展，用尽了各种方法依然难以找到资金。2019年由经济日报社组织的"中国创业企业调查（二期）"①的调查数据显

---

① 中国创业企业调查显示："创业带动就业"发展态势良好，中国经济网 http://www.ce.cn/xwzx/gnsz/gdxw/201912/06/t20191206_33788734.shtml.

示，"资金约束"是创业企业面临的制约创业的最主要因素，有 75.60% 的创业者认为"资金约束"困难程度较大，其中，46.08% 的创业者将"资金约束"作为创业时面临的最主要困难。

为什么创业融资会这么难？创业融资的困境是相对于既有企业融资而言的，与既有企业相比，创业融资具有明显的劣势。

（一）创业企业缺少抵押资产

大多数创业者在创业时的启动资金极为有限，缺少可抵押的大额实物资产，无法获得商业贷款。近年来，年轻创业者越来越多，但根据《中国青年创业发展报告（2020）》的调查[①]显示，53.8% 的创业者的启动资金不足 10 万元，26% 的创业者的启动资金为 10 万~50 万元。如此少的启动资金意味着创业企业基本无法购置大额的生产设备、厂房和土地等实物资产，也几乎没有可以提供抵押的资产。相比创业企业，既有企业可以用企业的资产作为抵押获得银行贷款资金。从银行的角度来看，即使既有企业经营失败，企业的抵押资产仍然可以保证贷款资金的收回；而创业企业缺少抵押资产，向其提供贷款比为既有企业提供贷款面临更大的风险。

（二）创业企业缺少经营记录

创业者及其团队如果有成功的创业经历，可以很容易获得创业资金，但这类创业者较少，大量的创业者没有成功的创业经历。雷军在创办小米之前，在金山工作了 16 年并最终带领金山上市，创办过卓越网，成功投资过 UC、欢聚时代（YY）等企业，可以说雷军已经是一个成功的创业企业家和投资家了，因此雷军在创办小米时，很容易获得了晨兴资本、启明资本等风险投资的青睐。

对资金提供者来说，要在将来的某个时点收回资金（贷款或股权投资成本）并获得回报，企业未来的经营情况关系到投入资金的安全。对既有企业来说，可以通过分析其已有的盈利能力来预测未来的经营情况，银行或其他投资人在向企业提供资金时也会对企业的财务报表进行分析。而不幸的是，创业企业既缺少资产，也没有以往的经营业绩，所能提供的资料不过是一份商业计划书，未来的经营情况具有更大的不确定性。因此，如果创业者没有被证明在过去获得过成功，缺少经营记录的创业企业会很难让银行或其他投资人掏腰包。

（三）创业企业融资规模相对较小

由于自身规模体量、发展阶段等原因，创业企业向银行申请借款时，其金额往往比既有企业少；而银行办理一次业务的成本相差不大，都需要尽职调查、评估等一系列手续，使得创业企业的单位融资成本远远高于既有企业。据调查，对中小企业贷款的管理成本平均为大型企业的 5 倍左右，银行当然愿意向大企业而不是向创业企业贷款。此外，大企业融资规模大，但经营风险更小，还款概率更高；而创业企业虽然融资规模小，但经营风险

---

① 中国青年创业发展报告（2020），网易 https://www.163.com/dy/article/FRNJGTSM0511B355.html.

大，加大了创业企业融资的难度。

二、创业融资的渠道

对创业企业来说资金至关重要，所以创业团队要使用各种方法，挖掘一切可能的融资渠道。创业融资的渠道可以分为私人自筹资金和外部资金两类。其中私人自筹资金主要包括创业者自有资金和向亲朋好友融资两种；外部资金主要包括天使投资、风险投资、商业银行贷款、政府机构的支持和上市融资等。近年来，随着互联网与金融业的结合，互联网金融业开始成为一种新的融资渠道，如众筹等。

（一）私人自筹资金

1. 自有资金

创业者的自有资金往往是创业企业的起步资金。许多创业者在创业初期将自己的大部分积蓄投入企业。创业者在初期投入大量自有资金是非常必要的。首先，创办新企业是捕捉到商业机会实现价值的过程，将尽可能多的自有资金投入其中，可以在创业企业中持有较多的股份，创业成功后将获得较大的创业回报；其次，创业者将大量自有资金投入创业企业是一种有效的承诺，表明创业者个人与创业企业息息相关，向市场外部投资者传递了自己背水一战的信号，有利于获得外部投资者的投资；最后，投入自有资金作为权益资本可以增强创业者对企业的控制权，可以降低外部投资进入后对创业者股权的稀释，保证创业者经营的自主性。

2. 亲朋好友融资

亲朋好友是创业企业融资的重要来源。创业企业由于具有缺少抵押资产、缺少经营记录、规模小、不确定性高、融资资金规模小等特点，很难获取银行贷款和吸引机构投资者投资。而创业者的亲朋好友对创业者的个人信息比较了解，诚实守信和个人能力比较强的创业者更有可能获得借款。然而如果创业失败，也会给亲戚和朋友带来一定的资金损失。想从亲朋好友处融资，首先创业者要拿出商业策划书，向亲戚、朋友如实说明企业的经营情况与项目内容，包括其投资额度、预期收入和风险管理等内容。其次，创业者如果是以借款方式向亲朋好友融资，要与对方签订借款协议，详细说明借款金额、还款时间、利率水平以及还款保障等；如果是以股权投资方式引入亲朋好友融资，要与对方签订股权投资协议，详细列明股权份额及其他保护性条款，并完成公司股权变更手续。

（二）外部资金

1. 天使投资

天使投资是自由投资者或非正式机构对有创意的创业项目或小型初创企业进行的一次性的前期投资，是一种非组织化的创业投资形式。天使投资是最早介入的外部资金，即便还处于创业构思阶段，只要有发展潜力，就有可能获得天使投资。

天使投资的主要特点是：① 资金主要来源于富有的个人并只追求财务回报。与银行贷款不同，天使投资的资金主要来自富有个人的闲置资本。他们进行天使投资的一个主要目的是使资本增值。虽然投资期限会比较长，但是一旦企业成功，天使投资会获得高额回报。② 主要投资于初创企业。企业在刚刚起步时需要的资金不是很多，去银行贷款条件又比较苛刻，而风险投资又不愿意投资这种初创企业，特别是许多高新技术企业在创业初期很难获得银行贷款和风险投资。而天使投资家由于资金的限制，一般只会选择在企业早期进行投资。

目前在我国，天使投资比较集中的区域是北京、上海、深圳和杭州等高新技术企业比较多的城市。相当多的天使投资者也是成功的创业企业家或者大公司的高层管理人员，因此除了投资以外，他们也能在经营管理方面帮助创业者。

2. 风险投资

风险投资又称创业投资，是当今世界上广泛流行的一种新型投资机构。它以一定的方式吸收机构和个人的资金，投向那些不具备上市资格的中小企业和新兴企业，尤其是高新技术企业。风险投资基金无须风险企业的资产抵押担保，手续相对简单。它的经营方针是在高风险中追求高收益。风险投资基金多以股份的形式参与投资，其目的就是帮助所投资的企业尽快成熟，取得上市资格或被其他大型企业并购，从而使资本增值。一旦公司上市，风险投资基金就可以通过证券市场转让股权而收回资金，继续投向其他风险企业。

3. 商业银行贷款

银行贷款是企业最常见的一种融资方式，创业者可以通过银行贷款补充创业资金的不足。目前，我国商业银行推出了越来越多的个人经营类贷款，包括个人生产经营贷款、个人创业贷款、个人助业贷款、个人小型设备贷款、个人周转性流动资金贷款、下岗失业人员小额担保贷款和个人临时贷款等。但由于创业企业的经营风险较高、价值评估困难，银行一般不愿意冒太大的风险向创业企业提供贷款。这类贷款发放时往往要求创业者提供担保，包括抵押、质押、第三人保证等。近年来，为了缓解中小企业融资困难，我国各地的金融机构也推出了许多创业贷款类金融产品。这类贷款产品的期限一般在 3 年以内，金额在 50 万元以下，主要解决的是启动资金问题，创业者可以去当地商业银行直接咨询。

4. 政府机构的支持

在我国，各级政府对创业活动的重要性认识越来越深入，出台了一系列针对创业和中小企业发展的优惠政策。

（1）政府背景基金。中小企业融资担保基金、科技型中小企业技术创新基金、地方政府的留学生创业基金等，都成为创业企业的重要融资选择。而近年来，创业引导基金逐渐成为政府促进创业企业融资的重要抓手。

自 2002 年北京市政府派出机构在中关村科技园区正式设立创业投资引导基金，并成立中关村创业引导发展中心作为实体运作部门开始，我国对政府引导基金的探索就一直在持续。2008 年 10 月，国家发改委联合财政部、商务部共同出台《关于创业引导基金规范设立与运作的指导意见》，明确了创业引导基金的定义：由政府设立并按照市场运作的政府性基金，主要扶持创业投资企业，引导社会资本进入创业投资领域。

2015 年以来，政府引导基金呈现井喷式发展。根据投中研究院的统计，截至 2020 年

6月，国内共成立1 349只政府引导基金，政府引导基金自身总规模超过2.1万亿元。[①] 表8-2为部分省市的创业引导基金。

表8-2 创业引导基金示例

创业引导基金名称	省（市）	成立年份	政府出资规模/亿元
北京市中小企业创业投资引导基金	北京	2013	30
上海市创业投资引导基金	上海	2010	55
广东省创新创业基金	广东	2018	71
浙江省创业风险投资引导基金	浙江	2009	5
江苏省新兴产业创业投资引导基金	江苏	2011	10（首期）

（资料来源：《中国政府引导基金名录（2020）》，投中网 https://www.chinaventure.com.cn/news/80/20200909/357754.html）

创业投资引导基金设立的主要目的是弥补中小型企业在起步阶段资金不足等缺陷，加强资本和市场的融合，确保中小企业可以顺利发展。目前来看，虽然部分创业投资引导基金在运作中还有一些问题，但大部分创业投资引导基金还是起到了引导社会资本向中小型创业企业，特别是高科技初创企业投资的作用。

（2）政府税收优惠政策。除了直接的资金支持外，我国针对创新创业的主要环节和关键领域陆续推出多项税收优惠政策措施。

为了扶持小微企业、个体工商户发展，截至2021年6月，政府从减负担、促融资、助创业三个方面出台了27项针对小微企业和个体工商户的税费优惠支持政策，持续加大减税降费力度，助力小微企业和个体工商户降低经营成本、缓解融资难题。

自2014年9月夏季达沃斯论坛上李克强总理提出"大众创业、万众创新"后，大众创业、万众创新持续向更大范围、更高层次和更深程度推进，创新创业与经济社会发展深度融合，对推动新旧动能转换和经济结构升级、扩大就业和改善民生、营造公平营商环境和创新社会氛围发挥了重要作用。截至2021年6月，我国针对创新创业的主要环节和关键领域陆续推出了102项税费优惠政策措施，覆盖企业整个生命周期。[②]

在企业初创期，除了普惠式税收优惠外，符合条件的增值税小规模纳税人、小型微利企业、个体工商户，特殊群体创业或者吸纳特殊群体就业（高校毕业生、失业人员、退役士兵、军转干部、随军家属、残疾人、回国服务的在外留学人员、长期来华定居专家等）还能享受特殊的税费优惠。同时，国家还对扶持企业成长的科技企业孵化器、大学科技园等创业就业平台，创投企业，金融机构，企业和个人等给予税收优惠，充分发挥集聚效应，给予企业金融支持。企业初创期的55项税费优惠政策指引具体见表8-3。

[①] 《2020年政府引导基金专题研究报告》，https://www.chinaventure.com.cn/report/1001-20201114-1629.html.
[②] "大众创业 万众创新"税费优惠政策指引，http://www.chinatax.gov.cn/chinatax/n810341/n810825/c101434/c5167236/content.html.

表 8-3 企业初创期税费优惠政策指引

政策方向	政策指引
小微企业税费优惠	1. 符合条件的增值税小规模纳税人免征增值税 2. 阶段性减免增值税小规模纳税人增值税 3. 小型微利企业减免企业所得税 4. 个体工商户应纳税所得不超过 100 万元部分个人所得税减半征收 5. 增值税小规模纳税人减征地方"六税两费" 6. 符合条件的企业暂免征收残疾人就业保障金 7. 符合条件的缴纳义务人免征有关政府性基金 8. 符合条件的增值税小规模纳税人免征文化事业建设费
重点群体创业就业税费优惠	9. 重点群体创业税费扣减 10. 吸纳重点群体就业税费扣减 11. 退役士兵创业税费扣减 12. 吸纳退役士兵就业税费扣减 13. 随军家属创业免征增值税 14. 随军家属创业免征个人所得税 15. 安置随军家属就业的企业免征增值税 16. 军队转业干部创业免征增值税 17. 自主择业的军队转业干部免征个人所得税 18. 安置军队转业干部就业的企业免征增值税 19. 残疾人创业免征增值税 20. 安置残疾人就业的单位和个体工商户增值税即征即退 21. 特殊教育校办企业安置残疾人就业增值税即征即退 22. 安置残疾人就业的企业残疾人工资加计扣除 23. 安置残疾人就业的单位减免城镇土地使用税 24. 长期来华定居专家进口自用小汽车免征车辆购置税 25. 回国服务的在外留学人员购买自用国产小汽车免征车辆购置税
创业就业平台税收优惠	26. 科技企业孵化器和众创空间免征增值税 27. 科技企业孵化器和众创空间免征房产税 28. 科技企业孵化器和众创空间免征城镇土地使用税 29. 大学科技园免征增值税 30. 大学科技园免征房产税 31. 大学科技园免征城镇土地使用税
创业投资税收优惠	32. 创投企业投资未上市的中小高新技术企业按比例抵扣应纳税所得额 33. 有限合伙制创业投资企业法人合伙人投资未上市的中小高新技术企业按比例抵扣应纳税所得额 34. 公司制创业投资企业投资初创科技型企业抵扣应纳税所得额 35. 有限合伙制创投企业法人合伙人投资初创科技型企业抵扣从合伙企业分得的所得 36. 有限合伙制创投企业个人合伙人投资初创科技型企业抵扣从合伙企业分得的经营所得 37. 天使投资个人投资初创科技型企业抵扣应纳税所得额 38. 创业投资企业灵活选择个人合伙人所得税核算方式 39. 中关村国家自主创新示范区试行公司型创业投资企业所得税优惠政策

续表

政策方向	政策指引
金融支持税收优惠	40. 创新企业境内发行存托凭证试点阶段增值税优惠政策 41. 创新企业境内发行存托凭证试点阶段企业所得税优惠政策 42. 创新企业境内发行存托凭证试点阶段个人所得税优惠政策 43. 以非货币性资产对外投资确认的非货币性资产转让所得分期缴纳企业所得税 44. 以非货币性资产对外投资确认的非货币性资产转让所得分期缴纳个人所得税 45. 金融机构小微企业及个体工商户小额贷款利息收入免征增值税 46. 金融机构农户小额贷款利息收入企业所得税减计收入 47. 金融企业涉农和中小企业贷款损失准备金税前扣除 48. 金融企业涉农和中小企业贷款损失税前扣除 49. 金融机构与小型微型企业签订借款合同免征印花税 50. 小额贷款公司农户小额贷款利息收入免征增值税 51. 小额贷款公司农户小额贷款利息收入企业所得税减计收入 52. 小额贷款公司贷款损失准备金企业所得税税前扣除 53. 为农户及小型微型企业提供融资担保及再担保业务免征增值税 54. 中小企业融资（信用）担保机构有关准备金企业所得税税前扣除 55. 账簿印花税减免

政府的各项税收优惠政策都是切实从创业企业的实际需要出发，比如在增值税方面，财政部、国家税务总局出台了 2021 年 4 月 1 日至 2022 年 12 月 31 日，将小微企业、个体工商户等小规模纳税人增值税起征点，由现行月销售额 10 万元提高到 15 万元的政策。

税收优惠政策真正落到实处，需要政府和创业企业一起努力。2018 年经济日报社组织的"中国创业企业调查"（第一期）的调查数据显示，企业对税收减免政策的评价总体较好，评价 6 分（满分 10 分）及以上的创业者占比高达 66.1%，可见企业较为认可当前税收减免政策的总体效果。但有近半数受调查企业（45.65%）认为获得税收优惠较为困难。因此，创业企业要获得税收优惠，一方面需要政府加强税收优惠政策宣传，优化税收征管程序；另一方面也需要创业企业加强对税收优惠及各项政策的关注和理解。

5. 上市融资

对于股份有限公司和有限责任公司，在企业成熟后可以通过发行债券和股票来进行融资，同时为天使投资人和风险资本提供有效的退出机制，形成资本的良性循环。

在我国，创业板市场是指主板市场之外为满足中小企业和新兴行业创业企业融资需求的证券交易市场。我国创业板市场于 2009 年 10 月 23 日正式开板，首批 28 家公司在创业板市场挂牌上市，截至 2021 年 6 月 30 日，已经在创业板市场上交易的上市公司达到 977 家，总市值已超过 13 万亿元，成为中小企业良好的融资平台。创业板市场具有资本市场的一般功能，能为处于创业时期饱受资金缺乏困扰的中小企业提供融资的渠道。创业板市场青睐成长性高，科技含量高，能够符合新经济、新服务、新农业、新材料、新能源和新商业模式特征的企业，适合处于成长期的中小高新技术企业。

科创板是由国家主席习近平于 2018 年 11 月 5 日在首届中国国际进口博览会开幕式上

宣布设立的，是独立于现有主板市场的新设板块，在该板块内进行注册制试点。科创板坚持面向世界科技前沿、面向经济主战场、面向国家重大需求，主要服务于符合国家战略、突破关键核心技术、市场认可度高的科技创新企业。科创板重点支持新一代信息技术、高端装备、新材料、新能源、节能环保以及生物医药等高新技术产业和战略性新兴产业，推动互联网、大数据、云计算、人工智能和制造业深度融合，引领中高端消费，推动质量变革、效率变革、动力变革。我国科创板市场于 2019 年 6 月 13 日开板，7 月 22 日科创板首批公司上市，截至 2021 年 6 月 30 日，已经在科创板市场上交易的上市公司达到 301 家，总市值超过 4.7 万亿元，已经成为高科技创新企业良好的融资平台。

但要注意的是，由于直接融资的对象是社会公众，手续较为严格，很少有初创期的创业企业可以直接通过上市进行融资。

(三) 其他融资

1. 众筹融资

众筹融资是指通过互联网方式发布筹款项目并募集资金。相对于传统的融资方式，众筹更为开放，能否获得资金也不再以项目的商业价值作为唯一标准。只要是网友喜欢的项目，都可以通过众筹方式获得项目启动的第一笔资金，为更多小本经营或创业的人提供了无限的可能。

众筹涉及主体包含发起人、支持者和平台。发起人是指有创造能力但缺乏资金的人（也就是创业者），支持者是指对筹资者的故事和回报感兴趣的、有能力支持的人，平台是指连接发起人和支持者的互联网终端。众筹形式主要有股权众筹和实物众筹。其规则就是在设定天数内，达到或者超过目标金额，项目即成功，发起人可获得资金；筹资项目完成后，支持者将得到发起人预先承诺的回报，回报方式可以是股权，也可以是实物或服务，如果项目筹资失败，那么已获资金全部退还支持者。

众筹项目的品牌和创始人个人声誉一般只对大众消费类项目的筹资起到重要影响，比如饮料、服装、鞋和美妆类产品等，品牌或创始人如果拥有大批的粉丝，确实会对项目的筹资起到较大的促进作用。但是对那些高技术壁垒、小众行业项目而言，品牌和创始人个人声誉对众筹的提升效果起到的作用很小。

2. 供应链金融

供应链金融 (supply chain finance, SCF)，是商业银行信贷业务的一个专业领域，也是企业尤其是中小企业的一种融资渠道。供应链金融指银行向客户（核心企业）提供融资和其他结算、理财服务，同时向这些客户的供应商提供贷款及时收达的便利，或者向其分销商提供预付款代付及存货融资服务。简单地说，就是银行将核心企业和上下游企业联系在一起提供灵活运用的金融产品和服务的一种融资模式。供应链金融与传统的保理业务及货押业务（动产及货权抵/质押授信）非常接近，区别在于保理和货押只是简单的贸易融资产品，而供应链金融是核心企业与银行间达成的，一种面向供应链所有成员企业的系统性融资安排。

供应链金融为中小企业融资的理念和技术瓶颈提供了解决方案。由于产业链竞争加剧及核心企业的强势，赊销在供应链结算中占有相当大的比重。企业通过赊账销售已经成为最普遍和基本交易方式，赊销导致的大量应收账款的存在，让中小企业不得不直面流动性不足的风险，企业资金链明显紧张。

应在供应链中寻找出一个大的核心企业，以核心企业为出发点，为供应链提供金融支持。一方面，将资金有效注入处于相对弱势的上下游配套中小企业，解决中小企业融资难和供应链失衡的问题；另一方面，将银行信用融入上下游企业的购销行为，增强其商业信用，促进中小企业与核心企业建立长期战略协同关系，提升供应链的竞争能力。在供应链金融的融资模式下，处在供应链上的企业一旦获得银行的支持，资金这一"脐血"就会被注入配套企业，也就等于进入了供应链，从而可以激活整个"链条"的运转；而且借助银行信用的支持，还可以为中小企业赢得更多的商机。

因此，创业企业要想获得供应链金融的融资，必须先寻找并进入有一个核心企业的供应链，只有这样才能享受供应链金融的便利。

3. 中小企业信用担保贷款

从国外实践和我国实际情况来看，信用担保可以为中小企业创业和经营融资提供便利，分散金融机构信贷风险，推进银企合作，是解决中小企业融资难的突破口。

从1999年试点到现在，我国已经形成了以中小企业信用担保为主体的担保业和多层次中小企业信用担保体系，全国已有多个城市建立了中小企业信用担保机构。例如，江苏省信用融资担保有限责任公司[①]于2002年经江苏省政府批准成立，是江苏省担保协会副会长单位，也是全国中小企业信用担保机构负责人联席会议的发起单位之一，公司为全省中小微企业以及"三农""双创"等产业提供高质量综合金融服务。近年来，公司累计为超过8 000户企业提供各类担保规模566亿元，在江苏全省快速构筑了覆盖区域中心城市、辐射全省的"江苏担保"服务网络，在促进全省中小企业成长和服务地方经济发展中发挥了担保主力军作用。

中小企业向银行借款时，可以由中小企业的担保机构担保。担保基金一般由当地政府财政拨款、会员自愿缴纳的会员基金、社会募集的资金、商业银行的资金等组成。中小企业还可以向专门从事中介服务的担保公司寻求担保。与银行担保相比，担保公司对抵押品的要求更为灵活。当然，担保公司为了保障自己的利益，往往会要求企业提供反担保措施，有时担保公司还会派人到企业监控资金流动情况。

三、创业融资的决策

（一）创业融资的决策原则

1. 融资总收益大于总成本

创业企业经过深入分析，确信利用筹集的资金所产生的预期总收益要大于融资的总成本时，才有必要考虑如何融资。这是创业企业进行融资决策的首要前提。融资的总成本包

---

① 江苏省信用融资担保有限责任公司简介，https://www.jscg.cn/profile/.

含资金的利息成本，还有可能包含昂贵的融资费用和不确定的风险成本。

2. 融资规模要适量

创业企业融资过少，可能会影响企业未来投资及运营的正常开展；而融资过多，则可能导致企业负债过多，利息支出较高，出现债务偿还危机，增加经营风险。因此，创业企业要优先考虑自有资金，然后再考虑外部融资，在分析企业现有财务状况与预测未来投资经营状况的基础上，确定合理的融资规模。

3. 融资时机要合适

创业企业融资要找准时机。创业企业的融资决策要有预见性，一方面企业要能够及时掌握国内和国外利率、汇率等金融市场的各种信息，了解国内外宏观经济形势、国家货币及财政政策，以及国内外资本市场流动性情况，分析企业融资的外部资本市场情况；另一方面企业必须要合理把握所在行业特点和企业实际估值情况，适时进行融资。

（二）确定创业融资需求

创业企业在筹集资金时，关键是要确定企业的融资需求，而融资需求可以通过定性或定量方法来预测或测算。

1. 定性预测法

定性预测法主要是利用直观的材料，依靠个人经验的主观判断和分析能力，预测融资需求。这种方法一般是在企业缺乏完备、准确的历史资料的情况下采用的。预测过程是：首先由熟悉财务情况和生产经营情况的专家，根据过去所积累的经验进行分析判断，提出预测的初步意见；其次再通过讨论等形式，对上述预测的初步意见进行修正、补充。这样经过一次或几次后，得出最终结果。定性预测法不能揭示资金需求量与有关因素之间的数量关系。

2. 定量测算法

定量测算法即销售百分比法。销售百分比法是首先假设收入、费用、资产、负债与销售收入存在稳定的百分比关系，根据预计销售额和相应的百分比预计资产、负债和所有者权益，然后利用会计等式确定融资需求量。

具体的计算方法有两种：① 根据销售总额预计资产、负债和所有者权益的总额，然后确定融资需求；② 根据销售的增加额预计资产、负债和所有者权益的增加额，然后确定融资需求。虽然一个是根据总量来预测，另一个是根据增量来预测，但两者的基本原理一样。第一种计算外部融资需求的会计等式为：外部融资需求量＝预计总资产－预计总负债－预计股东权益。

（三）选择创业融资方式

创业企业要根据创业所处阶段、企业特征及企业控制权情况综合选择融资方式。

1. 创业所处阶段

创业融资需求具有阶段性特征，不同阶段的资金需求量和风险程度存在差异，不同的融资渠道所能提供的资金数量和要求的风险程度也不相同，因此，创业者在融资时必须将不同阶段的融资需求与融资渠道进行匹配。

在种子期和启动期，企业处在高度的不确定中，只能依靠自我融资或亲戚朋友的支持，以及从外部投资者处获取"天使资本"。企业进入成长期后，已经有了前期的经营基础，发展潜力逐渐显现，资金需求量也增大。成长期前期，在企业获得正的现金流之前，创业者获得债务融资的难度较大，这时创业者往往倾向于通过股权融资这种不要求他们做出固定偿付的方式来筹集资金；成长期后期，企业表现出较好的成长性，且有一定的资产规模，可以寻求银行贷款、商业信用等债务融资方式，也可以继续进行股权融资（表8-4）。

表8-4 创业企业成长阶段与融资类型的匹配

创业企业成长阶段	企业特征	适当的融资类型
种子期前期	高度不确定 只有团队和想法	自我融资、向亲朋好友融资
种子期后期	有可视化产品 商业模式清晰	天使投资
成长期前期	产品有一定的市场 商业模式形成规模	风险资本A轮
成长期后期	产品占领相当一部分市场 商业模式得到验证，开始形成竞争优势	风险资本B轮及以后、私募股权融资、银行贷款

2. 创业企业特征

创业企业所在的行业、初始资源禀赋、面临的风险、预期收益都有较大的差异，不同行业面临不同的竞争环境、行业集中度及经营战略等，因此，创业企业对资本结构的要求是不同的，不同的资本结构产生了不同的融资要求。

一般来说，大部分新创企业在风险和预期收益方面均存在不利情况，不具备银行或投资者所要求的特征，这时创业者只能依赖个人资金、向亲朋好友融资等方式融资，直到能够证明产品或创意可以在市场上立足，才能获得债务融资或股权融资。

从事高科技产业或有独特商业创意的企业，经营风险较大，预期收益也较高，创业者有良好的相关背景，可考虑股权融资的方式。

传统产业类创业企业，经营风险较小，预期收益较易预测，可主要考虑债权融资的方式。

3. 创业企业控制权情况

创业企业中创业团队对控制权的态度和掌握情况也会影响融资渠道的选择。一些创业团队不愿意将创立企业的部分所有权与投资者共同拥有，希望保持对企业的控制权，因此更多地选择债务融资；而另一些创业团队则更看重企业是否可以迅速扩大、取得跳跃式发展及获得渴望的财富，为此他们愿意大量引入外来股权投资，甚至让位于职业经理来管理企业。

小贴士

股权生命九条线

1. 67%绝对控制权，相当于100%的权力，修改公司章程，分立、合并、变更主营项目，重大决策。
2. 51%相对控制权，控制线。股东大会通过一些事项的决议，比如聘请独立董事、选举董事或董事长、聘请/解聘总经理等。
3. 34%安全控制权，一票否决权。
4. 30%上市公司要约收购线（对上市公司而言）。
5. 20%重大同业竞争警示线（对上市公司而言）。
6. 10%临时会议权，可提出质询/调查/起诉/清算/解散公司。
7. 5%重大股权变动警示线（对上市公司而言）。
8. 3%临时提案权。中小股东们征集持股达到3%，在股东大会召开10日前提出临时提案。
9. 1%代位诉讼权，亦称派生诉讼权，可以书面请求监事会或者不设监事会的有限责任公司的监事向人民法院提起诉讼。

第三节 天使投资

一、天使投资的概念

天使投资（Angel Capital）是除了家人、朋友之外，创业者的最早资助来源。天使投资的资本来源主要为个人，提供天使资本的个人称为天使投资人。形象地描述，天使投资人也称为3F投资人，即家庭（family）、朋友（friends）和傻瓜（fools），这里的傻瓜不是指天性傻瓜，而是指甘愿做傻瓜。天使投资人为创业者提供了最初的外部资金资助，还利用自身的经验教训为创业者提供指导，为创业者指明前进方向、规划前进道路，还利用自身的资源，帮助创业者获得客户、补充核心团队成员、疏通各方关系。

天使投资与风险投资均为创业企业提供资本，支持创业投资活动，因此两者统称为创投资本（entrepreneurial capital）。天使投资原指个人而非机构风险投资行为，因此又被称为"非正式风险投资"。风险投资家投的是他人的钱（主要是机构投资者的资金），而天使投资家投的是自己的钱，两者有着明显的区别。因此，严格意义上的天使投资是高财富净值的个人对于种子期和初创期的企业（项目）进行权益投资的行为。随着天使投资的发展，出现了天使联盟组织和机构化的天使基金。在实践中，关注于种子期和初创期的早期风险投资机构,也被冠以天使基金的名称。

情境案例

海康威视天使投资人的万倍回报"神话"

1986年从武汉华中工学院(现华中科技大学)毕业的陈宗年和1989年从华中工学院硕士毕业的胡扬忠,先后进入了中电集团第52所。1990年开始,第52所提出"一所两制"策略,开始尝试创办企业制的科技公司,将科研成果市场化。1998年国家再次发出科技体制改革的号召,当时音视频监控技术正经历从模拟范式向数字范式的转变,第52所捕捉到了这一趋势,陈宗年和胡扬忠等人开始着手研究MPEG-4这一新格式,并在1999年底投入研制数字音视频监控系统的核心产品。2001年数字监控市场产生了新的机遇,已做足准备的陈宗年等人及时抓住了它,第52所决定成立一家单独的公司来生产音视频压缩板卡,而这家公司将由陈宗年和胡扬忠牵头。两人遇到的第一个问题是怎样找到一笔启动资金,仅凭他们十余年的工资,凑不出这么一大笔钱。这时,和陈宗年同级的华中工学院校友龚虹嘉恰好也在杭州,这位校友以前就是热心肠,最重要的是,他还有钱。龚虹嘉属于校友眼中"混得不错的人"。所以当陈、胡二人向他开口时,他当即就决定一起创业。

2001年11月30日,海康威视拿到了杭州市工商局颁发的营业执照,注册资本500万元,海康信息出资255万元,持股51%;龚虹嘉出资245万元,持股49%。任董事长的陈宗年和CEO的胡扬忠反而没有股权。搞科研出身的二人,单纯地认为谁出了钱,谁才能持股。海康威视创始的28人,均是第52所的技术骨干,辗转过几个下属公司,即便是"一所两制",也不可避免地要配合所里的市场化方针。创业初,陈宗年和胡扬忠都是搞研发的,不懂融资,于是继续找钱的事落在龚虹嘉一人身上。有意思的是,海康威视在创立前3年,龚虹嘉使尽浑身解数,但由于互联网泡沫余波未消和海康威视国企的性质,没有一家风险投资机构愿意投资海康威视,这在今天的投资者看来会感觉不可思议。筹不到钱的龚虹嘉在海康威视的日常管理中投入了更多心力,让海康威视真正走向了市场,通过自身盈利来维持不断发展。

从2004年到2007年,龚虹嘉从创始人的位置抽身,退居到投资人的位置。2007年11月,海康威视经历了创业以来的第一次股权变更。龚虹嘉履行了自己当初的承诺,将所持公司15%的股权以75万元的价格转让给杭州威讯投资管理有限公司,另将5%的股权以2 520.28万元(依2003年底净资产作价)的价格转让给杭州康普投资有限公司。这两家公司中,威讯投资管理由海康威视核心员工49人出资创建,而康普投资则是为了多给胡扬忠和副总经理邬伟琪1%的股权激励而设置的。

2010年5月28日,海康威视正式登陆A股中小板,发行价为68元,上市当日开盘价即达到78元。其中龚虹嘉持12 397.5万股,占27.55%;杭州威讯投资管理有限公司持6 412.5万股,占14.25%;杭州康普投资有限公司持2 137.50万股,占4.75%。当年的融资无门，反而造就了中国天使投资历史上最大的一笔投资回报。凭借当年245万元的投资，龚虹嘉获得了4万倍的回报。近几年里，龚虹嘉数度减持，据不完全统计，龚虹嘉夫妇累计减持已超百亿元。截止到2021年6月30日，龚虹嘉仍持有海康威视10.31%的股份。当被问及海康威视的成功秘诀时，胡扬忠以"运气"二字作答，龚虹嘉也自称是中国运气最好的天使投资人。事实上，没有人知道，在"中国天使标签"的背后，创始团队和天使投资人相互扶持走过多少夜路。现如今的龚虹嘉依然活跃于信息技术、互联网、半导体、生命科学、环境保护等诸多新科技领域的天使投资上，目前亲自主导和参与的个人天使投资项目已近百起，累计投资金额近10亿元人民币。海康威视的万倍回报"神话"已经被写入中国天使投资的历史，而海康威视和龚虹嘉在各自领域里的"传奇"仍在继续。

（资料来源：1.《创投之巅：中国创投精彩案例》，人民邮电出版社，2019；2. 新浪财经海康威视数据，http://finance.sina.com.cn/realstock/company/sz002415/nc.shtml）

二、天使投资的特点

与风险投资相比，天使投资往往是分散的、个体的、小规模的和非正规的。天使投资具有以下五个特征。

（一）单笔投资额度小

由于天使投资是一种分散的、个体的、小规模的投资模式，它的投资规模往往较小。如果创业企业的初始资金需求为50万~300万元，有了这笔资金可以使创业企业开发出原型产品，那么天使投资是不错的选择。有时候，天使投资的投资金额也能够达到500万元，使创业企业可以进行早期客户的开发。

（二）偏好风险较高的种子期和初创期企业

天使投资一般偏好投资种子期和初创期的企业，这两个阶段的企业单笔投资额较小，但投资风险较大。由于种子期和初创期的企业面临着"死亡之谷"的问题，所以天使投资是真正的"雪中送炭"。在企业创建的早期，尤其是在种子期，企业的技术还没有完全成熟，产品还没有得到市场的认可，经营模式还有待检验，管理团队能力有限；然而，高风险意味着高潜在收益。天使投资一旦成功，收益一般可达数十倍；特别成功的，收益甚至可达千倍以上。

（三）投资决策快

由于天使投资投入的是投资人自己的资金，对自有资金的使用不存在委托代理问题，因此投资决策速度很快。

（四）投后干预和增值服务较多

天使投资人会与创业者保持紧密联系，以随时了解企业进展；同时，天使投资人向创业者提供各方面的增值服务，帮助企业渡过难关。

(五) 本地化投资

由于天使投资人需要经常与创业者会面和保持高度的监管，天使投资一般只做本地企业的投资。天使投资的这一特征，使得构建天使投资网络环境成为区域创新创业吸引力的标志。

三、天使投资的类型

(一) 价值增值型投资者

价值增值型天使投资人经验比较丰富，其中不少人是退休的投资银行家和创业投资家。他们选项目不是注重行业，而是注重机会。他们认为，机会比行业更重要。因为他们有丰富的投资经验和较强的项目鉴别能力，因此，投资不是专业化，而是多元化。在投资过程中，他们愿意帮助公司成长并为此感到快乐。正如一位投资者所说："最有意思的活动还是帮助年轻公司成长，这是我这辈子以来一直做的工作。"因此，他们都十分积极地参与公司的管理。他们拥有强大的联合投资网络，可以联合起来进行杠杆投资。

他们与被投资的公司之间，既进行权益性的投资，也进行债务式的融资。这类天使投资人一般都希望在适当的时候退出，而退出的渠道是公司收购和公开上市。这类投资者还喜欢做跟随型投资者，即他们希望在自己投资之前，该公司已有一位主要投资者，这位主要投资者对公司很了解，能给公司提供许多帮助。有了这样的投资者在前，自己再"搭便车"，投资就比较安全。

(二) 合伙人型投资者

这类天使投资人在投资中喜欢合作和团队精神。他们之间已经建立了一些联合投资者关系，或试图建立起关系网络。在这种网络体系中，单人以隐蔽的身份充当买者。在他们的投资团队中，往往有领头的投资者，由这种领头的投资者搜寻投资机会，向联合投资者建议投资机会。投资规模一般在25万~100万元。投资者希望在被投资的企业中担任董事长的职位。

(三) 家族型投资者

这类天使投资人的特点是，家族成员的资金被集中起来，由一位大家信任的、对投资比较内行的家族成员掌握并统一进行投资决策。这类投资者的投资规模变化幅度较大，投资较多时可以达到100万元以上，较小的投资额只有10万元。由于家族成员中有值得信赖的投资高手，这类投资者一般都寻找处于发展早期阶段的创业投资项目，随着项目的成长，获得较高的回报率。

(四) 社会责任型投资者

这类天使投资人非常强调投资者的社会责任。他们认为，投资的目的就是培育公司。既然如此，就应手把手地帮助某公司，并和它建立起亲密无间的关系。这类投资者所投资的对象，主要偏重于那些致力于解决主要社会问题的创业企业，如环保、能源等。这类天使投资人往往不是把赚钱放在第一位,但在支持那些有较好社会效益的项目的同时,也希望获得合理的投资回报。

四、天使投资的投资过程

(一) 项目筛选

天使投资人会通过各种渠道收到各类项目的商业计划书。通常,天使投资人不会投资不熟悉的领域,在比较熟悉的行业,天使投资人能在短时间内做出投资的决策,而且能运用自己的专业知识、社会关系资源和市场营销网络等优势来帮助创业企业。因此,创业企业可以根据企业特点选择合适的天使投资人投递商业计划书。

(二) 项目约谈

天使投资人往往会在对初筛项目进行尽职调查前与创业团队正式约谈。约谈中,天使投资人会听取创业团队关于创业设想、项目进度和资金需求等情况的陈述。通过约谈,天使投资人能够获悉更多商业计划书上没有的信息,如企业的创业者是否具有领导力和创新能力、是否善于管理公司等。无论天使投资人是否会进一步跟进投资,一般在约谈中都会给予创业者一些建议。如果项目获得了天使投资人的兴趣,拿到了投资条款清单,创业者应该开始准备接受尽职调查。

(三) 尽职调查

天使投资人与创业团队约谈后,双方达成了初步的共识或协议,接着会转入尽职调查阶段。尽职调查主要包含四个部分的内容:财务信息调查、法律信息调查、业务信息调查和人员信息调查。财务信息调查主要包括企业现行会计政策,企业相关的财务报告,现金流、盈利及资产事项,对企业未来价值的预测,等等。法律信息调查主要包括企业设立及历史沿革问题,主要股东情况,企业重大债权债务文件,企业重大合同,企业重大诉讼、仲裁、行政处罚文件,税收及政府优惠政策,等等。业务信息调查主要包括行业发展方向、监管政策等,企业对市场的了解,公司的技术水平,创业者提高销售额、管理公司和开发产品的能力,客户、供应商和竞争对手的情况。人员信息调查主要包括评价创业者及其团队是否正直、诚信以及是否具有创业激情,评估公司的创业目标。

(四) 项目估值

由于创业企业刚刚创建,天使投资人可能无法采用对成熟企业使用的市盈率估值和现金流折现估值等方法,只能通过投资人自身的投资经验和行业情况来对企业进行评估。天使投资人一般采取下列四种评估方法。

1. 简单1/3法则

天使投资人大约占被投企业股份的30%,往往为20%~40%,取决于天使投资人与被投企业之间的谈判。如果天使投资人认为企业未来发展潜力很大,天使投资人可能占20%的股份,而创业企业占80%的股份。

2. 博克斯方法

这种方法是由美国天使投资人大卫·博克斯（Dave Berkus）首创的，对于初创期的企业在从运营到团队等几个方面进行价值评估，最后汇总得出企业价值的方法。一般来说，该方法从以下几个方面进行评估：① 企业创意情况（估值范围50万~100万元）；② 团队管理方面（估值范围50万~200万元）；③ 战略伙伴和市场进入门槛（估值最高50万元）；④ 产品（服务）样品完成情况（估值范围50万~100万元）；⑤ 董事会情况（估值最高100万元）；⑥ 已有销售状况（估值最高100万元）。通过该方法对企业的估值一般在200万~600万元之间。

3. 乘数模式估值法

乘数模式估值法一般是以一个行业通用的数字乘以被评估企业的销售收入或利润。比如假设网上购物行业的乘数是3，一个初创企业的销售收入为300万元，那么乘数模式给予该企业的估值为900万元。

4. 风险投资法

这种方法综合了乘数模式估值法与实体现金流贴现法两者的特点。具体做法：① 用乘数模式法估算出企业未来一段时间的价值，如估算企业5年后价值1 000万元。② 决定投资人年投资收益率，算出投资在相应年份的价值，即投资的终值。如你要求50%的收益率，投资了10万元，5年后的终值就是75.9万元。③ 用投资的终值除以企业未来一段时间的价值，就得到投资人应该拥有的企业的股份。以上例中数据得到75.9÷1 000 = 7.59%。这种方法的好处在于如果对企业未来价值估算准确，对企业的评估就很准确，不足之处是比较复杂。

（五）项目协议谈判与签约

天使投资项目的协议谈判主要集中于投资价格、投资工具的选择和投资证券类型、管理层控制和激励约定、管理参与、保护性条款和退出机制条款等几个方面。

天使投资人和创业者双方将根据投资项目预计所需的资金，以及投资人对项目的估值来确定最终的投资额和股权比例。天使投资人不会一次性投入全部资金，通常采用分期投资的方式。所采用的投资工具通常有三种，即普通股、可转换优先股和可转换债券。

在管理层控制和激励上，由于天使投资人和创业者之间存在信息不对称，天使投资人无法完全了解创业者的努力程度，因此，需要设定投资条款对创业者进行制约和激励。

管理参与、保护性条款和退出机制条款等大多是行业惯例，表现为制式条款。这些条款一方面保障天使投资人能够继续投资、顺利退出、收回投资和实现投资效益，另一方面也有利于帮助创业者更好地运营企业和获得未来融资。在进行尽职调查之前，一般天使投资人出具的投资条款清单已经包括了这些内容。

（六）项目投后管理

天使投资人在投资项目后一般会采用如下几类管理方式。

1. 参与董事会

有的项目协议中天使投资人获得了董事会席位，天使投资人会参与董事会事务。但参与程度取决于天使投资人,有的天使投资人会积极提出议案,要求每月汇报工作;有的天使投资人则只要季度或年度汇报。

2. 参与市场开发及具体业务发展

许多天使投资人曾经是成功的企业家或出色的管理者,他们具有丰富的市场开发经验,还拥有广泛的商业关系,所以他们会积极帮助创业企业进行市场开发。

3. 企业发展战略制定及方向辅助

天使投资人一般在自己熟悉的行业领域投资,他们相信自己丰富的行业投资经验与对未来商业模式的判断,能够帮助创业企业制定正确的发展战略。

4. 团队搭建帮助

天使投资人往往在被投企业的管理层安排方面积极参与,有时候在协议中明确规定了其在重要管理层任命方面的一票否决权。有时,天使投资人也利用自己在行业中的人脉关系,为创业企业寻找关键的管理或技术人才。

5. 再融资帮助

天使投资人还会帮助创业企业规划后续融资,帮助企业解决快速扩张所需要的资金投入问题。天使投资人往往会通过自己的业务关系,通过自己过去的合作者帮助被投企业再融资。

(七)资金退出

天使投资人的投资目的在于通过投资获利,他们并不想长期参与企业经营。天使投资人一旦退出他们所投资的企业,便完成了天使投资的完整过程。天使投资人成功的退出方式包括IPO(首次公开募股)、财务性并购、战略性并购、管理层回购。失败的退出方式则是对被投企业的清算。

IPO是天使投资人和创业者收益最丰硕的退出方式。然而,高创业失败率决定了以IPO的方式实现退出的比例很小。

财务性并购和战略性并购是指被投企业被其他企业合并或收购。在此过程中天使投资人采用出售股份的方式实现退出,相比IPO退出更加现实和常见,退出速度也更快。出售股份的对象往往是行业内的大公司或者相关的战略投资者,或者天使投资人还可以将所持股权出售给另外一个金融机构如风险投资机构。

天使投资人与创业者之间的投资协议中一般包含业绩对赌条款,规定了企业在一定时间内没有完成协议规定中的业绩要求时,管理层需要回购天使投资人的股份并给予一定回报。此外,创业者需要增强控制权或天使投资人需要提前退出时,双方也会协商进行股份回购。

当创业企业经营状况长期不好举步维艰时,天使投资人与创业者可能选择破产清算,此时天使投资人和创业者都将承受较大的损失。

第四节 风险投资

一、风险投资的概念

风险投资是由英文原词 venture capital 翻译而来的，venture 与 risk 的意思不同，venture 的含义包括主动冒险、创新和追求改变等，而 risk 是一种客观存在的风险。根据美国风险投资协会（National Venture Capital Assciatin，NVCA[①]）的定义，风险投资是一种权益资本，其本质内涵是"投资于创新创业企业，并通过资本经营服务培育和辅导创新企业创业，以期分享其高增长带来的长期资本增值"。

在实务界，风险投资常简称为"风投"，包括三层含义：第一层含义为风险投资活动，第二层含义为风险投资机构，第三层含义为风险投资基金。所以，当使用"风投"这个词的时候，可以有多种理解，既可以理解为一种活动，也可以理解为一种资本形态，还可以理解为一种组织。活动即为风险投资活动，资本形态即为风险资本或者风险投资基金，组织即为风险投资机构。

（一）风险投资活动

风险投资活动主要分为募集、投资、管理和清算四个阶段。在最开始，个人、团队或企业等单位成立风险投资机构，随后风险投资机构募集资金成立各个风险投资基金。风险投资基金成立后，风险投资机构筛选投资项目，并使用风险投资基金向选定项目投资。投资以后，对被投资企业进行增值服务、监督管理。当被投项目最终能够实现 IPO 或者被其他企业并购，风险投资基金一般能实现正的回报并退出；而当被投项目最终失败遭到清算时，风险投资基金只能收回部分投资资金，甚至全部收不回来。风险投资基金在募集时就明确了存续年限，在我国一般为 5～7 年，到期后，风险投资基金会进行清算，根据基金条款将投资本金和回报返还给投资者。从资金募集到清算分配，构成风险投资的一个完整循环，称为风险投资循环（venture capital cycle），如图 8-1 所示。

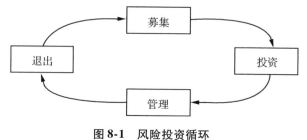

图 8-1 风险投资循环

---

① 美国风险投资协会网站，https://nvca.org/.

(二) 风险投资机构

风险投资机构指从事风险投资活动的机构，是风险投资活动的实施者，是风险投资循环中的主体，是风险投资基金的管理者。风险投资机构可以是一个由合伙人设立并经营的合伙企业；风险投资机构也可以是一个公司制企业，由出资人设立，有股东大会和董事会等，由专业的管理团队经营。

风险投资机构以合伙企业或公司制企业设立后，从募集资金开始开展风险投资活动，也就是进行风险投资循环活动（图8-1）。风险投资机构使用所募集的资金设立风险投资基金，基金通常以合伙制企业形式存在。风险投资基金的普通合伙人就是风险投资机构，负责基金的管理，也会出少量资金投入基金中。风险投资基金的有限合伙人是风险投资机构在基金募集中找到的基金出资人，基金出资人可以是个人，也可以是其他基金（如政府母基金）和企业。有限合伙人投入风险投资基金大部分资金份额，但不负责日常管理工作，只依据合伙人协议参加合伙人大会，拥有参与重大事务决策的权利。

(三) 风险投资基金

风险投资基金（Venture Capital Fund，或者Venture Fund，简称VC Fund）是一种资本组合的组织形式。投资者将各自的资本，按照一定的组织方式，汇集到一起，形成基金，统一投资，统一进行资产管理，并在投资活动后进行收益分配。风险投资基金是一个间接金融中介，如图8-2所示。风险投资基金投资人将资本投入风险投资基金，获得风险投资基金份额。风险投资基金管理人则使用募集到的资本，进行股权投资，获得被投资企业权益。投资对象的集合称为风险投资基金投资组合，也称为投资组合企业（portfolio companies）。

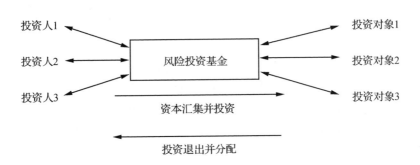

图 8-2 风险投资基金示意图

国际上公认的现代风险投资基金起源于美国研究与开发公司（American Research and Development Corporation，简称ARD）。ARD由当时的美国波士顿联储主席拉弗·弗朗得斯（Ralph Flamders）以及哈佛大学商学院教授乔治·多里特（George Doriot）共同创立，1946年开始经营，进行创业企业股权投资。与现在大部分风险投资基金流行的组织结构不同，ARD采用了公司制组织形式，并且自身的股票上市交易。

在我国实务界，大多数倾向于将风险投资基金作为一类基金，将私募股权基金作为另一类基金。① 我国实务界的分类法，强调风险投资基金的特殊性，接受私募股权基金业务的广泛性。也就是说，风险投资基金主要以高成长创业企业股权为主要投资对象，而私募股权基金的投资对象既包括高成长创业企业股权，又包括其他非上市股权。例如，在中国大陆既存在"中国创业投资协会"，也存在"中国股权投资基金协会"。前者业务范围为风险投资，后者业务范围包括风险投资和其他私募股权投资。

二、风险投资的特征

风险投资具有如下特征。

1. 高收益和高风险并存

风险投资之所以钟情于高新技术行业企业，是因为高新技术行业企业能够创造超额利润。创业投资多年来屡向世人展示奇迹，平均回报率高于30%，一旦投资成功，其回报率有时高达10倍以上，远远超过了金融市场平均回报率。但高收益总是与一定的高风险相对应。任何一项高新技术产品开拓性的构思、设计、投产、商业化过程都存在诸多不确定性因素，从而产生技术风险、市场风险、管理风险和环境风险。

2. 期限较长

风险投资的投资期限一般为3~7年，长于一般的债权融资。

3. 阶段性

为控制投资风险，风险投资一般分阶段进入。上一发展阶段目标的实现成为下一阶段资金投入的前提，在这个过程中一旦发现问题，立即中止投资，通过这种策略把投资风险降到最低。

4. 增值服务

风险投资对创业企业投入资金的同时，也为企业提供发展战略、市场营销、企业管理、资本运作等各方面的增值服务，帮助被投企业快速发展和壮大。

5. "私募" + "股权"

风险投资的本质属性是私募股权投资，也就是对非上市企业的股权投资。"私募"指的是投资对象是未上市企业，"股权"指的是风险投资使用的投资工具是权益类或者可以转换为权益类的投资工具。

6. 投资对象主要是创新创业企业

风险投资主要投资于具有高成长、高风险、创新和有发展潜力（特别是能够公开上市的潜力）这四个特点的企业。

---

① 私募股权基金（Private Equity Fund，简称 PE Fund）与风险投资基金的联系与区别，在世界范围内并不存在统一标准。目前国际上主要存在两种不同的分类法，分别为美国分类法和欧洲分类法。美国分类法认为风险投资基金属于私募股权基金的一种类型，而欧洲分类法认为风险投资基金与私募股权基金属于两种不同类型的基金。我国的分类实际上沿用了欧洲分类法。

三、风险投资的类别

对风险投资的类别有着很多种划分方式,比较有普遍性意义的是按照风险投资的独立性、基金出资人的背景来划分。

(一)按风险投资的独立性划分

根据风险投资的独立性差异,风险投资可以分为以下两类。

1. 独立风险投资

由自然人或者公司法人、非法人企业共同出资成立,采用有限合伙制或者公司制的形式设立,独立运作,其投资决策不依赖任何机构。

2. 附属风险投资

一般由公司法人或者政府部门发起设立,决策过程不独立,投资活动需要股东单位或者上级部门的批准。附属风险投资一般具有一定的行业优势或者其他资源优势,但由于决策不独立,运营效率较低。

(二)按风险投资的出资人背景划分

根据基金出资人的背景差别,风险投资机构可以划分为以下几类。

1. 政府背景风险投资

由政府相关部门出资设立,常采用公司制的形式,政府直接任命董事长和总经理。

2. 公司附属风险投资

由大公司出资设立,投资活动往往需要贯彻母公司的战略意图,但不排除纯粹的财务收益的目的。

3. 金融机构附属风险投资

由银行、证券公司、保险公司等利用自有资金设立的风险投资。

四、风险投资基金的常用组织架构

风险投资基金是一种资金汇集形式。按照基金的组织形态,基本上可以划分为公司制基金和有限合伙制基金。

(一)公司制基金

公司制基金指风险投资基金以公司的形式存在,这类基金经常被称为投资公司,以对创业企业投资作为主要业务。例如,鲁信创投就是一个公司制风险投资基金,其不仅是个公司,而且还是上市公司(股票代码600783)。其一,公司制基金本身就是一个公司,按照公司法设立,使用权益资本和负债资本进行投资;其二,公司制基金的所有者为公司股东,股东大会为最高权力机构;其三,公司制基金由公司股东所委派的董事会和高管负责经营;其四,作为一个公司,公司制基金没有预定的到期日,而是进行持续经营。

例如,作为我国较早成立的深圳市高新技术产业投资服务有限公司(现已改组更名为深圳市高新投集团有限公司),在1996年成立之后的第二年就与国家节能投公司(现已更名为中国节能环保集团有限公司），广东省、深圳市两级科委共同注册成立了深圳市国成科技投资有限公司①，开展风险投资活动。早期成立的风险投资公司还有相当多直接以公司名义进行投资，如2000年4月成立的深圳达晨创业投资有限公司②。

（二）有限合伙制基金

有限合伙制基金，简称为有限合伙基金（Limited Partnership Fund），是大部分风险投资基金所采用的组织形式。有限合伙基金就是一个按照有限合伙协议成立的企业。有限合伙基金由普通合伙人和有限合伙人共同出资设立。双方的权利和义务根据有限合伙协议确定。一般情况下，有限合伙人作为主要出资人，投入资本，获取收益；普通合伙人主要负责对基金的管理，并获取收益。如果没有特指，本书中的风险投资基金即指有限合伙投资基金。有限合伙基金中的各方关系如图8-3所示。

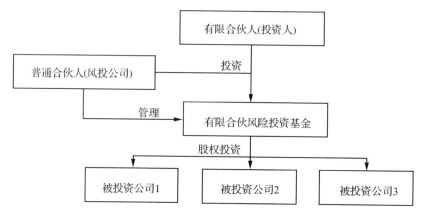

图8-3 有限合伙风险投资基金组织结构

在有限合伙基金中，有限合伙人与普通合伙人均为投资人，但是大部分资金由有限合伙人提供，实践中通常达到基金募集金额的99%，而普通合伙人仅提供募集金额的1%左右。普通合伙人也就是风投公司，是投资基金的管理人。风险投资基金的管理人称为风险投资家（Venture Capitalists）。风险投资家可以指自然人，也可以泛指风险投资管理公司。如果将风险投资家定义为自然人，一般指风险投资管理公司的高级投资经理，或者指风险投资合伙企业的高级合伙人。

有限合伙基金为非法人企业组织，不作为所得税纳税人的主体，相关法律责任按照合伙协议由合伙人承担。当有限合伙基金获得投资收益后，不需要缴纳所得税而直接进行收益分配。合伙人获得收益分配后，根据合伙人的法律地位承担纳税义务。不作为所得税纳税人主体，不意味着免交所有的税种。在交易环节产生的税，以交易为对象进行缴纳，而不是以主体为对象进行缴纳，也就是风险投资基金即使采用合伙制，仍需要缴纳交易环节税，如交易印花税。

《中华人民共和国合伙企业法》在2007年6月1日颁布实施，在此之后成立的基金越

---

① 走进高新投，高新投之路，http://www.szhti.com.cn/Road/Index.html.
② 同洲电子（002052）招股说明书，http://disclosure.szse.cn/finalpage/2006-06-09/17307676.PDF.

来越多地采用有限合伙的形式，如 2008 年后深圳达晨创业投资有限公司先后募集成立了天津达晨创富股权投资基金（有限合伙）、深圳市达晨财富创业投资企业（有限合伙）等多个风险投资基金。按照合伙企业法对合伙企业的命名要求，一般来说，有限合伙制股权投资基金名称为"××股权投资合伙企业（有限合伙）"或"××股权投资基金合伙企业（有限合伙）"。而有限合伙制股权投资基金管理公司名称为"××股权投资管理合伙企业（有限合伙）／（普通合伙）"或"××股权投资基金管理合伙企业（有限合伙）／（普通合伙）"。基金与管理人的名称区别在于是否存在"管理"两个字。

关键术语

创业资源　创业融资渠道　天使投资　风险投资

思考与练习

1. 创业资源的类型有哪些？
2. 创业资源中的技术资源怎么获取？
3. 为什么创业融资这么难？
4. 创业融资的渠道主要有哪些？
5. 天使投资与风险投资有什么区别？
6. 天使投资的主要投资过程是什么？
7. 风险投资的主要类别是什么？

案例与讨论

阅读本章的引入案例"腾讯的发家史"，思考并讨论回答如下问题：
1. 在创办腾讯前，马化腾和他的团队获得了哪些创业资源？
2. 分析腾讯在创办之初获得天使投资和风险投资的可能原因。

实践训练

假如你是一名即将创业的创业者，有 2 万元积蓄，结合本章介绍的融资渠道，拟订一份融资计划，要求为：① 设计一个简单的商业计划，列明要创业的方向和投资金额；② 根据商业计划，列出可能的融资渠道；③ 列出可能获得的优惠政策。

第九章 创业计划书

学习目标

- 了解创业计划书的类型和基本要素
- 掌握创业计划书的基本格式和规范
- 掌握创业计划书的基本撰写方法

课程思政

基于立德树人的基本使命,通过了解、撰写创业计划书,塑造学生吃苦耐劳、敢于拼搏的优秀品格,培养具有创新意识和创业精神的新时代大学生。撰写创业计划书需要团队合作、合理分工,以此培养学生的团队意识。

案例引入

创业计划书——你要说的是故事

如果你已经成功地抓住了读者的注意力,让你的融资对象愿意开始考量你的创业计划项目可行性了,现在必须保持这个势头。同时,你也要激发出他们对你的项目的热情,只有这样他们才会全力支持你。你的故事、你的业务以及你是怎么做业务的,这些都可以成为精彩的故事,请用讲故事的方法娓娓道来吧。优秀的创意可以带来令人激动的故事,而艰苦的工作终将导向成功。

你所要说的故事要有头有尾,也要有中间的"血肉"。

故事的开头铺陈计划书展开的场景,它阐述了你的业务背景,以及你是如何走到今天这一步的,概括了业务、管理和市场等部分的内容。

故事的主体部分主要用来阐释创意的独特之处,同时提出你的项目建议。

在故事的末尾,你要讲讲如何实现你的计划,并且指出可能存在的风险及你的应对方式,同时别忘了强调回报。

这个故事就能够抓住读者的注意力,激起他们的兴趣和想象。

故事通常都是饱满而流畅的,你的计划书也应如此。

如果一份计划书结构零散、很难吸引人,那么它就和类似的故事一样,会失去读者。我们还可以继续类比下去。当然,你并不需要写一本伟大的文学作品,很少有人会去写小说,而写完的则更少。你要写的是通俗小说(但不需要太长)。对于商业计划书来说,并没有理想的长度一说。计划书的篇幅和你的业务息息相关:一项小型业务也可以十分复杂,需要用大量的文字去阐释;而大型业务却可能是相对简单的。请记住,写得越简明越好。你可以按以下标准来判断自己的故事好坏与否:找一些能够和你坦诚相见的熟人来阅读你的计划书,理想的情况是他们对你的业务和市场一无所知。请你观察一下,在读了你的计划书之后,他们是否理解了其中的关键要点,并且对你的计划表现得十分兴奋。就像阅读一本书一样,最重要的是记住其中的情节、描述性的部分(背景或场景设定)及人物。你的计划书和背景是很重要的,而执行计划的人也同样举足轻重。有些人没能把握这种平衡,无休止地围绕市场、他们自己或业务历史进行长篇大论。请记住,一定要掌握好故事的平衡,别让你的读者感到无聊。

(资料来源:http://www.jihuashu.org.cn/research/baike/2019/1220/11594.html)

应用型任务

- 基于不同比赛的要求,如何撰写具有吸引力的创业计划书?

第一节 创业计划书的类型

一、创业计划书的意义

创业计划书也称商业计划书(Business Plan,简称 BP),是指企业或企业家在创业初期,编写的创立与运营的整体规划方案,是面向风险投资者,为吸引其投资而写的文本。

创业计划书的撰写是一个复杂的系统工程。对于企业而言,创业计划书既是寻找投资的必备材料,对其的撰写过程也是企业对自身的现状及未来发展战略进行全面思索和重新定位的过程。

创业计划书的意义体现在以下三个方面。

(一)使创业者明确总体创业思路和经营理念

每一位创业者或者准备创业者在创业之初都会对创立企业的发展方向及经营思路有一个粗略的设想,如果把一段设想编写成规范的创业计划书,就会发现自己想要从事的并非如所设想的那样容易。创业计划书的编写过程就是创业者进一步明确自己的创业思路和经营理念的过程，也就是创业者从直观感受向理性运作过渡的过程。

（二）帮助创业者有效管理创业

企业编写成功的创业计划书可以增强创业者的创业信心。这是因为创业计划既提供了企业全部现状及其发展方向信息，又提供了良好的效益评价体系及管理监控标准，使创业者在管理企业过程中对企业发展的每一步都能做出客观的评价，并及时根据具体的经营情况调整经营目标，完善管理方法。

（三）宣传本企业并为融资提供良好的基础

书面的创业计划是创业企业的形象和代表，它使创业者与企业外部的组织及人员得以良好的沟通，是企业进行对外宣传的重要工具。

二、创业计划书的类型

按照结构和内容划分，创业计划书可以分为以下两类。

（一）详式创业计划书

详式创业计划书是结构完整、内容详细的创业计划书，一般包括正文和附件两大部分，篇幅一般在50页以上，多的也有在200页以上的计划书。详式创业计划书对创业项目的主要业务、关键内容进行全面和详细的论述，一般用于分析企业关键业务、大额融资需求等。

（二）简式创业计划书

简式创业计划书的篇幅一般不超过30页，通常以PPT形式展示，是实务中常用的创业计划书形式。简式创业计划书可以看作详式创业计划书的浓缩和提炼，对于吸引投资、提高融资效率有很大影响。它可以迅速检验商业理念或权衡潜在的合作伙伴价值，也为以后拟订长篇计划提供有价值的参考。

第二节 创业计划书的要素

一份完整的创业计划书一般包括以下几个部分：封面、摘要、公司简介、行业分析、产品（服务）介绍、团队及组织结构、市场预测、营销策略、生产计划、财务计划及分析、风险分析及应对、附件资料。

一、封面

封面的设计要有审美性和艺术性，一个好的封面会使阅读者产生最初的好感，形成良好的第一印象。

二、摘要

摘要是创业计划书浓缩的精华。

计划书的摘要涵盖了计划的要点，要一目了然，以便读者能在最短的时间内评审计划并做出判断。

计划书的摘要一般包括以下内容：① 公司介绍；② 管理者及其组织；③ 主要产品和业务范围；④ 市场概况；⑤ 营销策略；⑥ 销售计划；⑦ 生产管理计划；⑧ 财务计划；⑨ 资金需求状况；等等。

摘要应尽量简明、生动。特别要说明自身企业的不同之处以及企业获取成功的市场因素。

三、公司简介

公司简介不是描述整个计划，也不是提供另外一个概要，而是对公司做出介绍，因而重点是介绍公司理念和如何制定公司的战略目标。

四、行业分析

在行业分析中,应该正确评价所选行业的基本特点、竞争状况以及未来的发展趋势等内容。

关于行业分析的典型问题：

（1）该行业发展程度如何？现在的发展动态如何？

（2）创新和技术进步在该行业扮演着一个怎样的角色？

（3）该行业的总销售额为多少？总收入为多少？发展趋势怎样？

（4）价格趋向如何？

（5）经济发展对该行业的影响程度如何？政府是如何影响该行业的？

（6）是什么因素决定着该行业的发展？

（7）该行业竞争的本质是什么？应采取什么样的战略？

（8）进入该行业的障碍是什么？你将如何克服？该行业典型的回报率是多少？

五、产品（服务）介绍

产品（服务）介绍应包括以下内容：① 产品（服务）的概念、性能及特性；② 主要产品（服务）介绍；③ 产品（服务）的市场竞争力；④ 产品（服务）的研究和开发过程；⑤ 发展新产品（服务）的计划和成本分析；⑥ 产品（服务）的市场前景预测；⑦ 产品（服务）的品牌和专利；等等。

在产品（服务）介绍部分，要对产品（服务）做出详细的说明，说明要准确，也要通俗易懂，使不是专业人员的投资者也能明白。一般地，产品（服务）介绍都要附上产品

（服务）原型、照片或其他介绍。

六、团队及组织结构

在企业的生产活动中，存在着人力资源管理、技术管理、财务管理、作业管理、产品管理等。人力资源管理是其中很重要的一个环节。

在创业计划书中，必须要对主要管理人员加以阐明，介绍他们所具有的能力，他们在本企业中的职务和责任，以及他们过去的详细经历及背景。此外，该部分还应对公司结构做一简要介绍，包括：公司的组织机构图；各部门的功能与责任；各部门的负责人及主要成员；公司的报酬体系；公司的股东名单，包括认股权、比例和特权；公司的董事会成员；各位董事的背景资料。

七、市场预测

市场预测应包括以下内容：① 需求预测；② 市场预测市场现状综述；③ 竞争厂商概览；④ 目标顾客和目标市场；⑤ 本企业产品的市场地位；等等。

八、营销策略

在创业计划书中，营销策略应包括以下内容：① 市场机构和营销渠道的选择；② 营销队伍和管理；③ 促销计划和广告策略；④ 价格决策。

九、生产计划

创业计划书中的生产制造计划应包括以下内容：① 产品制造和技术设备现状；② 新产品投产计划；③ 技术提升和设备更新的要求；④ 质量控制和质量改进计划。

十、财务计划及分析

财务计划及分析的重点是现金流量表、利润表以及资产负债表的编制和分析。

流动资金是企业的生命线，企业在初创或扩张时，对流动资金需要预先有周详的计划和进行过程中的严格控制，因此要编制现金流量表。

利润表反映的是企业的盈利状况，它是企业在运作一段时间后的经营结果。资产负债表则反映在某一时刻的企业状况，投资者可以用基于资产负债表中的数据得到的比率指标来衡量企业的经营状况以及可能的投资回报率。

十一、风险分析及应对

风险分析及应对应包括以下内容：
（1）公司在市场、竞争和技术方面都有哪些基本的风险？

（2）如何应付这些风险？
（3）公司还有什么样的附加机会？
（4）如何进行资金规模的扩展？
（5）在最好和最坏情形下，五年计划表现如何？

十二、附件资料

附件一般包括营业执照、专利证明、查新报告、审计报告、合同、用户反馈、第三方鉴定、相关荣誉证书等。

第三节 创业计划书的撰写与展示

一、创业计划书的撰写步骤

（一）准备阶段

创业计划书的编写涉及的内容较多，因而制订创业计划前必须进行周密安排。主要有如下一些准备工作。

（1）确定创业计划的目的与宗旨。
（2）组成创业计划小组。
（3）制订创业计划书编写计划。
（4）确定创业计划书的种类与总体框架。
（5）制订创业计划书编写的日程安排与人员分工。

（二）资料准备阶段

以创业计划总体框架为指导，针对创业目的与宗旨，搜寻内部与外部资料，包括创业企业所在行业的发展趋势、产品市场信息、产品测试信息、实验资料、竞争对手信息、同类企业组织机构状况、行业同类企业财务报表等。

资料调查可以分为实地调查与收集二手资料两种方法。实地调查可以得到创业所需的一手真实资料，但时间及费用耗费较大；收集二手资料较容易，但可靠性较差。创业者可根据需要灵活采用资料调查方法。

（三）创业计划的形成

创业计划形成阶段要完成以下几项任务。

1. 拟定创业执行纲要

主要是创业各项目概要。

2. 草拟初步创业计划

依据创业执行纲要，对创业企业的市场竞争及销售、组织与管理、技术与工艺、财务计划、融资方案以及风险分析等内容进行全面编写，初步形成较为完整的创业计划方案。

3. 修改完善阶段

创业计划小组在这一阶段对创业计划进行广泛调查并征求多方意见，进而提出一份较为满意的创业计划方案。

二、创业计划书的撰写

创业计划书的撰写应该遵循以下几点原则：主题明确，结构合理；内容充实，重点突出；论据充分，论证严谨；方法科学，分析规范；文字通畅，表述准确。

创业计划书的撰写有以下技巧。

（一）撰写重点

（1）突出描写可操作性（如何保证成功）。

（2）突出描写可营利性（能否带来预期的回报）。

（3）突出描写可持续性（能生存多久）。

（4）六大关注重点：项目的独特优势，市场机会与切入点分析，问题及其对策，投入、产出与赢利预测，如何保持可持续发展的竞争战略，风险应变策略。

（二）其他技巧

1. 开门见山，直切主题

要开门见山地切入主题，用真实、简洁的语言描述自己的想法，不要浪费时间去讲与主题无关的内容。

2. 尽可能地搜集更多资料

要广泛收集有关市场现有产品、现有竞争、潜在市场、潜在消费者等的具体信息。

3. 评估创业计划书

站在一位审查者的角度来评估该创业计划书。

4. 创业计划要重点突出、注重实效

每一份创业计划都应有自己独特的个性，要突出每一个创业项目的独特优势及竞争力。另外，要注意创业计划中所使用资料的时效，制订周期长的创业计划应及时更新有关资料依据。

5. 用词得当，多用专业术语

产品服务描述使用专业化语言；财务分析要形象直观，尽可能地采用图标描述；战略、市场分析、营销策略、创业团队要使用管理学术语，尽可能地做到规范化、科学化。

三、创业计划书参赛案例展示

完整的创业计划书应涵盖以上所述各部分内容，做到内容齐全。在实务中，一般应用

较多的是简式计划书。按照创业计划书的顺序，阅读者会产生一种思维的连贯性和逻辑性，更容易像读一个故事一样读懂计划书。

（一）展示1：Airbnb

Airbnb 是一个做共享空间的公司，是共享经济的领先或者代表性公司。其天使轮的一个融资创业计划书如下所示。

1. 封面

第一页，以一句话的形式呈现出 Airbnb 是干什么的，即"AirBed & Breakfast"，这是第一点。

2. 痛点

第二点，直接陈述目前这个市场存在的一些需求和痛点。

目前游客出行住宿的时候存在的问题：价格比较高；游客住的酒店都是统一的标准，很难体验到当地的风土人情；很多房东有很多闲置的房屋，可以让这些房屋产生价值。

因为这是双边的需求，所以双边都存在痛点。

3. 解决方案

第三页告诉大家，怎么样解决这个问题。

通过这个解决方案可以让用户省钱，可以让房东赚钱，然后在旅游的过程当中游客又可以体验到当地的风土人情和文化习俗。

4. 市场规模

提出需求和解决方案之后，接着说明这个市场的规模到底有多大。

5. 产品

详细陈述这个产品的形态是什么。把产品的页面告诉大家，解决问题的方案是什么。

6. 盈利

告诉大家公司是怎样盈利的，商业模式是怎么样的。公司有未来非常好的商业预期，未来的推广方案和计划是什么样的。

7. 竞争对手

在这个市场当中的竞争对手有哪些？跟他们相比，公司的特点和优势在哪里？

（资料来源：https://www.jianshu.com/p/d0ad0060d312）

（二）展示2：《刻下青春那抹红——爱由纸生，践行公益》简版创业计划书

（该项目是国家级、省市级比赛获奖项目，指导老师：徐霞）

表 9-1 星匠文化——让"IP 不止于此"

项目摘要	世界级非遗——金坛刻纸，当前面临难发展、难创新、价值认同度低等问题。"刻下青春那抹红——爱由纸生，践行公益"项目从 2017 年启动，历经两年推广，在 2019 年走出江苏，影响力扩展到安徽、上海、浙江、陕西等地，并开始国际推广；2020 年线上线下相结合，开展刻纸公益行；2021 年开展"为公翊善，红色之旅"和"纸承运动，纸向冬奥"主题活动，进一步扩大影响力。累计 800 余次帮扶下岗职工，覆盖老年大学、福利中心、聋哑学校，带动就业 2 000 人次，人均年增收 1 600 元。 团队前期以项目形式开展活动，2021 年 5 月申请注册青年志愿服务中心，推动专业化运营。15 名核心成员在项目运营、线上平台推广、线下传播中分工明确，经验丰富。团队基于金坛刻纸进行产品设计与创新，通过线上新媒体平台和线下活动推进项目，以公益拍卖、产品设计、刻纸体验、刻纸展览等形式获取资金反哺公益。 项目扩展了覆盖地域，受益人数、志愿者人数、活动场次、新媒体平台粉丝数逐年增加，被国家级、省市级媒体报道 160 余次。获得国家级、省市级表彰 20 余项，如团中央"镜头中的三下乡"优秀视频奖、大学生电子商务"三创"赛国赛特等奖、江苏省优秀社会实践团队、江苏省红十字会"博爱青春"暑期志愿服务优秀项目等，获得广泛关注。
背景概述	中国剪纸在民俗文化中有着最接地气的担当，这也源于其在民间长达千年的发展历史。金坛刻纸作为其重要的组成部分，凝聚了这个中华瑰宝的文化精华；同时，在近现代人民的努力和促进下，艺术价值和人文价值都取得了新的突破，成为当地乃至江苏地区的文化品牌。金坛刻纸研究所，作为国家级非物质文化遗产保护单位，一直承担着保护和发展金坛刻纸的责任，成为国内现有两所刻纸研究所之一。 然而，随着社会的不断发展、现代文明的不断革新，金坛刻纸在传承的道路上也遇到了难以避开的瓶颈。在金坛刻纸调研中，通过与传承人的沟通和交流，星匠总结出了目前发展的三个关键点，分别是刻纸文化的传播、产品价值的认同、推陈出新的进度，这些在很大程度上都归于优秀人才的缺乏和创新技术的融合。而常州星匠创意文化设计有限责任公司的设立，就是在这些缺口，做出一定的尝试和促进。 星匠团队成员在刻纸文化的传承中被前辈们的坚持深深地感动，一种神圣的使命感油然而生。由此，将刻纸和生活结合，将刻纸借媒体推广，使刻纸焕发新的生机成了星匠所有人的向往。 星匠有幸与金坛刻纸研究所合作，为公司的创新文化本身打下了扎实的基础。星匠以"中国韵+原创"为核心理念，探索开发刻纸系列文化产品、公益性文化传播、线上互联网销售及线下产品销售和展览等模式，致力于实现刻纸文化与当代生活的融合。星匠通过运营发展，以"用刻纸雕刻时光，让中国刻纸走向世界，让世界爱上中国刻纸文化"为愿景，实现保护、传承和弘扬刻纸文化的坚实理想。

续表

市场概述	当前文创产品市场潜力巨大，但是背后也有一些无法隐藏的市场痛点，其中产品方面跟文化传承方面是两大主要痛点。 在产品方面，由于消费大众对文创产品的收藏价值及附加价值并没有足够充分的认识以至于对文创产品的产品价值认同度不高。同时文创产品的设计以及生产制造需要一个较久的流程，所以文创产品的推陈出新速度较慢，而时尚潮流的更新速度大大快于传统文化的升级速度，这也耽误了产品的销售；不仅如此，市场上文创产品的可效仿度较高，同类型产品也参差不齐，产品本身缺乏竞争力和创意。 在文化传承方面，年轻一代对传统文化的认同度不及老一代，接触的传统文化较少，因此传统文化的传承缺乏年轻的活力，传承后继无力。在信息化时代背景下，外来文化的侵入，让年轻人对中国传统文化的认同度降低。根据我们对各种非遗技艺的走访调查，发现非遗文化的传播范围小且文化传播的广度不够。但是文化创意产业具有许多其他经济产业所不具备的重要特征：高知识性、高附加值、强融合性、资源消耗低、环境污染小、需求潜力大、市场前景广。文化创意产业凭借创意衍生品价值链、价值提升模式，来促进经济发展方式的转变。 在初期阶段，我们聚焦的主要目标群体是高校、企业、政府及合作单位等有定制需求或是批量订购产品的客户群体。主要是根据公司现阶段产品进行市场定位，一方面有利于对公司所提供的平台进行充分的建设和完善（通过抖音后台消费者画像功能进行消费者类型分析），另一方面是大量收集文化信息（包括当地地理环境）为下一个阶段的信息服务做准备。通过收集的大量信息进行数据分析和处理，对现阶段的产品销量和顾客年龄、职业等数据进行分析，为下一阶段的目标市场开拓做好充分准备。在中后期阶段，我们首先将现阶段产品做得更加精致，做得更加突出，将刻纸元素发挥到极致，而后我们将会根据我们的能力，尝试挖掘新的领域，进而达到逐步拓展市场的效果。在中后期阶段，我们仍会坚持以高校、企业、政府、合作单位为主要产品输出对象，同时也将尝试更多领域的探索。
产品及服务概述	星匠服务以客户体验为先，遵循细致化的服务标准，现阶段产品都以原创理念、刻纸文化为基础展开，产品追求源自生活而高于生活的体验效果，强调跨界组合，谋求组合创新，使产品既有文化内涵，又不失创意。刻纸工艺大师、非遗传承人团队、高校在职老师与设计团队共同参与，保证产品的可行性和设计的原创性，用爆品思维打造星匠产品。 为使项目发展创业化、组织体系化、具备可持续发展的能力，线上平台计划尝试运用新媒体渠道如微信、抖音、微博等，与全国各地的刻纸文化爱好者进行文化交流，为平台提供厚实的知识底蕴，旨在让常州刻纸文化走向全国。此外，希望通过不断积累公益经验，力争推出线上展览馆功能，丰富平台内容，组成集成化的可视化平台，加大平台受众群体覆盖面，旨在搭建一个充满古风古韵、体现文化魅力、充满获得感的传统文化环境，致力于成为来访者心灵栖息的精神家园。项目虽以公益性为主，但是也需要有一定的产出来维持运作，可以通过公益拍卖、创造出与刻纸有关的文创产品、开发IP系列产品、代销刻纸产品等方式实现商业反哺公益，来维持公益事业的正常运转；也可以通过带动成员进行志愿服务宣传活动，对刻纸文化进行宣传，推动相关手工艺产品的销售，帮助传承人进行简单的制作，以获取其中的劳务费、志愿者服务费等。在后期发展中，也会适当收取相关组织会费等，当然也会有一定的政府支持如常州市人民政府、江苏省红十字会等，还有一些合作方的艺术培训中心、逐光文化等社会组织支持。
投资规模概述	常州星匠创意文化有限公司注册于2019年，公司注册资本为100万元整。

项目团队概述	本项目核心团队由以下十余人组成。 理事长：张同学，团队第一负责人，2016年从事文化传媒编辑行业，有6年的团队合作经验。在校期间，曾多次参加创新创业比赛和社会实践活动，荣获多项国家级、省级奖项，并获得创新创业奖学金、杜鹃奖学金等。 秘书部部长：陈同学，项目团队负责人之一，2014年从事线上电商行业，对产品和团队具有7年运营管理经验，在校期间，曾多次参加创新创业比赛和社会实践活动，曾获2019年全国大学生电子商务创新创意及创业挑战赛全国总决赛特等奖等多项省级、国家级奖项。 秘书部副部长：华同学，院学生会科创部部长，曾多次参加大学生创新创业比赛，在CMA案例大赛获全国三等奖，获东方"财富杯"全国二等奖，负责过省级大创项目。 秘书部副部长：陈同学，曾多次参加大学生创新创业比赛，多次获得省级、市级奖项，精通视频制作，制作的视频稿被多个国家级、省级、市级网站报道。 运营策划部长：张同学，院学生会科创部部长，曾获全国大学生市场分析与调查大赛二等奖，校级三创赛一等奖，在营销实践中表现突出。 运营策划副部长：王同学，专业致力于工商管理行业，在营销方面有近两年的运营策划经验，曾参加多项社会实践活动，曾荣获中国大学生计算机设计大赛省二等奖，校三创赛特等奖，市级优秀志愿者等奖项。 外联部部长：蔡同学，曾获第十届常州市高等教育和职业教育创新创业大赛二等奖，苏锡常镇片区"学宪法讲宪法"演讲比赛二等奖，校级英语演讲比赛二等奖，校级新闻模拟发布会一等奖。参加的暑期社会实践项目获得"镜头中的三下乡"优秀奖。 外联部副部长：袁同学，院校联部部长，曾获得大学生英语竞赛全国二等奖、东方"财富杯"省级一等奖，参加常州工学院创新创业比赛并获得一等奖。 宣传部部长：卞同学，现任院学生会宣传部部长及管理决策模拟社团社长，熟悉PS、视频剪辑以及微信公众号运营。 志愿者管理部部长：张同学，曾任院学生会青协部部长，获得过精神文明、学术科技创新等多项奖学金，2019年参加校创新创业大赛获一等奖，多次参加志愿服务活动。 财务部部长：史同学，曾荣获二等学业奖学金、学科特色奖学金、文化艺术奖学金；在2019年"财鑫杯"会计大赛中荣获江浙赛区优秀奖、在"互联网+"校内选拔赛中荣获一等奖；其暑期社会实践项目获得"镜头中的三下乡"视频组优秀奖。 财务部副部长：蒋同学，曾在企业财务部门实习，有一定财务经验。
规划和效益概述	公司注重设计团队、研发团队、营销团队、自媒体运营团队的培养，项目以产品研发和服务开发为重心，以营销方式和渠道开发为工作重点，与传统刻纸手工艺者、高等院校、金坛刻纸研究所、政府单位保持紧密的合作关系。 公司的绝大部分国韵系列产品，采用自主设计、自主生产的方式，部分国韵系列产品也会实行外包；公司的刻纸衍生系列产品采用自主设计、生产外包的方式；同时公司还进行刻纸作品线上代销，这部分作品主要来源于金坛刻纸研究所，公司通过抖音App、微博等线上平台进行刻纸作品的代销。 公司在线上主要作为刻纸相关产品销售、礼品定制、设计与工艺展示、视频传播、品牌宣传的渠道，线下则进行刻纸文化推广、新产品发布会展览、刻纸文化课堂开展等，为团体及个人消费者提供个性化的优质服务。 公司运营的盈利点主要在于对刻纸文化的运用和衍生系列产品的创新与创意，以及原生刻纸作品的代销、线上线下售卖等。盈利模式主要通过线上线下相结合的方式。

续表

规划和效益概述	该项目成立至2021年，不论是前期策划还是后期落实均由大学生主导完成，经历了活动内容从单一到多维，活动主体的被动参与到主动投入，一个不断完善和发展的实践活动。2017年至2018年的活动主题是"长三角非遗调研"。至2021年上半年累计线上活动98次，线下活动116次，从2018年拥有81名志愿者，逐年递增到了至2021年上半年拥有592名志愿者。为了更好地帮助非遗文化的传播，"常忆"计划正式启动。2019年的活动主题是"溯源推广刻纸文化"。2019年项目初始，团队成员以线上线下相结合为主要形式加以暑期社会实践，积极与社区合作，去到刻纸研究所开展刻纸文化调研活动，在暑期去刻纸传承人工坊进行调研活动。从"常忆"计划正式启动开始，我们的项目就吸引了大量的社会目光。2020年的活动主题是"刻纸公益之行"，开展了刻纸体验活动践行公益。2021年的活动主题是"为公翊善，红色之旅；纸承运动，纸向冬奥"，开展了"红色文化"主题刻纸展。短短几年时间就获得了常州市政府的支持、众多社区的认可。在原有的体验活动基础上，我们也在不断地改进拓展。现今已拓展了众多项目，包含非遗文化交流会、公益拍卖、公益讲座、地摊宣传、非遗小课堂、非遗传承人纪实采访等六种形式，确保实践活动的高效性与长期性。 项目团队组织建立线上新媒体平台和"常忆志愿服务中心"社会组织。新媒体平台包括微信公众号、小程序、抖音、微博以及AR技术，社会组织包括向社会开展刻纸文化社会公益讲座、组织公众参与刻纸文化传播社会实践。最后，完善刻纸文化传承新媒体平台，丰富平台内容，进行App的研发，扩大影响力，并逐步形成自己的志愿服务品牌，拥有自己的独特志愿服务流程。 鉴于本项目宣传刻纸文化的特殊性和所涉及问题的复杂性，项目执行离不开政府及高校专家的助力。在市委、市政府的高度重视下，该项目受到了政府有关部门、社会媒体、社会公益组织和广大非遗文化爱好者的鼎力支持。常州团市委、江苏省红十字会、常州市红十字会、新北区团委、新桥镇团委等部门，及常州工学院团委、经济管理学院团委，以及常州各高校、中小学等院校及社会组织、企业等主动提供支持帮助，高校将项目制成课题研究为我们提供大量意见与决策方案。 为了使项目发展能够创业化、组织体系化，具备可持续发展能力，2021年开始酝酿成立"常忆青年志愿服务中心"，截至5月20日，该中心材料已提交，等待审核通过。 项目团队的未来规划在于，将利用AR、VR、3D、全息投影等先进科学技术，将更多刻纸作品和刻纸工艺进行大数据化保留存档，通过先进的科技对刻纸文化和制作工艺进行传播和展现；在产品层面，星匠会把核心产品业务分离，独立成立公司，开展专业化经营，拓展更广阔的发展空间。 同时，项目团队以人才发展战略和国际化发展战略为特色战略。未来将建立更加专业的设计、生产、营销团队以及吸纳线上新媒体运营人才，努力提高产品设计与服务品质、扩大产品销售渠道，向消费者提供优秀的产品与服务；同时，星匠以创新、传承与传播为工作任务，注重海外市场的拓展，意在将中国刻纸文化推向世界，让更多的人能感受我国刻纸文化的新魅力。
风险防控概述	项目风险主要有以下四点： （1）从资金支出上看，常忆青年志愿服务中心旨在传播常州金坛刻纸文化，让常州金坛刻纸走向全国，这需要强大的硬件措施、雄厚的志愿者队伍以及完善的活动体系。 （2）从资金来源上看，常忆青年志愿服务中心属于公益性组织，初期筹资主要靠社会捐赠、政府扶持和团队自主筹资；在项目开展中，增设公益拍卖、线下体验馆以及线上教学课程等进行一定的盈利来维持运行，但是依旧面临到期不能偿还债务的问题；社会捐助也存在极大的不稳定性，每一个会计年度获得的资金具有不确定性，社会捐助在某一时期的波动幅度过大，这些都将成为项目的财务风险。 （3）从志愿者的数量及质量上看，常忆青年志愿服务中心目前的活动范围及宣传局限在常州市区，同时志愿者以在校大学生为主，还有社会其他人士，但他们缺乏志愿实践经验。在志愿工作初期，志愿者偶有疏忽，容易导致和手艺人之间产生不愉快交流的情况发生，出现部分不成熟、不适合担任志愿者职位的人员。

	续表
风险防控概述	（4）从服务中心的管理者质量上看，管理者的能力水平直接影响管理层的正常运行。常忆青年志愿服务中心的管理者一部分由项目人员构成，另一部分则是临时选拔的，主要选拔依据相关证书等硬性指标。这就在一定程度上导致项目运行的潜在风险，不利于项目长期稳定开展。经过公益组织的未来规划模拟，财务的审视，相关专业证书辅助选拔，然而这并不能表示这些被选为管理者的人有能力做好管理工作。其中有部分人员缺乏社会经验或管理经验，这都会影响到管理者的质量，不利于活动的长期开展。 为应对以上风险，团队将采取如下六点应对措施： （1）扩大社会捐助范围，结合捐赠活动，策划设立相关捐赠站点，评选"刻纸公益传承之星"，举办非遗刻纸文化捐赠晚会等，提高捐赠的影响力；广泛动员社会各界参与，特别是一些非遗刻纸文化爱好者，以此整合非遗公益资源，与社会机构达成稳定合作，构建多方协作的社会捐助体系，努力达到捐助机制体制协调顺畅。 （2）加强常忆青年志愿服务中心的宣传，提高其在宣传金坛刻纸文化以及相关服务上的影响力，不断创新宣传方式，加大在广大青年人之中的宣传力度。 （3）建立完善的财务信息记录系统，进一步完善各项财务管理制度，特别是财务监督方面的制度。此外，还要建立财务风险基金及财务风险应急处理机制，以防止非营利组织陷入财务困境；当公司的经营业务发生资金不足的困难时，可以采取发行股票、发行债券或银行借款等方式来筹集所需资金。 （4）目前志愿者来源多为高校、社会人士，没有专业的非遗宣传知识，团队的原始成员将会对招募的非遗宣传志愿者进行面试。要求志愿者不仅具备非遗知识储备，还要有一定的社会责任感。团队还需要建立起科学的考核机制，对志愿者进行日常考核，关注志愿者的日常表现，避免由于志愿者不符合需要而产生潜在风险。 （5）制定短期目标，对已胜任职位的管理者进行定期考核，在考核周期内进行反馈分析，提拔优秀管理者，对不合格者进行降级处理、二次培训。 （6）常忆青年志愿服务中心建立合理的组织结构、明确的部门分工；理事会直接对各部门负责，并对整个部门的管理和运营负首要责任；有效广泛听取基层人员的意见，进行服务中心管理完善；并建立合理的绩效薪酬机制以及全面的人力资源管理制度。
社会效应概述	项目截至2021年，已经在全国范围内产生一定的影响力，具备一定的关注度，与常州将近30多个社区进行合作宣传，与20多所大中小学、企业、机构达成战略合作伙伴关系，受益非遗传承人达132人，直接受益人超过18 800人，间接受益人更是多达780 000人。2018年至今，累计800多次帮助下岗职工、老年大学、福利中心、聋哑学校，带动就业2 000人次，人均年增收1 600元。同时，团队项目已经被国家级、省市级媒体报道160余次。获得国家级、省市级表彰20余项，如团中央"镜头中的三下乡"优秀视频奖、大学生电子商务"三创"赛国赛特等奖、江苏省优秀社会实践团队、江苏省红十字会"博爱青春"暑期志愿服务优秀项目等多项荣誉。

第四节 创业计划书的打磨

创业计划书的打磨主要是根据不同的平台设置不同的格式和积分规则。"学创杯"全国大学生创业综合模拟大赛为中国高等教育学会"2020全国普通高校大学生竞赛排行榜"竞赛项目之一，现以该比赛的创业计划书打磨平台为例阐述如何根据创业要求对创业计划书进行打磨。

一、平台概述

"疯狂项目"是由杭州贝腾科技有限公司研发运营的专门用于创业项目打磨、迭代、完善的互联网综合服务平台。平台提供了创意分析、项目介绍、团队管理、商机识别、产品服务、商业模式、市场分析、营销策略、财务预测、风险对策等一系列围绕创业项目打磨与完善的创新性服务,可以帮助创业者与创业教育工作者以更为高效、智能、专业、创新的方式完成各自的工作。

"疯狂项目"首次通过大数据与人工智能技术实现了创意的智能分析与精准可度量比较,为创业者从"0"到"1"的创新过程提供了强大的工具平台支撑。"疯狂项目"同时巧妙地利用了全球领先的人工智能语义分析技术,为创业者的项目介绍提供了智能化自动分析与诊断功能,为创业者迭代打磨、精确表达、高质量介绍项目提供了专业依据。

"疯狂项目"内置了十余套围绕创业者、商业机会、商业模式、产品服务等一系列项目核心的专业评估工具,并巧妙地使用了移动端扫码、自评+基于社交网络的第三方他评,使项目核心内容有理有据、逻辑可证。"疯狂项目"在传统商业画布、用户画像、5W1H、PEST、五力模型、SWOT、4P、财务报表、风险矩阵等各类工具基础上,进行了深度建模与精细化开发,使这些工具的专业性与实用性获得了质的提升,真正帮助创业者打磨出更为优质的创业项目。

对于大部分已经成型的创业计划书,在"疯狂项目"的进一步打磨下,将蜕变成结构完善、表达精练、逻辑清晰、有理有据的优质计划书。而对于不知创业计划书为何物的创业者,在"疯狂项目"的辅助下,更可边学习、边思考、边完善,在不知不觉中就打磨出优质的创业项目。

"疯狂项目"不是一个简单的浮于表面的创业计划书填写模板或工具,而是一个激发创业者不断深度学习、思考、迭代、自证的创业项目驱动系统。创业者唯有疯狂创新,才能打磨出真正具备核心竞争力的创业项目。

二、打磨具体操作

1. 注册环节

使用浏览器(推荐使用谷歌浏览器)在地址栏输入 www.crazyxm.com 后,即可看到登录界面,如为第一次登录,则需要进行注册,即点击"创客注册"。

2. 进入系统

同样地,在浏览器地址栏输入 www.crazyxm.com 进入项目打磨页面后,输入刚才注册的用户名和密码,点击"登录"。

登录后,进入欢迎界面,简单看完介绍后,即可正式进入项目打磨环节。

3. 创意分析

最开始,我们需要在"构思创意"环节填入 3~10 个创意关键词,每个关键词以空格隔开,然后点击创意分析。短暂等待后,系统会通过系统内部的大数据将填入的关键词给出创意指数（创意指数越高，说明当前创意词组的原创性越强，与其他项目的雷同性越低），以及类似创业项目的概况给出参考数据。具体如图9-1所示。"构思创业"环节可以重复进行，每次可选择不同的关键词进行创意分析，最后选出最合适的关键词进行项目立意。

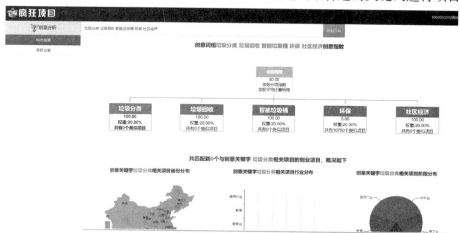

图9-1 打磨界面

然后点击"项目立意"，在之前输入的关键词组中找到自己认为最合适的创意词组后点击"创意价值"，进行创意价值的编辑。具体如图9-2所示。

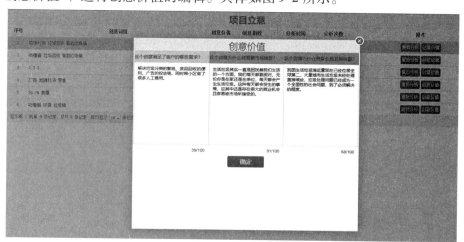

图9-2 项目立意界面

编辑完创意价值后，即可在后面操作环节点击"项目立意"，之后的整个商业计划书的打磨、迭代都将以此次创意分析为基础进一步展开。

4. 项目简介

"创业分析"环节结束后，点击"项目简介"，即可开始对项目的名称、内容、优势、特点等进行简单描述。编辑结束后，点击"AI语义分析"，随后系统根据描述内容和创意词组的契合匹配度给出简介指数，可以参考简介指数反复修改打磨项目简介。

随后在页面左边点击"项目立项"，将项目名称、所属地区、所在行业等填入，在左上角可以对项目或者公司进行Logo的上传，最后点击下边的项目立项，即完成了"项目简介"环节。

5. 创业团队

点击"团队管理",按操作提示点击左上角"新增成员"。随后可以对创业团队成员进行编辑,输入创业团队成员的姓名、职位以及简介,左边可以点其头像进行照片上传。

完成团队管理的编辑后,再分别点击左边的"创新能力""创业能力""性格特质"对团队成员进行多角度的测试。点击"查看邀请码",将每个人的邀请码发给对应团队成员,团队成员通过扫描二维码完成测试,团队成员完成测试后可以点击"查看评估内容"对已完成的评估进行查看。

6. 商业机会

点击左边"行业报告"可以通过搜索关键词对系统收录的行业研究报告进行检索并查看。然后点击"商机描述"对项目的行业机会、市场机会、政策机会等商业机会进行编辑(可反复编辑打磨)。在进行完"商机描述"的编辑后,可以点击"商机自评"和"商机他评",在团队成员内部或者邀请朋友、老师等其他人士进行点评。

7. 市场分析

在市场分析中点击"宏观分析"后,出现下列画面,打磨者可根据 PEST 分析模型对市场环境进行分析,其中下拉框是可以对其中的环境要素进行选择,也可以选择自定义添加自己需要补充的要素。具体如图 9-3 所示。

图 9-3　市场分析界面

类似地,点击"行业分析"后,出现下列画面,打磨者可使用波特五力行业分析工具对行业环境进行剖析,同样在对应地方可以选择想要添加的五力要素,也可以选择自定义添加自己需要补充的要素。具体如图9-4所示。

图9-4　波特五力行业分析界面

类似地,点击"内部分析"后,打磨者可根据内部的优势和劣势、外部的机会和威胁对自己的项目进行充分的分析,同样在对应地方可以选择想要添加的要素,也可以选择自定义添加自己需要补充的要素。最后根据内部因素和外部因素给出不同的战略方案并填入系统。

8. 产品服务

点击"目标客户",即可对项目的用户群体进行画像编辑;点击左上角" + 目标客户",即可添加更多的客户群体;在对应群体里可以在"用户兴趣特征""用户自然特征""用户社会特征""用户消费特征"选择,最终在不同特征中选择如性别、学历、职业、兴趣等不同的细分模块进行画像描述;点击空白头像可以进行头像的上传。

在页面左边点击"痛点需求",即可开启5W1H分析工具,对用户痛点进行分析。具体如图9-5所示。

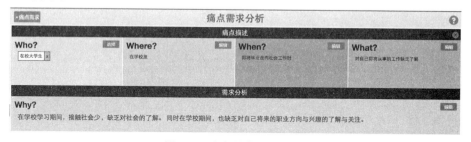

图9-5　痛点需求分析界面

点击"产品服务",即可编辑"HOW",即对产品服务的优势、特点等进行全面清晰的介绍。

同样地,产品服务环节也有对应的邀请评估,点击"邀请评估"可通过邀请团队内外人员进行邀请打分并给出相应意见。在此可以选择其中一个产品服务,对评价的人数和时间进行限制,最终以二维码的形式呈现,将二维码分享给需要评价的人士,最终由系统自动生成分数并录入系统。

9. 商业模式

点击"商业模式"中的"模式设计",即可对项目的商业模式画布进行设计,一共为9个模块,点击图中的"问号"可以对需要填写的模块内容进行参考;点击"添加"可以将想增加的画布内容贴上去。具体如图9-6所示。

图9-6 商业模式设计界面

点击"路演管理",则可以根据"商业模式画布"进行一场项目路演活动的制定,设立完活动名称、时间和地点以及点评人数后进行保存。随后可以点击"开始路演",则可以在教室、礼堂等地进行路演活动。

在演讲结束后,可以点击"开始评价"邀请观众对项目的商业模式以及路演效果进行打分评价,观众扫描屏幕上的二维码即可进行评价,收到的评价最高不超过设置的"计划点评人数"。

10. 营销策略

营销策略以4P营销组合策略,即产品(product)、价格(price)、渠道(place)、促销(promotion)为模板进行设计,点击"产品策略",即可开始编辑产品对应的营销策略,在对应地方可以选择想要添加的要素,也可以选择自定义添加自己需要补充的要素。

11. 财务预测

点击财务预测中的"收入预测",编辑收入预测表,在左上角的"+收入预测"可以添加更多年份的收入预测。白色区域为可编辑区域,编辑完其中一个产品销售数量和平均单价,月销售额会自动生成,完成1年的12个月产品销售数据后会生成合计全年预计销售额。同理可以完成更多产品或服务的收入预测,系统自动完成对销售收入合计的计算,据此完成更多年份的收入预测。

点击"成本结构",即可进入成本结构画布工具,可根据成本分类厘清明显成本项目。点击"问号"可查看各种成本的明细,点击"添加"增加项目实施过程中可能会发生的成本费用,全部填入后,形成成本结构画布。

"利润预测""现金流量""资产负债"的操作类似于收入环节,在对应区域填入预测的数据,系统最终自动生成利润表、现金流量表以及资产负债表。

12. 风险对策

点击风险对策中的"风险分析"即可对项目可能会发生的风险进行编辑,通过严重性和可能性的各三种不同程度得出九种不同组合风险,可以根据项目的各种程度风险,点击"添加"填入对应的板块。

最后点击"应对策略",根据风险分析的各种不同风险给出对应的应对策略。一定要在"风险分析"填入对应的风险信息,只有这样才能在"应对策略"中给出应对策略。

关键术语

创业计划书　详式创业计划书　简式创业计划书

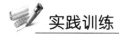

实践训练

1. 由5~8名学生组成一个创业团队/小组,确定选题,分工合作,独立完成一份创业计划书。

2. 在已完成的创业计划书的基础上,提炼成简版创业计划书,制作PPT。

第十章 创业初期管理

学习目标

- 明确创业初期管理的基本内容,学习并明确创业初期企业的界定和特征,对初创企业进行概述
- 了解初创企业的成长管理问题,并对初创企业成长管理对策进行学习
- 对精益创业的发展过程进行分析,分析精益创业的内容以及精益创业的模式

课程思政

通过构建全员、全程、全课程育人格局的形式,将创业初期管理的基本内容与思想政治理论课协同开展,在不同课程之间形成联动和互动效应,将"立德树人"的综合教育理念快速应用到创业初期管理工作中。

案例引入

常州纳泰土壤修复技术有限公司系吉林大学无机合成与制备化学国家重点实验室分子筛治理土壤及水体盐碱化和重金属超标路线的产业化单位。公司成立于2018年4月,现已在土壤盐碱化治理和工厂废水处理领域积累了大量试验数据,在吉林白城市和黑龙江肇州市种植了大面积试验田,针对当地盐碱地的改良取得了显著效果,原本寸草不生的盐碱地经过改造后种植水稻,现已达到亩产400公斤的经济产能。

在对公司创始人进行访谈调研中了解到,团队的凝聚力和韧性是保证初创企业顺利成长的关键因素。创始人提到:"创业是个漫长的过程,其间遇到的很多未可知的困难,随时会让人心生退意,如果缺少坚持的韧性,创业很难成功。"同时他还提到:"始终如一的创业激情是成功的关键,任何事情做得久了都会厌倦,创业也不例外,特别是在遇到公司发展瓶颈的时候,经常会有逃避的想法。数年如一日的坚持并保持激情是必要的。"

当前,我国初创企业的成功率和存活率仍然较低,创新产品向市场需求转化的过程效

率仍然不高，这是当前初创企业生存和发展需要面对的主要问题。而精益创业概念的提出，就是要解决创新产品的成功概率，从而帮助初创企业提高成功率和存活率。

思考： 初创企业如何提高其成功率？

应用型任务

- 假如你的创业落地，如何做好创业初期管理？

第一节 创业初期管理

一、创业初期企业的界定

自1960年以来，国内外已经有许多学者从不同视角对企业的生命周期进行研讨，比如，从公司的管理和发展的规模两个维度将企业成长分为创立阶段、生存阶段、发展阶段、起飞阶段和成熟阶段；而根据企业财务收入和组织规模两方面，可以把企业成长过程分为创立、指导、分权、协调和合作五个阶段。

由于创业初期企业与传统企业相比存在诸多特点，作者通过大量翻阅国内外对创业初期企业研究的相关文献，深刻理解不同学者的学术观点并联系实际，再结合创业初期企业独有的特点，对创业初期企业的界定从不同成长周期阶段进行。在众多学者中我国学者陈学贵的观点尤为特别，他提出企业存在生命周期的观点，将企业的生命周期与生物的生命周期相拟合，分为孕育期、生存成长期、高速发展期、成熟期和衰退期五个阶段。

第一，在孕育期，由于企业发展规模小且产品单一或尚未得到消费者的广泛认可，以至于并不会在同类市场占有可观的市场份额，所以在种子阶段，企业的重点更应该是在产品生产、研发和营销手段及追加资金投入量方面。

第二，在生存成长期，企业的产品线日渐丰富，运营也会效益与效率并行发展，快速提升市场份额，销售收入迅速增长，从而带来丰厚的利润。这些利润又可以用来再投资，进一步扩大企业规模，提高企业影响力，进而逐步提高市场占有率，与同行业企业竞争更加有力。

第三，在高速发展期，随着企业快速成长，企业的规模越来越大，利润越来越多，企业自身存在的风险也就越来越低。这一阶段应将重点放在营销上，加大在该方面的资金投入。

第四，在成熟期，企业的成熟期风险最低，在技术成熟、产品份额比例固定的经营状况下，企业将面临战略转型的问题。转型成功与否与企业的寿命长短息息相关。

第五，在衰退期，如果市场供大于求，或者政府导向预测失误，企业的获利能力及后续融资能力都会受到这些不利因素的影响从而大幅降低,同时会带来许多相关问题。

在现有经济市场状态下,创业企业大多数是指接受包括天使投资和风险投资在内的融资方式的中小型高新科技企业,其价值构成和企业特点相对于传统企业有明显差异。同时,将创业初期阶段确定在企业成长期之前的两个阶段,即包括种子期和创建期在内的企业成立后3~5年的时间阶段。

二、创业初期企业的特征

创业初期企业是指处于刚开始创业阶段的创业企业。在生命周期理论基础上,将处于孕育期和生存成长期的创业企业称为创业初期企业。创业初期企业一般为高成长性与高风险性并存的创新开拓型企业。这类企业一般具有以下特征。

(一)高成长、高收益性

一旦企业的产品或服务在市场上获得成功,由于受知识产权保护、技术领先、特许经营等因素的影响,企业将获得一定时间的市场垄断地位,从而企业产品或服务的附加值就比较高,企业可以获得超常的经营业绩和成长速度。

(二)高风险性

激烈的市场竞争和技术创新的不确定性,将会使高新技术型企业面临较大的风险。根据相关资料,美国的高新技术企业10年的存活率为5%~10%,新创企业成功上市的概率为6/1 000 000,计划上市并最终上市的概率仅仅只有6/1 000。我国改革开放以后涌现出了一大批民营科技企业,发展到现在仅仅只有20%~30%的存活率。资金缺乏、高风险、高收益、高成长是高新技术型创业企业的特点。因此,对其企业价值进行科学、合理的评估,能帮助其在创业融资瓶颈期更好地融入资金。

第二节 初创企业成长管理

一、初创企业概述

目前学术界对于初创企业的界定标准还未形成较为统一的认识,但是通过对学者的观点进行梳理可以大致归纳出目前学者认可的初创企业的定义。一般来讲,初创企业在时间上表现为成立时间短;就企业发展状况而言,初创企业市场规模较小,市场占有率低,同时由于产品还未打开市场局面而前期成本投入高导致初创企业盈利能力也低。初创企业阶段是每一个走向成熟壮大的企业必经的阶段,同时也是企业生存能力最弱的阶段,很多企业都未能走出这一阶段就直接消亡了。

初创企业一般指向的是成立五年左右的企业,不包括公司集团内部的子公司和分公司，也不包括成立五年以上的成熟企业。也就是说，我们把初创企业定义为是生命周期的开始阶段的企业。该阶段的企业具备不同于其他阶段企业的突出特征主要包括以下几个方面。

首先，资源的稀缺性。初创企业中的资金资本、人力资本与成熟企业相比都处于弱势地位。企业的成立初期受限于资源的来源渠道，在获取社会资源时有一定的限制，企业必须依靠自我造血获取企业所需的各类资本。

其次，核心能力缺失。面对激烈的市场竞争时，初创企业无法精准做出有效且长期的规划，造成了企业内部产品核心竞争力不强，也很难在市场地位中占据主动优势。

再次，管理团队的水平较低。一般成长较快的企业都有成熟的、专业的职业经理人团队，在企业管理的全部环节上都应当配备有一流且专业的人员进行管理。而相比较，初创企业管理与经营的职权划分不明，高层较多地参与到企业的管理当中对企业的发展往往适得其反，不利于企业的长期稳定发展。

最后，初创企业面对的市场环境不同。例如，行业价格竞争程度如何，行业技术紊乱度的强与弱，对于初创企业创新绩效有很大的影响。

二、企业成长理论

琼·克努斯顿（Joan Knuston，2001）指出，企业的成长是在外部环境变化发展的基础上，完成的综合性扩张和发展。在此可以看到的是，企业的成长并不单单是指企业的存续，而是在存续的过程中不断向前发展，发展是企业成长的最终动力和终极目标。企业成长要求我们在质量和数量上做出一定的衡量，数量上成长就是说我们一般认为的扩张性结果，通常表现为企业资源的扩充如企业的规模扩大、产品线的增多、销售额和利润额的增加、市场地位的提升；而质量上的成长表现为初创企业资源利用效率的提高，当企业组织管理能力水平提高时，组织结构也更为合理。

从国内外的相关研究中可以了解到，当前的研究成果和方向主要集中为两派，一派强调企业外部因素，一派认为企业的内部能力更重要。企业外生成长理论则认为市场环境、市场结构是影响企业成长的关键，而企业内生成长理论将企业内部的资源、能力等各类要素作为决定企业成长的主要因素。

（一）企业外生成长理论

企业外生成长理论通常会更加强调外部因素的重要性，注重企业外部的因素对企业成长的重要作用，特别提出市场结构的表现对于企业成长的影响。在研究当中包含新制度新古典经济学、经济学等。

1. 新古典经济学

新古典经济学抽象掉企业内部管理结构复杂性，设定了经济人的假设，在一定的约束下，所有企业区别较小，均作为同一类代表性企业。所以我们看到企业成长的因素几乎都是外生的，由最优化的条件求解出产量最优的水平，企业不能主动选择。

马基诺（S. Makino，2004）则从宏观政策的层面综合分析了对企业成长的影响。马丁·库斯（Marten Coos，2000）从产业组织角度考虑了劳动力与企业成长的关系，构建起企业的用人与企业特征之间的关系模型。

但新古典经济学没有考虑这些复杂因素，所以该理论不完全适用于对企业成长理论的解释。

2. 新制度经济学

科斯（Coase，1937）提出企业交易费用的问题，也就是将交易费用作为企业边界，当企业节约了市场交易活动中的交易费用，便能够推动企业的成长与发展。从其成长理论对于企业交易关系的分析来看，交易费用基本上能够将企业的交易划归到企业的内部，能够阐释企业组织的成长。

威廉森（Williamson，1995）用资产的专用性、不确定性、交易效率来定义交易费用。他认为，要解决资产专用性问题，企业可以通过前向或者后向一体化的形式来进行企业扩张。这一理论进一步充实了企业边界的内涵。杨小凯（1993）在考虑企业发展的交易效率问题时，提出市场活力越大，市场可交易的空间越大，在不断提升交易费用的同时，也会间接提高交易效率。当交易效率所带来的收益高于交易费用所增加的成本时，市场将会带动企业长期稳定发展。

该理论主要从企业的交易出发，不会将单个企业作为研究单位来考虑。这与我们所看到的传统的企业成长不同，企业成长也应该是动态的。相比较来说，新制度经济学是静态的分析，对研究企业外生成长理论的作用有限。

3. 市场竞争优势理论

波特（Poter，1985）提出市场竞争优势理论，同时指出企业要获得竞争优势的三类基本战略：成本领先、差异化、目标集聚。波特据此还提出价值链理论，并从企业的核心竞争力与企业价值链关系的角度看企业的发展。企业未来发展的竞争优势来源于企业所在行业的竞争程度，并由此创造性地提出基于供应商、购买者、潜在竞争者、替代品、行业内竞争者的五力模型，确定企业的竞争战略。而选择不同竞争战略也能够让企业更好更快地适应成长性更好的产业，并在所进入的产业内取得相对的竞争优势。

（二）企业内生成长理论

内生成长理论认为企业成长是受内生因素的影响，如资源、能力、知识等在一定范围内是影响企业成长的关键。内生成长理论包括彭罗斯（Penrose，1959）的成长理论，以及资源基础理论、企业知识理论等。

1. 内生成长理论的发端

亚当·斯密在自己的著作《国富论》中将分工所带来的规模效应作为能够解释企业成长问题的关键。书中指出，分工首先可以提高劳动生产率；其次，通过将复杂的工业制作流程分解为简单的操作，有利于节省工人的转化成本；最后，工艺操作流程简单，有利于更多操作简单的机器设备的发明与创造。

马克思（Marx，1860）在其著作中详细讨论了劳动分工中的局部分工对于企业生产效率的巨大影响。不能简单地把劳动分工看作单个劳动者工作量的加和，更应该强调的是分工当中协作的重要性。不同工种间分工协作能够很快创造新的生产力，新的生产力又能够促进生产专用性新知识的产生，由此形成了分工协作与专用性知识积累的相互驱动。

同一组织内部职能部门间的分工使得马歇尔总结出企业内部的成长理论。他提到组织内的职能工作往往可以分解为不同层级的职能单位，而不同层级的职能单位又能够融合产生不同种的知识技能。知识技能的融合和发展能够给企业带来全新的知识水平，使得企业可在组织内部的职能部门当中获取持续而又长久的发展动力。马歇尔的理论基本是在职能部门的分离和整合当中形成的，也可以发现马歇尔的观点与我们所说的企业资源理论比较类似。异质性资源发展更多的时候往往纳入企业部门间所学习知识技能的整合与协调中。马歇尔还提出企业规模的扩大可能导致企业竞争力不足，使企业在市场竞争中失去增长动力的问题。随着企业家精神这一概念的提出，企业竞争力不足的问题也逐渐被弥补，而且还会对企业所处的行业发展现状产生影响。

2. 企业资源理论

从资源基础理论分析，企业经常被认为是资源的扩散中心，各类企业获取竞争力的重要来源就是资源的异质性。企业内部资源的差异成为企业成长的潜在影响因素，异质性的资源与同质性的资源企业相比较更能获得高于行业平均水平的收益。

彭罗斯（Penrose，1959）在《企业成长理论》中明确将单个企业作为其研究的对象，详细说明影响企业成长的因素，论证企业成长的机制问题，讨论内部资源和能力对于企业发展的重要性，建立了企业资源—企业能力—企业成长的分析框架。企业内部资源的丰富程度奠定了企业未来成长的基础，企业能力水平的高低则会影响企业未来的成长速度。她所阐述的主要观点如下。

第一，企业能力和企业资源一定是相互促进、相互发展的关系。利用管理能力和水平的不断积累，挖掘出行业的各类资源，从不够均衡的企业资源达到内部资源的相互平衡、相互依赖，从而实现企业的不断成长。

第二，企业资源中特定禀赋所带来的企业能力是企业长期发展所依赖的。企业拥有的有形资源和无形资源可以为企业带来不同方面的升级，企业成长过程中的最终动力也能够将企业能力发挥出最大效力。

第三，企业内部化的成果逐渐积淀为知识，在这一过程中，通过外部知识内部化的知识积累，不但节约了企业获取稀缺资源的成本，而且利用外部资源和内部资源的有效结合，来提升企业自身各方面的能力和水平，从而促进企业的成长。

彭罗斯的观点对于内生成长理论有基石性的作用，但彭罗斯在研究内生成长理论的过程中过于强调管理资源的地位和作用，而忽略了企业内部其他资源对企业成长的作用。杰恩·巴尼（1991）认为企业的资源保持应当是具有条件的，资源应当是有价值、稀缺，不能被模仿的，不能被替代、低价获得的。他还认为资源基础理论相应地也会适用于初创企业，初创企业的识别、获取和利用市场机会的全过程就是企业成长的过程，而在成长的过程中需要消耗大量的资源。所以，初创企业在发展的过程中应该有效地利用好市场机会，积极地寻找、发现、整合各类资源。杰恩·巴尼提出该理论之后，通过资源基础理论深入研究了初创企业资源的吸收、消化过程，并对企业资源与价值创造进行了系统的阐释。

基于此，在选取变量的过程中考虑到初创企业的成长复杂性，拟选取创始人团队层次、企业层次各类资源，研究两大类层次对于初创企业创新绩效影响的内部机制机理。

3. 企业知识理论

哈罗德·德姆塞茨（Harold Demsetz，1988）提出企业知识论的观点是对企业能力理论的进一步引申。他认为企业获取的知识能够很大程度地影响企业能力的发挥。企业各类创新活动的进行，首先需要企业知识存量的多寡，这一点在市场竞争当中的企业产出和市场地位方面表现得最为突出。企业知识的获取需要通过长期积累，在长期的学习过程中消化与吸收，由此竞争优势才能转化为企业的能力，通过产生新的竞争优势，发展成企业创新中的动力。

阿莱（Allee，1997）在其文章当中认为企业成长的源泉一定是具有丰富的知识储备和强大的知识竞争能力，市场经济强调知识经济的重要性，所以知识对于企业发展有重要意义。科古特和詹德（Kogut，Zander，1992）的研究将企业的知识储备、知识的创造力综合起来考虑来对企业进行界定，决定了企业的边界范围。彼得·圣吉（Peter Senge）认为企业只有通过不断接触和获取新知识才能扩充自己的学习渠道。从企业可获取的外部资源当中选取了企业技术联盟建立的紧密度、政府支持力度作为变量纳入创新绩效的分析当中。

三、初创企业成长管理问题

（一）运营管理模式单一

尽管初创企业依靠公司创始人的关系，与本地一些企业已形成稳定的合作关系，并已陆续发展了"人情客户"。这些客户大多是公司创始人在原工作单位工作过程中，积累和发掘的人脉关系，现只是将这些顾客转移到初创企业。这种模式，看似稳定，但是存在很大的风险和不确定性。

首先，客户层面。工作时初创企业的创始人依靠良好的沟通协调能力，与客户建立起了良好的关系。"关系好"其实是把双刃剑，人员稳定时，一切都好；一旦人员更替，所谓的关系瞬间不复存在，甚至会给后期的业务开展带来一些负面影响。

其次，供应层面。在疫情影响下，外部经济环境并不稳定。为维持正常经营，很多大型企业会选择通过初创企业这类第三方来承接业务。但是如果市场环境转好，对于有供应能力的厂家而言，他们会更希望自己主动承接业务，直接与客户建立联系，这样不仅能够最大限度地减少信息差，同时通过减少程序环节，也能降低企业入货价格，进而降低企业价格成本。

（二）缺乏战略规划

初创企业作为成长阶段的企业，在成长期既要面临生存问题，同时也要解决战略发展的问题。这两个问题并不是非此即彼的关系，在某种程度上，如果初创企业能够进行科学合理的战略规划，不仅能有助于解决当前的问题，还能够为未来谋得出路。初创企业目前还没有非常明确的战略规划设计，对于初创企业创始人而言，公司创设之初的目的是出于创业的欲望，在公司成立后，创始人的主要精力也集中在如何维持企业生存和拓展市场上。对初创企业创始人来说，没有精力形成具有长期性、战略性的指导，即便制定出来战略，也会因为"急功近利"而出现"投机"行为。

整体来看，初创企业在整个初始阶段，所有的业务、管理都会紧紧围绕着短期的效益，而没有专门制订未来中长期的发展计划。在初创企业内部，有"业务为王"的说法，当初创企业需要启动新的项目时，往往是全公司人员参与其中，财务部和行政部的人员有时也要参与跟单、方案策划的活动。这样造成的一个后果就是工作没有计划性，往往是什么时候有顾客，什么时候就有工作，而一旦业务来了，整个公司都是处于高度的紧张状态。

(三) 财务管理不够科学

1. 财务监督不到位

财务行为是管理行为也是风险行为，不规范的财务活动不仅会给个人带来危险，同时也有可能会威胁企业的生存。对于初创企业，财务活动无论是在外部还是内部的监管，都处于"真空"状态。主要体现在以下几个方面。

(1) 没有相应的内部监督体系。一方面，缺乏制度。根据对初创企业创始人的调研了解，大多数初创企业目前有相应的财务管理制度，但是在调研访谈过程中了解到，很多初创企业并没有很认真地执行该制度，当时是出于公司注册需要，直接从网络上套用他人的财务制度，很多条款根本没有执行。缺乏制度约束的财务活动使得初创企业的财务活动处于失控状态。另一方面，没有专门设置会计监督岗位。现有的会计职能是由财务部来完成的，兼职会计只是偶尔过来帮忙，大部分的事务还是由公司创始人或其亲属来完成的。由亲属担任会计职务，并不能期待其对公司的会计行为做出很大程度的监督。

(2) 外部监督流于形式。从外部监督来看，政府和社会等外部监督不到位。初创企业这样的小规模创业公司在数量上是非常庞大的，但是由于其税收较少，因此，税务部门的管理力度不大，导致初创企业的一些不规范的财务行为不能及时被发现和改正。

2. 财务管理集中

财务管理集中是指初创企业中，财务活动基本上处于创始人的管控之下，财务人员除了日常性的工作外，在财务行为方面，基本上是完全执行创始人的意志。初创企业是由创始人出资注册成立，创始人一般将财政大权独揽，随意进行操控。最为关键的是，初创企业往往还存在明显的财务公私不分明的现象，创始人的个人款项有时也直接从企业财务支取，待财务做账时，以其他方式进行弥补。在这样的状况下，初创企业的财务活动随意性非常大。

3. 财务过程不规范

财务管理是一项专业性要求非常高的行为。虽然国家目前降低了财务人员资格准入的标准，但还是不能否认财务行为最好要由专业财务人员来实行。在初创企业的初期，过程不规范主要体现在以下几个方面。

（1）财务人员专业知识缺乏。初创企业财务部的主要工作人员尽管大多数具有会计资格证，但是一般并没有专门接受过财务系统教育，之前也没有财务实操经验。遇到问题，要么由兼职会计帮忙解决，要么求助于其行业好友。在这样的情况下，很难保证财务行为的规范性。

（2）财务制度没有严格执行。初创企业的财务制度一般是创始人直接套用网上其他企业的财务制度，没有结合公司实际制定制度，在执行过程中必然会出现"打折扣"的现象。而且，初创企业创始人一般不以为意，认为公司的财务只要能够完成简单的记账、算账、管钱，应付外部报账的需要就可以了。

（四）人力资源管理缺乏团队意识

1. 忽视团队管理

创始人以及企业主要管理者的管理风格，很大程度上决定了公司的管理水平。创始人作为主要负责人，同时也是初创企业团队管理的主要缔造者。初创企业创始人往往具有较强的技术能力或者销售能力，但是往往缺少领导层的团队管理经验。在大多数初创企业，创业团队的主要成员大多是亲朋好友，基于私人关系能够比较团结。在初创阶段，创始人的个人魅力、创业激情以及社会经验等优势在团队中起到了非常重要的作用。但是，在调研访谈过程中了解到，许多创业团队自身也存在一些问题，比如创始人有时候脾气暴躁、说话不注意场合、不善于与下属沟通等个人性格的缺点也导致一些员工私下有意见。这也就说明，对于大多数初创企业而言，团队的建设需要依靠制度或者文化等更为稳定的要素，如果单纯依靠领导者个人的性格特质，很有可能无法持续性地有效管理团队，不利于企业的发展。

2. 团队目标不明确

目前，很多初创企业在团队管理方面目标不明确，即公司出于发展需要，对于员工能力、素质等方面的要求都不明晰，更多的是从企业经营目标角度去衡量员工的工作业绩。存在的问题表现在以下两个方面。

（1）团队过分强调经营目标。很多创始人在团队中营造"狼性"文化，以此来激发员工斗志。实现企业营销目标无可厚非，但是在针对员工的考核过程中发现，企业员工收入高低，完全取决于个人以及公司业务的完成情况，团队目标并不明确。

（2）缺乏中长期目标。由于初创企业没有提出明确的团队目标，企业员工不知道公司期待自己成为什么样的员工，也无法确定自己的职业成长是否按照公司的要求发展，员工只能是疲于应付眼前的工作，严重打击了员工的主人翁意识和工作积极性。不仅如此，由于缺乏团队管理目标，初创企业在对外招聘时，往往无法提出明确的招聘标准，不知道应聘者是否是团队需要的人，这就更加制约了整个团队的发展。

3. 团队授权管理不规范

有效的团队授权既能够提升公司内部管理的效率，同时还能够有效地激发团队的积极性。团队管理是一门技术，同时也是一门艺术，这要求初创企业的创始人/管理者要具有

丰富的管理知识，同时还能因人因事授权，实现公司与个人的共同发展。

目前，初创企业的管理具有明显的集权色彩，公司主要的权力都集中在创始人一人之手，大到公司业务方向的制定、产品的营销策略，小到办公用品的采购、员工考勤等，创始人都会"亲力亲为"。这就导致了创始人一方面抱怨公司什么事情都要自己管，导致自己无法集中精力，身心疲惫；另一方面又觉得员工能力不行，无法在公司业务上，尤其是日常工作中替其分担。出现这样的情况，主要是创始人没有将员工也视为公司管理的"参与者"，而是将他们视作各种命令的"执行者"。

四、初创企业成长管理问题的原因分析

（一）战略思路不清晰

1. 发展目标不明朗

初创企业在初创期，往往需要经历一段时间的亏损，在业务及经营状态平稳之后，才能实现盈利，可见初创企业的发展状况较为艰难。初创企业的创始人认为，前期的发展已经能够适应行业内的基本情况，因此在产品研发、营销策略制定的时候，并没有花更多的心思，也没有针对客户开展需求调查。由于缺乏对竞争对手策略等方面的调研分析，公司的一些产品在投入巨大成本后，在品牌影响力方面收效甚微。

同时，对客户维护不到位。初创企业目前主要的重心是扩展新客户，以便扩大市场范围，至于对现有客户的维持，做得还不够多。初创企业的创始人认为，既然客户已经和公司发生了业务往来，后续合作的可能性也就很大，故而没有对他们进行使用意见的调研。在当下信息时代，客户获得信息的渠道越来越多，可供顾客选择的渠道也越来越多元化，初创企业创始人对于维护客户关系的忽略，就会在很大程度上导致企业丢失客户，不利于企业未来发展目标的实现。

2. 中长期战略策略不清晰

初创企业对潜在产品和市场的认识模糊导致企业在该领域市场屡屡碰壁，再加上自身又没有专门的营销团队，同时也未对外聘请专业机构咨询。如果公司打算扩大市场影响力，就需要进一步加大新品牌力度的推广和品牌形象的包装，充分打开市场，提高其他市场对于初创企业的认知度。

（二）财务管控不到位

1. 预算缺乏计划

现阶段，初创企业在成本管理的过程中，财务部仅在费用控制、支出管理和分析考核过程中发挥了作用，但是在编制预算以及整个公司管理活动中，参与程度不高，没有表现出财务管理方面的专业性；当前财务部所承担的工作主要就是账务进出的记录，缺乏工作积极性。

2. 成本缺乏控制

初创企业并没有形成成本管理体系，研发成本高，而营销成本却被压榨得所剩无几。

这在一定程度上说明了初创企业的领导对于成本管理控制不重视，缺乏专业的财务管理人员对公司进行成本及公司内部资源的分配和把控。成员在设备采买方面比较随意，出现了多次购买的情况。

3. 现金流缺乏管控

在初创企业的管理过程中，需要时刻对项目现金流的走向予以高度关注。如果公司的资金流处于负向走势，负向走势的持续时间是多久？负向的现金流是否符合当前公司的制度？需要通过何种手段在项目的过程中避免项目长时间出现负向的现金流？长时间的负向现金流一旦出现，需要通过何种手段处理负向的现金流带来的负面效果？同时，相当关键的一点是要确保客户及时支付其应付款项，减少初创企业的逾期账款。然而，初创企业在财务管理上缺乏对现金流走向的足够重视，并没有持续关注资金流入和净资金流出的情况，导致前期获得的启动资金较少，影响了公司初期的正常运行。

（三）组织结构设置不合理

1. 人力资源配置不合理

初创企业的人员一般非常少，以至于作为公司重要管理者的创始人也要参与公司营销和业务拓展事务中去，经常需要一个人面对甲方公司，在客户拜访或谈判过程中，不免处于疲于应付的被动地位，也就没有时间和精力去思考和公司发展息息相关的其他事务。

初创企业在人力资源配置上存在着人员配备不足的情况。与其他初创期的企业一样，公司没有将太多的精力放在人力资源规划方面。据初创企业创始人反映，公司在这一阶段虽然普遍觉得人手不足，但是在人员招聘这项工作没有实质性的行动。造成的后果就是，初创企业现有的人力资源不能做到人岗匹配，从而导致后续项目开展中难以发挥公司长处，造成公司人力资源管理上的混乱。

2. 组织目标不明确

初创企业成立的时间并不长，公司经营的主要大政方针一直都是以公司业绩及创始人个人意见为准。很多时候，公司员工都是创始人怎么说就怎么做，创始人觉得哪些事情重要就做哪些事，导致员工自己没有主动性和预见性。

五、初创企业成长管理对策

（一）明确企业发展战略

1. 积极开拓外部市场

生存问题，是初创企业进行战略规划必须要面对和解决的问题。虽然有些公司在初创期能够实现扭亏为盈，但是大多数企业还是负债状态。因此，初创企业必须在总结现有盈利模式的基础上，不断总结经验，实现规模更大、形式更稳定的盈利渠道。目前初创企业的主要市场渠道，来源于创始人以前的人际关系或者新拓展的业务，在市场来源方面存在着不稳定性。因此，可以考虑从外部吸收资源，帮助初创企业拓展业务。一是能拓宽市场深度，增加新的业务领域与发展机会，有助于企业加快发展；二是加强与其他企业合作，实现资源共享共赢，甚至可以考虑由部分企业承接公司营销和推广任务，以返点或者提成的方式实现双赢；三是扩大市场范围，当一个地区的市场趋于饱和或者很难有新的增长的时候，可以从其他区域获取新的发展机会，例如初创企业在稳定市场份额后，可以进行经验和模式复制，往其他区域开拓市场。需要注意的是，拓宽市场渠道的过程中，不能盲目扩张，尤其是不能超出企业负荷，应当在拓展市场时提前谋划，在人员、财务、营销、管理等方面做好充分的准备。

2. 提前规划未来发展战略

成功的企业，需要调节现有生存和未来发展之间的矛盾。虽然对于初创企业来说，生存问题非常重要，但是要想做大做强做优企业，还要有意识地提前布局下一步发展。

一方面，有意识地提升产品的附加值。例如，数控机床产品生产是一项对技术要求比较高的行业，因此，技术是该行业的核心要素。对于该行业领域的初创企业而言，通过提升产品的技术含量，不仅能够提高产品的附加值，提升企业的利润，同时也是企业与其他公司进行差异化竞争，赢得市场机会的重要手段。

另一方面，有意识地整合产业上下游资源。初创企业创始人目前已经意识到了客户单一的问题，抵御市场风险的能力较低。为此，需要从产业链上进行布局，通过不断延伸产业链，初创企业需要在现有的数控机床设备供应领域发力，重点对发展产品服务等业务进行扩张，这样不仅能够增加业务收入，同时由于进入的是与原先产业相关，且相对熟悉的领域，使得初创企业能够在最短的时间进入合适的领域，这样市场风险也相对较少，就能实现既防控了风险，又能为公司下一阶段的发展做准备。

3. 提升技术创新能力

一是要进行核心产品开发。虽然初创企业已经开始意识到开发产品的重要性，找了相关领域的专业人士，共同设计改进方案，并利用软件进行仿真模拟，测试性能，最后投资进行试制，目前试制取得了很好的结果，符合预期，但是还是要加快这一能力的提升，尽早为企业寻求新的发展机会。

二是要吸引国内外优势资源合作。要充分利用巨大的社会资源推动公司技术进步，加强同地方政府的合作，通过政府的政策扶持、资金投入和配套产业的支持推动公司加速技术创新。

（二）健全财务管理体系

1. 建立健全的财务内控系统

初创企业在人员构成方面，主要以创始人的亲朋好友为主，这在企业发展前期，能够帮助公司尽快地步入正轨，同时由于彼此之间都非常熟悉，人员流动性较低。但是熟人团队带来的不良影响是内部管控困难。为此，初创企业需要在内部管理上进行优化。例如，可以通过对外招聘或者内部指定专门人员，对公司财务管理流程进行规范，对财务风险进行管控。对初创企业短、中、长期三个不同阶段可能存在的财务行为进行梳理，指出可能存在的风险点，并且制定相对应的风险防控机制，从而保证企业财务安全。

2. 建立健全的财务管理制度

初创企业在整个管理环节都没有将制度管人置于比较重要的地位，在财务制度上也是如此。虽然初创企业创始人也知道要规范财务行为，就必须要建立和执行财务制度，但公司目前主要的财务工作人员财务业务水平不高，在处理日常财务工作时随意性较大，遇到财务问题时无法解决。因此，初创企业在这样缺乏制度化约束的情况下，财务风险是非常大的。

为了解决这一问题，初创企业应从如下方面进行改进。一是借鉴对标企业财务管理制度。通过借鉴行业内优秀企业的财务制度，规范财务行为。但是借鉴并不意味着照抄，初创企业需要结合公司实际，有取舍性地采用。二是邀请第三方进行制度设计，聘请专业的第三方机构为公司制订财务管理方案。第三方机构由于具有丰富的行业经验和较为专业的背景，这就能保证财务方案的科学性和实操性。虽然该方法在时间以及费用的花费方面需要投入的成本较大，但这对于初创企业向下一阶段的发展将起到促进作用。

3. 加强财务流程规范管理

初创企业现阶段处于成长阶段，产品研发、市场开拓、渠道维护等各方面都需要资金投入。因此，需要将企业有限的资金最大限度地利用，以避免资金的浪费。但初创企业一般存在一些不规范的财务操作情况，主要体现在：票据材料不完备，缺少相关合同，没提供票据所涉及的经济业务发生的相关证明材料等；报销票据不规范，票据内容填写不完整，出现票据随意涂改现象；报销票据不合规，利用过去作废的发票或者收据等进行报销。这些问题并没有引起财务人员以及管理者的重视，造成极大的财务浪费。

（三）完善人力资源管理

1. 领导者转变观念

（1）加强团队知识学习。初创企业创始人作为团队的主要管理者，虽然在业务方面有着比较丰富的经验，但是在团队管理的专业知识上储备不够，需要在人力资源管理方面加强学习。理论的学习可以对实践起到指导作用，同时通过对同一行业其他企业，或是已经在成熟期的其他企业的管理案例的学习，提升自身的管理素养；但是对于其他企业的管理经验，不能用拿来主义，要根据初创企业本身的特点进行分析、改进和使用。

（2）提升个人综合素质。创始人作为初创企业的关键性人物，其个人风格和管理方式，不仅是个人层面的事情，还关乎企业发展。初创企业创始人的个人素质对于团队的建立以及运作起着至关重要的作用。从前面的分析可以看出，创始人在有些时候，会因为性格方面的原因引发团队成员的不满。虽然在企业发展早期，基于熟人关系，员工在心理上也能理解，但是如果企业发展壮大，在管理过程中，创始人个人素质上的缺陷就有可能会造成比较严重的后果。实现人力资源的有效管理，需要通过制度建设，但企业创始人自身也要及时调整心态，及时处理好公司发展、外部环境、个人情绪等多方面的关系，在承担各种压力及风险的时候，不断提升自我，做好情绪管理。事实上，企业创始人的社会特质对创业型企业成长存在显著的正向影响。对于创业者而言，需要通过多种途径增强自身社会化特质，在团队中不断进行自我修炼的同时也要重视团队的修炼与培养。

（3）团队管理适度放权。对于作为领导者的创始人而言，要学会科学合理授权。创始人要在对企业现有工作流程、员工特质充分了解的基础上，完成角色转换，由凡事亲力亲

为的执行者变成把握公司发展主要方向的掌舵者。这样，创始人就有更多的时间和精力来处理公司发展过程中面临的重要问题，从战略层面制订公司发展计划。当然，授权并不意味着放权。要本着授权也授责的原则，在给予员工一定范围内的决定权的同时，还要让他们对其行为负责，以避免授权后出现人人做事但事事做不成的尴尬局面。由此，适度的放权还能给予员工更多的成长空间和机会，员工参与公司事务的积极性也会逐渐提高，久而久之，便形成团队凝聚力和向心力。

2. 制定团队发展目标

企业发展愿景和目标是初创企业发展最为重要的要素，企业的发展愿景和目标决定了企业在市场中采取什么样的策略、赋予自身什么样的角色。初创企业一般现有团队人数较少，但好处就是成员之间沟通的距离短，管理者能够直接有效地与每一个成员进行沟通。因此，初创企业在制定企业目标的时候，可以积极地听取成员们的意见，从而达到企业目标与个人发展目标有机的融合，实现企业与个人价值的双提升。

3. 塑造企业文化

企业文化是凝聚企业成员的"黏合剂"。企业文化反映的是企业成员之间共同的价值观，它代表着企业对内和对外呈现的形象。初创企业往往是成立三年左右的企业，在这一过程中，成员与企业之间、成员与成员之间已经完成了相互融合。因此，此时提出梳理和提炼公司文化，是非常有必要的。一是提炼文化。初创企业创设之初便有着其独特的个性，企业可以结合自己的发展历程和规划目标，提炼出符合企业特质的企业文化。或者采取头脑风暴等办法，多多听取员工意见，将员工的意见进行梳理和提炼。二是加强宣传。企业一旦确定了自己的文化后，要通过一系列的宣传方式，使得企业文化融入每个员工心里，如设计和使用统一的视觉符号、设置宣传栏、编制内部刊物、创作自己公司的"司歌"、打造内部的文化品牌等。

当然，初创企业的企业文化塑造是一项长期且复杂的工作，需要投入大量的时间、精力、人力、财力。但是从初创企业长期发展的角度来看，文化作为一种更为温和的力量，有时候起到的作用是制度、物质所无法达到的。

第三节　精益创业

一、精益创业的发展

精益创业来源于精益生产，是对"创业"相关概念进行改造，让全世界更直接地明确价值创造活动和浪费之间的差异。精益创业是研究创新产品开发的一种新方式，强调要同时兼具快速循环运作和对顾客的认知、远大的理想，以及壮志雄心。

"精益创业"的提出者埃里克·莱斯（Eric Ries）出生于1979年，最初是一位工程师，目前是硅谷的一位著名作家、创业者、投资人。莱斯过去在互联网开发中积累了对持续部署、客户开发和超加速敏捷等规律的认识和经验。他从2008年8月开始整理与创业相关的内容，试图在这些经验基础上发现和总结出一些原理，以解释自己在创办新兴互联网公司过程中的成败。他发现：成为一个机构的初创企业项目开发是在高度不确定的环境中发展起来的，传统管理下的预测、计划模式，当面对这种不确定性时就不太管用了。正是在这个阶段，莱斯在参加其投资人史蒂文·布兰克（Steven Blank）的创业课程中学习了客户开发（customer development）和产品开发中的敏捷实践（agile practice），接触了"精益生产"（Lean Production）的学习，他发现精益生产的概念和术语，可以参考用来解释创业成败的规律。于是他把"精益生产（Lean Production）"所蕴含的"精益思维（Lean Thinking）"与自己的互联网创业经验相结合，在2011年出版了《精益创业：新创企业的成长思维》（*The Lean Startup*: *How Today's Entrepreneurs Use Continuous Innovation to Create Radically Successful Business*）一书，提出了"开发—测量—学习"（Build-Measure-Learn）反馈循环的核心逻辑方法，其本质是"把精益思维运用到创新的过程中"。"开发"是要建立"价值假设"和"增长假设"并尽快面向潜在顾客推出最小可行产品（Minimum Viable Product，简称MVP）；"测量"是建立创新的评估体系，及时对每一个步骤和所有的阶段性行动与进展进行测量评估，可以是定量的指标测量，也可以是定性的评估；"学习"不是去市场调查或者讨论，而是指"经过证实的认知"，即通过测量体系对创新和发展策略（假设）进行检验后获得的对事实的认识。该方法针对新产品和新业务的推进，提供了避免产品认知失败的行之有效的办法（Noam Wasserman，2012），最小化可行产品，能够有力地提高创新的速度和效率。

在今天席卷全球的创业大潮中，由于信息技术尤其互联网与移动互联网技术的发展促进了信息的快速全球化传播，精益创业的方法自提出后迅速成为全球创业领域炙手可热的创业方法论，先后被《纽约时报》《华尔街日报》《哈佛商业评论》《赫芬顿邮报》等多家媒体广泛报道，形成了一股学习、研究和发展精益创业的浪潮——精益创业运动（Lean Startup Movement）。作者莱斯建立了一个关于精益创业的网站，把关于精益创业的案例研究和延展阅读链接等各种资讯，演讲视频、幻灯片、音频，以及其博客的"新创企业经验谈"（Startup Lessons Learned）的链接等资料都放在了这个网站上；在旧金山、波士顿、纽约、芝加哥、北京等很多地区有很多以精益创业为主题的聚会，还有一个关于精益创业聚会组织的网站；由志愿者建立并维护的创业维基百科网有详细的活动和其他资源的列表；里奇·柯林斯（Rich Collins）创建了一个创业实践圈，每天几千个创业者相互分享技巧、资源和故事；我国国内很多商学院的MBA项目也开设了精益创业课程，各类创业者社区也有很多的精益创业工作坊，社会上也出现了很多的精益创业类付费知识和培训。

相对于在创新创业实践领域的火热，对于精益创业的理论研究相对还非常少，主要研究视角包括精益创业的方法论研究、精益创业的区域应用研究和精益创业的细分应用研究三个方面。

（一）精益创业的方法论研究

精益创业的方法是由埃里克·莱斯（2011）最早发表在 *Research-Technology Manage-*

ment 上，其提出的最小可行产品和转型（pivoting）等概念已经迅速为企业界所接受和实践；艾森曼（Eisenmann，2011）在分析后认为精益创业是一种"假设驱动"的创业方法；硅谷著名连续创业者、投资人史蒂夫·布兰克（2013）博士认为采用精益创业方法的创业会比采用传统方法有更低的失败率，这种方法对于各个国家的创新经济发展具有重要的意义；曼苏里（Mansoori，2017）基于半结构化深度访谈设计探讨了精益创业指南对创业者的影响机制，认为创业者们是通过替代性学习和实践中学习的方式学习、内化和应用精益创业的方法。同时，泰德·拉德（Ted Ladd，2016）也指出了精益创业的局限性，创业公司经过验证的假设数量和后续的企业成功之间没有线性关系，或者说，更多的验证没有好处；那些同时采用开放式对话和正式实验的团队比采用任意一种方法的团队表现更差；精益创业可能导致"错误否定"，即创业者们在宣布停止测试并量产前一直处于反复实验的过程，在这一过程中创业者们可能会因为缺乏规则而错误地拒绝了好的想法。

（二）精益创业的区域应用研究

马贾·拉里克（Maja Lalic，2012）在对克罗地亚的科技企业进行结构化问卷调查基础上，发现克罗地亚的创业企业在发展方式的内在逻辑上与精益创业方法论的原则非常相似，可以说是精益创业的成功实践。米·马丁（MI Martin，2016）通过微观的案例研究探讨了精益创业在巴西的应用，也有芬兰的朱·奎恩（Chu Quynh，2015）基于30个深度案例研究分析了精益创业在芬兰的应用。

（三）精益创业的细分应用研究

弗（Furr，2014）详细论述了精益创业在创新和产品开发中的应用，把精益创业的方法进行了进一步的细化使其具有更强的可操作性；席尔瓦（Silva，2013）通过探索性研究发现精益创业在美国健康领域促进新产品、新服务创造与开发的有效性；彼得·尼提德（Peter Nientied，2015）通过新建的美国印第安纳波利斯大学快速创建和发展的案例，验证了精益创业的在教育领域的适用性；黑格迪（Hegedi，2016）介绍了精益创业如何在学生实习项目开发中被成功运用；瓦莱丽·加卢齐（Valerie Galluzzi，2017）探讨了精益创业方法在物联网课程开发中的应用，取得了良好的教学效果。

二、精益创业的内容

（一）精益创业的核心思想

精益创业是近年来在全球产生广泛效应，受到众多创业者和企业家广泛关注的创业基本方法论。它是指企业在面对极不确定的市场情况下为客户开发所需的新产品时，为了在有限的资源条件下降低风险，提高创业成功率，应该采取的措施是先向市场尽快提供一个最小化可行产品来验证市场需求；若产品不符合市场需求，则应该通过不断的学习和有价值的客户反馈，持续改进产品，以期适应市场。

精益创业理论的核心思想可归纳为"构建—测量—认知"反馈循环，具体如图10-1所示。具体过程表现为企业首先基于战略愿景提出商业模式假设，并根据假设在尽可能短的时间内构建最小化可行产品，然后对产品进行测量，最后根据测量结果验证假设，并获得认知，从而做出坚持改进、转向或迭代终止的决策。其中坚持改进表示企业选择对产品持续迭代和完善，以期达到顾客想要的效果，转向或终止迭代表示企业放弃对产品进行改进，其中转向具体是指回到初始的假设提出环节，企业需要立足于目前的所知所识，在战略上做出重大改变，重新开始产品的迭代循环；迭代终止是指现阶段产品糟糕透顶，没有继续改进的任何价值，企业选择完全结束产品开发实践。

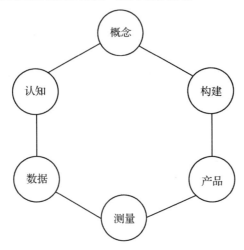

图 10-1　"构建—测量—认知"反馈循环

（二）精益创新核算

创新核算是指在精益创业理论中，为了衡量产品在每次经历迭代循环后取得的创业成果（每个阶段产品通过市场测试得到的结果），从而指导企业做出下一步产品决策而提出的重要概念。精益创新核算主要从以下三个步骤进行。

第一，确立基准线。是指在测量环节，企业首先需要为最初提出的商业假设设定好将要测量的指标（代表一种促进业务的增长引擎），然后通过产品测量，得到指标的测量结果，并以此作为基准线。

第二，调整引擎。是指企业需要对产品测量的指标设立一个理想状态值，为了达到该理想状态值，需要对产品进行不断改进。

第三，决策判断。是指根据产品测量的最终结果，看企业是否朝着理想的状态逐渐靠拢，从而判断假设是否成立。当验证结果为假设成立时，可坚持改进产品；若为假设不成立，则需要考虑产品转向或终止产品迭代。

由此可见，精益创新核算的方法理论可简单描述为企业基于提出的假设，设立测量产品的业务增长引擎指标，通过进一步测量，并根据企业想要达到的理想状态去衡量现阶段取得的成果是否朝着可持续性的业务发展，从而验证假设是否成立。当验证结果中的测量指标值达到理想状态时，则代表现阶段取得的成果正朝着可持续性的业务发展，则假设成立，产品可继续改进；相反，则代表现阶段取得的成果没有朝着可持续性的业务发展，则假设不成立，企业应该考虑对产品转向或终止产品迭代。创新核算的逻辑思路如图 10-2 所示。

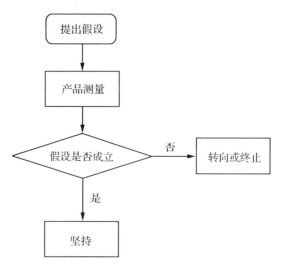

图 10-2 精益创新核算过程

三、精益创业模式

(一) 精益创业模式的特点

精益创业模式是目前创业实践的新趋势,具有快速、低成本和高成功率的特点。

1. 快速

快速是指创业者能够在短时间内快速将想法通过构建一个最简化可行的产品呈现给客户,无论成功或者失败,快速获取客户对产品的反应。

2. 低成本

低成本是指相对于传统的创业模式而言,在快速变化的市场环境下,企业通过耗费大量的时间与精力向市场推出一个尽可能完善的新产品,而产品又可能并不是客户想要的,由此将产生巨大的经济浪费,而采取精益迭代模式,企业每次只需要根据用户的需求,逐步改善,能够尽早地预知大的风险,减少浪费。

3. 高成功率

高成功率是指在每一次精益迭代循环过程中,产品都会被拿去给客户试用,通过客户反馈,再对产品进行修改和调整,以期能够尽可能创造出符合客户需求的产品。这种模式体现的是一个小步试错、持续创新的过程,能够大大提高创新的成功率。

(二) 精益创业模式的不足

通过对精益创业理论现有研究文献的分析不难发现,精益创业理论的研究还处于初步发展阶段,主要存在以下不足。

(1) 在最小化可行产品构建方面,目前实践过程中开发人员单凭主观经验粗略地判断初始产品是否"最小"且"可行",而缺乏一套科学的评价体系去判别初始产品的最小化可行程度。这样极易导致初始产品并未达到足够的最小化可行程度,由此带来最小化可行产品的设计偏差。

（2）在产品测量环节，现有研究只是说明要设立产品将要进行测量的指标，通过进一步测量，去衡量现阶段取得的成果，但并未明确提出如何去实施产品测量的科学步骤，如何对测量指标进行科学测算等。

（3）在假设验证环节，现有研究只是提出通过对比产品测量的指标值和企业想要达到的理想状态值来验证假设，但并未明确提出如何设立一套科学合理的判断标准和方法过程去验证假设过程。

（4）在决策判断环节，对于迭代循环中做出坚持迭代改进、转向或者终止迭代的两种决策考虑不全面。

（5）在迭代改进环节，在选择坚持改进产品的情况下，没有提出产品具体改进的方法和步骤。

（三）精益创业模式的改进

精益创业模式本质上是一种迭代创新模式，将精益创业模式运用于新产品开发实践，相应地也就体现了新产品开发迭代过程。鉴于以上对精益创业模式各项迭代环节中不足的分析，首先明确了商业假设的提出这一环节是驱动新产品开发过程中的隐含假设条件，然后针对以下各项环节进行重新定义并对不足之处进行补充，并将其中联系紧密的迭代环节进行归纳合并，具体研究如下。

（1）针对最小化可行产品构建环节。将进一步提出对最小化可行产品方案进行判断的科学准则，为最小化可行产品的设计或构建提供方法支撑。

（2）针对产品测量环节。该环节实质是通过用户对产品进行测量，收集用户反馈，从而得出测量结果的过程，由此首先将该环节重新定义为用户体验环节，并进一步提出用户体验调查的具体步骤和测量指标的测算方法。

（3）针对假设验证与决策判断环节。由于假设成立与否直接决定了企业是否选择转向或终止，假设验证作为决策判断的重要前提依据，两者紧密联系。由此，首先将两个环节归纳合并为迭代判断环节。然后在决策判断方面，认为产品迭代终止的原因有二，其一是由于产品已经非常完美，而终止产品的迭代过程；其二是产品不具有任何市场价值，而完全放弃产品的迭代过程。因此，可将决策分为三种情况，即转向或放弃、投产、迭代改进。最后，为了对迭代判断过程进行科学有效的实施，将通过设立判断标准来验证假设并做出决策判断。

（4）针对选择产品继续迭代改进的决策。将进一步提出进行产品迭代改进的具体方法与步骤，为产品改进提供重要的指导方针。

第四节 创业管理决策虚拟仿真

通过构建全员、全程、全课程育人格局的形式,将创业管理综合模拟实验的基本内容与思想政治理论课协同开展,在不同课程之间形成联动和互动效应,将"立德树人"的综合教育理念快速应用到创业管理决策虚拟仿真模拟实验中,提升团队合作精神和团结友爱精神,提升组织管理能力和问题分析与解决能力。

虚拟仿真:仿真技术,或称为模拟技术,就是用一个系统模仿另一个真实系统的技术。虚拟仿真实际上是一种可创建和体验虚拟世界的计算机系统。虚拟与现实两词具有相互矛盾的含义,把这两个词放在一起,似乎没有意义,但是科学技术的发展却赋予了它新的含义。虚拟现实的明确定义不太好说,按最早提出虚拟现实概念的学者杰伦·拉尼尔(Jaron Lanier)的说法,虚拟现实,又称假想现实,意味着"用电子计算机合成的人工世界"。由此可知,这个领域与计算机有着不可分离的密切关系,信息科学是合成虚拟现实的基本前提。生成虚拟现实需要解决以下三个主要问题。

① 以假乱真的存在技术。即怎样合成对观察者的感官器官来说与实际存在相一致的输入信息,也就是如何可以产生与现实环境一样的视觉、触觉、嗅觉等。

② 相互作用。观察者怎样积极和能动地操作虚拟现实,以实现不同的视点景象和更高层次的感觉信息。实际上也就是怎么可以看得更像、听得更真等。

③ 自律性现实。感觉者如何在不意识到自己动作、行为的条件下得到栩栩如生的现实感。在这里,观察者、传感器、计算机仿真系统与显示系统构成了一个相互作用的闭环流程。

虚拟仿真技术具有沉浸性、交互性和构想性,使人们能沉浸其中,超越其上,出入自然,形成具有交互效能多维化的信息环境。业界很多虚拟现实公司只能提供三维漫游等简单的视景开发支持,其拥有的几何模型干涉检查、交互操作支持等也非常简单,而为此特别开发的专用模块不但价格昂贵,且源代码有限开放难以满足用户个性化开发应用需求。真正的虚拟仿真应提供复杂场景图形、声音、交互操作、干涉检查等多方面的支持,从而可以简化应用系统的开发,提供应用系统的功能和性能。平台系统表现为一个视景和声音开发支撑平台和多个开发支持工具(几何对象干涉检查工具包、通用虚拟手开发工具包、粒子生成与控制工具、不规则几何体构造工具、流场可视化工具包),可以为用户提供各类 VR 应用系统的开发。概括地说,虚拟现实是人们通过计算机对复杂数据进行可视化操作与交互的一种全新方式。与传统的人机界面以及流行的视窗操作相比,虚拟现实在技术思想上有了质的飞跃。

一、创业管理决策虚拟仿真概述

(一)《创业之星》

《创业之星》软件是基于商业模拟体验式学习技术开发的一套完整的模拟经营与竞争对抗系统。该系统通过对参与学生分组角色扮演(role-playing game,简称 RPG),以分组为团队经营一家完整的模拟创业公司,通过内部的部门协作与管理决策,完成公司的多个连续周期的完整经营管理,并在市场环节与其他分组团队管理的模拟公司进行市场化竞争对抗与合作。

《创业之星》主要包含了为教师设计使用的一系列功能详尽的教学实训管理相关模块。同时也为学生设计了一个完整的商业模拟经营模型,其中包含消费群体模拟、市场机会模拟、设计研发管理、生产采购管理、生产制造管理、市场推广管理、产品销售管理、招聘培训管理、财务控制管理、竞争对抗模拟等。创业决策虚拟仿真的核心功能分布如图 10-3 所示。

《创业之星》的系统设计以培养学生系统的管理决策能力为目标,并通过学生之间的竞争对抗,引入高度不确定性的市场环境。这种高度不确定性充分体现了创业过程中的本质特征,学生需要在这样的学习环境中时刻综合分析各种信息,不断做出对自己团队及角色切实有效的决策。

图 10-3 创业决策虚拟仿真的核心功能分布

系统提供给学生的模拟经营环境往往进行了大量的具体形象化设置,如会以设计研发生产销售一种玩具为背景行业,也会以设计研发生产销售一种数码产品为背景行业,但这样的具体化"行业模板"的用意并非让学生去真实了解该行业本身的个性化部分内容,也并非让学生在未来的发展中去实际经营管理与模拟企业完全一样的公司,而是通过这种具体直观的内容让学生真正深刻理解隐藏在任何一个行业或企业背后本质的经营管理部分的精髓。这种通行于不同行业、企业之间的知识内容,才能为每个学生未来的人生事业发展过程中的各种可能性提供更有价值的能力保障。"授人以鱼不如授人以渔"能精确地概括该系统设计的初衷与理念。

(二) 创业虚拟仿真内容

结合《创业之星》进行全程创业管理决策的虚拟仿真实战，强化创业实践能力的培养。建议实行小班授课，突出以学生为中心的教学思想。教学中融入了情景模拟、分组讨论和分享、商业游戏、团体游戏、小组任务、案例讨论、头脑风暴等多种形式的教学方法。这种参与式、体验式教学方法，让学生身临其境，不仅能提高学生的学习兴趣，而且对培养学生的创新能力、激发学生的学习潜能都具有重要的作用。操作流程分析如图10-4所示。

图 10-4 操作流程分析

培养学生将理论知识与企业实际运作紧密联系、学以致用的能力和分析问题、解决问题、进行科学决策的能力，提升学生对企业运营结果的分析与评估能力，为将来在实际工作中发挥作用打下一定的基础。

《创业之星》以跨专业学生团队组成相互竞争的企业，在多学科教师团队的指导下，以体验式的互动学习方式，通过对企业行为的模拟、对抗演练将学生置身于企业的虚拟环境之中，让学生了解、认识企业复杂多变的生存环境，熟悉企业的业务流程，理解现代制造企业的管理理念和核心管理思想。

从企业生命周期的视角出发，层层透视企业在不同发展时期的核心层面，包括如何从创业灵感和现有项目中识别商机、制订商业计划，在创业过程中进行项目评估，针对不同类型以及不同阶段的经营活动进行融资，制定创业战略，进行营销规划、团队建设、研发与创新管理、公司财务与税务管理等。

二、创业管理决策虚拟仿真实验的操作

1. 岗位选择
点击左上方头像,编辑个人信息。选择角色为"总经理"。

2. 场景切换——银行
资金紧张时,可以去银行进行贷款。利息提前支付,到期归还本金。

3. 场景切换——公司
公司内部各个部门,都有对应决策项目和对应分析报告。

4. 研发部——产品设计研发
为自己的品牌取一个响亮的名字,不能和同场比赛其他小组同品牌。锁定对应目标消费群体。

根据目标消费群体对产品功能的需求,选择不同的原料。点击"保存"。

设计错误,可以撤销。如果该产品在研发、生产中,已经投入广告、报价等,则无法撤销。设计的品牌有数目限制,具体查看"规则设置"。

有需要投入研发的产品时,点击"投入"。

5. 市场部
市场开发:根据市场预期、市场需求与成长情况,选择开发不同市场。资金不足可中断,累计开发完成后,才能进入该市场销售。本季度开发决策可撤销。

广告宣传:对无须研发或研发完成的品牌,可以投入广告。广告有一定的累计效应,具体见规则说明。可以针对品牌面向的不同消费群体对品牌的影响权重、竞争对手的广告投放策略、资金情况制定广告投放策略。

销售预计:客户需求—决策内容—产品报价,根据本季度市场总需求情况,即这里的购买量,以及实际参与的小组数目,制订销售预计。平均市场需求 = 购买量 ÷ 小组数目。销售预计,可以指导制订生产计划,根据生产计划制订厂房、设备、原料等的购置计划。

6. 生产制造
根据本期销售预计,制订本期生产计划。根据本期生产计划及后期市场增长趋势,提前制订生产规模扩大计划。购置/租用厂房,购置设备,招聘工人,采购原料。

根据帮助说明——生产制造,市场对资质认证的需求,逐步投入资质认证。可以对工人进行调整、培训、辞退等操作。

7. 投料生产
生产制造部——投料生产,设备运作后进行投料生产。设备在闲置中的,可以马上净值出售。

设备在生产中、搬迁中、升级中的,可以预出售,待季度末设备生产完成、搬迁完成、升级完成,系统自动以净值出售。

厂房内没有其他设备的,可以退租或出售。厂房内的设备都在预出售中,厂房可以预退租/出售。设备运作后可以投料、升级、搬迁。

8. 人力资源部门

人力资源部门，进行招聘、签订合同、培训、辞退等操作。

9. 销售报价

根据品牌市场策略，对不同市场、不同产品进行报价。放弃的市场，报价默认为不超过最高价，不低于最低价（上季度平均价的60%）。可参考产品成本，产品面向的消费群体对价格的关注权重，以及上期竞争对手的报价情况，来制定报价策略。

上限数，默认是销售能力，可以根据交货能力分配到不同市场，其中交货能力＝本期在制品＋往期库存。

10. 产品配送

教师端，待所有小组都完成生产和报价等活动，任务进度控制——产品配送，发布任务。

学生端，制造部——订单交付，根据库存交付订单。不足交付的部分订单将给以罚金，并取消。

三、竞争对抗模拟

《创业之星》是一个训练学生企业综合管理能力的系统，其在教学实施中的形式、时间灵活，训练内容与目标也可以根据授课教师的侧重进行有目的的取舍与调整。

学习目标：创业企业战略、规划、预算、财务管理、市场营销、产品服务、生产采购、人力资源管理、生产制造管理、创业企业综合管理其他知识技巧实训。

实验要求：确保每位学生有一台可联网的计算机，并可正常登录当前实训游戏；确保教师有一台可联网的计算机，并可正常登录当前实训游戏，且能正常连接投影仪进行必要内容的展示。

实验结果：基于系统内置的平衡计分式综合评价体系形成的每个小组的经营成绩及小组成绩排名。系统内给出的积分建议只作为教学过程中学生参与实训项目过程的结果体现，学生最终课程成绩或学分由教师综合其他因素后给出。

这是一个综合性的模拟游戏，教师与学生都无须对游戏最终的结果过于关注，过程是很重要的，同时调动学生积极参与课程并主动分享的精神则是更重要的。教师在整个过程中更应该以一个辅导者的身份出现，需要尽量避免讲授过多书面理论知识，尤其是需要避免讲一些概念的标准书面定义及分类。通过实训，最终希望达到的目标是每一个学生都形成自己内心真正认可的对企业经营的定义与理解，对这种理解无须去强调对与错。

竞争对抗是"创业之星"系统中最吸引学生的内容之一，正是通过这种虚拟环境与实际学生团队之间的激烈竞争对抗设计，每一个参与实训的学生都不得不全身心投入其中。这种虚实结合的实训形式有别于很多实训教学类的软件，竞争同样也是实际企业永恒的话题。

学生通过竞争对抗形式，提升了对原本枯燥乏味的知识的兴趣与好奇心。通过动手实践自己的想法并当场验证结果的过程，学生加深了对大量知识与概念的理解。通过与其他同学的合作争论过程，也有效提升了团队协作的实际技巧与能力。

具体模拟环节包括以下几个方面。

（一）消费群体模拟

消费群体模拟模块是"创业之星"系统中与由计算机模拟的虚拟消费者相关的一系列功能合集。消费者是每家模拟公司产品的最终买家，为了能尽量真实地模拟现实商业社会中消费者的类型与选购商品（服务）时的多样性，系统的商业模拟经营模型中建立了多种不同类型的消费群体，每一类消费群体在购买具体产品时，将从产品价格、产品功能、产品口碑、产品品牌、产品销售等多个维度综合量化计算后做出确定选择。消费群体模拟模块如图 10-5 所示。

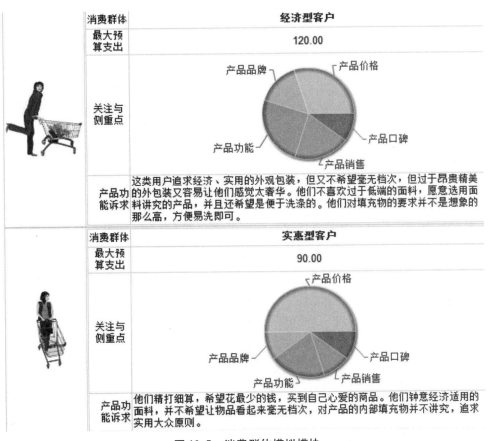

图 10-5　消费群体模拟模块

对于消费者的争取贯穿于每个参与实训的学生团队所经营的模拟公司的整个经营管理过程，学生们只有在充分理解消费者的需求与喜好的前提下，才有可能在众多竞争对手中脱颖而出，获得一个良好的经营结果。

（二）市场机会模拟

市场机会模拟模块是"创业之星"系统中与由计算机模拟的虚拟市场相关的一系列功能合集。市场是每家模拟公司进行渠道开发、品牌推广、产品销售的实际场所，系统中的虚拟市场提供了多个不同特性的区域以供所有公司参与，每个市场都有各自的进入成本（时间与金钱），每个市场也都有各自的消费者特征，同时每个市场也都有各自的容量与发展趋势。市场机会模拟模块如图 10-6 所示。

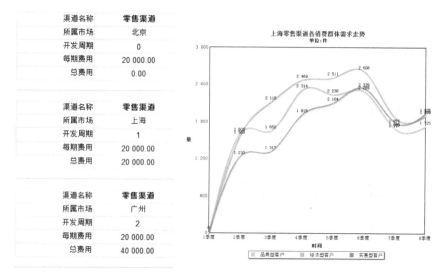

图 10-6　市场机会模拟模块

对任何一个模拟公司来说，对市场的持续投入与开发，以及围绕市场开展的产品销售工作，贯穿于整个经营管理过程。相同市场中，同类产品在同时出现就构成了激烈的公司之间的竞争对抗，当然不管怎么样，最终市场总是会给每个经营团队一个合理的答案。经营者需要绞尽脑汁，时刻分析企业自身、竞争对手、市场环境，不断调整自身策略，优化经营管理，只有这样才能在残酷的市场竞争中立于不败之地。

（三）设计研发管理

设计研发管理模块是"创业之星"系统中，为各小组经营团队制订产品设计和开发提供决策的功能合集，每家模拟公司都可以根据自己的判断设计并研发全新的产品，并围绕产品开展一系列的采购、生产、推广等工作。从表面上看，该部分工作在企业经营过程中似乎并非是工作量最大的一项，但事实上，每家模拟公司的产品设计与研发都决定了该公司在激烈竞争环境下的生死存亡问题。与现实商业社会一样，在"创业之星"系统中，每家模拟公司都需要掌握不同消费者的购买需求与意愿才能做出真正有效的产品。当然要考虑的远不止这一点：市场容量是否足够支撑？未来长期趋势是否乐观？如果能提前知道隔壁小组的产品发展战略是否会使自己的决策更有效？一切都来源于市场的高度不确定性，这本身就是创业过程或企业经营过程中最吸引人的一点。设计研发管理模块如图 10-7 所示。

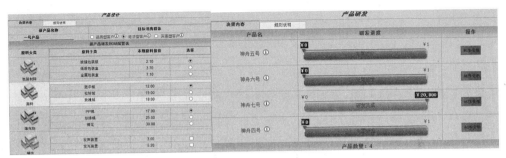

图10-7 设计研发管理模块

（四）生产制造管理

生产制造管理模块是创业之星系统中提供给每个小组学生经营团队制定产品采购、生产、库存管理相关决策的功能合集。每家模拟公司都可以根据自己的意愿开展这方面的工作。生产制造管理模块如图10-8所示。

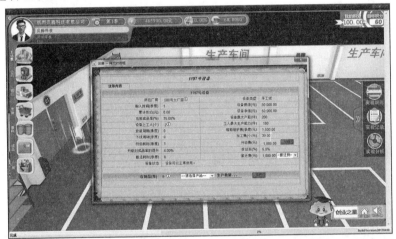

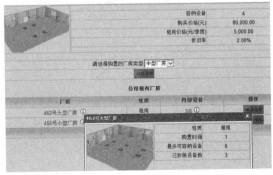

图10-8 生产制造管理模块

生产制造管理相关的工作占据了每家模拟公司大部分的工作量，现实中很多企业会把这部分工作做OEM外包处理。我们还是把这样一个看起来颇为烦琐的部分纳入了模拟经营的必备环节，理由并不复杂：不管是何种形式的企业，最终都离不开具体的产品或服务的提供，这种提供离不开一个完整的生产系统的支撑。学生通过对该部分的实训模拟，最终将深刻理解生产环节在企业发展中的重要作用，以及管理决策过程中的各种知识与技能。作为创业者，可以 OEM 外包任何工作内容，却避不开对工作本身的深入了解与掌控，简单地说就是：“你可以什么都不做，却不能什么都不知道。”

（五）市场营销管理

市场营销管理模块是创业之星系统中提供给每个小组学生经营团队制定品牌推广、市场开发、产品销售等决策操作的功能合集，每家模拟公司都可以根据自己的意愿开展这方面的工作。市场与销售部分的决策是每个学生团队直接与其他学生团队进行竞争对抗的环节。同样的产品，谁家的市场渠道更广？谁家的价格实惠？同样的价格谁家的品牌更响？企业实际经营中的各种问题会堆积在每个团队面前，在实训过程中，每个团队都需要不断地快速判断、分析、决定，再判断、分析、决定，如此循环往复，最终获得市场的认可。在“创业之星”的整个实训过程中，或许最能让每个学生有深刻体会的就是企业经营管理中很难找到一招制胜的捷径，需要持续不断地全身心投入与坚持。市场营销管理模块如图 10-9、图 10-10 所示。

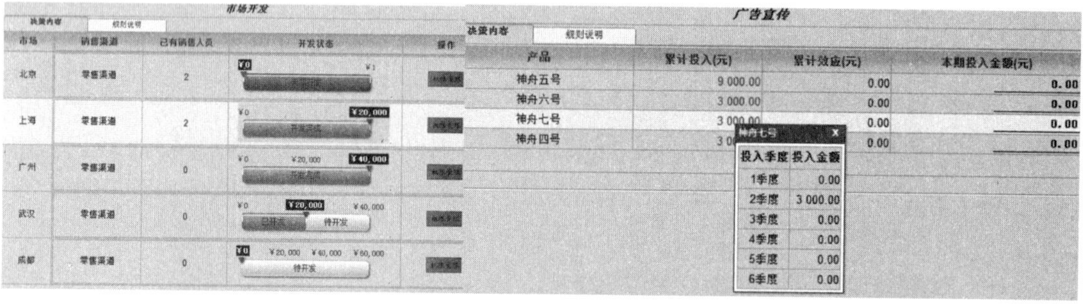

图 10-9　市场营销管理模块 1

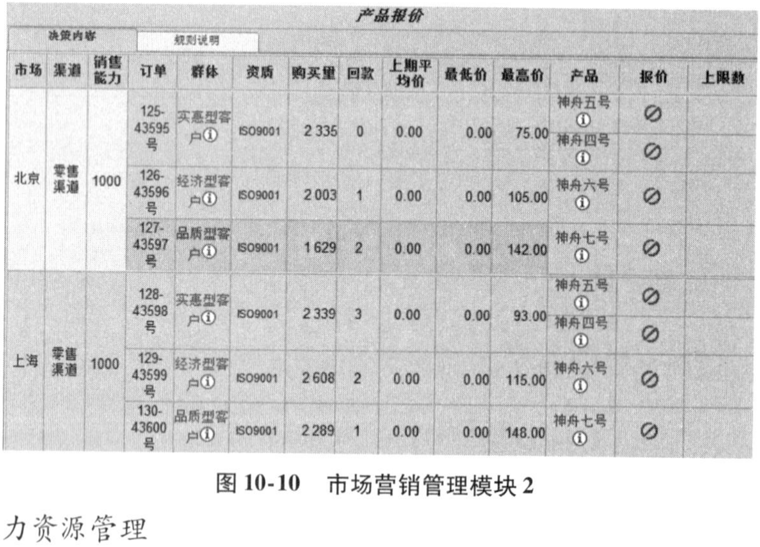

产品报价

决策内容　规则说明

市场	渠道	销售能力	订单	群体	资质	购买量	回款	上期平均价	最低价	最高价	产品	报价	上限数
北京	零售渠道	1000	125-43595号	实惠型客户ⓘ	ISO9001	2 335	0	0.00	0.00	75.00	神舟五号ⓘ	⊘	
											神舟四号ⓘ	⊘	
			126-43596号	经济型客户ⓘ	ISO9001	2 003	1	0.00	0.00	105.00	神舟六号ⓘ	⊘	
			127-43597号	品质型客户ⓘ	ISO9001	1 629	2	0.00	0.00	142.00	神舟七号ⓘ	⊘	
上海	零售渠道	1000	128-43598号	实惠型客户ⓘ	ISO9001	2 339	3	0.00	0.00	93.00	神舟五号ⓘ	⊘	
											神舟四号ⓘ	⊘	
			129-43599号	经济型客户ⓘ	ISO9001	2 608	2	0.00	0.00	115.00	神舟六号ⓘ	⊘	
			130-43600号	品质型客户ⓘ	ISO9001	2 289	1	0.00	0.00	148.00	神舟七号ⓘ	⊘	

图 10-10　市场营销管理模块 2

（六）人力资源管理

人力资源管理模块是“创业之星”系统中提供给每个小组学生经营团队制定人员招聘、培训、合同管理、社保管理等决策模拟操作的功能合集，每家模拟公司都可以根据自己的意愿开展这方面的工作。人力资源工作在实训过程中为每个学生团队提供各自发展所需的人员保障支撑。通过该环节的管理决策过程，学生可以充分了解到任何企业在发展过程中都需要的通行管理知识与技巧。事实上，任何企业中“人”的问题都是一个永恒的话题，我们无法在这里说清楚，但学生可以通过模拟实训获得更深刻的理解。人力资源管理模块如图 10-11、图 10-12 所示。

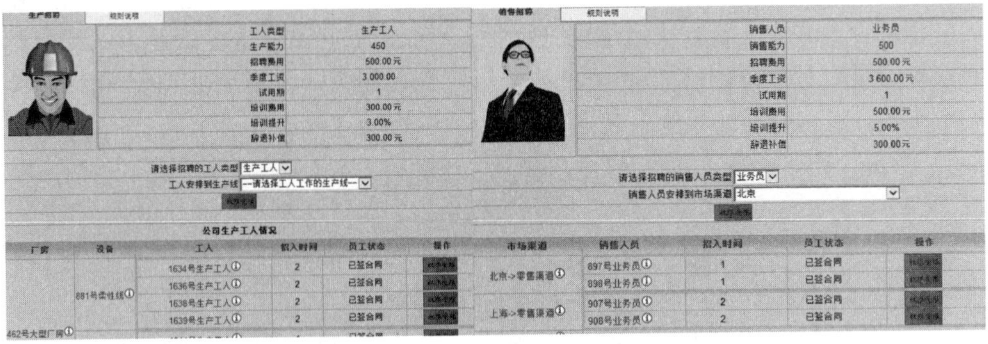

图 10-11　人力资源管理模块 1

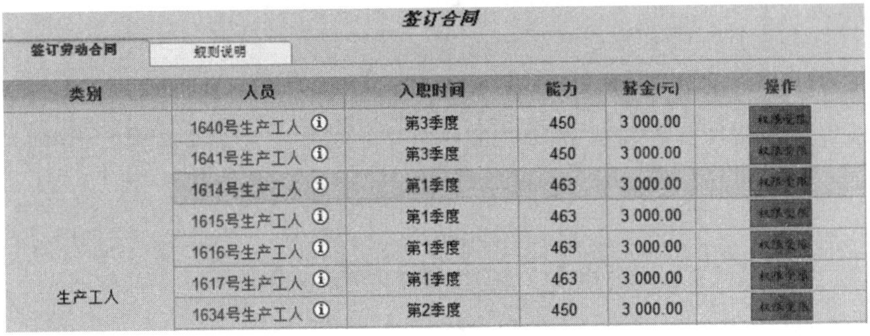
签订合同

签订劳动合同　规则说明

类别	人员	入职时间	能力	薪金(元)	操作
生产工人	1640号生产工人	第3季度	450	3 000.00	
	1641号生产工人	第3季度	450	3 000.00	
	1614号生产工人	第1季度	463	3 000.00	
	1615号生产工人	第1季度	463	3 000.00	
	1616号生产工人	第1季度	463	3 000.00	
	1617号生产工人	第1季度	463	3 000.00	
	1634号生产工人	第2季度	450	3 000.00	

图 10-12　人力资源管理模块 2

（七）财务管理

财务管理模块是“创业之星”系统中提供给每个小组学生经营团队开展财务预算、收支管理、融资管理、资金链管理、报表管理、指标分析等决策的功能合集，每家模拟公司都可以根据自己的意愿开展这方面的工作。财务管理模块如图 10-13 所示。

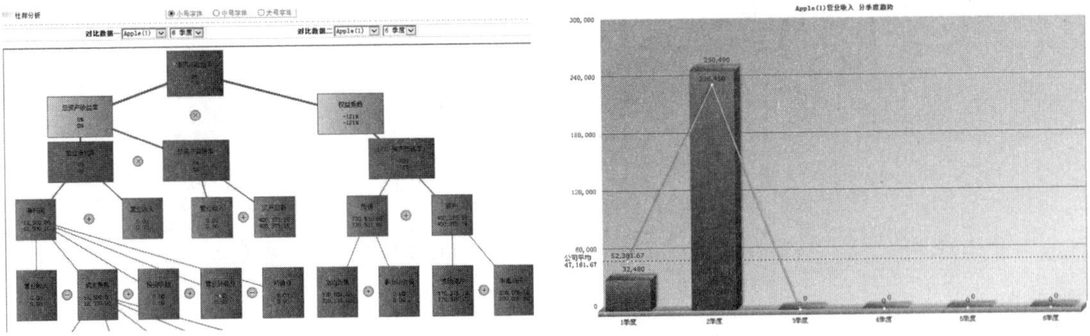

图 10-13　财务管理模块

这块内容或许是每个学生团队都比较头疼的问题，算不完的数据与算不清的数据困扰着每个团队，但这又是任何一个企业经营管理中的核心工作之一。对大部分创业者或学习者来说，要想在短时间内了解与掌握这方面的工作都是一个非常困难与充满挑战的任务。但通过创业之星的模拟经营形式，我们可以告诉学生，他们可以大大降低这种难度与复杂度，或许这个学习掌握过程只是在"玩"的过程中就不知不觉完成了。

（八）综合评分管理

对于每个学生团队的经营管理结果的评价，"创业之星"系统使用了被现实企业广泛采用的平衡计分卡方法。该方法通过提取企业实际经营中的多个维度的经营结果指标，通过权重换算，最后量化得出一个企业的综合经营管理能力。经营管理结果的评价模块如图 10-14 所示，经营管理结果综合表现模块如图 10-15 所示。

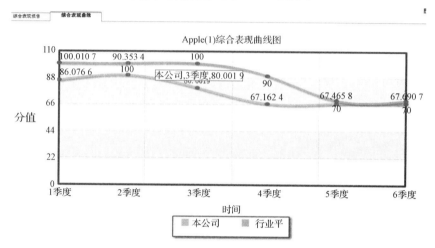

图 10-14　经营管理结果的评价模块

排名	公司名称	盈利表现	财务表现	市场表现	投资表现	成长表现	综合表现	紧急借款次数	合计扣分	最终得分
第1名	Google(3)	0.000 0	33.131 6	20.677 5	9.113 9	10.940 5	73.863 4	4	20.00	53.863 4
第2名	Lenovo(2)	0.000 0	28.383 7	19.407 2	11.392 4	9.262 5	68.445 8	4	20.00	48.445 8
第3名	Apple(1)	0.000 0	28.484 7	19.915 3	9.493 7	9.797 1	67.690 7	5	25.00	42.690 7
行业平均	—	0.000 0	30.000 0	20.000 0	10.000 0	10.000 0	70.000 0	—	21.666 7	48.333 3

图 10-15　经营管理结果综合表现模块

该评价方法能全面衡量一个企业的综合实力，其最终得出的结论具有良好的全面性，避免了采用个别单一指标对企业做出不合理判断的情况。

关键术语

创业初期　初创企业　企业成长　企业资源理论　企业成长理论　企业内生成长理论
企业外生成长理论　精益创业　精益创业模式　创业管理决策虚拟仿真

思考与练习

1. 企业创业初期的特点有哪些？
2. 企业成长理论有哪些？其具体内容是什么？
3. 初创企业成长管理面临哪些问题？应该采取哪些对策？

4. 什么是精益创业？其主要内容是什么？
5. 精益创业模式有哪些优缺点？

案例与讨论

戴维·比内蒂（David Binetti）是 Votizen（选民网）的首席执行官。戴维长期以来致力于把美国的政治流程推向 21 世纪。在 20 世纪 90 年代，他协助创立了第一个美国联邦政府的门户网站：USA.gov。同时他也经历了新创企业的一些典型失败。当戴维创立 Votizen 时，他努力避免拿自己的理想冒险。

戴维想要解决的是公民参与政治流程的问题。他的第一个产品概念是一个由经过身份认证的选民组成的社交网络，让关心公民事务的民众汇聚一堂，分享想法并召集他们的朋友。戴维只花了 1 200 美元，用 3 个月时间开发并发布了他的第一个最小化可行产品。

戴维开发的产品并非没人使用。实际上从初期开始，Votizen 就吸引了热爱这个核心理念的早期使用者。戴维和所有创业者一样，需要改善他的产品和业务模式。他面临的挑战之所以特别严峻，是因为他必须在目前还不错的成功形势下做出转型。

花了 3 个月时间和 1 200 美元的投资后，戴维的第一个最小化可行产品向顾客开放了。在最初的选民身份统计中，有 5% 的人注册使用服务，17% 认证了其注册选民的身份，如表 1 所示。

表 1　注册选民身份统计

类别	早期最小化可行产品
登记	5%
激活	17%
保留	过低
推荐	过低

在表 1 中，数值太低，没有足够数据说明会发生什么样的使用或推荐情况。戴维又用了 2 个月时间和 5 000 美元，针对新产品功能、推广信息以及旨在简化用户使用的产品设计提升，进行对比测试。这些测试显示出大幅进步，登记率从 5% 上升到 17%，原来的 17% 的激活则攀升到 90% 多，这就是对比测试的威力所在。在接下来的 8 个月里，戴维继续进行优化、对比测试，但是花费了 2 万美元开发的产品并没有形成他所期望的增长模式，这时戴维面临着要转型还是继续坚持的艰难挑战。这也是创业者碰到的最困难的抉择之一。在这个阶段，戴维已经与很多顾客进行了对话，但是处于"进退维谷"的境况。企业的正常运营需要企业成员投入大量精力，而员工和老板也都不想放弃，因为他们觉得成功可能近在咫尺。

在后期的运营中，戴维又坚持了 4 个月进行平台转型，通过筹集资金加速转型。Votizen 也经历了裁员和营业模式的转型，最终在后来的两年中，运行状况良好。戴维通过完成每个认知阶段性目标，历经艰苦，才学会处理创业过程中的这些困难。

戴维总结了他建立精益创业企业的经历："2003年我在和今天差不多的业务领域内建立了公司，但是那时候公司在耗费了很多投资之后，完全失败。而现在的业务却正在赢利并达成交易。那时候，我用的是传统的线性产品开发模式，后来的转型和不断转型才是我们成功的基础。"

实践训练

根据以上案例材料，假设你是一名创业者，请结合你所在城市的众创空间或者科技孵化器的调研情况，谈谈如何做好创业初期管理，以及如何做好第一款产品。

第十一章　创业生态建设

学习目标

- 了解创业生态的构成要素及作用机理
- 通过了解创业生态系统中每个构成要素、各要素对创业生态系统稳定与发展的影响机理，从总体上把握创业生态系统的构筑框架与内部运行机制
- 了解国内外孵化器的作用与功能差异
- 了解孵化器在创业活动中的作用，了解不同类型孵化器直接的功能差异
- 了解众创空间的主要模式
- 学会分析众创空间模式和创业活动的选择与匹配关系

课程思政

创业生态系统构筑的量变与质变

　　创业生态系统的构筑过程贯穿着马克思主义的哲学基本原理和方法论，生态系统构筑之初是马克思哲学理论中量变逐步积聚力量的过程。量变是事物数量的增减和次序的变动，是一种渐进性的、不显著的变化，是事物发展的连续性。创业生态系统里面各个个体在系统中从一生二、二生三、三生万千，裂变出多种商业模式和特色产业群。这些商业模式和特色产业群之间相互渗透、相互吸收、跨界影响，推动创业生态系统的质变。质变是事物根本性质的变化，是事物发展的非连续性，即连续性的中断，虽然在总的量变过程中包含着部分质变。在质变中有旧质在量上的收缩和新质在量上的扩张，但经多次的量变与质变交替发生、量变和质变的相互渗透，创业生态系统得以逐步构筑，生态基础得以逐步夯实，进而形成了强大的内在孵化能力和外在招商能力，促进了创业生态的自我良性循环系统构筑。

　　马克思主义的哲学方法观对创业生态的建设思路有重要的指导作用。它揭示了事物发展过程是连续性和阶段性的统一，这是创业生态建设的决策者制定路线、方针、政策的理论依据。它也是我们分析商业经济发展形式的理论工具，对于我们正确处理市场经济与社

会主义改革、发展、稳定的关系具有指导意义。它是指导我们从事一切包括创业活动在内的社会实践活动的重要思想原则。

根据事物发展的量变与质变的发展原理，在创业生态构建活动中应遵循几个指导原则。

1. 要坚持创业模式与产业特色适度原则。由于量变只有在一定的范围和限度之内，事物才能保持其原有的性质，所以，当我们需要保持创业生态的平衡时，就必须把量变控制在一定的限度之内，培育孵化创新企业要注意分寸，掌握火候，不要急于求成，坚持适度的原则。

2. 要不失时机地促成创业飞跃。事物的发展最终是要通过质变来实现的，没有质变就没有发展。所以，在创业生态的量变已经达到一定程度，只有改变其原有的性质才能向前发展时，我们就要果断地不失时机地突破创业生态的原有范围和限度，积极促成质变，实现事物的飞跃和发展。

3. 要重视创业企业量的积累。任何事物的发展都必须首先从量变开始，没有一定程度的量的积累，就不可能有事物性质的变化，就不可能实现事物的飞跃和发展。既然量变是质变的必要准备，质变依赖于量变，那么在创业活动中就必须首先做艰苦的量的积累工作，要有脚踏实地、埋头苦干的精神，要一点一滴地做细小的事情，反对急于求成、立竿见影、揠苗助长，须知欲速则不达的道理。我们建设创业生态系统，也必须重视量的积累，有步骤、分阶段地一步一步地去实现系统构筑中的每一个环节，给量变提供充足的空间。

4. 既然质变是量变的必然结果，是规律性的、不以人的意志为转移的趋势，那么，在进行量的积累时就要充满必胜的信心和信念，不能因量变的漫长和艰辛而放弃或失去信心，要相信规律，相信质变必然会发生。劳其筋骨、苦其心志的量变过程不是任何人都能坚持下来的，没有信念、毅力常常会半途而废，所以成功者不会是多数。不只量变的终点是有意义的，量变的过程也是有意义的，这种意义的来源之一是质变目标的回溯。质变目标的回溯使量变过程的艰难困苦具有意义。

5. 既然质变能体现和巩固量变的成果，并为新的量变开辟道路，那么，在创业活动的学习和实践中就要高度重视质变，在量变达到能够引起质变时，要有敢于突破的勇气、敢于破旧立新的精神，把工作和事业推向一个新的阶段，不要做满足于微小进步的庸人。

张江科学城的创业生态建设

张江科学城位于上海市中心城东南部，浦东新区的中心位置，规划范围为北至龙东大道、东至外环-沪芦高速、南至下盐公路、西至罗山路-沪奉高速，是浦东新区中部南北创新走廊与上海东西城市发展主轴的交会节点，与陆家嘴金融贸易区和上海迪士尼乐园毗邻，距离上海浦东国际机场15分钟车程；毗邻上海城内环线、中环线、外环线、罗山路、龙东大道等城市立体交通大动脉贯穿其中，地铁2号线、11号线、13号线、16号线和迪士尼接驳线以及规划建设中的地铁18号线、21号线和机场联络线形成了便捷的轨道交通体系。经过20多年的快速发展，张江从一片郊区农田到高科技园区再到科学城，其发展与产业不断升级优化密不可分。张江药谷公共服务平台、浦东软件园、张江集电港、张江人工智能岛等各科学功能体建设区块目前都已成为专业领域的发展标杆，逐步形成了以集成电路、医药制药以及电子计算机行业为主体的高端产业集聚区。

创新资源持续汇聚。张江科学城现有国家、市、区级研发机构440家，上海光源、国家蛋白质科学研究（上海）设施、上海超算中心、张江药谷公共服务平台等一批重大科研平台，以及上海科技大学、中科院高等研究院、中科大上海研究院、上海飞机设计研究院、中医药大学、李政道研究所、复旦张江国际创新中心、上海交大张江科学园等近20家高校和科研院所，为企业发展提供研究成果、技术支撑和人才输送。

高层次人才加快集聚。截至2018年10月，张江科学城从业人员达37万人，其中博士6 200余人、硕士50 000余人、本科生135 000余人、专科生56 000余人、归国留学人员7 500余人、境外人士4 300余人，引进各类高端人才450余人。

双创孵化优势明显。截至2018年底，张江科学城有孵化器86家，在孵企业2 600余家，孵化面积近60万平方米，构建起了"众创空间+创业苗圃+孵化器+加速器"的完整创业孵化链条，形成了张江国际创新港集聚区、传奇创业广场集聚区、长泰商圈众创集聚区、国创中心集聚区以及张江南区集聚区五大创新创业孵化集聚区，形成了国际化、集群化、专业化的特色"双创"优势。

科技金融不断深化。截至2018年底，张江科学城已集聚银行20多家、科技支行4家、融资担保机构10余家、创业投资机构150余家以及上海股权托管交易中心。园区上市企业45家，新三板挂牌企业118家，股交中心挂牌企业124家。园区陆续推出孵化贷、SEE贷、互惠贷、创新基金贷、"张江中小企业集合信托理财"产品、张江中小企业集合票据、科技一卡通等，努力破解中小企业融资难问题。

综合环境不断优化。进一步健全地铁、公交、有轨电车等公共交通基础设施，推出传奇广场、长泰广场、汇智中心等商圈；推进张江科学城中区城市副中心建设，推进孙桥国际人才公寓建设，着力营造生活便利、生态优美、服务到位、生活舒适的综合发展环境。

张江科学城全力打造学术新思想、科学新发现、技术新发明、产业新方向的重要策源地，努力建设成为"科学特征明显、科技要素集聚、环境人文生态、充满创新活力"的世界一流科学城。

(资料来源：https://www.shtong.gov.cn)

 应用型任务

- 根据我国"双创"生态系统建设实践，你的初创企业如何选择适合的创业生态？

第一节 创业生态系统

一、创业生态系统的概念

创业生态系统是指围绕创业活动，在一定的城市空间内，创业企业与投资机构、政府部门、大学研究机构等要素主体构成统一整体，并以创业创新机制、创业税收政策、创业投融资环境、创业文化等基础环境要素为依托，共同构筑以创业为核心的生态系统。创业企业与要素主体之间相互影响、相互制约，通过正式和非正式的联系来提升绩效，共同繁荣发展，并在一定时期内处于相对稳定的动态平衡状态。

创业生态系统的概念源自美国，最早是由麻省理工学院的学者凯瑟琳·邓恩（Katharine Dunn）提出的，但其没有对创业生态系统的概念进行明确定义。后来布莱恩·科恩（Brian S. Cohen，2006）提出创业生态系统是基于相互作用的主体在一定区域范围内形成的群落式结构，通过支持和促进初创企业的培育和成长来实现本省系统的可持续发展，以此来创造社会和经济价值。紧接着，对于创业生态系统的概念，丹尼尔·伊森伯格（Daniel Isenberg，2011）提出创业生态系统是一系列人力、资金和智力资源的集合，并受到政府政策激励，能够高度容忍失败的环境。其以硅谷为例，指出了硅谷所具有的六大有利于创业的要素，即市场、政策、资金、人才、文化以及专业支持，这六个要素也在后续被多个学者引用为评价创业生态系统的主要标准。柯林·梅森（Colin Mason）和罗斯·布朗（Ross Brown）提出创业生态系统是一系列互相联系的创业主体（创业企业、投资机构、大学等）和创业环境（政策、文化等），通过正式和非正式的联系来提升绩效，主体与环境通过深度机制的作用，呈现动态而有活力的创业生态群。

目前，国内对创业生态系统的概念研究较晚，蔡莉等（2016）提出创业生态系统是由多种参与主体（包括创业者、创业企业及相关组织和机构）及其所处的制度、市场、文化和自然环境通过交互作用形成的有机整体，致力于提高区域创业活动水平（创业企业数量和创业成功率等）。滕堂伟（2017）认为创业生态系统以企业家精神和创新人才为核心，通过创新的知识溢出效应来实现衍生经济的发展，其构成以企业家群体为核心。蔡莉、彭秀青等（2016）分析了创业生态系统具有多样性、网络性、共生性、竞争性、自我维持性和区域性六大特征。

二、创业生态系统的构成要素

（一）构成要素

1. 市场要素

市场经济以市场为主要的调控手段，对商业经济活动进行合理的资源配置。在创业生态系统中，市场作为资源配置的主要手段，发挥着重要的作用。创业生态系统必须以国内外市场为基础，产出的资源在市场中具有需求与前景，输入的资源在市场中可获取，能依托市场形成良性的投入产出循环，以此为基础的创业生态系统才是有持续发展能力的。

2. 政策要素

在社会主义政治体制下，企业的创业行为须符合国家政策法规的要求，贯彻国家的政策导向。政策在市场机制失灵的情况下发挥着不可替代的指导作用，从国内产业发展的案例中可以清晰地发现政策对一个行业或一个产业的发展的影响。创业生态系统的构建是否有良好的产业、税收等政策要素的支持，关系着创业生态的发展空间和发展潜力，影响着生态内创业企业的政策生存环境。

3. 资金要素

资金是创业生态系统构建初期的重要要素之一，以创业为核心的平台体系必须为初创企业搭建良好的投融资渠道，只有这样初创企业才能拥有初步发展的动力源泉。资本的逐利属性使资金多在高利润行业形成聚集，初创企业多数在起步阶段无法产生足够的利润，因此很难吸引到资本。作为创业生态系统，构建合适的资金渠道是生态系统提升招商吸引力和形成良好生态系统内循环的关键一环。

4. 人才要素

人才要素是创业生态系统的另一个重要要素，人才要素还可以在创业生态系统中作为一个独立的有机体系而存在。它不仅与区域产业、创新、创业等单一要素或变量相联系，还影响着创业生态系统中各组件要素的组织、连接、匹配、迭代与整体网络的动态进化，是一个区域高质量人才发展环境构造的核心表征，是推动区域持续创新发展的决定性要素，是创业生态系统真正能够提高创新创业能力和发挥创新能动作用的关键所在。

5. 文化要素

文化是凌驾于技术、制度层面的重要要素，创业生态系统构筑形成的创业文化是指与创业有关的意识形态、文化氛围，其中包括人们在追求财富、创造价值、促进生产力发展的过程中所形成的思想观念、价值体系和心理意识，主导着人们的思维方式和行为方式，具有非常深刻的社会、经济、文化意义。它并不单单指的是文化，而是与经济直接挂钩的，具有可认知性的，体现着知、情、意相统一的文化精神。其基本内涵主要包括开拓、冒险和创新。

6. 专业要素

专业要素是企业掌握和运用专业知识进行专业生产的要素。在创业生态系统中，"大而全"并不是良好生态系统的构筑思路，专业特色和差异化专业要素才是创业生态系统得以持续发展的来源。在国际分工越来越细化的今天，创业企业的专业要素是其创业成功的重要决定因素。没有专业特色和创新视野的企业在市场竞争环境下的生存空间逐步缩小，国内外知名的创业生态之所以成功，多数得益于其在全球独树一帜的特色专业要素。

（二）要素关系

在创业生态系统中，市场要素、文化要素、政策要素起基础性作用，市场为创业生态系统的构建进行资源配置，文化为创业生态系统提供创业精神支柱，政策为创业生态系统提供非市场的调节作用。

人才要素、资金要素、专业要素起支撑性作用，人才是创业生态系统的重要个体，人才的凝聚支撑起创业生态系统的有序运转；资金是创业生态系统的润滑剂，支撑创业企业各个发展阶段的动力保障；专业是创业生态系统的竞争力所在，特色产业和特色专业支撑创业生态系统的特色优势。

围绕创业企业，通过市场要素、文化要素、政策要素的基础调节，依托人才要素、资金要素、专业要素的支撑，创业生态系统的各要素之间呈现动态平衡与协同并进，共同助力创业生态系统的形成与壮大。

三、国内主要区域创业生态系统发展现状

（一）长三角区域创业生态系统发展现状

长三角区域的创业生态系统的整体性强。长三角是以地域相连、人缘相亲、文化相通、经济相融的苏浙沪三个省级行政区为载体的，这三个省级行政区在历史上就有着密切的联系和交往，具有共同的历史地理文化传统。长三角地区的创业生态系统种群分布呈现"大树森林"模式，高度统一的文化氛围为生态系统成长营造了和谐适宜的环境。适宜的环境结合崇商的文化属性培育了一批富有创新精神的创业者、职业经理人，包括企业各级管理人员、企业家以及商业从业人员。这个生态系统主导的技术创新、产品创新、工艺创新、市场创新、组织创新、业态创新和商业模式创新在合作创新文化方面获得了充分、持续、永久的保障。长三角地区的创业生态系统是国有经济、民营经济、外资经济、政府机构多要素成功融合的典范，它的生态系统带动能级极高，可容纳多种经济结构和多种体制机制，是国内创业生态系统建设的典范。

（二）珠三角区域创业生态系统发展现状

珠三角区域的创业生态系统的多样性极强。种群分布呈现"百花齐放"，层次结构清晰；环境宽松，适宜发展；系统自组织进化流畅，对环境变化响应迅速，市场的作用明显，在市场机制的作用下，珠三角区域创新创业生态系统逐步形成了"两核多极"的分布格局，加快资源要素自由流动；打破行政区域壁垒，用经济利益构筑互利共赢的局面；杜绝重复建设问题，形成资源共享优势互补。珠三角重视市场机制、弱化行政色彩，是我国区域创新创业中市场化程度最高的区域，其充分的市场活力是其优质创业生态系统形成的根源。珠三角区域的创业生态系统建设工作也为国内其他地区进一步深化创业生态体制机制建设提供了学习样板，特别是深圳地区，具有多次创业系统的尝试经验，逐步形成了一个市场调节、政府提供服务的中国特色创业生态系统。

（三）京津冀区域创业生态系统发展现状

体量上北京"一枝独秀"，但是种群结构缺乏多样化；天津和河北地区创业环境政策导向明显，生态位适宜度不匹配。北京在京津冀创业生态系统中各类创新主体的创新能力

和活跃程度都遥遥领先,形成了以北京为技术研究、天津为产业开发、河北为市场应用的产业生态链条循环雏形。京津冀区域创业生态系统中政策因素的影响力仍较强,导致资源配置的活力低于其他地区,京津冀与长三角、珠三角比较仍存在差距,市场活力不足,除北京外,创新创业氛围不够浓厚,其对环渤海地区和东北部地区的辐射力有限;在资源方面集聚效应明显,但在产出分享方面辐射范围不大;其他资源输出区享受不到北京创业生态系统的知识和经济溢价;没有形成有效的投入产出机制也是导致京津冀区域创业生态系统发展动力不足的原因。

四、目前国内创业生态系统建设存在的问题

(一) 政府主导,缺乏市场活水注入

目前国内的创业生态系统以地方政府主导与支持为主,一般结合当地已有的产业园区、工业园等高新技术产业园区,配合税收优惠政策、土地政策等,培育和孵化创业企业,在税收补贴和房租补贴方面有一定优势,但其他的市场性服务较少;除了土地资源以外其他创业紧缺的资源提供能力有限,如对接研发资源、对接资本渠道等这种常规性的创业生态系统建设以政府为主要推动力;市场资源的配置往往无法实现有效聚集,如部分企业因税收优惠加入创业生态系统,待税收优惠减小或取消时,就有大批企业迁出往其他更优惠的产业园区进驻。这种政府主导的模式对生态系统的稳定性非常不利,政策影响大多强烈,无法保持创业生态系统的持续性;生态系统中个体企业间的联系也不够紧密,生态系统的产业群落化不容易形成;市场的活力也明显不足,孵化出的优质企业的市场竞争力较弱;整个系统缺乏良好的外溢力与内驱力,导致创业生态系统难以形成良性循环。对于入驻企业来说,能从生态系统中获得的服务可替代性太强,在同一服务水平下,企业肯定会优先考虑创业成本更低的系统,除非这个系统有初创企业所期望的市场资源和平台。

(二) 普遍存在散和薄弱的问题

目前国内的创业生态系统普遍比较分散,数量很多,但各个生态系统之间互相联系少,规划分布也比较随意。这种分散的存在状态并不利于系统与系统之间的交流,数量多也容易导致资源不易集中,不如集中力量建设一个创业生态系统,这样系统之间交互更为方便,资源集聚也更容易孵化出优质的创业公司。另外,目前国内的创业生态系统普遍底子较薄,虽然支持创业生态系统的外在硬件条件尚可,但支持生态系统的内在要素十分缺乏,如创业孵化机制、创业风投活动、创业支持的服务形式、企业一站式服务等。这些内在要素的缺乏导致创业生态系统基础薄弱,与企业之间的联系度差,对企业能提供的帮助也极为有限,创业系统的内部结构不够合理、稳定。目前国内创业生态系统存在的分散和薄弱的问题直接影响了初创公司的孵化成功概率。一家公司的成功是天时地利人和的共同作用,创业生态系统在其中就是发挥了重要的地利作用,因此,只有创业生态系统本身环境优异、孵化能力强,才有可能培育出质量高的初创公司。

(三) 存在盈利模式单一和自身造血功能不足的问题

目前国内的创业生态系统普遍靠出让土地和办公区等方式盈利,这部分类似房租的收

入对于创业生态系统的建设成本来说,收益十分有效,投资回报并不是很高,导致没有很好的生态系统产出回报,创业生态系统回血能力不足。这种自身造血功能不足的问题已经拖垮了国内多家创业生态系统的建设运营公司。其实在创业生态系统的投资回报获取方面,最高的回报来源就是针对初创企业的原始风投,这是利润弹性最大的部分,虽然也伴随着高风险,但其带来的自身造血功能是最好的动力,对整个创业生态系统的长期发展也是最有利的。国内创业生态系统舍高就低的原因在于原始风投对创业生态系统的专业能力要求极高,需要配备专业的投资团队和募集大量的资本金,无形中就提高了建设创业生态系统的门槛。因此,目前创业生态系统存在的盈利模式单一和自身造血功能不足的问题本质上还是需在系统的自身运行能力和资源配置能力上下功夫,只有进一步强化了与企业之间的融合和利益联系,才能从根本上增强培育企业的决心和信心,最终形成创业生态系统的良性循环。

（四）专业化程度和专业化运营能力欠缺

目前国内创业生态系统普遍追求大而全,培育企业的方向没有明确,专业化思维较低,只想尽快把国内创业生态系统的架子搭建起来。这就导致建设起来的国内创业生态系统的专业特征不明显,系统在国内外的专业竞争力很弱,与目前产业高度专业化的市场主流发展方向有冲突,进而导致国内创业生态系统形成容易、长期生存困难。现在的初创企业往往是最缺专业指导和专业资源对接的,并不是缺简单的办公空间和集聚平台。企业需要的是实实在在的专业链上下游资源信息的流通,虽然目前很多国内创业生态系统也试图构建自己的专业化群落,但创业生态系统本身却缺乏对这些专业企业的运营能力。产业链的结构是非常复杂的,选择合适的企业对接入驻非常考验生态系统招商团队能力,因此,要想提高生态系统的专业化程度,必须首先提高招商引资的专业化水平,通过招商团队的专业素养提升,从招商开始顶层布局创业生态系统的专业化发展方向。

（五）对技术革新和技术进步的推进力不强

目前国内创业生态系统培育的企业的产品或服务的技术含量较低,多数是商业模式的小创新,引领新一轮的技术革新较少,也较少发展从理论到实践的应用技术转化平台。国内企业的创新还是停留在行业产业发展基础上细化领域的创新,对现有产业的推动力有限。与国外的创业生态系统以引领产业新技术突破和推动产业变革不同,国内初创企业的创新能力较为薄弱,在创新研发等方面投入也不足,资本也更倾向于见效短平快的项目,需要大量投资且回报期长、研发创新风险高的项目能吸引到的资本极为有限。这也是初创企业选择创业方向时要考虑的主要因素,尽量选择能吸引资本的项目和领域推动企业初步发展。在这种情况下,国内创业生态系统对产业经济的促进作用有限,创业生态系统的发展与政府建立之初的目标有较大差距,长此以往,创业生态系统发展的持续性也受到较大影响,没有技术革新带来的强大驱动力来进一步深化创业生态系统的发展结构。

（六）缺乏引领性的成功建设案例

国内的创业生态系统建设期普遍都不足十年,与国外几十年的创业孵化模式相比,发展时间短，机制存在不足，模式还在摸索和检验过程中，且国内很多创业生态系统照搬国外成功的创业生态模式，但由于国内市场情况不同，缺乏有代表性的成功案例。北京、上海、深圳一线城市建设的创业生态系统虽已呈现出一些成果，如深圳的创业空间孵化出了国内的几个知名独角兽企业，但除了商业模式独特的几家企业外，从事技术研发的初创企业则没有明显成效，因此，引领技术发展的国内创业生态系统目前还极少。在技术引领方面有潜力的国内创业生态系统有上海张江科学城、深圳南山科技园等，涉及集成电路、医药、通信技术、互联网等领域，孵化的企业创新程度较高，在未来如能成功孵化出几家引领产业发展的企业，有望成为国内具有引领性的成功案例。

第二节 孵化器

一、孵化器的概念

孵化器的概念最早源于美国，是为创业之初的公司提供办公场地、设备甚至是咨询意见和资金的企业平台。自美国最著名的创业孵化器 Y Combinator 横空出世以来，国内的孵化器产业亦随之兴起。孵化器不仅为初创企业提供成长所必需的资金，还进一步为其提供创业指南，从各个角度将那些具有创新精神的想法和团队打磨成真正具有市场竞争力的公司。

1956 年美国人约瑟夫·曼库索（Mancuso）提出了孵化器的概念，后被形象地表述为将科技成果转化成商品的一种有效的促进手段，成为催化中小科技企业生长的专有名词。孵化器是连接市场与企业的新型社会经济组织，通过提供生产、经营等办公设施和场地，对入驻企业提供系统培训和咨询，给予政策、金融、法律和市场等方面的资源，部分直接参与创业企业的投资与运营管理，为创新技术转化搭建桥梁，促进企业降低创业成本、提高创业成活率。国内外因各自国情不同，对孵化器的称呼也有所不同，如创业服务中心、企业创新中心、技术孵化器、高技术服务中心等。

我国的孵化器是从 1988 年国家火炬计划实施开始逐步发展起来的。孵化器成立之初是以孵化高新技术企业、促进科技成果转化、培育创新创业人才为目标，由政府、高校以及高新技术园区等单位资助或创建，为我国高新技术企业发展和推动创新创业发挥了重要作用。基于后续科技强国和经济全球化的发展趋势，孵化器的作用和形式也越发多样化，为区域经济发展与高新技术产业发展提供了有力支撑。

二、孵化器的作用

（一）孵化器的核心作用在于孵化

初创企业在创立之初的生存压力是非常巨大的，企业的成长和发展也面临重重挑战。

孵化器相当于暂时的一个养育空间,为企业提供一个暂时性的成长环境,目的是不至于让企业在创立伊始就因激烈的市场竞争而夭折,使其能在相对温和的环境下先逐步提升自己的竞争力,待其孵化到一定程度再面对市场竞争,提高初创企业的成活率,为创业企业的逐步成长发展提供各种条件,辅助与促进初创企业的培育。

(二)孵化器具有创业指导的作用

初创企业的商业模式、盈利模式、产品业务情况等往往具有较强的创新性,市场前景尚不明朗,迫切需要创业指导为其评估业务模式、指导发展方向、把握与判断未来的市场机会。孵化器应作为初创企业的创业导师,为其培育、发展、壮大提供建议,更多的是能给创业者在思维上、视野上有好的指导,通过对创业者的培养和提升进而促进孵化的成功概率。

(三)孵化器具有对接资源的作用

孵化器还是一个资源集聚的平台,技术资源、资本资源、人才资源等在其中汇集,创业企业、风投机构、研究院所、知识产权机构等共同构筑的资源平台是孵化器的孵化能力强弱的体现。资源的汇集与交流会产生良好的内部知识溢价和外部知识溢价,孵化器的作用就是要充分利用资源平台的功能,帮初创企业互通有无、牵线搭桥,帮助初创企业排忧解难,成为其创业路上的好帮手和好伙伴。

三、孵化器的类型

(一)托管型

托管型孵化器面向的人群为初次创业者或高科技及互联网创业者。其提供的典型服务一般包括:免费或付费的办公场地、定期的创业培训、项目毕业路演培训、投资人对接等。托管型孵化器为创业者提供了企业生存的基础设施,使创业者可以全身心投入产品的设计和研发中。例如,目前很多大学为支持大学生创业,都建立了创业园。园区以极低的价格将工位租给大学生创业者。这是典型的有政府支持的托管型孵化器。

此外,还有很多企业家、投资人为了支持创业、孵化优质的高科技及互联网项目,成立了私营的托管型孵化器。例如,李开复先生创办的创新工场、联想旗下的联想之星孵化基地等。托管型孵化器为有想法的年轻人提供了良好的创业平台,创始企业进入之后借助平台的资源,可以快速度过"婴儿期",有机会获得投资发展壮大。

(二)策划型

策划型孵化器一般依托于大型的咨询策划公司,面向人群为有一定经济基础的多次创业者或者传统中小微企业家。入驻策划型孵化器的企业可以分为两类:一类是企业初创阶段找不到合适的商业模式而需要进行资源对接的企业;另一类是企业由于社会、经济环境的变化而遇到瓶颈需要转型的企业。这些企业家往往"身怀绝技",在某一领域内拥有一定的人脉、技术等资源,但是由于行业的局限或者未能及时顺应时代的潮流而陷入困境。

策划型孵化器依据其多年的企业服务经验,为企业提供一对一的咨询服务,通过自有基金直接投资或者对接外部投资机构投资；同时，策划型孵化器以企业联盟的形式搭建企业资源平台，共享孵化器的资本、咨询和人脉等资源。由于策划型孵化器对管理团队的业务素质要求较高，国内的策划型孵化器数量不多，但是孵化的项目质量高，具有较高的投资价值。

四、国内外孵化器比较与知名案例介绍

1987年中国诞生了第一家孵化器——武汉东湖新技术创业中心，1999年中国诞生了第一家民营孵化器——南京民营创业中心。从全国范围来看，北京拥有中国最好的早期创业氛围和最多的投资人，以及最先进的投、管、孵理念。但即便经历了如此漫长的发展阶段，即便在北京，中国式孵化器——无论是官办还是民营，相较于美国、以色列等国家，尚处于起步阶段。

在国外，商业孵化器已经有比较长的历史，孵化模式成熟，获得了众多创业者的垂青。大名鼎鼎的Y Combinator孵化器平均每分钟就会收到一封创业者加入孵化器的申请。可以说孵化器在帮助创业公司获得融资方面发挥着越来越重要的作用。而另一方面，孵化器更像是一所新的学校，在这里，创业者可以获得创业导师、投资人、各领域专家的亲身指导，降低创业的风险。在很多创始人眼中，商业孵化器已经取代了MBA，成为获取商业资源的首选。

从目前国内孵化器的发展建设情况来看，可能更多的是提供办公空间，提供工商注册地址、知识产权保护等。国内与国外孵化器最不一样的地方，是我们有非常强大的政策推动，而国外孵化更多的是市场的投资行为。国外的孵化器其实多数是带投资功能的，不是简单地做创新空间这样的平台。由于以投资成功为目标，国外孵化器对于项目的把握、对项目投资的金额和对项目投资后的辅导帮助的内容也不一样，因此，国外早期的机构其实都是除了投少量资金之外，还会对接大量的导师和顾问，帮创业企业去梳理商业模式。

目前国内外孵化器建设比较知名的案例有以下几个。

（一）36氪——互联网孵化服务

36氪是中国领先的互联网创业公司服务提供商。自成立至今，36氪已经发展为包括创业媒体36氪、创业投资平台氪加及线下创业空间氪空间三大业务在内的互联网创业入口级服务商。

氪空间是一个帮助入驻团队专心闭关研发产品的地方，提供足够优雅的办公环境和舒适的生活空间，与此同时帮助入驻的团队拿到融资。氪空间专注于互联网创业垂直领域的科技新媒体，构建创业者、投资人、人才和机遇的创业生态闭环。

例如，金鸡湖创业长廊是苏州工业园区为推进"大众创业、万众创新"而打造的创业孵化区，引导和发挥创业服务组织的资源整合和服务能力，汇聚了一批低成本、便利化、全要素、开放式的众创空间，为创业者营造了系统的、一揽子的培育孵化加速环境。蒲公英、36氪、苏大天宫等十家为首批成员。金鸡湖创业长廊已成为苏州工业园区创业创新的缩影和地标。为了金鸡湖创业长廊内孵化器的资源互补和完善项目信息的真实性与有效

性,36氪开放金鸡湖创业长廊中可公开数据,由长廊内众创空间、数据挖掘企业、行业领域知名机构等共同参与线上联合管理,由金鸡湖创业长廊统一接入认证的第三方应用,形成金鸡湖创业长廊的线上联合孵化系统。

(二) Y Combinator——孵化器鼻祖(简称 YC)

Y Combinator 创立于 2005 年,地点在美国旧金山,创始人保罗·格雷厄姆(Paul Gaham),是全美最著名的创业孵化器之一。发展到现在该孵化器已投资过 2000 多家创业公司,估值超过 1 000 亿美元,拥有超过 4 000 名成员的创始人社区。YC 帮助创业公司实现他们的想法,侧重于实现从 0 到 1 的发展过程。

YC 的主要模式是构建"Bookface 论坛 + 专家数据库"的创始人交互平台,每位创始人都在这一平台上将自己标记为某个主题的专家,由此一来平台就可以为创始人提供安全、社区建设、核能等各个领域的顶级专家进行指导。此外,在创始人与投资者、收购者之间建立起沟通的桥梁,每年成立两次、为期三个月的加速项目,项目期间进行批量投资,向大量初创公司投资 15 万美元。通过项目原型展示日,在为期两周的项目中,所有初创公司之间进行相互展示,与 Microsoft Azure 等众多科技公司达成协议,为 YC 的初创公司提供免费服务及特殊访问权限,要求每一家初创公司的创始人在项目周期搬到旧金山湾区,直至路演结束。

(三) Seedcamp——英国创业孵化器

Seedcamp 于 2007 年在伦敦成立,创始人为索尔·克莱恩(Saul Klein)、瑞莎马·索霍尼(Reshma Sohoni),是目前欧洲最老、最大的科技创业孵化平台,通过整合全球投资资源和不同领域专家导师,依托业务拓展、技术研发、市场营销等领域的丰富经验,致力于为全球创业者提供创业指导和融资服务。

孵化运行机制。通过面试选拔出初创企业,帮助其与导师、投资者建立联系并及时获得他们的指导反馈信息。通过 Seedcamp 活动周、年度创业游等活动帮助创业者不断学习。Seedcamp 针对不同发展阶段的入驻企业提供多种投资选择,换取孵化公司股权,在初创企业或被其他企业并购时退出获利;向初创企业开放平台与提供的孵化服务以服务的方式进行孵化盈利。Seedcamp 成立了 4 只基金,基金总规模超过 2 000 万美元,投资孵化的企业超过 285 家,有 3 家估值超过 10 亿美元的独角兽:TransferWise、Revolut 和 UiPath。

第三节 众创空间

一、众创空间的概念

"众"是主体,"创"是内容,"空间"是载体,众创空间来源于"大众创业、万众创新"的"双创"政策理念,紧跟全球创客浪潮兴起的机遇,是通过市场化机制、专业化服务和资本化途径构建的低成本、便利化、全要素、开放式的新型创业公共服务平台的统称。

众创空间的形成是创业孵化器更为深入的模式,是协同创新、共同创新的典范。众创空间的参与者是普通群众,他们既是创新者、创业者,追求产品与技术的创新,以创新的精神推动经济社会的发展;又是创业和创新的需求者,感受知识经济时代带来的产品和服务的便利性。

我国的众创空间是紧跟全球创客浪潮,以互联网产业为切入点,有效利用国家自主创新示范区、国家高新区、应用创新园区、科技企业孵化器、高校和科研院所的有利条件,着力发挥政策集成效应,实现创业与创新结合、孵化与投资结合,为创业者提供良好的工作空间、网络空间、社交空间和资源共享空间。

二、众创空间的构成要素

(一)成本要素与开放意识

众创空间的构成要素中成本要素非常重要,空间面向所有公众群体开放,采取部分服务免费、部分收费,或者会员服务的制度,为创业者提供相对较低成本的成长环境,通过成本控制为大众创业提供较低的门槛,有利于新企业的初期培育。此外,开放的意识是众创空间的形成基础,包容各行各业的创新,包容各类人群的创业,以海纳百川的心态接纳初创企业。

(二)协同要素与互助意识

创业创新需要知识溢出,需要交流、协同创新。众创空间通过创业论坛、初创训练营、创业指导培训、创业大赛等活动促进创业者之间的交流和圈子的建立,并提供适宜的共享办公环境,通过提供场地、举办活动,能够方便创业者进行产品展示、观点分享和项目路演等,以互助意识促进创业者之间的互帮互助、相互启发、资源共享,通过"聚合"产生空间"聚变"的效应。

(三)人才要素与跨界意识

人才是创业与创新成功的关键所在,众创空间的人才要素是构筑众创空间竞争力的基础。众创空间的跨界结合，通过实现团队与人才结合、创新与创业结合、线上与线下结合、孵化与投资结合，推动创新资源内溢与外溢。

（四）政策要素与投资意识

众创空间的政策优惠情况决定了空间的发展潜力和凝聚力，投资意识决定了众创空间的生存渠道。众创空间能为初创企业提供其在萌芽期和成长期的便利，比如金融服务、工商注册、法律法务、补贴政策申请等。另外，众创空间在初期的投资意识不仅能帮助空间内的企业快速成长，同时也能为空间的发展带来新的机会和活力，投资意识决定了众创空间的独特价值属性。

三、众创空间的作用

（一）突破壁垒，降低门槛

众创空间突破了在时间和空间上的壁垒，降低了的门槛，使"小众化"的创业变成了"大众化"的创业。

（二）推动协同创新，促进创业融合

跨界融合、用户融合、渠道融合等协同创新创业的形式，推动了创新项目与创业项目的深度融合，补齐了传统孵化器的短板，并与传统孵化器形成互补。

（三）释放市场活力，激发创业潜力

众创空间并不突出是否建立创业企业，在其中创业的形式非常多元化，创意工作室、研发团队等多种形式均可以有广泛的生存空间。其采取的社会协同配合和用户体验的服务方式，缩短了创新创业者与市场的距离，显现了创新创业市场拉动的作用。

（四）培育创业文化，创新孵化模式

众创空间在培育创业公司、创业团队、创业项目的同时，也培育了新的创业文化，为创新创业者突破自我、实现梦想提供了空间；同时，众创空间在公益服务基础上探索出的许多行之有效的盈利模式，为传统创业孵化模式的可持续发展提供了有益的借鉴。

四、众创空间的类型

（一）投资促进型

以资金为纽带，汇集风投机构、天使投资，依托资本平台汇集创新创业项目，主要为创新创业企业提供融资服务，帮助企业对接资本等重要创业资源，解决创业初期急需的资金问题，这类众创空间的典型代表有创新工场、车库咖啡等。例如，车库咖啡创立于2011年，以一杯咖啡的创业成本在创投圈广为熟知，从起初的小额信贷，到后续逐步发展成为初创企业提供一站式投融资综合解决方案，给创始人与天使投资人牵线搭桥，帮助创业团队迅速融到资金，并帮助投资人快速发现好项目，为其领投、跟投、资源输出、经验输出等提供依据，推动多层次的投资人群体协作发展。

（二）培训辅导型

以培养指导合格的创业者和培育成功的企业为目标，为创业团队提供融资、招募团队、技术研发、产品服务、商业模式等一系列与创业相关的培训指导服务，帮助创业团队对接相关领域的专家和创业导师，帮助其快速成长，这类众创空间的典型代表有北大创业训练营、联想之星等。例如，北大创业训练营依托北京大学的教育资源、研究资源、校友资源，通过实战与行业理论相结合的创业培训、全链条的创业孵化，为创业者提供理论、技术、资金、场所等全方位的服务与支持，为初创学员开设经营、人力资源等100多门课程辅导其创业，同时邀请了知名企业家授课，指导创业企业战略规划、发展方向选择、商业模式分析等。

（三）媒体延伸型

依托平台的媒体资源，为初创企业宣传造势，较为深入地向外介绍初创企业项目和特色，吸引市场和投资机构的关注，帮助初创企业将产品或服务推向市场，吸引风投机构、研究院所等社会资源参与合作，这类众创空间的典型代表有思八达、创业邦等。例如，创业邦成立于2007年，主要通过创业邦杂志、网站、App、微信、微博、头条号、企鹅号、榜单、研究报告、项目库等在内的创业信息服务矩阵，以专业的科技创投视角关注创业相关的资讯与经验、资本与人才、模式与产品，发掘新一代优秀商业代表并向他们提供创新创业服务，结合创业邦星际学院、邦空间、创业邦天使基金等为初创企业提供培训、孵化场地、资本扶持等服务。

（四）专业服务型

依托行业龙头企业，以专业领域为切入点，专门培植行业的初创企业，帮助其对接产业链资源、行业资本、市场渠道等，这种众创空间类型的孵化针对性更强，行业特征更为明显，对初创企业的指导效果也更为立竿见影，这类众创空间的典型代表有专业服务于虚拟现实产业的"上海VR/AR创客中心"、"专业化互联网+文创产业"孵化器"乐享家众创空间"、专注于集成电路行业小微企业的孵化器"芯空间"、以工业设计全产业链为核心的半开放式创新及产业园"D+M浪尖制造工场"。例如，芯空间专注于集成电路产业投资、企业孵化、科技服务、园区运营，搭建公共服务平台，打造集成电路产业生态，联合中芯国际创立产业投资基金管理公司中芯聚源、中芯科技、宁集电，已围绕集成电路全产业链投资项目超百家，部分项目如韦尔股份、澜起科技、安集科技、沪硅产业等已登陆资本市场。

（五）创客孵化型

围绕创业想法而展开，以服务创客群体与满足个性化为目标，将创客的奇思妙想与创意转化为现实产品，为创客提供互联网开源硬件平台、开放实验室、加工车间、产品设计辅导、供应链管理服务与创意思想碰撞的空间，这类众创空间的典型代表有创客空间、柴火空间等。例如，柴火空间成立于2011年，寓意为"众人拾柴火焰高"，致力于搭建一个连接创客创新与传统产业、承载新生产关系的开放科技创新平台，通过提供原型开发的专业设备和开放的协作环境，组织多元活动，聚集国际化创新人才，鼓励跨界交流，支持创意落地产品化，积极与本地的供应链协作，帮助创客快速实现"产品原型—样品—小批量制造—大批量制造"的全过程，推动创新技术与传统产业的对接，助力产业升级。

五、国内外众创空间比较与知名案例介绍

国外发展的时期比我们早，所以相对于我们而言较为成熟一点，国外 Fab Lab、HackSpace、TechShop、MakerSpace 等各种类似形式的众创空间早就已经逐步形成，对科技创新产生了深刻的影响。国外的众创空间特点是高度重视应用创新，完善科技创新体系。国外将理论技术进步与应用技术创新两者分立又统一，形成双轮循环驱动，技术进步为应用技术创新创造了新的可能大规模应用的技术；应用技术创新触发新的技术极限，验证与推动新技术，当技术和应用的激烈碰撞达到一定的融合程度时，往往会产生模式创新和行业发展的新热点。科技创新正是技术进步与应用创新这个创新双螺旋共同演进催生的产物。其众创空间就是为理论技术与应用技术的双轮驱动提供实验平台，加速技术面向市场、面向用户，革新新的商业模式，促成新一轮的技术产业革命。而国内的众创空间虽然发展比较迅速，但这种技术转化力度不大，很多众创空间的属性更多是场地平台，只提供边缘性的资源，没有构筑一个资源整合的大平台，成为推动国内科技进步的加速器。

目前国内外孵化器建设比较知名的案例有以下几个。

（一）LivingLab

国外的知名众创空间 LivingLab，是以用户为中心整合多种资源，促进企业、研究机构、社会组织、社区用户共同创新、开放创新的城市开放空间；它围绕本地区的社区环境，依托科研机构、政府网络、企业网络，共同构筑开放创新空间体，也被翻译为"实地实验室""生活实验室""体验实验室"或"应用创新实验室"。它起源于美国麻省理工学院，在欧洲发展壮大。它的发起，得益于人们对创新理念的认识发生了革命性的变化。未来的创新行为呈现出以下几个主要特点：全球化、民主化、多学科交叉。而 LivingLab 的蓬勃兴起，正是这种创新变革的本质体现。作为应对欧洲信息社会、知识社会机遇与挑战的一个重要举措，LivingLab 并不仅仅是简单地为生产者和使用者提供一个试验床，它的关键是提供一个用户可以方便参与并积极投入设计创新解决方案的条件与环境。

（二）TechShop

TechShop 创立于 2006 年，截至宣布结束营业前，在全球各地共有 14 家分点（10 家在美国，4 家为国际公司）。TechShop 通过社区参与、教育、年轻人项目、合作伙伴的商业创新等多个渠道尝试新的想法。TechShop 是一家基于会员制工作坊而组成的社区，可以为会员提供可供使用的工具、设备，教学、创作以及支持人员，以便创造他们一直想创造的东西。这里的器具包括：铣床、车床、焊接台、离子切割机、金属板材加工设备、钻孔机、锯、工业缝纫机、手工具、塑料加工设备等。对于那些喜欢自己动手做东西，或者是做些发明创造，却苦于找不到合适的器材的人员，TechShop 是一个理想的地方。它聚集了

众多来自民间的创新想法,让创新者把原始的想法做成原型,甚至做成一个完整的产品。自成立以来它已经为超过 140 万人提供了专业的设备和工具,每人每天仅需支付 4 美元以下的会员费。它为应用技术从"0"至"1"提供了可能,成为规模化生产的前期优质技术实验平台。

(三) 张江科学城 e 创码头众创空间

e 创码头是国家备案众创空间、上海市入库众创空间、浦东新区创新型孵化器、上海市中小企业服务机构。它致力于成为专注于加速阶段企业内部创新及产业上下游整合的创新服务集成商,辐射全国创业企业的"创业合伙人",为企业提供跨区域发展策略、跨界定制化集成服务的整合运营商,做有温度、有深度的众创空间。e 创码头紧密围绕上海科技创新中心建设、"中国制造 2025"等国家战略,立足中国(上海)自由贸易试验区和上海张江国家自主创新示范区叠加区域核心优势,以打造"家园"为初衷,构建一个以"家文化"为核心的服务社会各界的公益组织,主要孵化培育高新技术企业,以开放式创新精神,联结大中小企业合作。

目前 e 创码头已举办过的有影响力的创业活动有:海纳百创·浦东新区第四届"创业新秀"评选之"CEO 方阵"提升营活动,AR/VR/MR 前沿科技体验活动,CCG EXPO 第四届新生力量动漫游戏原创大赛暨首届上海动漫原创 IP 创投大赛企业路演培训会,动漫企业主要知识产权法律问题调研座谈会,2017 海纳百创创业项目大家谈暨 e 创码头创业开放日活动。

关键术语

创业生态系统　孵化器　众创空间

案例与讨论

张江科学城的案例讨论

张江科学城致力于成为世界一流的科学城,并助力上海建设成为具有全球影响力的科创中心。作为上海科创高地,张江科学城汇集了世界各地的领先企业 1.8 万余家、跨国公司地区总部 53 家、高新技术企业 828 家,初步形成了以信息技术、生物医药为重点的主导产业;聚集了中芯国际、华虹宏力、上海兆芯、罗氏制药、微创医疗、和记黄埔、华领医药等一批国际知名科技企业,旨在聚焦重大战略项目,打造世界级的高科技产业集群,引领产业发展。

请大家搜集张江科学城的资料,了解张江科学城的发展历程、发展现状和主要促进创新创业的举措,根据搜集到的数据材料讨论与回答以下几个问题:

1. 张江科学城为什么能发展得较好?它有哪些先天优势条件?

2. 你觉得接下来张江科学城的创新创业活动在哪些地方可以有所突破?
3. 张江科学城的发展给国内其他城市的创业生态系统建设提供了哪些经验?

实践训练

一、实践活动：调研所在城市的一个孵化器或众创空间

为加强学生对城市创业生态系统、孵化器、众创空间的认识和理解，了解目前国内城市创新创业经济活动的发展情况，本着理论结合实践的学习思路，要求学生选择其所在城市的一个具有代表性的孵化器或者众创空间进行调研，调研活动的开展要求如下：

1. 前期应做好充分的调研准备工作，搜集与调研对象相关的资料，做充分了解。
2. 制订一份详细的调研方案，经教师指导认可后按照调研方案实施调研活动。
3. 调查问卷的设计应秉持科学、合理、有效的原则，以更好地提高调研活动效果。
4. 调研过程中尽量多交流开放式问题，便于了解更多的孵化器或众创空间发展情况。
5. 调研活动开展过程中要注意安全工作，授课教师应提前对学生进行安全教育。
6. 调研结束后以活动组为单位，撰写调研总结报告。

二、报告训练

请按以下调研报告的基本格式撰写孵化器或众创空间的调研报告。

报告题目

1. 前言（背景和目的）。
2. 背景介绍：开展调研活动的背景情况，简明扼要。
3. 调研目的：阐述调研的必要性和针对性，开展调研的目的。
4. 方法：详细描述调查研究中采用的方法，使读者能评价资料搜集的方法是否妥当。初步掌握报告主旨，一般包括：地点，时间，调研对象，调研对象的选择，调研方法是定性还是定量，等等。
5. 调研内容：详细阐述调研的主要方面，如众创空间的入驻企业数量、吸引到的资本情况等。
6. 结果与讨论：对调研情况进行描述或对比，横向对比和纵向对比，给出调研结论，反映众创空间的发展情况和发展趋势。
7. 调研团队的成员及各自分工情况。
8. 调研报告的落款（撰写时间）。

参考文献

[1] 彼得·德鲁克.创新与企业家精神[M].蔡文燕,译.北京:机械工业出版社,2007.

[2] 彼得·蒙德尔,丹尼·迈尔斯,南希·沃尔,等.经济学解说[M].3版.胡代光,等译.北京:经济科学出版社,2000.

[3] 边伟军,杨薪钰,罗公利.高新区创新创业生态系统演化路径与机理:青岛高新区1992—2018年纵向案例研究[J].中国科技论坛,2020(6):134-145.

[4] 布鲁斯·R.巴林杰,R.杜安·爱尔兰.创业管理:成功创建新企业[M].5版.薛红志,张帆,等译.北京:机械工业出版社,2017.

[5] 布鲁斯·R.巴林杰.创业计划书:从创意到方案[M].陈忠卫,等译.北京:机械工业出版社,2016.

[6] 布鲁斯·巴林杰,杜安·爱尔兰.创业管理:成功创办新企业[M].5版.全球版.北京:清华大学出版社,2018.

[7] 蔡莉,柳青.新创企业资源整合过程模型[J].科学学与科学技术管理,2007(2):95-103.

[8] 曹莲霞.创新思维与创新技法新编[M].北京:中国经济出版社,2010.

[9] 陈红丽.初创企业家角色超载对创业倦怠的影响机制研究:强迫激情的中介作用[D].杭州:浙江工商大学,2020.

[10] 陈金亮,林嵩,刘小元,等.企业家社会团体纽带与新创企业成长:信息处理观权变视角的探究[J].管理评论,2019,31(5):175-190.

[11] 邓立治,邓张升,唐雨歆.商业计划书案例:从创新创业大赛到创业实战[M].北京:机械工业出版社,2021.

[12] 费艳颖,凌莉.美国国家创新生态系统构建特征及对我国的启示[J].科学管理研究,2019(2):161-165.

[13] 郭燕青,王洋.中国企业家精神时空演化及驱动因素分析[J].科技进步与对策,2019,36(13):21-30.

[14] 贺小刚,吕斐斐,王博霖,等.制度环境与新创企业的经营效率[J].中国经济问题,2019,317(6):86-103.

[15] 黄福广.风险投资基金[M].北京:中国经济出版社,2017.

[16] 蒋春燕,赵曙明.社会资本和公司企业家精神与绩效的关系:组织学习的中介作用——江苏与广东新兴企业的实证研究[J].管理世界,2006(10):90-99,171-172.

[17] 杰弗里·蒂蒙斯,小斯蒂芬·斯皮内利.创业学案例[M].6版.周伟民,吕长春,译.北京:人民邮电出版社,2006.

[18] 李慧,梅强,徐占东.产业网络结构嵌入、创业学习与新创企业成长关系研究[J].技术与创新管理,2020(3):238-245,275.

[19] 李娜娜,张宝建.创业生态系统演化:社会资本的理论诠释与未来展望[J].科技进步与对策,2021,38(5):11-18.

[20] 李晓艳.我为什么要投资你[M].北京:中国商业出版社,2012.

[21] 李怡欣,赵文红,张文伟.初创企业创业学习对绩效的影响:创业决策逻辑的调节作用[J].科学学与科学技术管理,2019,40(10):84-96.

[22] 李志刚,韩炜,何诗宁,等.轻资产型裂变新创企业生成模式研究:基于扎根理论方法的探索[J].南开管理评论,2019(5):117-129.

[23] 林嵩.创业资源的获取与整合:创业过程的一个解读视角[J].经济问题探索,2007(6):166-170.

[24] 林艳,关瑜婷.区块链创业生态系统构成与运行机理[J].理论探讨,2020(3):171-176.

[25] 刘畅.创新生态系统视角下企业家精神对创新绩效的影响关系研究[D].长春:吉林大学,2019.

[26] 刘丹,衣东丰,王发明.科技型小微企业创新生态系统网络治理研究[J].科技进步与对策,2019(4):116-123.

[27] 刘志阳.创业管理[M].上海:上海财经大学出版社,2016.

[28] 刘志阳.中国企业家精神的演进[J].全球商业经典,2019(1):18-21.

[29] 吕森林,申山宏.创业从一份商业计划书开始[M].北京:电子工业出版社,2019.

[30] 罗国峰,张超卓,吴兴海.创新创业融资:天使、风投与众筹[M].北京:经济管理出版社,2016.

[31] 梅强.创业计划[M].北京:高等教育出版社,2018.

[32] 孟德会.新时代企业家精神的五个维度[J].江苏商论,2021(5):125-126,141.

[33] 钱明霞.管理学原理[M].上海:华东师范大学出版社,2013.

[34] 乔希·勒纳,安·利蒙,费尔达·哈迪蒙.风险投资、私募股权与创业融资[M].路跃兵,刘晋泽,译.北京:清华大学出版社,2015.

[35] 沈莹,王克平,郭小芳,等.基于"互联网+"思维的新创企业风险识别与竞争情报预警研究[J].情报科学,2020(3):101-106,123.

[36] 苏晓华,肖洁,陈嘉茵.创业者社会身份认知与新创企业创新[J].南方经济,2020(10):108-124.

[37] 孙洪义.创新创业基础[M].北京:机械工业出版社,2016.

[38] 陶小龙,黄睿娴.区域创业生态系统视角下众创空间运行机制研究[J].云南大学学报(社会科学版),2021,20(3):123-132.

[39] 王国红,黄昊,秦兰.技术新创企业创业网络对企业成长的影响研究[J].科学学研究,2020,38(11):2029-2039.

[40] 王海花,熊丽君,谢萍萍.创业生态系统视角下众创空间运行模式研究:基于国家备案的上海众创空间[J].科技管理研究,2020,40(2):222-231.

[41] 王娟,刘伟.企业家精神的涌现:一个整合框架[J].管理现代化,2019(4):118-121.

[42] 王欣,高闯.我国企业家精神研究的路径与动向:一项文献分析[J].南大商学评论,2018(4):157-177.

[43] 王延荣.创新与创业管理[M].北京:机械工业出版社,2015.

[44] 王志强,朱黎雨.以色列创新创业教育生态系统的构建及其启示:以以色列理工学院为例[J].河北师范大学学报(教育科学版),2020,22(1):67-74.

[45] 维克托·迈尔-舍恩伯格,肯尼思·库克耶.大数据时代:生活、工作与思维的大变革[M].盛杨燕,周涛,译.杭州:浙江人民出版社,2013.

[46] 吴娜,于博,白雅馨,等.营商环境、企业家精神与金融资产的动态协同[J].会计研究,2021,401(3):146-165.

[47] 项国鹏,宁鹏,罗兴武.创业生态系统研究述评及动态模型构建[J].科学学与科学技术管理,2016(2):79-87.

[48] 项国鹏,曾传圣.国外创业生态系统研究最新进展及未来展望[J].科技进步与对策,2020,37(14):151-160.

[49] 徐飞.战略管理[M].4版.北京:中国人民大学出版社,2019.

[50] 徐幸子,陈聪,李纪珍,等.创业失败经历影响新创企业创业导向的实证研究[J].研究与发展管理,2019(4):51-63.

[51] 杨毅,吕佳,马鸿佳.不同治理结构下创业生态系统内知识流动模式研究[J].图书情报工作,2021,65(2):45-53.

[52] 尹俣潇,梅强,徐占东.创业网络关系嵌入与新创企业成长:创业学习的中介作用[J].科技管理研究,2019,39(5):199-206.

[53] 于东明,李政.新创企业创业成长要素研究[J].经济问题,2019(6):36-42.

[54] 原长弘,张树满.科研院所高效科技创业生态系统构建研究[J].科技进步与对策,2019(5):18-25.

[55] 约瑟夫·熊彼特.经济发展理论[M].郭武军,吕阳,译.北京:华夏出版社,2015.

[56] 张楠,吴先明.出口行为、企业规模与新创企业生存危险期[J].国际贸易问题,2020(5):42-56.

[57] 张秀娥,徐雪娇.创业学习与新创企业成长:一个链式中介效应模型[J].研究与发

展管理,2019,31(2):11-19.

[58] 张玉利,薛红志,陈寒松,等.创业管理[M].5版.北京:机械工业出版社,2020.

[59] 赵长伟,王留军,应向伟.粤苏浙鲁皖五省创新创业生态系统比较研究[J].工业技术经济,2020,39(2):47-54.

[60] 钟榴,余光胜,潘闻闻.从目标导向逻辑到手段导向逻辑:初创企业产品创新流程决策[J].科研管理,2019,40(6):205-214.

[61] 朱仁宏,周琦,张书军.创业团队关系治理与新创企业绩效倒U型关系及敌对环境的调节作用[J].南开管理评论,2020(5):202-212.

[62] 朱思因,杜海东.初创企业孵化器运营绩效评价的实证研究:创业生态系统视角[J].科技管理研究,2020,40(7):82-87.

[63] 庄寿强.普通(行为)创造学[M].3版.徐州:中国矿业大学出版社,2006.

[64] 《管理学》编写组.管理学[M].北京:高等教育出版社,2019.

[65] Carayannis E G, Provance M, Grigoroudis E. Entrepreneurship ecosystems: An agent-based simulation approach[J]. The Journal of Technology Transfer,2016,41(3):631-653.

[66] Cheurg C W M, Kwong C, Manzoor H, et al. The co-creation of social ventures through bricolage, for the displaced, by the displaced[J]. International Journal of Entrepreneurial Behaviour & Research,2019,25(5):1093-1127.

[67] Coviello N E, Cox M P. The resource dynamics of international new venture networks[J]. Journal of International Entrepreneurship,2006,4(2):113-132.

[68] Dollinger M J, Entrepreneur ship: Strategiesand Resources[M]. Boston, Mass: Irwin,1995.

[69] Fairlie R W, Holleran W. Entrepreneurship training, risk aversion and other personality traits: Evidence from a random experiment[J]. Journal of Economic Psychlolgy,2011(33):366-378.

[70] Kamm J B, Shuman J C, Seeger J A, et al. Entrepreneurial teamsin new venture creation: A reasearch agenda[J]. Entrepreneurship Theory & Practice.2014,(4):7-17.

[71] Kerr W R, Lerner J, Schoar A. The conse quences of entrepreneurial finance: Evidence from angel financings[J]. Review of Financial Studies,2014,27(1):20-55.

[72] Miller D, Breton-Miller I L, Lester R H. Family and lone founder ownership and strategic behaviour: Social context, identity, and institutional logics[J]. Journal of Management Studies,2011,48(1):1-25.

[73] Paulo R C. Reis, Sandro. Public procurement strategy: The impacts of a preference programme for small and micro-businesses[J]. Public Money & Management,2015(35):352-375.